内蒙古师范大学第九批教学研究课题“教学设计类课程”专项建设项目资助

中学地理教学设计

主　编：徐宝芳

副主编：王牧兰　丁俊新　刘彩凤　白絮飞

编　者：徐宝芳　张家辉　哈　斯　张卫青
王牧兰　丁俊新　梁勤欧　刘彩凤
卢凤琪　杨立宇　丁占良　白絮飞

陕西师范大学出版总社

图书代号　JC22N0985

图书在版编目(CIP)数据

中学地理教学设计 / 徐宝芳主编. —西安：陕西师范大学出版总社有限公司，2022.8(2024.1 重印)
ISBN 978-7-5695-3054-4

Ⅰ.①中…　Ⅱ.①徐…　Ⅲ.①中学地理课—教学设计　Ⅳ.①G633.552

中国版本图书馆 CIP 数据核字(2022)第 104629 号

中学地理教学设计
ZHONGXUE DILI JIAOXUE SHEJI
徐宝芳　主编

责任编辑　古　洁
责任校对　钱　栩
封面设计　张欣茹　雷　青
出版发行　陕西师范大学出版总社
(西安市长安南路 199 号　邮编 710062)
网　　址　http://www.snupg.com
经　　销　新华书店
印　　刷　西安市建明工贸有限责任公司
开　　本　720 mm×1020 mm　1/16
印　　张　27.25
字　　数　420 千
版　　次　2022 年 8 月第 1 版
印　　次　2024 年 1 月第 3 次印刷
书　　号　ISBN 978-7-5695-3054-4
审 图 号　GS 陕(2022)038
定　　价　68.00 元

读者购书、书店添货或发现印装质量问题，请与本社高等教育出版中心联系。
电话：(029)85303622(传真)　85307864

总　序

教材是学校教育教学的基本依据,是落实立德树人根本任务的关键要素和重要载体。教材工作是高等教育体系的战略性、基础性、先导性工作,构建高质量的高等教育体系离不开高质量的教材建设。

党的十八大以来,以习近平同志为核心的党中央高度重视和关心教材建设。教材是学校教育教学的基本依据,是解决“培养什么人、怎样培养人、为谁培养人”的根本问题的重要载体,是贯彻党的教育方针、实现教育目标不可替代的重要抓手。习近平总书记关于教材工作的重要指示,为我们以培养德智体美劳全面发展的社会主义建设者和接班人为目标,用心打造更多培根铸魂、启智增慧的精品教材指明了前进方向,提供了根本遵循。

近年来,内蒙古师范大学深入贯彻落实习近平总书记重要指示精神,弘扬学校多年形成的重视教材建设的优良传统,有组织、系统化地开展精品教材建设,有力地推进了相关学科专业教育教学改革,提高了人才培养质量,产生了广泛的影响。这套“学科教学设计系列教材”就是其中的优秀成果之一。

首先,该系列教材来源于教师教育一线教学改革实践,又紧紧服务于一线教学改革实践。随着内蒙古师范大学教师教育改革工作的不断推进,涌现出一批教师教育课程骨干教师,产生了丰硕且具有影响力的教师教育教学研究成果。本系列教材就基于内蒙古师范大学教师教育改革实践，由各学科教师教育课程骨干教师组成编写团队，充分发挥其学术基础、专业素养、教学能力、实践经验等多重优势编写而成。教材编写基于教师教育主干课程——“教学设计”类课程，紧扣教学一线需求，结合“教学设计类课程改革与教材建设项目”课题研究，充分体现了教师教育课程与教师教育教材一体化建设的新理念，具有较强的育人功能与较高的时代价值。

其次，该系列教材的编写是基于对《义务教育课程方案与课程标准（2022 年版）》《普通高中课程方案与课程标准（2017 年版 2020 年修订）》的深刻理解。新的课程标准以核心素养为导向，体现正确价值观、必备品格和关键能力的培养要求，在此基础上，优化了课程结构，明确了学业质量标准。该系列教材的编制，正是围绕着核心素养，从立德树人根本任务出发，聚焦于课程内容的改革，探索综合学习目标下的大单元教学，任务群建构具有前瞻性。特别是与“双减”政策的落实相呼应，注重在教学组织、课程评价、作业设计等方面的整体设计与实施，致力于核心素养的落地，突出课堂及学校教育的主阵地作用。

再次，该系列教材充分体现了成果导向教育（OBE）理念。师范类专业认证对高等师范教育提出了要以学生为中心，落实践行师德、学会教学、学会育人、学会发展的导向和要求。基于这样的产出导向，该系列教材在编写过程中致力于课程内容的革新，重视课堂教学在培养过程中的基础作用，紧密围绕着课程目标的达成制定教学内容、教学方法、考核内容与方式。尤其在促进学生主动深度学习和优化综合实践活动的实施等方面都进行了积极的探索。

最后，该系列教材以多样化数字资源服务信息化教学改革、课程思政建设。依托着“以本为本”课程建设的持续推进，该系列教材积极为线下、线上、线上线下混合、虚拟仿真等各类课程教学形态开拓实施空间，着力服务学生泛在学习，提高学生的学习效果。同时，编写团队把从教理想信念教育、师德教育等元素有机融入教材内容和教学案例中，引导学生在教师教育课程学习中树立争做未来“四有”好老师，争做立德树人的“大先生”的坚定理想信念，在润物无声中铸魂育人。

教书育人，教材先行。在教育部等八部门联合印发《新时代基础教育强师计划》之际，这套“学科教学设计系列教材”的出版，恰逢其时。衷心期待它能在推进国家教师教育课程改革进程中留下浓墨重彩的一笔，能在培养更多高素质、专业化、创新型优秀中小学教师，服务教育强国建设的新征程上彰显“内师智慧”，做出“内师贡献”！

2022年5月24日

（李树林，内蒙古师范大学校长）

前　言

笔者写过一首打油诗，即人生有六好：出生时有个好父母，念书时有个好老师，成家时有个好伴侣，工作时有个好同事，居住时有个好邻居，社交时有个好朋友。可见，人是人的环境，老师就是学生成长的环境，如何培养适应中学地理教育的好老师，是我们一直以来研究和实践的重要课题。

本教材是在笔者主持的《中学地理教学设计》研究课题基础上，对我们多年来中学地理教学设计研究与实践成果的总结与概括。我们依据国家《教师教育课程标准（试行）》和《中学教育专业师范生教师职业能力标准（试行）》的相关要求，紧密联系中学地理课程与教学改革实践，以体现学术性、先进性、思想性、教育性和实操性为基本遵循，以大学教授与中学名师的协同合作为基础，按照整体设计、分工编写的原则统筹安排、精心编写，目的是帮助地理师范生系统掌握基本的地理教学设计理论、技术和方法，全面提升地理教学设计意识与能力。在这一思想指导下，我们经过深入研究，完成了本教材的编写，也使本教材具备了以下几个特点：

1. 学术性。本教材内容结构层次清晰，包括中学地理教学设计绪论，地理学思想与教学设计，中学地理教学对象与教学内容分析，中学地理教学目标设计，中学地理教学方法与媒体设计，中学地理教学过程设计，中学地理教学评价设计，中学地理教学方案设计，中学地理说课设计和中学地理课堂教学技能设计。这十个部分既有地理教学设计理论，又阐述了地理教学设计技术和方法，呈现出较好的内在逻辑性，内容设置科学，具有较高的学术价值。

2. 先进性。本教材通过理论和实践两条线，较系统地总结、提炼了中学地理教学设计的理论研究成果和实践经验，注重理论与实践紧密结合，教学内容先进。如“地理学思想与教学设计”“培养地理学科核心素养的学与教的方法设计”“地理双动两案教学模式”“四F教学模式、五星教学模式和BOPPPS教学模式”“地理单元教学设计”“地理实验方案设计”及“研学旅行方案设计”等内容，具有创新性与先进性。

3. 思想性。本教材注重在地理教学设计中认知逻辑与学科逻辑并重的思想。一方面地理教学设计要遵循心理学、教育学规律，要符合学生的认知逻辑；另一方面地理教学设计与实施要反映地理学科的育人价值，体现地理学的基本思想和方法，要符合学科逻辑。为此，本书介绍了有关心理学和教育学理论在地理教学设计中的应用，同时还阐述了地理学思想与方法在地理教学设计中的作用。

4. 教育性。本教材重视拓展学生知识的深度和广度，强调学生知识的建构、能力的培养、思想的熏陶。教材体例丰富，栏目设计便于学、利于教，具体栏目包括[内容提要][学习目标][章节正文][案例分析][本章小结][实践演练][拓展阅读]和[二维码]八个部分，不仅考虑了地理教学设计内容的逻辑关系，而且还考虑了教材的表述体系要有利于师范生的学习需要。

5. 实操性。本教材在阐述地理教学设计理论的同时，凸显地理教学设计技术与方法的实操介绍。以地理学与教的设计为线索，兼顾地理教学设计基本原理探讨与实践规范的建立，体现教学观念、教学理论、教学实际操作的逐级深化，注重用丰富而典型的地理教学案例来阐述地理教学中现代教学理念的渗透、教学理论的应用、实际操作的要领等问题，提出了中学地理教学系统及其要素设计的操作要求，对师范生的学习具有很强的指导性。

本教材由徐宝芳总体设计、统稿、修改及定稿，王牧兰、丁俊新、刘彩凤、白絮飞参与统稿。全书共十章，编写分工是：第一章、第四章第二节、第六章第二节至三节：徐宝芳（内蒙古师范大学）；第二章：张家辉（曲阜师范大学）；第三章第一节、第四节、第七章第三节：哈斯（北京市房山区教师进修学校）；第三章第二节至三节：张卫青（内蒙古师范大学）；第四章第一节：王牧兰（内蒙古师范大学）；第五章第一节至二节：丁俊新（鲁东大学）；第五章第三节至四节：梁勤欧（浙江师范大学）；第六章第一节、第十章第二节：刘彩凤（集宁师范学院）；第七章第一节至二节和第四节：卢凤琪（北京市顺义区教育研究和教师研修中心）；第八章第一节：杨立宇（呼和浩特市第一中学）；第八章第二节、第九章：丁占良（包头师范学院）；第十章第一节、第三节至四节：白絮飞（呼伦贝尔学院）。研究生陈瑞菲、宋美琪、程梦婕参加了第五章第三节的撰写，研究生李萍和李赞参加了第五章第四节的撰写，研究生王莹、刘畅、王嘉英、阿利玛斯、薛洪成、张大为、赵晓静、李佳琪和博士生徐昆鹏、中学地理教师张旭等参加了书稿的校对工作。

本教材参考和引用了一些专家、学者的学术成果和地理教师的案例，书中列出了主要参考文献，意在向专家、学者们致谢，同时，也给读者们提供了进一步研习的资料。天津师范大学博士生导师仲小敏教授审阅了书稿，提出了宝贵的修改意见，内蒙古师范大学教务处韩巍处长、苏贵斌副处长、根柱科长、内蒙古师范大学科技处周丹丹副处长、北京中教启星科技股份有限公司李永望总经理对本书的编写给予了大力支持，在此一并表示衷心的感谢！

本教材的出版得到了陕西师范大学出版总社的大力支持，古洁编辑在本书编写过程中给予了悉心指导和辛勤付出，在此表示诚挚的谢意！

我们期待着本书能较好地反映我国中学地理教学设计研究的水平，为高等师范院校地理科学专业的中学地理教学设计课程提供一本实用的教材。由于我们水平有限，书中缺点、错误在所难免，我们真诚欢迎所有使用本教材的师生、读者提出宝贵的意见。

徐宝芳

2022 年 2 月 28 日

拓展的教学资源

拓展资源 1

拓展资源 2

Contents 目录

第一章　中学地理教学设计绪论

内容提要

筑牢设计之基,打磨设计之术,探索设计之道。地理教学设计绪论是中学地理教学设计课程的基础,是对该课程总体的概括,对课程学习具有指导作用。主要包括以下内容:地理教学设计课程概述、地理教学设计含义和地理教学设计基础理论。

通过本章的学习,大家可以对地理教学设计课程研究对象与内容、发展过程、主要特点有初步的了解;对地理教学设计的含义、类型与作用有一定的认识;对地理教学设计的理论基础有一定的理解,初步学会运用地理教学设计的理论分析地理教学设计的方法,培养地理教学设计的意识,初步确立地理教学设计的观念。

学习目标

1. 能说出地理教学设计课程发展过程、研究内容和主要特点。
2. 能举例说明地理教学设计的概念、类型和功能。
3. 能说出地理教学设计有哪些基本理论。
4. 初步学会运用地理教学设计理论分析地理教学设计的方法。

第一节　中学地理教学设计课程概述

学习目标

1. 能说出地理教学设计课程发展过程。
2. 能说出地理教学设计研究对象与内容。
3. 能分析说明地理教学设计课程特点。

一、中学地理教学设计课程发展历史

在我国高等师范院校地理科学专业（师范）开设的“中学地理教学设计”课经历了如下八个发展阶段。

（一）地理教授法阶段（1904—1922）

1904 年 1 月 13 日，清政府颁布《奏定学堂章程》，该章程对师范教育计划的阐述比较详细。在对初级师范学堂的教材和授课时数所作的规定中有开设地理教授法的明确规定。如谢洪赉编写的《地理教授法》、南洋公学发行的《小学地理教授法》、姚明辉编著的《高等小学地理教授法》等，都是关于小学阶段的地理教授法，而研究中学地理教授法的著述并不多见。

（二）地理教学法阶段（1922—1960）

1919 年，陶行知先生提出将教授法改为教学法，目的是将教法和学法结合起来，但是实际上当时并没有做到这一点。之后，随着地理教育事业的发展，“地理教学法”的名称也得以确立，特别是地理教学研究的重点逐步转移到中学阶段后，关于地理教学法的著作和文章也逐渐增多。

这一阶段的代表性著作有竺可桢的《地理教学法之商榷》（《史地学报》1922 年第 2 期）、褚绍唐的《地理学习法》（中华书局，1935 年）、褚绍唐的

《中学地理教学法述要》(《地学季刊》1936 年第 2 期)、葛绥成的《地理教学法》(中华书局,1932 年)等等。

(三)地理教材教法阶段(20 世纪 60 年代)

陈澄教授的《地理教学论》中提到:20 世纪 60 年代,由于有些人片面地理解地理教学法学科的名称,误认为地理教学法就是研究地理教学方法的著述,并认为地理教材分析是其中一个重要内容,也要体现在课程名称中,所以一度将"地理教学法"改称为"地理教材教法"①。20 世纪 90 年代,在一些高等师范院校也开设了"地理教材教法"课程。

这一阶段的代表性著作有刁传芳的《中学地理教材教法》(北京师范大学出版社,1991 年)和王树声的《中学地理教材教法》(高等教育出版社,1995 年)。

(四)地理教学法阶段(1982—1992)

"文化大革命"以后,地理教学法课程的发展进入一个新时期。很多学者认为:"地理教材教法"主要是对教材的分析和教法的探讨,使这门课程成为具有教学指导书性质的课程,这与 20 世纪 20 年代陶行知先生提倡的"教""学"并重的教学思想相比,是认识上的倒退。其实,地理教学法不仅研究地理教学方法、地理教材,还要研究地理教学目的、地理教学组织形式、地理教学评价等等。"地理教材教法"这一课程名称并不确切,因而这以后在大部分高等师范院校,这门课程仍被称为"地理教学法"。

这一阶段的代表作有褚绍唐等的《地理教学法》(华东师范大学出版社,1982 年)、褚亚平的《中学地理教学法》(人民教育出版社,1981 年)、曹琦的《中学地理教学法》(高等教育出版社,1989 年)等。

(五)地理教育学阶段(1988—1992)

1988 年 5 月,在我国出现了探讨学科教育学的处女作《学科教育学初

---

① 陈澄. 地理教学论[M]. 上海:上海教育出版社,1999:5.

探》一书（北京师范学院出版社出版）。1988 年 12 月，由北京师范学院（今首都师范大学）学科教育学研究中心发起，28 所高等师范院校的有关专家在北京举行了“学科教育学理论研讨会”。1990 年 6 月，辽宁师范大学主持召开了“学科教育学术研讨会”。1991 年 1 月，《学科教育》（原国家教委中小学教材审定委员会办公室和北京师范大学主办）正式出版发行，进一步促进了基础教育各学科教育学的发展。

这一阶段的代表性著作有褚亚平等的《地理教育学》（上海教育出版社，1992 年）、孙大文的《地理教育学》（浙江教育出版社，1992 年）、李涵畅的《地理教育学》（大连海运学院出版社，1990 年）、袁书琪的《地理教育学》（高等教育出版社，2001 年）、褚亚平的《地理学科教育学》（首都师范大学出版社，1998 年）。这些地理教育学著作起点高、观点新、视角广、理论性强，对我国地理教学理论的研究，起了很大的推动作用。

（六）地理教学论阶段（1992 年至今）

“地理教学法”这一名称如前所述有被误解为地理教学方法，又因为人们都知道“地理教学法”虽然对地理教学实践活动有着具体的、操作性的功能，但它在理论上的升华尚显不足，因此倡立一门高等师范院校地理专业适用的、理论与实践并重的“地理教学论”的想法便由此而生。1992 年原国家教委师范司曾分别组织召开全国文、理科“学科教学论”课程研讨会，会议达成了设立各学科“学科教学论”的共识。会后，学者们开始了地理教学论的编写计划。

这一阶段的代表性著作有陈澄的《地理教学论》（上海教育出版社，1999 年）、李晴的《地理教学论》（广西教育出版社，2001 年）、林宪生的《地理教学论》（中国科学文化出版社，2003 年）、王民的《地理新课程教学论》（高等教育出版社，2003 年）、陈澄的《新编地理教学论》（华东师范大学出版社，2007 年）、李家清的《新理念地理教学论》（北京大学出版社，2009 年）、黄京鸿的《新课程地理教学论》（西南师范大学出版社，2011 年）。

(七)地理课程与教学论阶段(2001 年至今)

我国第八次基础教育课程改革起始于 2001 年。《义务教育地理课程标准(实验稿)》于 2001 年颁布,经过 10 年的实施,2011 年颁布实施了《义务教育地理课程标准(2011 年版)》,2022 年经过对“2011 年课程标准”的修订,教育部发布了《义务教育地理课程标准(2022 年版)》。《普通高中地理课程标准(实验)》于 2003 年颁布实施,2017 年颁布了《普通高中地理课程标准(2017 年版)》,2020 年教育部又发布了《普通高中地理课程标准(2017 年版 2020 修订)》。随着基础地理教育课程改革的不断深入,高等师范院校的地理教师教育课程改革也在持续进行中,有的学者提出地理教学论存在“重教学、轻课程的问题”,主张“教学与课程并重”,在地理教学论研究的基础上,需要加强地理课程论的研究,要发挥“课程与教学”两方面的理论与实践的指导作用,有的高校也将该课程设置为《地理课程与教学论》。

这一阶段的代表性著作有夏志芳的《地理课程与教学论》(浙江教育出版社,2003 年)、袁孝亭的《地理课程与教学论》(东北师范大学出版社,2006 年;2020 年第二版)、李家清的《地理课程与教学论》(华中师范大学出版社,2010 年)。

(八)地理教学设计阶段(2001 年至今)

21 世纪以来,在地理新课程改革的背景下,地理教学设计研究取得了一系列的成果。2011 年教育部颁布的《教师教育课程标准(试行)》,明确要求在师范专业教育中要开设《中学学科教学设计》课程,这为《中学地理教学设计》课程的开设与发展提供了依据,极大地推动了该门课程的建设与发展。

这一阶段的代表性著作有李家清的《中学地理教学设计与案例研究》(科学出版社,2011 年)、曹琦的《中学地理教学设计——教学原理与方法》(东北师大出版社,2005 年)、江晔的《地理教学设计应用指导》(中国地图出版社,2010 年)、裘腋成的《地理课堂教学设计》(华东师大出版社,2001 年)、薛建宇的《地理新课程教学设计》(辽宁师范大学出版社,2002 年)等。

二、中学地理教学设计课程研究对象

(一)中学地理教学系统

按照系统论的观点,中学地理教学就是一个系统,该系统由学生、地理教师、地理教学目标、地理课程、地理教学方法、地理教学评价和教学环境等要素构成,下面分别加以说明。

1. 学生

学生在地理教学活动中占据着中心地位。地理教学活动是因为学生而存在,其价值追求就是立德树人,使学生获得地理学科核心素养。学生具有主观能动性,教师应尊重学生个性,培养学生的地理知识、能力和素养。学生具有可塑性,教师一定要积极引导,因材施教。

2. 地理教师

地理教师在地理教学活动中起着组织作用。在学校的一切地理教学活动中,学生的学习都需要地理教师来引导、指导和辅导。在地理教学活动中师与生并重,学与教并举,所以可称师生为双主体。

3. 地理教学目标

地理教学目标是地理教学活动预期达到的结果,对地理教学活动起指引性作用。地理教学目标是否达成,意味着地理教学活动开展得是否成功。

4. 地理课程

地理课程指地理课业及其进程,包括地理课程标准、地理教材等。地理课程受地理教学目的的制约。地理课程是地理教学中最实质性的因素。

5. 地理教学方法

地理教学方法是地理教学活动过程中为实现地理教学目标而采取的手段。地理教师为达到地理教学目标,必须依赖于正确、有效的地理教学方法。地理教学方法是通过教与学的互动,帮助学生掌握地理知识、培养地理能力、形成正确的地理观念。

6. 地理教学评价

地理教学评价与教学反馈是地理教师与学生之间的信息交互反馈，如课堂上学生回答问题的情况，学生听讲时的反应，以及测验、考试等书面反馈信息等。地理教学评价的作用是控制过程，调控矫正教学活动，使教学活动顺利而有效进行。

7. 教学环境

地理教学活动的进行必须在一定的空间或氛围中进行，这种空间或氛围就是教学环境。有形的教学环境包括教室、地理园的布置，以及校内外的自然、人文环境等等；无形的教学环境“包括师生之间、同学之间的人际关系，校风、班风，还有课堂上的气氛”①以及网络环境等等，这些有形和无形的环境，共同营造学习氛围，构成教学环境。

总之，以上七大要素是相互联系的有机整体。学生是地理教学活动的中心，其他要素都是为学生服务的；教师是地理教学活动的组织者，各个要素的作用发挥都要靠教师来组织；地理教学目标是学生学习的预期结果，它对各个要素具有决定性作用；地理课程、地理教学方法和教学评价是地理教学活动的重要组成部分，这三个要素对学生地理学习目标的实现起着重要的作用。上述六大要素之间相互制约，同时这些要素都受教学环境的影响，反过来也影响教学环境。

（二）中学地理教学设计课程研究对象

中学地理教学设计的研究对象确定为“中学地理教学系统”，这意味着地理教学设计将对地理教学系统的所有要素都进行系统地剖析和研究。地理教学设计主张地理教学是有规律的，地理教学设计以地理学理论、学习理论、教学理论、传播理论和系统理论为理论基础，运用这些理论对参与地理教学的各个要素进行合乎地理教学规律的分析与把握，以保证地理教学设

① 李秉德. 教学论[M]. 北京：人民教育出版社，1991：13.

计能取得最优教学效果。

三、中学地理教学设计课程研究内容

关于中学地理教学设计研究的内容，学者们有以下几种探讨，详见表1－1。

表1－1 地理教学设计模型表

学者	模型组成	出处
李家清	“分析、设计、评价”三阶段地理教学设计基本架构	李家清. 中学地理教学设计[M]. 北京：高等教育出版社，2015：33.
仲小敏	“分析、设计、评价”三阶段地理教学设计一般流程图	仲小敏. 中学地理教学设计[M]. 北京：高等教育出版社，2017：14.
白文新	“分析、设计、实施、评价”四阶段地理课堂教学设计	白文新. 中学地理教材研究与教学设计[M]. 西安：陕西师范大学出版总社有限公司，2011：127.

一门课程的研究内容，取决于它的研究目的。地理教学设计研究地理教学系统诸要素及其关系，最终目的是为了解决地理教学问题、设计地理教学方案、指导地理教学实践，因而运用地理教学理论、指导地理教学实践是地理教学设计的总任务。地理教学设计具体研究内容主要包括以下几个方面。

（一）中学地理教学设计课程的发展历史

探讨地理教学设计课程发展与建设问题，研究地理教学设计课程发展面临的问题与发展趋势等。主要内容包括地理教学设计发展历史、研究对象、研究内容和研究方法、学科性质等内容。

（二）中学地理教学设计的理论基础

理论是行动的指南，教学设计要遵循规律。地理教学设计有哪些理论基础？这些理论是如何影响地理教学设计的？这就要研究地理学理论、学习理论、教学理论、传播理论和系统理论是如何影响地理教学设计的，特别要探讨地理学思想对教学设计的指导作用，体现地理学科的育人价值，强调地理教学设计的学科特色。

（三）中学地理教学目标设计

中学地理教学目标是地理教学活动的出发点和归宿，也是地理教师和学生进行地理教学活动的依据。地理教学目标设计是否合理，直接影响教学效果和学习结果，因为地理教学目标对地理教学内容的处理、地理教学策略和教学评价方式的选择等有重要影响。

（四）中学地理教学对象分析

中学地理教学设计以学生为中心，教学设计与实施目的是保证学生达到预期学习成果的重要手段，因此，分析地理教学对象（学生）就成了地理教学设计的一项重要任务。主要包括研究中学地理学习的概念与类型、中学生地理学习的心理过程和地理学习的准备状态分析等内容。

（五）中学地理教学内容分析

中学地理教学内容分析作为地理教学设计研究内容之一，在进行地理教学设计时，要探讨中学地理教学内容问题。地理教学内容是实现地理教学目标的主要载体，是地理教学设计要解决的地理教学任务问题和学科逻辑问题。

（六）中学地理教学方法与媒体技术设计

中学地理教学方法和地理教学媒体技术设计是地理教学设计研究的核心任务之一。这里主要研究地理学习方法和教学方法的组成及其设计、地理教学媒体的选择与运用、地理信息技术在中学地理教学中的应用等内容。

(七)中学地理教学过程设计

中学地理教学过程设计是地理教学设计研究的另一项核心任务,主要包括研究地理教学过程的本质、特点,揭示地理教学过程的基本规律,认识地理教学过程中教与学的关系,为有效地开展地理教学活动提供理论指导;同时对地理教学过程的模式进行研究,为具体的地理教学活动过程安排提供可操作性方案。

(八)中学地理教学评价设计

中学地理教学评价包括地理学习评价和地理教学评价。地理学习评价是根据地理教学目标,借助一定的评价技术和工具,对学生达到地理教学目标的程度进行价值判断的过程。地理教学评价指在地理教学过程中收集教师教学行为和学生学习行为的信息,衡量和判断教师教学的优劣,为教师改进教学提供依据的过程。中学地理教学评价研究包括地理教学评价概述、地理课堂教学评价、地理学习评价和地理试题命制。

(九)中学地理教学方案设计

从地理教学设计的结果来看,中学地理教学设计就是设计出好的地理教学方案,因此,地理教学方案的设计是地理教学设计研究的一个不可缺少的重要任务。中学地理教学方案设计研究包括地理课程教学方案设计、地理单元教学方案设计、地理课堂教学方案设计、地理课外活动教学方案设计和地理学习环境方案设计等。

(十)中学地理说课设计

中学地理说课就是对地理教学设计方案的说明,不仅要说明是如何设计的,还要说明设计的理由。就是要在探讨地理说课的含义、作用的基础上,重点研究地理说课的基本方法和基本要求,从而培养学习者地理说课意识与能力。

（十一）中学地理课堂教学技能设计

好的教学设计方案还需要靠有效的课堂教学来实施，课堂教学是地理教学设计方案进行实践的主要形式，课堂中地理教师的教学行为是地理教学设计研究的主要内容。教师的课堂教学行为与教师的课堂教学技能密切相关，教学技能影响和制约课堂教学行为，因此对课堂教学技能进行设计与训练是教学设计的一项重要研究内容。

综合上述内容，我们可以将中学地理教学设计的内容与流程概括为：指导、分析、设计、实施、评价、再设计六个环节，如图 1－1 所示。

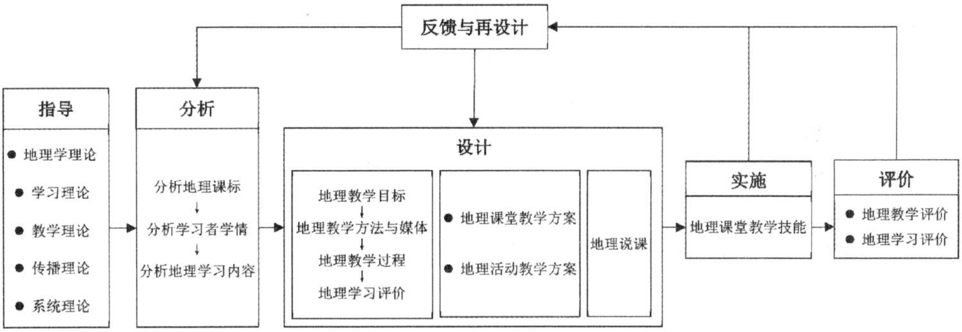

图 1－1　中学地理教学设计模型

中学地理教学设计模型包括“指导、分析、设计、实施、评价、再设计”等组成部分。

（1）指导是指地理教学设计的理论指导，地理教学设计要遵循教学规律，必须在一定的理论指导下进行设计。这是地理教学设计的思想来源，反映出地理教学设计必须遵循学科逻辑和认知逻辑的要求。

（2）分析是整个地理教学设计系统的基础。主要作用是了解学生学情与学习需要、解读地理课程标准、分析地理学习内容以及可利用的教学资源与环境等，为地理教学设计打下基础。

（3）设计包括要素设计（地理教学目标、内容、方法、媒体、过程和评价的设计）、方案设计（地理课堂和地理活动方案设计）和说课设计三部分，这是地理教学设计系统的主要任务。

(4)实施是指将设计的地理教学方案进行实施,主要探讨地理课堂实施的教学技能问题。

(5)评价是在实施的基础上对学生学习和教师教学进行评价,在评价的基础上进行反馈。

(6)再设计是在实施与评价的基础上对地理教学方案再设计,这样持续改进,不断优化设计,从而不断提高地理教学质量。

四、中学地理教学设计课程主要特点

作为指导具体的地理学科教学实践的地理教学设计,其学科性质应如何定位呢?中学地理教学设计作为一门运用地理教学规律,指导地理教学设计实践的学科,其学科性质取决于如何定位能够更有利于地理教学设计理论的研究和地理教学设计实践的开展。

简而言之,中学地理教学设计要回答三个基本问题:一是设计什么?二是如何设计?三是为什么这样设计?“设计什么”是指设计哪些内容,这是地理教学设计研究的基础,可称之为“设计之基”;“如何设计”是指设计的方法,这是地理教学设计研究的核心任务,可称之为“设计之术”;“为什么这样设计”是指设计的理由,这是地理教学设计的理论,可称之为“设计之道”。

为中学培养地理教师的地理科学专业(师范)开设中学地理教学设计课程,该课程究竟该教给师范生什么?除了掌握必需的地理教学设计理论之外,他们对地理教学设计在实践性和应用性方面的要求更现实、更迫切。

中学地理教学设计是研究地理教学系统,揭示地理教学系统各要素的关系,运用地理教学理论开展地理教学设计方法探讨,指导地理教学设计实践的一门课程。因此,地理教学设计应该说是“应用理论的学科”。

根据以上分析,中学地理教学设计课程的特点可以概括为:系统性、科学性、方法性、实践性、创造性。

(一)系统性

中学地理教学设计必须运用系统方法,综合考虑地理教学系统的各个要素的关系,进行总体设计,体现系统性的思想。明确教学目标和学生知识储备情况是教学设计的前提;教学内容分析是教学设计的基础;选择教学方法、媒体和教学过程是教学设计的核心;撰写教学方案是教学设计的一项重要内容;进行教学评价是教学设计的保障。

（二）科学性

中学地理教学设计是将地理学理论、学习理论、教学理论、传播理论和系统科学等学科的研究成果应用于地理教学系统设计的一门应用性学科。因此,地理教学设计是基于科学理论而进行的一种教学设计,具有科学性。

（三）方法性

中学地理教学设计的一个重要因素就是地理教学方法,包含已被证明有效的教学方法、教学策略、教学模式等。教学设计所提供的方法、策略和模式不是单纯的技巧和流程,必须要纳入“目标—方法—条件”的框架中考察。中学地理教学设计课程的方法性,不但体现在地理教学方法的设计上,在地理教学目标、内容、过程、评价等要素的设计和地理教学对象的分析等方面也都十分重视设计方法的问题。

（四）实践性

中学地理教学设计要从地理教学现实出发,分析现有地理教学系统的现状,发现问题、分析原因,并着手改善地理教学系统,使之能够解决实际的地理教学问题。中学地理教学设计是在各种理论指导下,对地理教学活动进行系统规划的方案。方案的可行性如何,需要实践来检验,逐渐调整进而完善教学设计。

（五）创造性

任何一项设计都讲究创造性。教学设计的过程应该是一个创造性地解决教学问题的过程。教学设计理论应为营造这种创造性提供理论空间。现代教学设计理论应该反映目标、方法和条件之间多对多的关系，并揭示影响这些关系变化的要素，构筑开放的理论框架。在这个开放的理论框架中，无不渗透着中学地理教学设计者的创造性。

基于以上特点，不难得出中学地理教学设计是科学活动过程、创造活动过程、设计过程、决策过程、实践过程。

第二节　地理教学设计含义

学习目标

1. 能说出地理教学设计的含义。
2. 能举例说明地理教学设计的类型。
3. 能举例说明地理教学设计的功能。

一、地理教学设计的概念

(一)教学设计

教学是通过信息传播促进学生达到预期学习目标的活动；设计是指为了解决某种问题，在开发某些事物和实施某种方案之前所采取的系统化计划过程。关于教学设计概念学者们有如下一些表述，详见表 1－2。

表 1－2　教学设计概念

编号	学者	观点	出处
1	加涅	教学系统设计是一个创建教学系统的过程。教学系统设计包括分析、设计、开发、实施与评价几个阶段	加涅. 教学设计原理：第五版：修订本[M]. 上海：华东师范大学出版社，2018：18.

续表

编号	学者	观点	出处
2	乌美娜	教学设计作为一个系统计划的过程，是应用系统方法研究、探索教学系统中各个要素之间的本质联系，并通过一套具体的操作程序来协调、配置，使各要素有机结合完成教学系统的功能	乌美娜. 教学设计[M]. 北京：高等教育出版社，1994：11.
3	何克抗	教学设计主要是运用系统方法，将学习理论与教学理论的原理转换成对教学目标、教学内容、教学方法和教学策略、教学评价等环节进行具体计划、创设教与学的系统“过程”或“程序”，而创设教与学系统的根本目的是促进学习者的学习	何克抗. 教学系统设计[M]. 北京：北京师范大学出版社，2002：3.

综上所述，教学设计是在一定理论指导下，在对教学各要素进行分析与设计的基础上，统筹全局、精心构造具体教学方案的过程。

（二）地理教学设计

关于地理教学设计的含义，学者们有如下一些表述，详见表 1－3。

表 1－3　地理教学设计概念

编号	学者	观点	出处
1	李家清	地理教学设计就是地理教学实施之前，地理教师以“地理课程标准”为依据，以促进学生有效地理学习为目的，以现代教学理论为引领，以相关教学理论和学习理论为指导，针对具体的地理教学内容而进行教学目标制定、教学内容组织、教学方法设计和媒体选择，安排地理教学各个环节的过程	李家清. 中学地理教学设计[M]. 北京：高等教育出版社，2015：4.

续表

编号	学者	观点	出处
2	仲小敏	地理教学设计是为了实现一定的教学目的，依据地理学科内容主题、学习者特征和环境条件，运用教与学的原理，为学习者策划学习资源和学习活动的过程	仲小敏. 中学地理教学设计[M]. 北京：高等教育出版社，2017：4.
3	曹琦	地理教学设计就是在地理教学系统中寻求最优的教学方法，它的研究对象是地理教学方法的最优化，以解决地理教学中教与学的一系列矛盾问题。它不仅是一门学科，也是一门艺术，属于应用教育学科	曹琦. 中学地理教学设计：教学原理与方法[M]. 长春：东北师范大学出版社，2005：1－3.

综合各家观点，我们认为地理教学设计是教学设计的一种类型。地理教学设计就是依据地理学理论、学习理论、教学理论、传播理论和系统理论等相关的理论和技术，分析地理教学问题和需要，对地理教学目标、地理教学内容、地理教学方法、地理教学评价等要素进行具体计划、制定地理教学行动方案的过程。其根本目的是通过对地理学习过程和地理学习资源所做的系统安排，创设各种有效的地理教学系统，以促进学习者的学习。简言之，地理教学设计就是构建和选择地理教学活动方案，它包括教的方案和学的方案。地理教学设计的含义可以从以下四个方面进行分析。

(1)地理教学设计是以地理教学系统为研究对象，在进行地理教学活动之前，根据地理教学目标的要求，用系统分析方法，对参与地理教学活动的诸多要素所进行的一种分析和策划的过程，强调系统性。

(2)地理教学设计用最优化的思想和观点对教学过程进行设计，尤其着重设计地理教学目标、教学内容、教学方法、教学媒体、教学过程、教学评价等方面内容。地理教学设计将给地理教师的教学提供一个具有可操作性的教学活动实施方案，强调方案性。

(3)地理教学设计是一种解决地理教学问题的系统方法，即依据现代教学设计理论，确定地理教学活动中的问题和需要，提出解决问题和满足需求的方法和步骤，并做出系统安排的过程，强调问题性。

(4)地理教学设计是为了实现一定的教学目标，依据地理学科内容主题、学习者特征和环境条件，运用教与学的原理，为学习者策划学习资源和学习活动的过程，强调资源性。

二、地理教学设计的类型

地理教学设计可以在多种不同应用水平中进行，因此，地理教学设计的类型具有多样性。本书将地理教学设计分为：地理课程教学设计、地理单元教学设计、地理课堂教学设计、地理课外活动教学设计和地理学习环境设计等五种类型。

(一)地理课程教学设计

地理课程教学设计是对某一阶段地理课程的一种安排和规划，设计的内容包括课程理念、课程目标和课程计划。

课程理念是教师教授地理课程前必须明确的理念，例如，学习对生活有用的地理、学习对终身发展有用的地理和培养公民必备的地理学科核心素养等。

课程计划是对某一阶段的地理教学进行整体的安排，包括学期安排、综合实践活动安排等。例如，初中地理课程需要四个学期完成，每个学期的教学安排及其综合实践活动的安排。

(二)地理单元教学设计

主要研究地理教学单元的划分，地理单元教学设计的原则、程序、方法和设计策略等内容。有的学者也称之为单元教学计划设计[①]。

① 白文新.中学地理教材研究与教学设计[M].西安：陕西师范大学出版总社有限公司，2011：130－131.

（三）地理课堂教学设计

地理课堂教学设计是地理教学设计的主要类型，是针对一个课时而进行的教学设计过程。教师要按照一定的思路，对地理课堂教学诸要素进行分析，设计出一个地理课堂教与学的方案，即教学方案和学习方案。

（四）地理课外活动教学设计

地理课外实践活动是地理教学组织的一种重要形式，包括地理野外考察和社会调查等多种类型。活动前要进行教学设计，包括活动主题选取、活动前师生准备、安全教育、现场组织和指导及活动的总结与评价等。

（五）地理学习环境设计

1. 地理教室的设计

地理教室是专门为地理教学活动而提供的场所，具有落实地理观察、地理观测、地理演示、地理实验和制作等实践与应用要求的功能，为教师提供地理课堂教学的基地、地理教学研究的阵地、地理活动的天地和地理科普的园地[①]。地理教室还可以为学生创设地理学习的情境，提供获取最新地理信息的条件，满足学生进行自主学习、合作学习和探究学习的需要。

2. 地理园的设计

地理园作为一项地理课程资源，是实现地理课程目标的重要保障，地理园设计可以更好地发挥地理园在地理教学中的作用。

3. 乡土地理教育实践基地的设计

地理课程是一门实践性很强的课程。乡土地理教学最显著的特点之一就是实践性，通过乡土地理教学能有力地促进课本知识与实践活动相结合。乡土地理教育实践基地给地理学习者提供了理论与实践相结合的平台，开

① 徐宝芳，方晓颖，王瑜. 数字化地理教室的功能及其应用建议[J]. 中学地理教学参考，2015(3)：26－27.

展探究性实践活动的场所,同时为激发学生热爱家乡的情感、进行综合性学习提供了载体。

三、地理教学设计的功能

中学地理教学设计研究的作用:一方面是指导地理教学设计实践,另一方面是发展地理教学设计理论。地理教学设计有利于地理教学工作的科学化。因为地理教学设计是对地理教学过程中相互联系的各个部分做出整体的计划,是运用系统方法设计和解决地理教学过程问题的科学过程。具体可以从对学生和对教师的作用来探讨地理教学设计的功能。

(一)对学生地理学习的作用

地理教学设计以学生为中心,一切设计活动都围绕学生的学习与发展,地理教学设计的出发点与归宿就是使学生达到预期地理学习目标。在地理教学设计时,要重视对学生不同特征的分析,充分考虑学生学习活动中的问题与需求,要针对不同的地理内容,提供给学生不同的学习资源、学习环境以及学习方法。学生在学习地理知识的同时,也明确了如何学习地理,如何运用地理知识解决有关问题。

(二)对教师地理教学的作用

(1)使教师明确如何开展地理教学工作。地理教学设计如同地理教学活动的指向标,地理教师对教学活动的每个环节、每个环节的知识及方法都做了明确的计划。因此,地理教学设计使教师明确如何开展地理教学工作。

(2)使地理教学活动具有了创造性。地理教学设计是地理教学方案的设计,设计具有很强的创造性。在现实的地理教学中,教学条件可能相差不远,但由于地理教师的理解力、执行力和创造力不尽相同,给地理教学设计的方案赋予了创造性。

(3)使地理教学媒体设计与使用水平得到不断提高。地理教学设计的内容包括教学媒体的设计，地理教学设计实践促使地理教师的教学媒体设计与使用水平得到不断提高。

(4)使地理教学环境(学习环境)和地理课程资源建设工作更具有科学性。地理教学设计的教学理念是开放的，给学生留有积极思维的空间和时间，并充分发挥学生的主动性、思考的独立性；地理教学设计的教学模式的开放性、教学内容的开放性、教学方法的开放性和教学评价的开放性，所有这些都要求充分开发与利用地理教学资源。地理教师对地理教学进行设计时，要依据地理学、心理学和教育学等理论，所以在创设地理教学环境和开发地理教学资源时，能使教学工作更具有科学性。

第三节　中学地理教学设计的理论基础

学习目标

1. 能说出地理教学设计的基本理论。

2. 能举例说明地理教学设计理论的作用。

3. 能运用地理教学设计理论分析地理教学设计案例。

理论是行动的指南，教学设计要遵循规律。地理教学设计的基本理论包括地理学理论、学习理论、教学理论、传播理论和系统理论。

一、地理学理论

地理学是地理教学设计重要的理论基础。地理学不仅为地理教学设计提供了丰富的知识，还提供了科学的方法，它是深入研究地理教学系统内部规律的重要理论基础之一。正如《地理教育国际宪章》所述：“地理教育为今日和未来世界培养活跃而又负责任的公民所必需。地理在各个不同级别的教育中都可以成为有活力、有作用和有兴趣的科目，并有助于终身欣赏和认识这个世界。”①

地理学理论对地理教学设计工作具有重要的指导作用。比如,地理学的概念,如位置和分布、地方、人与环境的关系、空间的相互作用、区域等概念;地理学的基本思想,如人地关系、整体性和差异性、区域、空间观念、地理过程等思想;地理学的基本方法,如描述法、地理文献研究法、地图法、野外考察法、社会调查法、地理实验法、综合分析法、归纳法、演绎法、比较法、地理信息技术应用等方法,都对地理教学设计具有重要的指导作用。

地理学理论对地理教学设计的指导作用有如下五点需要特别强调:(1)运用地理学理论与方法指导地理教学设计工作;(2)人地关系理论对地理教学设计具有重要的指导作用。人地关系既是地理教学的核心内容,也是地理教学设计的思想论与方法论;(3)地理教学设计中突出地理事物的空间关系是促进学生地理智慧成长的有效途径;(4)地理学研究思想与方法对地理专题方法的设计具有重要指导作用;(5)地理学的学科内容对地理教学目标和地理教学内容的设计起着关键的作用。

地理学思想是地理学理论的重要组成部分,有关地理学思想对地理教学设计的指导作用详见第二章,这里不做具体阐述。

二、学习理论

学习理论是研究人类学习的本质及其形成机制的心理学理论,解释学习是怎样发生的,以及怎样使学习变得更有效。学习理论的意义在于探索和揭示人类学习过程的本质和规律,指导人类的学习活动,特别是在指导学生的学习和教师的教学方面具有重要意义。学习理论主要包括行为主义学习理论、认知主义学习理论和人本主义学习理论等。

地理学习理论是基于学习理论基础上指导地理学习的方法体系,结合学科特点,遵循学生身心发展规律,不同的年龄阶段,不同的学习环节,不同

① 国际地理联合会地理教育委员会.地理教育国际宪章[J].地理学报,1993,48(4):289.

的知识类型需要不同的学习方法。遵循学生认识规律，由浅入深，由已知到未知，由感性到理性，由具体到抽象。而地理教学设计的根本目的是根据学生需要，确定不同的教学目标，谋划不同的教学策略，制定不同的实施方案，在充分发挥学生潜力的基础上促进学生的发展。因此，地理教学设计必须以学习理论作为理论基础。

（一）行为主义理论对地理教学设计的指导

行为主义学习理论又称“刺激—反应”学习理论或“联结学习理论”。该理论认为能够根据提供的刺激来预测或控制学习者的反应。有什么刺激就有什么反应，对学习者做出及时的强化，有利于对学习行为的获得。可见，在行为主义者看来，学习的产生是外控的，学习是一种被动完成、循序渐进、积少成多的过程。

地理学是一门实践性很强的学科。在地理学习过程中，学生需要掌握很多地理技能。行为主义学习理论中尤其是斯金纳的反射理论和强化理论对学生地理学习有一定的启示。斯金纳提出了“刺激—反应—强化”的学习模式，认为人们对环境中的特定刺激所做出的反应，是可以观察和测量的，在操作性活动发生之后，随即呈现强化刺激物，反应就会加强；否则反应就会减弱；提高教学质量和学习质量的关键是对学习效果的及时反馈，以使学习行为经过多重或连续的强化能有效地保持在一定的强度水平上。

行为主义学习理论运用在地理教学设计上，其宗旨就是要创设一种良好的环境，在最大程度上强化学生地理学习行为。具体表现在以下几个方面：

1. 重视“情境教学”

良好的地理学习情境是激发学生学习兴趣的重要手段，让学生产生愉悦的学习心理，从而产生学习动机。情境教学可以从和地理相关的故事和学生生活密切相关的地理现象出发。例如，在讲太阳高度角时可以引入“两小儿辩日”的故事，来解释中午热而早晨冷的原因不是因为太阳距离地球的远近，而是因为太阳高度角大小而造成的；在讲直布罗陀海峡的密度流时，可运用二战时德国潜水艇能自由进出英国把守的直布罗陀海峡，结果使英法联军遭受巨大损失的事例进行教学。

2. 重视“及时强化”

学生如果能及时强化所学的地理知识，就可以产生更好的学习效果。地理学习过程中，学生的学习表现要得到教师及时评价与反馈，及时指出学生的优点与不足，不足的地方给予指导，优点给予表扬，从而使学生更加积极参与学习过程。为此，在进行教学设计时，要根据教学目标设计适量而有效的多种问题或活动，教师根据学生解答问题和测评结果，可及时进行教学评价与反馈。

3. 重视“技能操作”

在基础地理教育中要培养学生一些基本的地理技能，比如运用地球仪的技能；阅读和使用地图、地理图表的技能；简单的地理观测、模拟地理实验、野外考察、社会调查以及简单的地理信息技术运用等基本技能。这些技能的培养就需要一定的训练操作才能获得，例如让学生通过阅读地图、分析地图、填充地图、绘制地图等来训练其地图基本技能。

（二）认知主义理论对地理教学设计的指导

如果说行为主义学习理论注重学习环境对学习者影响的话，认知学习理论则更强调学习者内部的因素。认知主义学习理论是当代学习理论中最具影响力的学习理论，其中最具有代表性的是布鲁纳的认知发现说、奥苏伯尔的认知同化学习论、皮亚杰的建构主义（认知结构）理论。发现说认为学习是主动形成认知结构的过程；同化学习论认为学习是从已知到未知的过程；建构主义认为学习是学生主动建构知识的过程，理想的建构学习环境应包括情境、协作、会话和意义建构四个部分。

地理学习内容中有很多自然科学的内容，这些自然科学包含很多概念、原理。认知主义理论对这些概念、原理的学习有重要的指导作用，从而影响着地理教学设计。

1. 发现教学

发现教学是让学生独立思考,改组材料,自己发现知识,掌握原理。地理学习中遇到新的概念、原理时,要重视学生学习过程,而不是着重于学习结果,此时学生的角色是主动积极的知识研究者。例如,在讲亚洲地形、河流特点时,先呈现亚洲的地形图,通过海拔的高低判断地势、地形特点,进而判断河流的流向,最后总结特点。在讲比例尺的概念时,先布置一个任务,把学校平面图画到纸上,并告诉学校的面积和形状。学生会思考:那么大的校园怎么才能画在有限的纸张上面呢?有的学生会想到在不改变形状的基础上缩小,缩小的程度就是比例尺。学生在完成任务的过程中,就学会了比例尺。

2. 同化学习

新知识学习的不同同化模式,即"下位学习""上位学习""并列结合学习"。这三种同化模式是由新知识与认知结构中起固定作用的有关旧知识的关系决定的。

下位学习:当认知结构中原有的有关观念在"包摄"和概括水平上高于新观念,新旧知识之间构成"类属"关系,称为"下位关系"。这种新旧观念的相互作用过程称为"下位学习"。例如,学习东南亚的气候类型主要是"热带季风气候"和"热带雨林气候"时,这两个概念可以纳入"气候"这一上位概念中。

当学生的认知结构中已经形成了几个概念,新的学习要在几个原有概念的基础上理解一个"包摄"程度更高的概念时,就产生了"上位学习"或"总括学习"。例如,学习自然灾害时,之前学过的旱涝灾害、寒潮、台风、地震等从属其下。

当新的知识与认知结构中原有的观念既不能产生从属关系,又不能产生总括关系时,它可能产生联合意义,这种学习称为"并列结合学习"。例如长江与黄河、等高线与等温线、温带海洋性气候与热带沙漠气候等。

3. 形成结构

在教学设计过程中要引导学生发现知识点与知识点,尤其是概念与概念之间的结构关系，帮助学生学会总结、归纳各个知识点之间的关系。在教学中，可以让学生在自我建构后，将这些知识转化为学生的认知结构。在复习过程中，可以采取留白的形式帮助学生建立知识结构，并画出知识结构图。

（三）人本主义理论对地理教学设计的指导

人本主义学习理论认为行为主义学习理论强调学习者外部因素，认知学习理论强调学习者内在认知，两者各有片面性。在学习过程中，认知、情感和行为三者密不可分。离开了人的情感，孤立地研究行为和认知是不合理的。人本主义学习理论强调人是学习的主体，必须重视学习者的意愿、情感、需要和价值观。

人本主义学习理论强调完整人的培养、有意义学习、师生的情感互动。这些观点突出学生主体地位、关注学生的生活世界、重视学生的个体发展。在具体的地理教学设计中体现以下几点：

1. 联系学生生活

新课程理念提倡学习对生活有用、对终身发展有用的地理。人本主义心理学家罗杰斯强调“有意义学习”，他认为，只有当学生正确地了解到所学内容的用处时，学习才是“有意义学习”。在地理教学设计中，要注重地理知识与学生日常生活相联系，使学生感受到地理就在身边、地理是有趣味性的学科。

2. 重视个体发展

关注学生整体发展的同时，要注重个体差异。学生的知识经验的差异和兴趣爱好不同，在接受同样的地理知识时，可能产生不同的效果。在地理教学设计中，要选择多种方法来适应不同学生的特点，使每位学生在地理课上得到成长。

3. 关注情感交流

人本主义学习理论认为，学习是一个情感与认知相结合的活动，不能脱离学习者的情绪体验而孤立进行。在地理学习中，要注意师生之间情感的交流,建立积极的反馈机制,激发学生的学习积极性。教师在评价反馈中,要把对学生的爱融入教学中,多用鼓励性话语,肯定他们的成功。例如,学生回答问题时,教师不能直接否定,要尊重学生的观点,正确引导学生"如果……会更好"。

学习理论对地理教学设计的指导作用有以下三点需要特别强调:一是应用学习理论,明确学生在地理教学活动中的主体作用,从学生在地理教学活动中的认识方式设计地理学习策略;二是运用学习理论,强调对学习环境的设计、强调利用各种信息资源来支持学习,强调情境、协作、会话对意义建构的作用;三是地理教学设计最关心的问题是如何使实际地理教学更符合地理学习规律,探讨一系列有效的地理学习策略和方法。

三、教学理论

教学理论是关于教师教学的理论,核心问题是"怎么教才是有效的"。教学理论发展至今,形成了很多理论。结合地理学科的教学特点,这里主要介绍赞可夫的发展教学理论、巴班斯基的最优化理论和瓦根舍因的范例教学理论对地理教学设计的指导作用。

(一)教学理论

1. 赞可夫的发展教学论

发展教学就是以最好的教学效果来促进学生的一般发展,教师要把一般发展作为教学的出发点和归宿。教学走在发展前面的时候,就是好的教学。要把教学目标确定在学生的"最近发展区"之内。教学要有一定的难度,要让学生"跳一跳"才能摘到"桃子"。进行地理教学目标设计时,应确定在学生能够掌握的范围内,但要有一定的难度,使学生通过努力才能获得,不能把目标定在学生只要看一眼、听一下就能达标,这样的教学目标不是有效的,学生会因为太容易而失去学习动力。

2. 巴班斯基的最优化理论

巴班斯基提出要对学校教学进行整体优化。教学过程的最优化是指在一定的教学条件下对地理教学活动中的各要素进行最优的选择和组合，寻求合理的教学方案，使教师和学生花最少的时间和精力获得最好的教学效果，使学生获得最好的发展。

在地理教学设计中要考虑是否达到最优化，教学是否最优化有两个基本标准：一是效果与质量的标准；二是时间标准，即教师在尽可能少的时间内去完成教学任务。这为我们开展同课异构提供了理论支持。

3. 瓦根舍因的范例教学理论

范例教学法指教师在教学中选择真正基础的本质知识作为教学内容，通过“范例”内容讲授，使学生达到举一反三掌握同类知识的规律的方法。此理论强调学生的主动性、独立性和问题意识的培养，教师必须充分调动学生的积极性。这个理论在地理教学设计中就是案例教学，教师采用地理案例教学是教师采用教学案例来组织学生进行学习的方法。具体可分为三种基本形式：先案后理、边案边理和先理后案。

（二）地理教学理论

地理教学理论对地理教学设计与实施具有直接而重要的指导作用。这里仅从地理教学规律和地理学六大问题两个方面进行简述。

1. 地理教学规律

地理教学规律主要包括：中学地理教学的基本规律、文图结合律、区域差异律、综合联系律、人地相关律、“地”“理”结合律、知能统一律和智德统一律等。中学地理教学目的揭示了中学地理教学活动与学生发展之间最普遍的因果联系，即中学地理教学是使学生在地理知识、地理技能、地理能力、地理观念等方面得到发展，使学生具备基本的地理学科素养，这是中学地理教学的基本规律。

这些规律是从地理教学方法、地理教学内容、地理教学目的三个方面去揭示地理教学规律的，为我们进一步研究地理教学规律打下了良好的基础，同时为我们开展中学地理教学设计提供了理论遵循。

2. 地理学六大问题

地理学家提出的六大问题是：它在哪里？它是什么样子的？它为什么在那里？它是什么时候发生的？它产生了什么作用？怎样使它有利于人类和自然环境？这六大问题解读见表1－4。

表1－4　地理学六大问题解读

层次	问题	地理内容	学习方法
认知层次	它在哪里 它是什么样的	地理位置、分布、特征、特点	直观方法为主 感性认识过程
理解层次	它为什么在那里？它是什么时候发生的？它产生了什么作用	地理规律、成因、过程、影响	地理逻辑为主 理性认识过程
应用层次	怎样使它有利于人和自然环境	理论与实际相结合，解决地理问题	综合方法（多种方法）；创造思维等

地理学家提出的这六大问题，应当成为地理教学设计的理论指导，是进行地理教学设计的逻辑线索。

教学理论对地理教学设计的指导作用有如下四点需要特别强调：一是要把教学目标确定在学生的“最近发展区”之内。教学要有一定的难度，要让学生“跳一跳”才能摘到“桃子”。二是注意运用发现式和范例式教学。三是注意优化教学过程，选择教学设计方案。四是注意贯彻地理教学的基本理念，遵循地理教学基本理论。注意探讨如何使实际地理教学更符合地理教学规律的具体策略。

四、传播理论

传播理论是研究信息传播过程、信息的结构和形式、信息通道、信息的效果和功能等方面的理论。[①] 地理教学设计要依据传播理论中有关信息的传播规律和策略来指导选择与使用地理教学媒体，提高地理教学信息传播

① 黄京鸿．新课程地理教学论[M]．重庆：西南师范大学出版社，2011：209.

的有效性。因此,传播理论对地理教学设计有很强的理论指导作用。

(一)信息通道与地理教学设计

信息通道研究表明,人类的视、听、嗅、触、味五种感觉的功能是有差异的,在相同条件下,五官获得知识的比率有如下差别,详见表1-5。

表1-5　五官获得知识的比率

感官	视觉	听觉	嗅觉	触觉	味觉
比率	83%	11%	3.5%	1.5%	1%

比较表明,五官中视觉的比率效果最好,这一成果能为地理教学媒体的选择和优化提供科学依据。例如,在学习地壳运动知识时,可以制作动画来演示地壳运动过程,通过视听媒体来增强学生对地壳运动的感知,从而实现地理知识的"可视化",这样能有效促进学生的认知发生。

(二)信息结构与地理教学设计

传播不仅与信息的意义密切相关,而且与信号的形式和结构有密切的关系。信号的顺序和结构是有效传播的必要条件,而无序的信号由于缺乏结构容易被遗忘。

案例1-1　理解和掌握位于世界火山地震带上的国家

某老师设计了如下三种方法。

第一种:要求学生理解和记住位居世界火山地震带上的国家:土耳其、厄瓜多尔、古巴、印尼、巴基斯坦、苏丹、南非、智利、新西兰、美国。

第二种:告知学生世界火山地震形成原因和分布特征,即主要集中在环太平洋和地中海—喜马拉雅山一带,再理解记住以上国家。

第三种:结合世界火山地震分布图进行教学,实践表明,效果最好。

案例分析:

对于学生而言,第一种方法所接受的信息是一种无序和缺乏结构的信息，易被遗忘；第二种方法，揭示了一种顺序，凡满足条件的易被记住；对于第三种方法而言，由于改变了信息形式，即由语言信息改为图像信息，成为视觉信息，对知识的理解和记忆就并不困难。可见，合理的信息结构有利于学生记忆和理解。

（三）信息数量与地理教学设计

信息的多与少也影响教学效果。过多的信息会形成信息冗余，没有意义；信息量不足，滞后于学生智力，对学生发展不利。教学设计中选择适量的地理信息是十分必要的。

依据传播理论，教师要科学合理地选择地理信息传播的形式和渠道，提高地理教学信息传播的效果，使教学设计更为合理有效。为此，教师要具备现代地理教师的素养，才能做好信息传播者。

传播理论对地理教学设计的指导作用有如下三点需要特别强调：一是在教学过程中，要注意到知识传授所依附的条件和过程，应注意到中间不可少的环节——媒体的选择与设计；二是信息的传递和反馈，受到很多因素的影响，在媒体的选择中，应尽可能地选择多种媒体，便于学生对知识的掌握和反馈；三是教学设计中，教师要注意信息结构和信息数量的多与少。

五、系统理论

系统理论认为，世界上的一切事物都是作为各种各样的系统而存在的。地理教学也是一个系统，地理教学设计的过程实质上就是把地理教学系统各要素进行优化组织和设计。现代地理教学设计强调地理教学是一个完整的系统，因此地理教学设计是整体而非局部的。

关于系统理论对地理教学设计的指导作用，李家清教授认为“在地理教学设计中应用系统科学的整体原理、有序原理和反馈原理，能有效整合教学因素，发挥教学系统的整体功能”①。

（一）整体性与地理教学设计

整体性指一个系统由各要素相互联系、相互制约形成一个整体，并发挥其整体功能。如果没有整体联系，没有整体结构，系统的整体功能是发挥不出来的。在实际的地理教学设计过程中，遵循整体性原理，注重教学目标、内容、方法、媒体、评价等之间相互联系、相互制约的关系，要求教学设计要紧紧围绕目标而展开，保证目标、内容、策略、过程和评价的一致性，将系统内相互作用的各要素作为一个整体来设计。例如，教师在进行地理教学设计时要处理好学生与地理学习需要、地理教学方法与地理教学内容、地理教学方法与地理教学目标、地理教学评价与地理教学目标、地理教学媒体与教学环境等要素之间的关系，使系统的整体功能大于系统各要素的功能之和。

（二）有序性与地理教学设计

有序性表现为地理教学系统要素之间存在着有序的相互联系、相互制约关系。地理教学设计还要注意符合学生认知和心理发展的顺序，这样才有利于学生对知识的理解，因此在教学设计中要遵守从已知到未知、从具体到抽象、从简单到复杂的有利于学生认知的顺序。在教学设计中应该采取多种方法促进学生认知的发生与发展，可采用“先行组织者”为学生架设认知桥梁，提供同化新知识的“认知停靠点”，最大限度地促进学习迁移，从而达到提高地理教学质量和效果的目的。

（三）动态性与地理教学设计

动态性是指地理教学系统是一个开放的、发展的系统，地理教学系统处

---

① 李家清. 中学地理教学设计与案例研究[M]. 北京：科学出版社，2012：38.

于不断运动和变化之中。例如,随着地理教师素养的提高,学生知识的积累,教学内容的更新,教学方法的优化等,地理教学设计也在不断地发展变化着。地理教学设计应充分考虑地理教学系统的动态性特点,地理教师在地理教学过程中一定要设计多种问题或活动,及时准确地获取来自学生的反馈信息,从而调整教学,取得更好的教学效果。

系统理论对地理教学设计的指导作用有如下三点需要特别强调:一是地理教学设计的整体性;二是地理教学设计要符合学科逻辑和认知逻辑,体现顺序性;三是地理教学设计的反馈性与反复性。

综上所述,五大理论是构成地理教学设计的理论基石,是地理教学设计应遵循的基本规律。五大理论综合地指导地理教学设计,其中地理学理论决定了在进行地理教学设计时,要体现出地理学科的特色,它表明地理教学设计首要的要求就是要符合地理学科逻辑,这是区别于其他学科教学设计的根本所在;学习理论是揭示学生如何学习的理论,是地理教学设计中对学生学习策略和学习方法设计的理论依据;教学理论是揭示教学规律的理论,是指导教师如何去教的理论依据;传播理论是教师选择和设计教学媒体时所应遵循的基本理论;系统理论为地理教学设计提供了系统的思想和方法,它决定了地理教学设计是以系统的思想来完成的,并以系统的思想来优化地理教学设计各环节之间的关系和结构。五大地理教学设计理论关系密切,相互联系,相互制约,共同指导地理教学设计工作。

【本章小结】

本章阐述了中学地理教学设计课程研究对象、研究内容、发展过程、主要特点;中学地理教学设计含义、类型与功能;中学地理教学设计的理论基础包括地理学理论、学习理论、教学理论、传播理论和系统理论。明确地理教学设计含义,把握地理教学设计理论,树立地理教学设计理念与意识是本章的主要任务,初步掌握运用地理教学设计理论分析地理教学设计案例的方法是本章的一个重点目标。理论学习、案例分析与实践演练是本章学习的主要思路与方法。

【二维码】

第一章　教学资源

【实践演练】

1. 简述地理教学设计课程发展过程。

2. 简述地理教学设计课程研究对象与研究内容。

3. 举例说明地理教学设计的含义和意义。

4. 运用示意图说明地理教学设计组成要素之间的关系。

5. 试着运用地理教学设计基本理论对一节中学地理教学方案进行分析。

6. 试对美国和中国初中地理教师的《极地地区》教学设计进行比较分析。建议从课时,教学设计的组成,教学目标、过程、方法、评价等方面进行比较,并说明反映出的教学思想。

【拓展阅读】

[1]迪克,等. 系统化教学设计:第6版[M]. 庞维德,等译. 上海:华东师范大学出版社,2007.

[2]加涅,等. 教学设计原理:第5版:修订本[M]. 王小明,等译. 上海:华东师范大学出版社,2018.

[3]庞维国. 教学设计:第3版[M]. 上海:华东师范大学出版社,2008.

[4]国际地理联合会地理教育委员会. 地理教育国际宪章[J]. 地理学报,1993,48(4):289－296.

第二章　地理学思想与教学设计

内容提要

思想指导设计,设计体现思想。地理学理论是地理教学设计的重要理论基础,而地理学思想又是地理学理论的重要组成部分,对地理教学设计具有重要的指导意义。因此,要高度重视地理学思想对地理教学设计的指导作用。本章主要学习讲述地理教学设计常用的地理学思想,地理学思想对地理教学设计的指导作用。

通过本章的学习,大家可以对几种常用的地理学思想含义、地理学思想与教学设计的关系有一个初步的理解,初步学会运用地理学思想进行地理教学设计,加深对地理学科育人价值的理解,进一步培养地理教学设计的意识与观念。

学习目标

1. 能举例说明常用地理学思想的要点。
2. 能举例说明地理学思想的教学导向。
3. 能结合实例分析说明地理学思想的教学价值。
4. 能利用地理学思想的教学导向设计地理课堂教学。

第一节 地理教学中常用的地理学思想

学习目标

1. 能说出地理教学中常用的地理学思想。

2. 能举例说明地理学思想的含义。

3. 能举例说明地理学思想的教学价值。

一、地理学思想的要点及教学导向

地理学思想是从地理学的认识过程中提炼上升的地理观点，是分析和解决地理问题的根本想法。地理学思想抽象地反映地理学的本质、规律和价值，为人们观察现实世界、分析地理问题提供了视角或框架。地理学思想属于观念层次，其抽象程度较高。地理学思想具有概括性、深刻性、发展性和指导性等特点。地理学思想往往产生于地理学史及地理学家。地理学史记录了地理学思想的产生、发展过程，同时展现了地理学家观察地理事象和研讨地理问题的地理学思想。随着地理学的发展和地理学家的不断探索，地理学思想的类型逐渐丰富。这里简要介绍一下中学地理教学中常用的人地关系思想、整体性思想、差异性思想、区域思想、空间秩序思想、过程思想和尺度思想等。每种具体的地理学思想都有其内涵和要点，这些要点对教师如何开展地理教学具有一定的导向作用。这些地理学思想是相互联系、相互制约的，在教学设计时要综合考虑其作用。

（一）人地关系思想的要点及教学导向

1. 人地关系思想的要点

人地关系是人类活动与地理环境的关系的简称。人地关系既是地理学研究的核心主题，又是中学地理课程的核心概念。

人地关系思想是人们分析和解决人地关系问题的地理学思想，是对人地关系的理性认识。教会学生正确阐明人地关系并形成人地协调观，是地理课程的核心诉求之一。人地关系思想贯穿于整个中学地理课程内容之中。所以，人地关系思想是极其重要的地理学思想。我们参考胡兆量的《人地关系发展规律》一文①和《地理环境概述》一书②中的观点，以及徐樵利的观点③，将人地关系思想分为地对人的影响、人对地的影响、人与地的协调等方面，并对其要点进行梳理、总结，具体要点见表2-1。

表2-1　人地关系思想的要点

序号	方面	要点
1	地对人的影响	地理环境是人类活动的外部条件，但并不是决定性条件。在特定的场合，地理环境可以成为人类活动的决定性条件。地理环境对人类活动的影响既有直接影响，又有间接影响。随着科学技术和社会的发展，自然环境对社会的直接影响减弱，间接影响增强
2	人对地的影响	科学技术越发达，对自然规律的利用越深化，人类掌握自然规律的能力越强。人类利用自然必须遵循自然规律，人类可以利用自然规律改造自然，但是不能改造自然规律。人类利用自然环境时，自然环境会对人类产生反馈作用
3	人与地的协调	人类的发展必须与自然环境的容量相适应。人类的发展必须从自然环境的整体出发，在遵循自然规律的基础上发展变化。确定一个地区的经济结构，必须同自然环境与资源结构大体上相吻合。利用地理环境，既要遵循生态平衡规律，又要遵循社会经济规律

2. 人地关系思想的教学导向

人地关系思想的教学导向至少包括如下几点：(1)在涉及自然地理环境

① 胡兆量．人地关系发展规律[J]．四川师范大学学报(自然科学版)，1996(1)：25.

② 胡兆量，陈宗兴，崔海亭．地理环境概述[M]．北京：科学出版社，2016：10-16.

③ 徐樵利．关于协调人类与地理环境关系若干规律的初探[J]．华中师范大学学报(自然科学版)，1986(1)：109-117.

对人类活动产生影响的教学内容时，需引导学生思考自然条件能否成为决定性条件，辩证地思考和分析地理问题；(2)教学时应以不同的典型事例引导学生认识到，随着时间的推移，尤其是当科技介入时，人地关系呈现出动态性等特征；(3)引导学生领悟到，人类遵循自然规律利用自然，反馈是积极的，利用是可持续的，而人类违反自然规律利用自然，反馈是消极的，利用是不可持续的，甚至是灾难性的；(4)引导学生认识到，人类要理性地利用地理环境以达到更好地为自身服务的目的；(5)循序渐进地开展人地关系思想的教学，逐渐培养学生的人地协调观，促进学生养成正确的人口观、资源观、环境观、可持续发展观等。例如，“人口合理容量”内容的教学，旨在促进学生明白人地关系矛盾会导致环境问题、资源问题和社会问题的产生，树立人口合理容量的观点就是追求人地协调发展。

(二)整体性思想的要点及教学导向

1. 整体性思想的要点

所谓整体性就是地理环境各组成要素和各组成部分之间内在的联系性，它们相互联系相互制约并结成一个整体，这一要素影响另外的要素，这一部分影响另外的部分。[①] 此外，整体性还具备另一层含义，即整体具有各要素所没有的性质和功能。地理环境的整体性不仅可以通过各要素间的相互联系、相互制约关系来体现，也可以通过组成区域的各要素特征的组合来体现，还可以在与其同等级其他区域自然地理总特征的比较中得到反映。

整体性思想是人们在观察地理事象和解决地理问题时，以整体的眼光探寻各地理要素或各部分之间的关系而形成的理性认识。整体性思想之所以重要，这与地理学研究对象密切相关。地理学的研究对象是地球表层，地球表层是由岩石、土壤、大气、水、生物等地理要素相互间通过物质迁移和能量转换而形成的整体。由此，综合性是地理学的显著特征，整体性思想是非

① 李春芬. 南美洲地理环境的结构[M]. 北京:科学出版社,1962:1.

常重要的地理学思想。我们参考刘南威①、许嘉巍②、朱海森和潘燕③等学者的观点，将整体性思想分为内在联系的整体性、结构和功能的整体性、动态演变的整体性等方面，并对其要点进行梳理、总结，具体要点见表2－2。

表2－2 整体性思想的要点

序号	方面	要点
1	内在联系的整体性	组成自然地理环境的地形、气候、水、土壤、生物等各要素时刻都在进行物质迁移和能量转换，形成了一个相互联系、相互制约的整体
2	结构和功能的整体性	自然地理环境各要素通过能量流、物质流的作用，结合成为具有一定结构和可完成一定功能的整体。任何一个要素都不具备自然地理系统的结构和功能，要素的单独作用和作为自然地理系统整体的一员在整体中所起的协同作用完全不同。整体性的强弱，取决于结构的完备性和功能的协调性
3	动态演变的整体性	自然地理环境各要素的发展演化是统一的，一个要素的演化伴随着其他各个要素的演化。各要素间存在着发生学上的联系，即现代的及地质历史上的动态联系

2. 整体性思想的教学导向

整体性思想的教学导向至少包括如下几点：(1)引导学生探寻具体环境中不同自然地理要素间的关系，尤其是分析地形对气候的影响，地形、气候对水文的影响，地形、气候、水文对植被和土壤的影响等；(2)引导学生理解这些地理要素之间是通过能量流、物质流和信息流而相互作用的。例如，通过土壤与大气之间不断进行的水分与热量交换，气候直接影响土壤的水热状况和土壤中物理、化学过程的性质与强度。潮湿积水和长期冰冻地区有利于有机质积累，而干旱、高温地区有机质矿化速度快，积累少。因此，黑土

① 刘南威. 自然地理学[M]. 3版. 北京：科学出版社，2014：368－370.

② 许嘉巍，刘惠清. 自然地理过程[M]. 长春：东北师范大学出版社，2005：4－7.

③ 朱海森，潘燕. 试论地理环境结构的整体性和差异性[J]. 上海师范大学学报(自然科学版)，1996(2)：86.

分布地区,气候冷湿,有机质积累高;而红壤多分布在热带和亚热带地区,气温高,微生物活动旺盛,有机质被大量分解;(3)引导学生明白整体是具有一定结构的整体,整体的功能大于部分功能之和;(4)通过举例,帮助学生认识到自然地理系统中一个要素的演化会伴随着其他要素的演化,能够用发展的眼光分析要素变化对自然地理环境整体带来的影响。例如,我国西北地区深居内陆,海洋水汽难以到达,再加上高原、山地对湿润气流的阻挡,形成了干旱的温带大陆性气候,气候干旱又导致河流短小稀疏、水量小,以及植被稀少、多荒漠。此外,西北地区呈现出干旱的特征,还与自然环境要素的变化有关。随着晚新生代青藏高原的隆升,阻挡了印度洋水汽的北上,并且该地区的下沉气流愈来愈强,致使该地区气候越来越干旱。

(三)差异性思想的要点及教学导向

1. 差异性思想的要点

地理环境的差异性主要是指地理环境内部的分异性。由于太阳辐射在地表分布的不平衡,地表组成物质在各部分的差异,不同的地形结构,相异的海陆位置,以及地表各部分不同的历史发展,大陆的地理环境按照不同地段的总体特征可以划分成不同的区域,这样就体现出差异性。[①]

差异性思想是人们分析和解决地表差异问题而形成的理性认识。差异性思想属于地理基本思想,在地理学思想谱系之中占据重要的位置。这与地理学研究对象及地理学基本特点有着直接的关联。地球表层自然现象和人文现象的空间分布是不均匀的,这就促使地理学具有地域性或区域性的显著特点。再加上,地域分异规律、区域思想、区位思想、空间秩序思想等均与差异性思想有关,且其中的一些地理学思想是由差异性思想直接派生而成的。因此,教师要在教学中格外重视差异性思想的要点及其运用。我们参考梁进社[②]、李春芬[③]的观点,将差异性思想分为地表差

① 李春芬.教学改革与教学质量:以区域自然地理为例[J].地理科学,1992,12(4):344.
② 梁进社.地理学的十四大原理[J].地理科学,2009(3):307-315.
③ 李春芬.区际联系:区域地理学的近期前沿[J].地理学报,1995(6):491-496.

异的动因与地表差异的表现两个方面，并对其要点进行梳理、总结，具体要点见表2－3。

表2－3　差异性思想的要点

序号	方面	要点
1	地表差异的动因	热力差异是地表差异的基础，其作用可以发生在不同地理尺度，并出现在不同的地理现象中。地壳运动、日地月之间的相互作用等外驱动力是分析地表差异性的重要出发点，对地理环境的形成与演变具有重要影响。风化、侵蚀、搬运和堆积是形成地表特性的一种基本自然过程。人类活动会对地球表面的差异性做出反应，既可以自生差异性，也可以加强或减轻源于自然界的差异
2	地表差异的表现	地理环境的差异性是客观存在的，并体现在不同的空间尺度上。区域的个性或独特性是区际差异的基础，而区际差异是渐移的，其更替是递变的，呈连续性转换，体现地域分异规律

2. 差异性思想的教学导向

差异性思想的教学导向至少包括如下几点：(1)引导学生注重从热力差异、地壳运动、日地月之间的相互作用、基本地表过程、人类活动等方面思考地表差异的成因，能够从“热力差异是地表差异的基础”这一角度出发分析和解决地理问题，懂得热力差异不仅是大气环流、水循环形成的动力之一，也是形成地表多样性景观的主导因素。例如，植被内容教学时，教师可运用世界气候类型分布示意图和世界主要植被类型分布示意图，引导学生了解到，各地不同的水分、热量和水热组合状况的差异形成了不同的气候带，不同的气候带分布着不同的植被类型，促使学生进一步理解“热力差异是地表差异的基础”；(2)引导学生关注地球表层地理事象的多样性和差异性，善于思考“为什么某种现象只发现在某些地方而为他处所无？”等问题；(3)引导学生理解“地表差异—人类活动—新的差异”的思维链；(4)引导学生明白，区域特征是区域差异的基础，区域差异为区际联系提供了可能；(5)帮助学生认识到，区际差异是渐移的，其更替是递变的,区际差异的界线在地图上能够较为清晰地呈现,但在现实中可能不易被人察觉;(6)引导学生树立正确看待空间异质性的态度,不应当对某地自然和人文环境漠然处之,不能采用一刀切的对策来应对地理问题,而应当因地制宜地考虑区域发展问题。

(四)区域思想的要点及教学导向

1. 区域思想的要点

区域是一定范围的地理空间,是地球表层具有社会经济意义的空间系统。区域既是地理学者分析地表差异性的重要术语和载体,又是中学地理课程的地理核心概念。

区域思想是人们分析和解决区域地理问题的地理学思想,是对区域现状和发展的理性认识。义务教育地理课程的主要内容为区域地理,高中地理课程内容包括区域发展等,这些内容中蕴含着丰富的区域思想。此外,高中自然地理和人文地理的内容中也蕴含着一些区域思想。可以说,区域思想是非常重要的地理学思想,在中学地理课程内容中占据突出的地位。我们参考《地理学——它的历史、性质和方法》①《地理学与生活》②《中学地理素养教育》③等书籍,以及《区域地理学基本原理初探》④《区际联系——区域地理学的近期前沿》⑤等论文,将区域思想分为区域划分思想、区域位置联系观、区域综合观、区域差异观、区际联系观和区域发展观等方面,并对其要点进行梳理、总结,具体要点见表2-4。

---

① 赫特纳. 地理学:它的历史、性质和方法[M]. 王兰生,译. 北京:商务印书馆,1983:241.

② 阿瑟·格蒂斯,朱迪丝·格蒂斯,费尔曼. 地理学与生活[M]. 黄润华,孙颖,译. 北京:世界图书出版公司北京公司,2013:19.

③ 袁孝亭,王向东. 中学地理素养教育[M]. 北京:高等教育出版社,2005:174.

④ 吴殿廷. 区域地理学基本原理初探[J]. 西北师范大学学报(自然科学版),2020(6):95-101.

⑤ 李春芬. 区际联系:区域地理学的近期前沿[J]. 地理学报,1995(6):491-496.

表2-4 区域思想的要点

序号	方面	要点
1	区域划分思想	根据空间的差异性，将空间划分为大陆、地区、地方和地点来理解地表。区域是划分出来的，是对空间的管理和概括，旨在使地球表面无限的多样性井然有序
2	区域位置联系观	某个区域因其独特的空间占位状况，决定着该区域其他要素的组合特征，优越的地理位置可以促成某些特殊活动的发展。区域间地理特征的差异，往往由于两者在地表上所占据的位置的不同
3	区域综合观	区域系统是自然、经济、社会复合而成的复杂系统
4	区域差异观	区域的个性或独特性是区际差异的基础，而区际差异是渐移的，其更替是递变的，呈连续性转换，体现地域分异规律
5	区际联系观	区域之间自然地理特征、自然资源、经济条件及发展水平等方面参差不齐，各有长短，既有差异性又有互补性，为相互交流提供基础。由于空间相互作用的存在，才使相关不同区域之间加强联系，互通有无
6	区域发展观	区域发展必须考虑投入和产出关系，努力实现空间效用极大化

2. 区域思想的教学导向

区域思想的教学导向至少包括如下几点：

（1）引导学生形成通过划分不同区域进而认识区域的意识，懂得划区是认识地理环境复杂性的一种重要方法。区域划分的类型主要包括两种：一是按照地理事物和现象的性质，可划分出属性不同的区域，如各种气候区、各类陆地自然带；二是按照空间尺度大小，可划分出不同尺度的区域，如各级行政区。

（2）教会学生善于把握地理位置与地形、气候、河流、人口、农业、工业等地理要素之间的相互联系，学会从地理位置着手分析区域特征、区域差异、区际联系和区域发展。注意从两个方面分析地理位置影响：一是由纬度位置、海陆位置等位置特点出发，借助适宜尺度地图，侧重分析一地与热量、水分之间的关联性，进而推知一地的自然地理特征；二是分析国际性的、具有区际意义的经济中心、交通中心、金融中心、信息中心(或是原料与燃料基地、市场)等与一地的空间关系,及对该地的经济发展带来的影响。

(3)教会学生从地理要素间的相互影响、相互制约的关系中把握区域特征,使学生认识到,区域特征的形成是地理环境各要素长期相互作用的结果。例如,为了分析青藏地区的地理特征,可从主导因素入手。青藏地区的主导因素是高海拔。由于海拔高,形成了独特的高原气候,许多山峰终年积雪,冰川广布,进而产生了高山草甸、草原和高寒荒漠景观,发展了河谷农业,并促使多数城镇分布于河谷地带等。可见,高寒应当是青藏地区的主要特征。

(4)引导学生理解,区域特征是区域差异的基础,区域差异为区际联系提供了可能。

(5)帮助学生认识到,区际差异是渐移的,其更替是递变的,区际的界线在地图上能够较为清晰地呈现,但在现实中有时可能不易被人察觉。例如,作为我国南方地区和北方地区的分界线,秦岭—淮河线在地图上有呈现,但在靠近淮河两岸的人们感受不到两岸地理环境的差别。只不过,自秦岭—淮河线,越往南或北,南方地区或北方地区的特征就越明显。由此可知,区域的渐变型界线在现实中往往呈现出一定的渐变地带。因而,要引导学生体会区域的渐变特征,告诉学生真实的世界。

(6)引导学生从区域之间的差异性和互补性,理解区域联系的必然性,以及从区域间存在的物质流、能量流、信息流、人流等形式,理解区域联系对区域生产、生活方式和发展方向的影响。

(7)引导学生认识到,区域规划往往以区域的整体利益或综合效益最大化为诉求。

(五)空间秩序思想的要点及教学导向

1. 空间秩序思想的要点

地理要素及其运动在地球表面的分布是不平衡的,但也是有规律可循的。[1] 探究地理问题的目的之一,便是促使地球表面无限的多样性井然有序。地理空间秩序多体现于地理位置、地理空间格局、地理过程、区域发展规划等方面,但理解这些方面往往需要通过地理分布来辨识。地理学(家)对空间秩序的研究和表达的层次有三个,即空间秩序的分布现象、空间秩序的分布格局和空间秩序的分布规律。一般而言,对地理事物或地理客体的分布实况的认识,是探索分布格局和揭示分布规律的客观基础。对地理事物或地理客体的分布规律的认识是地理学探索空间秩序的最高目标。地理学家对地理要素及地理综合体的认识有一个漫长的探索过程,发现它们在一定条件下具有鲜明的区域差异或区域多样性的"分布实况"。地理学家在探索研究中不断揭示这种空间秩序的"分布实况""分布格局""分布规律"。对自然综合体沿纬度或经线发生更替的空间秩序,地理学(家)逐渐将其抽象概括为自然综合体沿纬度或经线发生更替的"分布规律"。[2] 因此,我们需要在探索地理分布实况、分布格局和分布规律中寻找、辨识空间秩序。地表空间系统之所以看上去是有秩序的、和谐的,保持着较高水平的物质循环和能量流动,就在于它有着极其丰富的物质构成,也即系统构成的多样性。从地理事象的比较中,我们不仅仅要看到区域的差异,更在于从差异中看到区域的多样性,秩序与和谐就存在于多样性之中。[3] 可知,地球表面无限的多样性之中蕴藏着空间秩序,我们需要具有一双地理眼,发现其中的秩序美。

空间秩序思想是人们在分析和解决地表差异问题的过程中,探索地理事物或地理客体的分布规律而形成的地理学思想。我们可以将空间秩序思想的要点概括为:地理要素及其运动在地球表面的分布是不平衡的,但也是有规律可循的,在这种规律之中有时呈现出一定的空间秩序。具体要点见表2-5。

---

① 吴殿廷.区域地理学基本原理初探[J].西北师范大学学报(自然科学版),2020(6):97.
② 潘玉君,武友德.地理科学导论[M].2版.北京:科学出版社,2014:120-121.
③ 吴殿廷,丛东来,杜霞.区域地理学原理[M].南京:东南大学出版社,2016:4.

表 2－5　空间秩序思想的要点

序号	方面	要点
1	空间秩序的形成	有的地理空间秩序需要从地理客体的地理位置和地理空间结构等角度来审视，以在地球表面无限的多样性之中发现有序性，有的地理空间秩序则在人与自然环境的关系、人与社会的关系中形成，以满足人类生存和区域可持续发展的需要
2	空间秩序的表征	地理空间秩序存在空间秩序的分布现象、空间秩序的分布格局和空间秩序的分布规律三个层次，地理空间秩序可以通过地图等图像的、语言的、数学的等方式进行表述

2. 空间秩序思想的教学导向

空间秩序思想的教学导向至少包括如下几点：(1)帮助学生通过分析空间分布现象，觉察空间分布格局，揭示空间分布规律，来认识地理空间的有序性；(2)引导学生站在“秩序存在于多样性之中”的角度，欣赏这个世界，形成秩序美。例如，在进行自然地理环境的地域分异规律教学时，需引导学生发现纬度地带性规律、干湿度地带性规律、垂直地带性规律中蕴藏着不同的空间秩序，让学生感受到自然带类型多而不杂、有序不乱，多样性之中透着秩序美。

(六)过程思想的要点及教学导向

1. 过程思想的要点

地理过程是地理事象随时间的推移而出现的动态变化过程。地理过程之所以重要，与地理学的研究对象与探索问题的方式有关。地理学是研究地理要素和地理综合体的空间分异规律、时间演变过程及区域特征的学科。地理学不仅从自然角度研究环境的动态、从社会角度研究人类社会的动态、还从综合的角度研究环境和社会相互作用的动态，通过区域的综合、区域间的依赖、尺度间的相互作用等视角分析其动态演变过程。[①] 可见，地理学的研究对象之一就是地理要素和地理综合体的时间演变过程。地理学家看问

---

① 傅伯杰，冷疏影，宋长青. 新时期地理学的特征与任务[J]. 地理科学，2015(8)：939－945.

题的方式之一就是要解释所观察的地理事象的空间变化。如果离开了地理学事件随时间演化的过程分析，就只能把地理学变成一门静态的、表象的、甚至是僵死的学科。[①] 地理过程的重要性可见一斑。

过程思想是人们通过探索地理要素和地理综合体演变过程的相关问题而形成的理性认识。我们参考王爱民[②]、过宝兴[③]、王凤慧[④]、中国大百科全书总编辑委员会《地理学》编辑委员会[⑤]等的观点，将过程思想分为空间变化观、历史发展观和时间综合观等方面，并对其要点进行梳理、总结，具体要点见表2－6。

表2－6　过程思想的要点

序号	方面	要点
1	空间变化观	地理事象及其间的关系都是动态的，都会随着时间的变化而发生变化。地理事象的空间随着时间的变化而发生变化
2	历史发展观	任何地理事物或地理过程都有一个历史发展过程，应从历史唯物史观去看待
3	时间综合观	将某一时段分析的结果置于整个时间发展序列中进行动态综合，利于探寻地理现象和事物的前后承袭、演替关系和时间变化节律。现代地理事象是历史发展的结束和未来发展的起点

2. 过程思想的教学导向

过程思想的教学导向包括如下几点：(1)引导学生学会用动态的眼光认识地理事象及其间的关系，看待地理事物和现象所占据空间的变化，尤其是地理空间格局的变化。例如，普通高中教科书《地理必修第二册》(鲁教版2019年7月)的"城镇内部空间结构"中，设计了"深圳蛇口城乡内部空间结构的变化"案例，介绍了自20世纪80年代以来蛇口内部空间结构演变的情

① 牛文元. 理论地理学[M]. 北京：商务印书馆，1992：3－4.

② 王爱民. 地理学思想史[M]. 北京：科学出版社，2010：276－279.

③ 过宝兴. 地理调查研究方法(第2版)[M]. 北京：高等教育出版社，2001：19－20.

④ 王凤慧. 试论地理学中的分析与综合[J]. 科学、技术与辩证法，1988(3)：37.

⑤ 中国大百科全书总编辑委员会《地理学》编辑委员会. 中国大百科全书·地理学[M]. 北京：中国大百科全书出版社，1990：4.

况,意在引导学生认识到,随着时间的推移,蛇口内部空间结构发生了较大变化,住宅区和工业区等都经历了扩展或迁移,从而形成时空综合的思维;(2)引导学生注意利用时空互补性,采用空代时方法解决地质地貌相关问题。例如,美国高中教材《科学发现者·地球科学 地质学、环境与宇宙(第二版)》第9章"地表水"中第2节"河流的形成"的栏目内容为:"你最近一次看到河流是什么时候?所有河流的水都向坡下流,直至最低点。这使得地质学家可以根据一个地区的地形特征来预测河流的路径。"这种启发引导的方式,将空代时方法渗透其中。空代时方法即为地貌学研究中的空间代替时间的方法。该方法认为,如果遵循一定的规律,对地貌类型及其特征进行空间上的序列采样,即可为研究某种地貌的个体发育进程提供基本依据。① 学生根据河流各路段所表现出的不同地貌特征,推断地貌发育的时间过程,进而得出河流路径变化的历程;(3)引导学生用唯物史观去看待地理事象的发展过程、理解地理概念的含义变化、正视地理学家的思想演变、明白科学技术的发展在其中发挥的重要作用;(4)教会学生将某较短时间尺度上发生的地理事象置于更长时间尺度内加以综合考量,通过追溯地理事象的发生发展过程来辩证地、深刻地认识其现状特征,通过充分认识地理事象的发生过程和发展现状来预测其未来的演变趋势,通过将近期利益与长远利益相结合来采取适宜的行动策略。例如,普通高中教科书《自然地理基础》(地理选择性必修1、人教版2020年6月)的"河流地貌的发育"一节中,设计了"通过遥感影像图探究曲流变化规律"的活动。此活动的教学,意在引导学生从动态的角度认识曲流的变化过程,并推测河道未来可能的变化。

(七)尺度思想的要点及教学导向

1. 尺度思想的要点

地理学中的尺度是指地理事物和现象在空间和时间上的量度,或研究地理事物和现象时所采用的空间和时间单位。地理空间尺度即地理空间范围的大小,地理时间尺度即地理时间间隔的长短。地理学中的尺度具有依

---

① 黄骁力,丁浒,那嘉明,等.地貌发育演化研究的空代时理论与方法[J].地理学报,2017(1):95.

赖性、层级性、相对性和复杂性等特征。尺度是中学地理课程的地理核心概念,可分为空间尺度、时间尺度等一般概念,还可以继续分为宇宙、地球、地区、国家、区域、地方、地点以及年、季、月、日、时、分、秒等具体概念。

尺度思想是指探讨地理事物的时空属性,以及通过尺度的透镜观察地理环境和分析地理问题而形成的理性认识。近些年,英国、日本、美国、澳大利亚和新加坡等国家的地理课程标准中非常注重学生对尺度概念的理解和对尺度思想的运用。中学地理教学中经常用到的尺度思想涉及尺度划分、尺度关联、尺度效应和尺度选择等方面。尺度划分是指按照一定的标准,将空间尺度较大或时间尺度较长的地理事物和现象划分为若干大小不同的空间或长短不一的时间的过程。尺度关联是指不同尺度上地理事物和现象之间的关联互动作用。尺度效应是指当改变尺度去观察地理事物和分析地理问题时,结果随之发生变化的现象。尺度选择是指依据某种目的和实况选择最优尺度的过程。我们参考国内外地理学理论文献的观点,对尺度思想的要点进行梳理、总结,具体要点见表 2 – 7①。

表 2 – 7　尺度思想的要点

序号	方面	要点
1	尺度划分	为了便于认识空间尺度较大或时间尺度较长的地理事物和现象,往往需要依据一定标准将其划分为不同尺度的空间或时间,使地球表面无限的多样性显得井然有序
2	尺度关联	不同尺度上的地理事物和现象之间相互影响、相互依存。大尺度上的变化往往会影响小尺度上的地理事物和现象,小尺度上的变化也可能会影响大尺度上的地理事物和现象
3	尺度效应	尺度不同,所解释的视角和关注的方面不同,获得结论的普适性和概括程度也不同,因此可以通过改变尺度来全面地认识地理事物和现象,解决地理问题
4	尺度选择	尺度的选择影响着对整体和细节的把握,分析和解决地理问题时需要根据具体情况和目标选择适宜的尺度

① 张家辉,袁孝亭.地理教育中的尺度思想:基本内容与教学价值[J].课程·教材·教法,2016(6):103 – 108.

2. 尺度思想的教学导向

尺度思想的教学导向包括如下几点:(1)引导学生懂得划分不同尺度的时空是认识地理环境复杂性的一种方法,逐渐形成通过划分不同时空尺度认识地理事象的意识和习惯;(2)引导学生形成对不同尺度上地理事象或地理问题之间关系的敏感性,既要学会分析较大空间尺度上地理事象的变化对局地尺度上人类生存环境产生的影响,又要学会解释局地尺度上人地矛盾的发生对较大空间尺度上的地理事象产生的影响;(3)教会学生运用"从全球着眼、从区域和地方入手"的方法论,善于从世界眼光来看家乡建设,进而形成"全球考量、本土行动"意识,同时需教会学生在采取眼前的行动策略时还要考虑长远的目标,进而形成"着眼长远、立足当下"的意识;(4)引导学生形成将认识对象置于不同尺度加以认识的意识与习惯,以及形成通过改变尺度分析问题的思维方式,具体而言,引导学生学会通过改变尺度来描述、分析和评价地理位置,引导学生学会通过改变尺度来观察地理事象、概括地理特征,引导学生学会通过改变尺度来分析地理因果关系,即从不同尺度分析地理成因、从不同尺度分析地理事象产生的影响。例如,鲁教版高中地理选择性必修 2《区域发展》(2020 年 7 月)的"认识区域"一节中,设计两个活动,让学生"从不同的空间尺度描述上海自由贸易区的区域特征"和"从全国、长江经济带和上海三种不同的空间尺度,说明设立上海自由贸易区的意义"。此活动的设计,旨在引导学生学会通过改变尺度来描述上海自由贸易区的区域特征以及分析设立上海自由贸易区的影响。第五,引导学生学会根据具体情况和需要来选择最优尺度,以清晰地观察地理事象并做出正确判断。

二、地理学思想的教学价值

地理学思想是地理学的灵魂、本质,是地理教育价值的根本所在,为我们认识世界提供独特的视角、思维方式和框架。重视地理学思想的教学,有助于促进学生地理概念体系的构建、地理学科方法的掌握、地理思维方式的形成和正确价值观的养成。

(一)有助于学生构建地理概念体系

地理概念体系是指不同地理概念之间相互联系而构成的概念系统,其包括地理概念的名称、不同地理概念间的关系等。地理学思想为人们观察现实世界、分析地理问题提供了视角或框架。基于地理学思想构建地理概念体系,有利于学生从学科本质上认识地理概念的内涵,从更高的角度把握地理概念间的关联。而学生在构建地理概念体系的同时,也有助于更加深刻地领悟地理学思想。[①] 基于地理学思想构建地理概念体系,需要将某种地理学思想的要点所包含的关键词或同义词置于或渗透于地理概念体系示意图之中,引导学生利用地理学思想来理解地理概念体系。

案例2-1 “环境问题及其产生的原因”内容的地理概念体系

普通高中教科书《地理必修第二册》(人教版)的第五章第一节为“人类面临的主要环境问题”,该节内容的第一个项目为“环境问题及其产生的原因”。此内容蕴含着人地关系思想。人地关系思想告诉我们,人类利用自然环境时,自然环境会对人类产生反馈作用。人类遵循自然规律利用自然,反馈是积极的,利用是可持续的。人类违反自然规律利用自然,反馈是消极的,利用是不可持续的,甚至是灾难性的。[②] 笔者在绘制图2-1过程中,就将人地关系思想的内容要点渗透到此概念体系之中。具体做法是,在“人类”与“环境”之间,用连接词“行为”和“反馈”搭建桥梁,表达出人类对环境采取什么样的行为,就会得到环境对人类的相应反馈,以渗透“人对地的影响”思想。在此基础上,分别由“行为”和“反馈”派生出不同的概念。人类向环境过度索取资源,会造成自然资源枯竭、生态破坏等问题。人类向环境过度排放废弃物,会产生环境污染等问题。自然资源枯竭、生态破坏、环境污染属于环境问题。这些环境问题是大自然对人类所采取的不理智行为的反馈,是人地关系矛盾的表现。如果这些环境问题得不到妥善解决,还会进一步加剧人地关系矛盾,造成更加严重的环境问题,甚至使人类陷入恶性循环之中。由此可知,基于人地关系思想构建地理概念体系,有利于学生正确

---

① 张家辉. 如何构建地理概念体系[J]. 课程·教材·教法,2021(1):138-143.

② 胡兆量,陈宗兴,崔海亭. 地理环境概述[M]. 北京:科学出版社,2016:13.

认识人类活动对自然环境的影响，进而认识到人类对自然环境的干预意味着对自身的干预。

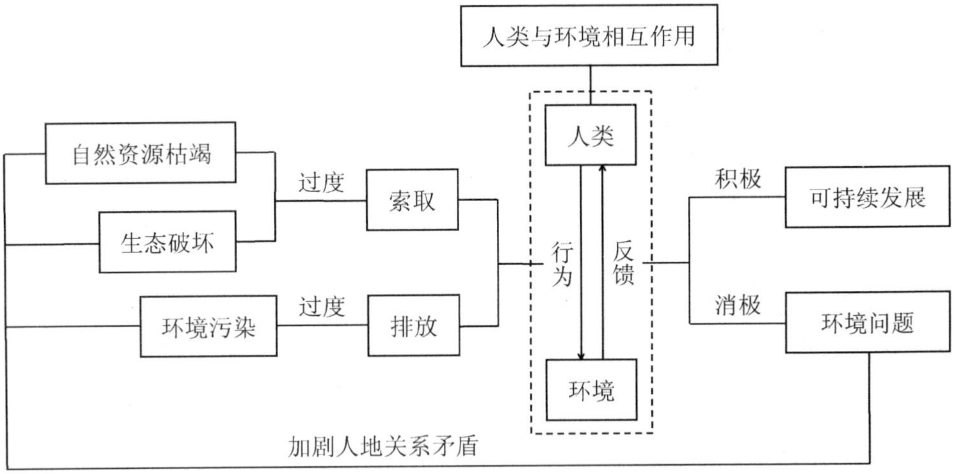

图 2－1 “环境问题及其产生的原因”内容的地理概念体系

（二）有利于学生掌握地理学科方法

地理学思想是从地理学的认识过程中提炼上升的地理观点，是分析和解决地理问题的根本想法。地理方法是在地理学思想的指导下，分析和解决地理问题过程中所采用的各种方式、程序和手段的总称。地理学思想与地理方法的区别体现在，地理学思想抽象地反映地理学的本质、规律和价值，为学生提供了认识和欣赏这个世界的地理视角，属于观念层次，其抽象程度较高；地理方法侧重于分析和解决地理问题的操作过程，为学生提供了分析和解决地理问题的具体程序和手段，属于操作层次，其操作性较强。与此同时，地理学思想与地理方法又有着紧密的联系。地理学思想是地理方法的进一步提炼和概括，对地理方法的运用具有一定的指导作用；地理方法是地理学思想的表现形式，是地理学思想得以实现的手段。例如，地图思想告诉我们，地图上往往蕴藏着各种关系和联系。学习者注重观察地图上各种关系和联系的敏感性，是由地图思想作为指导的，而学习者通常需要利用地图法等地理方法分析这些关系和联系。可见，发挥地理学思想的指导作用，能够促进学生对地理方法的理解和运用。

（三）有利于学生地理思维方式的形成

加强地理学思想的教学，有助于学生形成地理思维方式。这是因为，许多地理学思想之中蕴含着一定的地理思维或地理思维方式。人地关系思想的要点中蕴含着人地关系思维，整体性思想的要点中蕴含着要素综合思维和一定的系统思维，区域思想的要点中蕴含着一定的空间思维，尺度思想的要点中蕴含着尺度思维。

这里以尺度思想为例。尺度效应的视角告诉我们，观察地理事物和分析地理问题时往往需要改变尺度。随着尺度的变化，所解释的视角和关注的方面不同，获得结论的普适性和概括程度亦不同。地理学理论中的尺度效应往往存在于认识地理位置、归纳地理特征、分析地理因果关系等内容之中。因此，在进行地理位置、地理特征、地理因果关系等内容教学时，地理教师需要结合具体情况提醒学生注意通过改变尺度来分析，学生也由此逐渐形成通过改变尺度观察地理事物和分析地理问题的思维方式。形成这种思维方式，既要重视需要改变尺度观察事物和分析问题的具体情境，又要明白从哪些尺度上考虑问题。既要注重改变尺度后关注的方面发生变化，又要清楚所得出结论的概括程度亦发生变化。

学生形成通过改变尺度观察地理事物和分析地理问题的思维方式，懂得根据尺度决定对“整体”和“细节”的把握，有助于全面地描述和评价区域的地理位置；有助于根据需要来突出地理事物和现象的整体或忽略地理事物和现象的细节；有助于多角度地探寻地理成因及寻求地理问题的解决方法，从不同尺度分析区位条件和解释地域分异规律，进而形成区域认知素养和人地协调观素养；有助于综合辨识地理现象的变化趋势，科学地看待地理现象的发展趋势及其影响，进而形成综合思维素养。总之，有助于形成将认识对象置于不同尺度加以认识的意识与习惯。

案例 2－2　通过改变空间尺度来分析某地风向的成因

湘教版《地理 1》（2004 年第 1 版）在介绍热力环流形成的原理之后，设计了相关的习题:“下图表示某研究小组实测的上海地区某日14时气温分布状况,读图回答:P点夏季的盛行风向为________。若仅考虑本地区的气温分布和气压的关系,P点此时近地面的风向为________。”

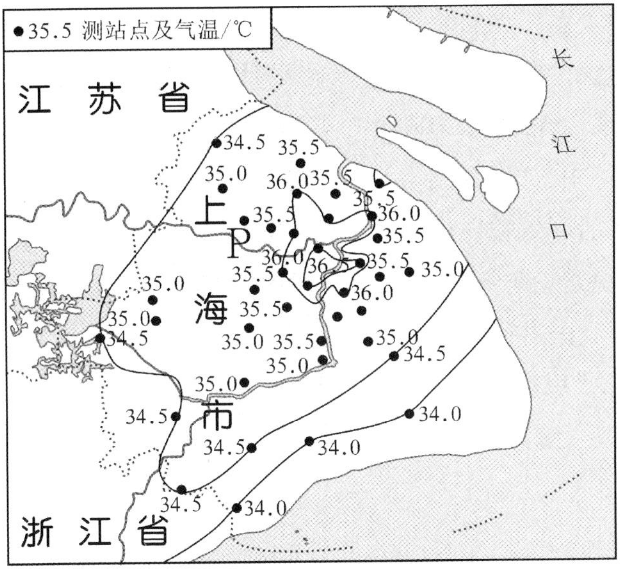

图2－2 上海地区某日14时气温分布

为了解答此题,需要从不同尺度寻找成因,且在小尺度考察成因时要更多地考虑局部环境因素。从大尺度上看,我国位于亚欧大陆东部,面临太平洋,海陆的气温对比和季节变化比其他地区显著,所以季风气候比较明显,P点夏季的盛行风向为东南风。从小尺度上看,城市中心温度高,郊区温度低。由于热岛效应的存在,P点近地面风向为西北风或偏北风。解答这一问题时就必须考虑在局地尺度上热岛效应对P点产生的重要影响。由此看来,通过改变尺度来分析地理问题,可帮助学生学会从不同尺度探寻成因,以便全面地分析问题和得出正确答案。

(四)有助于学生养成正确价值观

加强地理学思想的教学,有助于学生形成正确的价值观。地理学思想的要点及其发展过程中就蕴含着一些价值观念。人地关系思想的要点中蕴含人口观、资源观、环境观、可持续发展观,整体性思想的要点中蕴含有整体观,区域思想和尺度思想的教学有助于学生形成全球意识和家国情怀,差异性思想的教学有助于学生形成对世界多样性的理解和尊重。

通过人地关系思想的教学,有助于学生逐渐形成生态文明观、人与自然生命共同体意识,增强关心和爱护环境的社会责任感。例如,普通高中教科书《地理第二册》(湘教版 2019 年 7 月)的第五章第二节“协调人地关系,实现可持续发展”中,详细介绍了“人地关系思想的演变”。教科书阐述了古代人地关系思想的产生和现代人地关系思想的发展。古代人地关系思想经历了“地理环境决定论—人定胜天—天人相关论和因地制宜思想”的变化,教科书中列举了我国古代的人地关系思想包括孟轲的“人定胜天”思想、荀况的“天人相关论”思想、管仲和贾思勰的因地制宜思想等。通过这些内容的学习,学生可以了解人地关系思想的演变,对人地协调观内涵形成更深刻的理解。

第二节　基于地理学思想的地理教学设计

学习目标

1. 能举例说明地理学思想与地理教学设计的关系。
2. 能运用地理学思想分析地理教学设计案例。
3. 能依据地理学思想对地理课堂教学进行设计。

学生能够运用地理学思想观察地理事象和解决地理问题,是地理课程目标之一。为了达成此目标,教师在进行地理教学设计时,就需要将包括地理学思想在内的地理学理论作为重要理论基础,发挥地理学思想的指导作用。那么,如何基于地理学思想进行地理教学设计呢?我们以普通高中教科书地理:选择性必修 1《自然地理基础》(人教版 2020 年 6 月)的第三章第三节“气压带和风带对气候的影响”为例,从教学目标、教学内容、教学方法和教学评价等方面来探讨地理学思想对地理教学设计的指导作用。

一、地理学思想对地理教学目标设计的指导

地理学思想对地理教学目标设计的指导在于:地理教师在设计地理教学目标时,需要挖掘地理课程标准与教材中蕴含的地理学思想,明晰地理学思想之于教师使用某节教材内容进行教学的导向,利用教学目标陈述技术等将地理学思想的教学导向转化为地理教学目标。

(一)挖掘地理课程标准与教材中蕴含的地理学思想

地理课程标准的内容要求是设计地理教学目标的直接依据,地理教材内容是设计地理教学目标需要考虑的重要因素。而地理学思想在地理课程标准和地理教材中的渗透往往比较隐性,因此,挖掘地理课程标准和地理教材中蕴含的地理学思想便成为设计地理教学目标的前提。

(1)分析地理课程标准中可能蕴含的地理学思想。“气压带和风带对气候的影响”一节对应的内容要求为“运用示意图,分析气压带、风带对气候形成的作用,以及气候对自然地理景观形成的影响”。气压带、风带的分布及其移动对气候的影响,反映了热力差异是地表差异的基础,体现了差异性思想。气候对自然地理景观形成的影响,反映了气候与植被等自然地理要素之间的关系,体现了整体性思想。由此得出,该条内容要求蕴含着差异性思想和整体性思想。需要注意的是,我国地理课程标准中的内容要求表述得比较简练,地理教师从字面上分析地理课程标准中所蕴含的地理学思想,其结果可能并不全面。

(2)分析地理教材中蕴含的地理学思想。“气压带和风带对气候的影响”一节的教材内容共包含气压带对气候的影响、风带对气候的影响、气压带和风带的交替控制对气候的影响、气候与自然景观等四个目。前三个目中各有一个案例,分别为“赤道低压带与热带雨林气候”“西风带与温带海洋性气候”“副热带高压带和西风带的交替控制与地中海气候”,三个目之后有个“气候的影响因素”内容及活动“认识世界气候类型的分布规律和气候特征”,第四个目之后还有个自学窗“分尺度认识地理分布”。

三个案例以及“气候与自然景观”内容，均涉及自然地理要素之间的关联，体现了整体性思想。“风带对气候的影响”“气压带和风带的交替控制对气候的影响”“气候的影响因素”内容之中，均体现了差异性思想中的“热力差异是地表差异的基础”这一要点。“认识世界气候类型的分布规律和气候特征”活动中，让学生依次了解热带、温带、寒带的主要气候类型，以及比较亚欧大陆中高纬度地区的大陆西岸、大陆内部和大陆东岸的气候特征差异，体现了区域划分思想。三个案例中“地球上面积最为广大”“世界上范围最广”“世界上地中海气候最典型且分布范围最广”的气候区形成，离不开区域地理位置的影响，体现了区域位置联系观。温带海洋性气候在北美和欧洲西部分布的差异，以及撒哈拉沙漠地区与我国南方地区自然景观的差异，均体现了区域差异观。“气压带和风带的交替控制对气候的影响”以及东非高原上的动物迁徙，说明随着时间变化，气压带和风带会做周期性的季节移动，植被的生长和食草动物的活动轨迹也会发生变化，这些体现了过程思想的空间变化观。“认识世界气候类型的分布规律和气候特征”活动，让学生感悟自低纬向高纬、从沿海到内陆气候类型分布的有序性，体现了空间秩序思想。“分尺度认识地理分布”自学窗的内容，直接地体现了尺度思想中的尺度选择和尺度效应等方面。

综合课程标准分析和教材分析的结果来看，此节内容蕴含着整体性思想、差异性思想、区域思想、过程思想、空间秩序思想和尺度思想等地理学思想。

（二）明晰地理学思想对教材内容的教学导向

每种具体的地理学思想都有其内涵和要点，这些要点对教师如何开展地理教学具有一定的导向作用。地理教师在设计“气压带和风带对气候的影响”一节地理教学目标时，就需要领悟整体性思想、差异性思想、区域思想、过程思想、空间秩序思想和尺度思想等地理学思想的要点，以及结合地理教材内容把握这些地理学思想的教学导向。

整体性思想对于本节内容的教学导向有：其一，教会学生从地理要素间的相互影响、共同作用中把握区域特征,使学生认识到,区域特征的形成是地理环境各要素长期相互作用的结果,而不是简单地由某一地理要素所决定的;其二,引导学生学会分析气候与植被之间的关联,尤其是注意从气候的水热特征入手,建立“气候—土壤—植被”的要素综合思维链。

差异性思想对于本节内容的教学导向体现在:其一,引导学生懂得热力差异是地表差异的基础,由此分析气压带、风带对气候的影响以及太阳辐射对气候形成的影响;其二,引导学生注意从空间差异中发现问题。

区域思想对于本节内容的教学导向包括:其一,引导学生通过划分不同的区域(块)认识小尺度区域的独特性和大尺度区域的多样性;其二,教会学生善于把握地理位置与地形、气候、河流等地理要素之间的联系,逐步学会从地理位置着手分析区域特征、区域差异。

过程思想对于本节内容的教学导向在于:引导学生学会用动态的观点认识地理事象及其所占空间的变化。

空间秩序思想对于本节内容的教学导向在于:帮助学生通过分析气候类型的分布实况,揭示气候类型的分布规律,来认识地理空间的有序性。

尺度思想对于本节内容的教学导向为:引导学生学会通过改变尺度来观察地理分布实况、分析地理分布成因和概括地理分布规律。

(三)将地理学思想的教学导向转化为地理教学目标

如何在设计地理教学目标时体现地理学思想的教学导向呢?可以分为三步来实现:(1)在内容和水平上,将地理学思想的具体教学导向内容转为地理教学目标的内容,注意参照教学目标的水平层次选择合适的动词;(2)在陈述方法上,利用行为目标陈述法等方法,将行为主体从教师转为学生,规范地理教学目标的内容;(3)在呈现方式上,可结合不同教学内容逐条表述地理教学目标。按照如上步骤,将本节的具体教学目标(共2课时)设计如下:

(1)运用气压带、风带分布示意图,以热带雨林气候、温带海洋性气候的形成为例,逐渐学会从热力差异的基础作用、气流的运动方向和来源地性质等角度分析单一气压带、单一风带对气候形成的影响。

(2)运用气压带、风带季节移动示意图,以地中海气候的形成为例,分析气压带、风带的交替控制对气候的影响。

(3)通过分析欧洲西部温带海洋性气候的成因,初步学会气候成因分析的一般法则,并能运用此一般法则,分析其他区域气候的成因。

(4)运用不同地点的气温曲线图和降水量柱状图,比较不同气候类型特征的差异;运用世界气候类型分布示意图,归纳不同类型气候的分布规律,感受气候类型分布的秩序美,并能从比较同一气候类型在不同地区分布的位置、范围中发现问题,提高探索空间异质性的兴趣。

(5)运用示意图和景观图,分析气候对自然景观形成的影响,初步学会从气候的水热特征入手分析其对景观的影响,形成要素综合思维和时空综合思维。

(6)通过观察不同空间范围的年降水量分布图,初步学会分析不同空间尺度区域年降水量的分布成因和概括其分布规律。

二、地理学思想对地理教学内容设计的指导

地理学思想对地理教学内容设计的指导在于:地理教师在设计地理教学内容时,能够在明确地理课程标准与教材中蕴含的地理学思想,以及适于体现这些地理学思想的内容点的基础上,依据实际情况从不同版本地理教材中直接选择适宜的内容,或参照地理学思想的教学导向进行地理教材二次开发。

(一)依据实际情况从教材中直接选择适宜的内容

地理教材是地理教师开展地理教学和学生学习地理的重要教学资源,凝聚了地理学家、地理教材编写专家、地理教研员和一线地理教师等的集体智慧。因而,教师在设计地理教学内容时,可以依据自身的学科理解和所教学生的实际情况,从地理教材中直接选用一些适宜的内容。被教师直接选用于教学之中的教材内容往往包括以下几个特征:其一,落实了课程标准的

要求,有利于教学目标的达成;其二,具有代表性的事例,其他版本教材的事例或学生生活的事例都不如其典型;其三,蕴含较为丰富的教育功能;其四,被学生理解起来相对容易或能接受。譬如,“气压带和风带对气候的影响”一节内容中,教材编写者精心挑选了三个案例,分别以热带雨林气候为例说明单一气压带的分布对气候的影响,以温带海洋性气候为例说明单一风带的分布对气候的影响,以地中海气候为例说明气压带、风带的交替控制对气候的影响。从落实课程标准要求的角度来看,这三个案例能较好地体现“运用示意图,分析气压带、风带对气候形成的作用”这条内容要求。从代表性来说,教材编写者在介绍这三种气候类型的成因和特征的同时,叙述了与这三种气候类型相对应的地球上面积最为广大的热带雨林气候区和世界上分布范围最广的温带海洋性气候区和世界上分布范围最广的地中海气候区,及其成因。从体现地理学思想的角度来看,此三个案例渗透着整体性思想、区域思想和过程思想等。综合而论,此三个案例比较典型,地理教师在进行地理教学内容设计时可直接选用此三个案例。

(二)参照地理学思想的教学导向进行教材二次开发

地理教材二次开发是地理教师依据课程标准对教材内容进行适度地调整、增加、删除和加工的过程。这一过程既是地理教师重构地理课程内容的过程,也是地理教师灵活处理地理教材、地理课程标准和学情等方面关系的过程。地理教材的二次开发有多种方式方法,其中找到与此教材内容相关联的地理学思想以及参照地理学思想的教学导向,开发出更加鲜活、更加贴近学生现实生活的地理教学素材是一个重要的视角。需要特别注意的是,地理教师需要转变对于地理学思想体现内容点的固有错误认识。有的地理教师认为,整体性思想和差异性思想只是或主要体现在高中地理教材中的“自然环境的整体性与差异性”部分。其实不然,整体性思想和差异性思想广泛地体现在初高中地理教材内容之中。

地理教师在利用地理教材微观分析方法分析地理教材的外部联系时,若能找到当下的典型新闻或师生所在地的现实事例等素材,则可以参照地理学思想的教学导向,开发和利用更加鲜活、更加贴近学生生活的地理教学素材。例如,“气压带和风带对气候的影响”一节中的自学窗“分尺度认识地理分布”蕴含着尺度思想中的尺度效应方面。尺度思想对于本节内容的教学导向为:引导学生学会通过改变尺度来观察地理分布实况、分析地理分布成因和概括地理分布规律。如果师生所在地方或区域的年降水量分布有其特殊性,那么地理教师在设计教学内容时,可以参照尺度思想的教学导向,保留自学窗的多数内容,补充呈现师生所在地方或区域的年降水量分布示意图,让学生在观察该图的基础上概括所在地方或区域的年降水量分布规律并且分析其原因,并将此分布规律与我国年降水量的分布规律作比较,进一步强化学生关于通过改变尺度分析地理成因和总结地理规律的思维方式。

三、地理学思想对地理教学方法设计的指导

地理学思想对地理教学方法设计的指导在于:地理教师在设计地理教学方法时,需要遵循地理学思想的内涵和要点,把握地理学思想的教学导向,依据地理教学目标,结合地理教学内容和学生认知规律等,选择适宜的地理教学方法。

(一)依据地理学思想的教学导向等,选择适宜的地理教学方法

地理学思想的教学导向及其转化而成的教学目标,为地理教学方法的选择提供了指引。蕴含地理学思想的教材内容,为地理教学方法的选择提供了载体和线索。那么,参照地理学思想的教学导向及其转化的地理教学目标,结合地理教学内容,地理教师可以选择哪些地理教学方法呢?

已有研究表明,依据地理教学方法的地位、作用,将地理教学方法分为地理一般教学方法与地理专题教学方法。在此基础上,依据地理教学方法

要素间的关系将地理一般教学方法分为组织方法、认识方法和教学手段[①]；依据课题内容的性质将地理专题教学方法分为普通内容专题教学方法和特定内容专题教学方法[②]。地理教师可以从地理一般教学方法与地理专题教学方法中选择适宜的具体地理教学方法，选择地理一般教学方法时要考虑组织方法、认识方法和教学手段三类。

在“气压带和风带对气候的影响”一节中，对于整体性思想的教学导向和体现内容点，可采用讲授法、地理分析综合法、地理联系图表图解法；对于差异性思想的教学导向和体现内容点，可采用谈话法、地理比较法、地理略图图解法；对于区域思想的教学导向和体现内容点，可采用小组合作教学方法、地理分析综合法、地理比较法、地理统计图表图解法、气候成因专题教学方法；对于过程思想的教学导向和体现内容点，可采用欣赏法和地理略图图解法；对于空间秩序思想的教学导向和体现内容点，可采用谈话法、地理概括法、地理象征图像直观方法；对于尺度思想的教学导向和体现内容点，可采用谈话法、地理比较法、地理象征图像直观方法。总体来看，在本节教学中，教师可采用讲授法、谈话法、小组合作教学方法等组织方法，地理分析综合法、地理比较法、地理概括法、欣赏法等认识方法，以及地理图解直观方法、地理象征图像直观方法等教学手段。当然，如上提供的地理教学方法仅供地理教师参考。地理教师个体究竟选择哪些地理教学方法开展本节内容教学，除了依据地理教学目标、地理教学内容、学生实际情况外，还要结合教师自身素养、学校环境条件等方面来确定。

（二）选择的教学方法需遵从地理学思想的内涵和学生认知规律

地理学思想的内涵和要点，是地理教学方法在设计及实施时均需要遵循的。尤其是在区域地理特征和地理成因的相关内容教学时，所选择的地

① 刁传芳.系统理论在中学地理教育中的应用[M].北京:光明日报出版社,1990:314－315.

② 曹琦.中学地理教学设计:教学原理与方法[M].长春:东北师范大学出版社,2005:128.

理教学方法不能违背整体性思想、区域思想的内涵和要点。整体性思想和区域思想的教学导向之一,即引导学生从地理要素间相互影响、相互制约的关系中把握区域特征。如果教师采用小组合作教学方法进行区域地理特征或地理成因的教学设计,则所分配给各小组的任务不能违背整体性思想和区域思想,不能人为地割裂地理要素之间相互影响的关系,亦不能忽视地理位置对地形、气候、水文等要素的影响。例如,开展欧洲西部温带海洋性气候形成的影响因素教学时,教师不可以按照成因的类型将全班学生分为地理位置组、地形组、洋流组等,让学生只讨论某个小组的任务而不顾及地理位置、各地理要素之间的密切关联。

与此相类似,采用小组合作教学方法开展有连续性学习任务的教学时,不能由不同小组的学生分别学习不同的内容。这是因为,有连续性学习任务的内容具有环环相扣的特点,学生跳过某个内容可能致使其难以理解后续内容。如果学习任务中蕴含着地理学思想,那么教师就更应该注意有秩序地进行教学设计和教学实施。我们知道,学生理解具有一定深度的地理学思想的过程是一个循序渐进的过程,学生运用地理学思想分析问题的能力也是渐进而习得的。破坏有连续性学习任务的教学,与学生认知规律不符,不利于学生学习目标的顺利实现。因此,在设计地理教学方法时既需遵从地理学思想的内涵又要遵循学生认知规律。在"气压带和风带对气候的影响"一节中,"气压带对气候的影响""风带对气候的影响""气压带和风带的交替控制对气候的影响"是有连续性的学习内容。教师在进行地理教学设计时,不宜由不同小组的学生分别探索赤道低压带对热带雨林气候的影响、西风带对温带海洋性气候的影响、副热带高压带和西风带的交替控制对地中海气候的影响。

案例 2-3　澳大利亚自然地理特征的教学设计

为了认识澳大利亚的自然地理环境,教师在地理教学方法设计时采用小组合作探究形式,将全班同学分成地形组、气候组和水文组三组。各小组成员按照要求,借助专题地图分别从地形、气候和水文的角度展开讨论。讨论完毕之后，每组选一名代表分别说出澳大利亚地形、气候和水文的特征。最后，师生共同评议各组研讨结果，总结澳大利亚的自然地理特征。

这是一个忽视整体性思想的教学设计案例。本设计虽然从表面看，流程大致符合小组合作教学方法程序，但实质上忽视了地理空间联系，人为地割裂了地理要素之间相互影响的关系，不利于学生养成从综合的视角观察地理事物和现象、解决地理问题的思维。因此，本节教学中，不论学生的探究活动多么有程序，不论课堂的气氛多么活跃，都不能算作合格的课。我们倡导，地理教师在分组时，要提醒每一组学生注意从地理位置、地形、气候、水文、植被等地理要素综合考虑。在学生讨论、发言后，进而分析哪一组表述的澳大利亚自然地理特征准确，检查哪一组没有充分关注地理要素之间的联系，而这样的设计才算是遵循了整体性思想。[①] 因此，地理教师在设计与实施区域地理特征教学时，应尤为重视培养学生的整体性思想。

四、地理学思想对地理教学评价设计的指导

地理学思想对地理教学评价设计的指导在于：地理教师在设计地理教学评价时，需要参考地理学思想的教学导向，厘清地理教学评价的要点；遵循开放性和渐进性等原则，设计蕴含地理学思想的作业。

（一）参考地理学思想的教学导向，厘清地理教学评价的要点

地理学思想的教学导向及其转化的教学目标，在地理教学评价中发挥着重要的引领作用。如果对蕴含地理学思想的内容进行教学评价，需要依据课程标准中内容要求的行为动词来确定评价的层次要求，并参考地理学思想的教学导向来明了地理教学评价的关键点，进而设计具体的地理教学评价要点。这些评价要点往往涉及学生对地理学思想要点的理解程度，以

---

① 袁孝亭，张家辉．教给学生用地理空间视角观察世界的方法[J]．中学地理教学参考，2014(7)：28.

及能否参照地理学思想的教学导向,有条理、有秩序地判读图像信息、分析问题和得出结论。例如,“气压带和风带对气候的影响”一节中,教材中先阐述了热带雨林气候、温带海洋性气候、地中海气候等三种气候类型的主要成因,叙述了与此三种气候类型相对应的地球上面积最为广大的热带雨林气候区、世界上分布范围最广的温带海洋性气候区和世界上分布范围最广的地中海气候区及其成因,之后介绍了分析气候成因的一般法则,即“一个地区气候的形成是太阳辐射、大气环流、海陆位置、地形、洋流等因素综合影响的结果”,且强调了气压带和风带的重要性,最后让学生运用此一般法则解释北美洲温带海洋性气候等形成的主要原因。这是一个从归纳到演绎的过程。如上气候成因的教学中,分析气候成因的一般法则便是教学评价的关键点。此一般法则中渗透着整体性思想和区域思想。那么,相应的地理教学评价要点包括:一是评价学生是否理解分析气候成因的一般法则;二是评价学生能否灵活运用此一般法则分析同类地理问题。

再如,空间秩序思想对于本节内容的教学导向在于,帮助学生通过分析气候类型的分布实况,揭示气候类型的分布规律,来认识地理空间的有序性。由此,相应内容教学评价的关键点在于认识气候类型分布的有序性。参考空间秩序思想的教学导向,相应的地理教学评价要点可以设计为:一是评价学生能否有序地说出热带、温带、寒带对应分布的气候类型,能否有序地说出大陆东岸或西岸自赤道向极地的气候类型及其特征,能否有序地说出从沿岸向大陆内部的气候类型及其特征;二是评价学生能否概括出世界气候类型的分布规律,并从中感受到秩序美。

(二)遵循渐进性和开放性原则,设计蕴含地理学思想的作业

高质量的作业是地理教学评价的重要工具。开展地理教学评价,需要设计蕴含地理学思想及其教学导向的作业,以发展学生的地理思维,提升地理教学质量。设计蕴含地理学思想及其教学导向的作业,需要遵循渐进性和开放性等原则。遵循渐进性原则设计蕴含地理学思想的作业,要求作业的考查取向和特点与学生之前习得的内容和水平相关联。学生学习地理的

过程是一个循序渐进的过程，学生习得地理学思想亦是一个不断深化的过程。所以，在设计蕴含地理学思想的作业时，一是注意学生习得地理学思想水平的前后衔接，二是设计组合题时，在排列上做到先易后难、层层推进。遵循开放性原则设计蕴含地理学思想的作业，要求作业的应答域、答题的形式以及参考答案都是开放或半开放的。这是为了引导学生主动提出问题，从不同视角分析问题，利用多种形式表达学习结果。例如，“气压带和风带对气候的影响”一节中，差异性思想和区域思想的教学目标之一，即通过运用地理比较法，比较不同气候类型特征的主要差异以及同一气候类型在不同地区分布的位置、范围，分析这些差异的成因，逐渐形成比较的思维。为了达成这一教学目标，可以布置这样的作业：“①请仔细观察世界气候类型分布示意图，说出温带海洋性气候的分布规律；②将温带海洋性气候的分布实况与其分布规律相比较，有何困惑，请尝试提出一个问题。”此作业的设计渗透着差异性思想，教师需要引导学生运用差异性思想观察现象和分析问题，尤其是处理好地理教学中“一般法则”和“特殊性描述”的辩证关系。具体而言，学生在完成此作业的过程中，需要概括温带海洋性气候的分布规律，并能从空间差异中发现问题，之后，运用分析气候成因的“一般法则”，把握不同区域温带海洋性气候形成的特殊性，对特定区域温带海洋性气候成因进行“特殊性描述”。

【本章小结】

本章介绍了人地关系思想、整体性思想、差异性思想、区域思想、空间秩序思想、过程思想和尺度思想等七种地理学思想的含义及其要点，阐述了这七种地理学思想的教学导向；说明了地理学思想的四种教学价值，包括地理学思想对学生地理概念体系的构建、地理学科方法的掌握、地理思维方式的形成和正确价值观的养成等方面的价值；以“气压带和风带对气候的影响”一节为例，阐述了地理学思想分别对地理教学目标、地理教学内容、地理教学方法和地理教学评价设计的指导作用。本章试图通过理论学习、案例分析与实践演练来把握地理学思想的精神实质，理解地理学科的育人价值，掌握地理学思想对地理教学设计的指导作用,学会运用地理学思想分析与设计地理教学。

【二维码】

第二章　教学资源

【实践演练】

1. 地理学思想比较丰富,除了本章介绍的地理学思想外,你还能说出哪些地理学思想?

2. 阅读地理课程标准等文献,尝试提炼、概括综合思想的要点,并谈一谈该思想的教学导向。

3. 举例说明地理学思想对于地理教学设计的指导作用。

4. 任选一节教材内容,分析其中所蕴含的地理学思想都有哪些,基于地理学思想设计该节的教学目标。

5. 任选一节教材内容,分析其中蕴含的地理学思想都有哪些,基于地理学思想对本节内容进行教学设计。

【拓展阅读】

[1]刘盛佳. 地理学思想史[M]. 武汉:华中师范大学出版社,1990.

[2]汉森. 改变世界的十大地理学思想[M]. 肖平,等译. 北京:商务印书馆,2009.

[3]袁孝亭. 地理课程与教学论[M]. 2 版. 长春:东北师范大学出版社,2020.

[4]梁进社. 地理学的十四大原理[J]. 地理科学,2009(3):307.

[5]吴殿廷.区域地理学基本原理初探[J].西北师范大学学报(自然科学版),2020(6):95-101.

[6]徐宝芳.运用地理学思想和方法指导地理教学设计与实施[J].中学地理教学参考,2017(1):16-17.

[7]庞艳辉,徐宝芳.中学地理教学中地理学思想与方法研究综述[J].内蒙古师范大学学报(教育科学版),2008(8):117-120.

第三章　中学地理教学对象与教学内容分析

内容提要

目中有人，心中有书。地理教学对象分析和地理教学内容分析是中学地理教学设计的两大重要任务。因材施教就需要根据学生的实际情况进行教学设计与实施教学，地理教学内容是学生需要完成的学习任务、是实现地理教学目标的重要载体，因此，深入分析地理教学对象和地理教学内容是地理教学设计的基础。本章包括以下内容：中学地理教学对象分析、地理课程标准分析、地理教学内容分析、地理课程资源开发与利用。

通过本章的学习，大家可以对地理学习过程、地理教学对象分析、地理课程标准解读、地理教学内容分析、地理课程资源开发与利用的有关知识有一个初步了解；重点是要学会学情分析方法、地理课程标准解读方法、地理教学内容分析方法、地理课程资源开发与运用的方法。

学习目标

1. 能举例说明地理学习含义及主要类型。
2. 能举例说明地理学习的认知过程。
3. 能对地理教学对象进行恰当的分析。
4. 初步学会分析地理课程标准的方法。
5. 初步学会分析中学地理教学内容的方法。
6. 初步学会地理课程资源开发与利用的方法。

第一节　地理学习与中学地理教学对象分析

学习目标

1. 能举例说明地理学习及主要类型。

2. 能举例说明地理学习的主要过程，并能够分析案例中主要的学习环节。

3. 能对教学设计案例中的教学对象进行恰当的分析。

作为教师要做到"目中有人"，就是要时时刻刻考虑学生的发展，落实到地理教学设计时，就是要把握学情、因材施教。因此，分析地理教学对象就成了地理教学设计的重要工作。地理教学对象分析是中学地理教学设计的重要环节，主要是对学生的学习准备情况进行分析。教学对象分析目的是以学定教、因材施教。本节主要探讨地理学习类型、地理学习心理过程和地理学习准备分析等问题。

一、地理学习的概念与类型

（一）地理学习的概念

1. 广义的地理学习

广义的地理学习是指人在社会生活的各种环境和实践过程中，以语言为中介，以情景为表象，以经验为支撑，自觉地、积极主动地了解地理环境和不断调节人与环境关系的过程。也可以说，它是凭借有关地理方面的经验所产生的比较持久的行为变化。[①] 含义可以概括为以下几点：

（1）地理学习的学习主体为"所有人"。广义的地理学习概念，是针对社会中所有"人"而言的。只要在社会生活环境，包括自然环境和社会环境

① 夏志芳. 地理学习论[M]. 南宁：广西教育出版社，2001：24.

以及实践过程中的积极了解和认识地理环境与人类活动关系的过程均为地理学习。

(2)地理学习是终身学习。广义的地理学习,是指在人成长过程中,所有对地理环境的认识和了解,以及对人地关系的理解,并能够通过这些注意人类的相互作用和社会群体彼此之间,以及他们同环境——地球之间的相互作用,并且持续发生变化的过程。这些需要一个人持续的关注和学习,广义的地理学习是终身的学习。

2. 狭义的地理学习

狭义的地理学习,指学生在地理教师的组织、诱导、启发下,按照地理课程标准的要求,利用学校教育设备及特定的校外地理教育场所,有目的、有计划地获得地理经验、技能、观念的过程。[①] 含义可以概括为以下几点:

(1)地理学习主体为学生。狭义的地理学习概念,是针对学校中的“学生”而言的,是指学生在教师的组织、诱导、启发下获得地理经验、技能、观念的过程。

(2)地理学习有依据、有条件。狭义的地理学习主要依据地理课程标准进行地理学习,并不是所有的社会生活及实践经验的学习。同时需要地理教学的基本设备及特定的校内外地理教育场所。

我们这里讨论的地理学习是指狭义的地理学习,仅指中学的地理学习活动,目标是培养学生的地理学科核心素养。

(二)地理学习的类型

按地理学习方式可以将地理学习类型分为地理自主学习、地理合作学习、地理探究学习[②]三种类型。地理自主学习需要学习者自己制定学习目标、学习进度,设计评价指标并积极思考各种学习策略,解决学习中的问题,能够投入情感,进行自我监控并作出相应的调适;地理合作学习是指学生在

① 夏志芳. 地理学习论[M]. 南宁:广西教育出版社,2001:25.

② 黄成林. 地理教学论[M]. 合肥:安徽人民出版社,2007:75-77.

小组或团队中为了完成共同的任务，有明确的责任分工的互助性学习[①]；地理探究学习是从地理学科领域或现实生活、社会问题中确定研究主题，通过学生自主独立发现问题、开展探究活动、解决问题的学习方式。

二、地理学习的心理过程

地理教学要遵循学生的认知规律，地理教学过程要符合学生的地理学习认知心理过程。因此，地理教学设计要符合学生的认知逻辑，要考虑学生的学习心理，为此，需要深入了解和分析学生的地理学习心理过程。

地理学习的心理过程是一个复杂的认知过程，孙大文教授主张地理学习的心理过程为：学生首先要形成地理学习的动机，然后进入感知阶段形成地理表象，再进入理解阶段形成地理概念，通过记忆加以巩固地理知识，最终达到迁移应用的能力阶段[②]。地理学习过程的各个阶段不是相互割裂、孤立进行的，而是相互渗透、相互影响的，如理解（思维）作用是体现在各个阶段，贯穿于全过程的。这个过程不是一成不变的，要根据学生情况、地理学习内容、教学要求等情况不断变化。

（一）地理学习的动机形成

地理学习动机是直接推动学生进行地理学习的一种内部动力。地理学习目的和地理学习需要通过地理学习动力转化为地理学习活动[③]。地理学习的动机主要由内部动机和外部动机两个方面构成。

1. 地理学习的内部动机

地理学习的内部动机是由学习主体的内在心理因素转化而来。表现在学习个体强烈的学习要求和希望，这取决于个体对地理学科的兴趣、意向、愿望、认识、目的、情绪等等。这些是学生学习地理初期的内部动机，随着地理学习的深入，不断获得地理知识、技能、方法、观念等。这种地理

① 黄成林．地理教学论[M]．芜湖：安徽师范大学出版社，2012：80．
② 孙大文．地理教育学[M]．杭州：浙江教育出版社，1992：112．
③ 杨新．新编地理教学论[M]．北京：科学出版社，2010：38－39．

学习本身就会带给学生满足感,进而产生更为稳定的学习动机。如:在学生生活、学习过程中出现过的地理现象或事物深深影响了学生,会激发学生对地理学科的兴趣,进而成为学习地理的内部动机。在通过地理的学习能够解决生活中的地理问题时,学生对地理的喜爱和求知欲会得到巩固和发展。

2. 地理学习的外部动机

地理学习的外部动机是在外部客观因素,如社会、家庭、学校等影响下形成的动机。如:在中学阶段需要进行地理学科的学业水平考试,这就需要学生的地理学习必须达到一定的标准才能顺利结业,因而促使学生形成地理学习需求。

(二)地理学习的感知阶段

地理学习的感知是在地理学习过程中对地理信息的感觉和知觉。把各种地理信息转化为地理表象是学生在地理感知阶段的主要学习任务,这一阶段学生通过感性认识获得的地理知识为地理感性知识,主要包括:地理名称、地理分布、地理数据、地理景观和地理演变等地理知识。学生地理表象的建立主要是通过对地理语言、文字,地理图像、教具和地理实践的感知,为此,在地理教学设计时要恰当运用这些媒体和手段,以便于学生感知程度的不断提高,使学生获得的地理表象逐步清晰、完整。

1. 地理语言、文字

地理语言主要指教师的教学语言,文字主要指地理教材、教师板书的文字等。学生主要通过听觉和视觉对语言、文字进行感知,通过对语言文字的准确感知建立地理表象,获得地理感性知识。地理语言、文字具有直观性和抽象性。教师要重视语言的设计,锻炼教学语言的表达技能,力求文字表述的科学性和生动性。这样的语言能使学生有效地接受地理信息,有利于学生地理表象的建立。

2. 地理图像、教具与学具

地理语言文字具有直观性和抽象性,但很多地理现象和问题是无法用语言描述清楚的。运用地理图像、教具等进行教学，能够使学生清楚、高效地感知地理知识。地理图像包括地图、图片、板图、照片（卫星照片、航片等）、电影、录像、幻灯、投影等。地理教具包括地球仪、地形模型、标本、地理仪器、数字星球等。随着科技的发展，地理教学资源越发丰富，呈现方式也多种多样，这就给地理教师教学提供了多样的地理教具，为学生提供了地理学习的地理学具。

3. 地理实践

地理实践是指对地理事物的直接感知，包括地理野外考察、社会调查、模拟地理实验等。人们常说"地理环境是地理的实验室"，还说"读万卷书，行万里路"，地理实践对学生获得地理知识、培养地理学习兴趣与能力、陶冶情操等都有不可替代的作用。地理实践活动是由地理学科的特殊性所决定的，因为地理环境就是地理学需要观察研究的对象，地理观察方法就是地理学一种重要的研究方法。让学生学会用地理的视角观察、欣赏这个世界就是地理教育的一种重要使命。因此，培养学生地理实践力就成了地理课程的核心素养之一。

（三）地理学习的理解阶段

地理知识的理解是指学生在对地理事物和现象感知觉的基础上，运用自身已有的地理知识和经验，去认识地理事物和现象的各种关系及其本质和规律的一种思维活动[①]。学生地理学习的事实表明，加强地理知识的理解，对地理学习至关重要。地理学习的理解通常遵循：地理表象—一般的基础性地理概念—地理特征、地理成因、地理规律—具体复杂的地理概念[②]。

1. 地理概念的理解

地理概念是反映地理事物本质特征的知识，是地理理性知识的基本形式。其形成是在感知的基础上，经过思维活动揭示地理事物本质的过程。

---

① 黄成林. 地理教学论[M]. 合肥：安徽人民出版社，2007：69.

② 孙大文. 地理教育学[M]. 杭州：浙江教育出版社，1992：118－119.

教学的关键是激发学生的积极思维，引导学生运用正确的思维方式去认识地理事物的本质特征。地理概念不仅是地理理论性知识学习的基础，而且又是地理理论性知识学习的“结晶”[①]。

地理概念分为三种基本类型：普通地理概念、单独地理概念和抽象地理概念[②]。普通地理概念包括整个命名相同的同类地理事物和现象，内涵是该类事物本质属性，如高原、湖泊、人口等都是普通地理概念。单独地理概念，仅属于某个地理对象，并反映它的特点。属于个体地理事物的对象，如秦岭、长江等，属于地域的对象，如南极洲、北京等。抽象地理概念是地理对象的属性和地理对象之间的关系，如海拔、季风、热力环流等。

不同的地理概念其学习理解方式也有所不同。单独地理概念可以利用直观教具或直接感知等方式学习理解。如：通过地图认识秦岭，通过等高线模型认识山谷、山脊，等等。普通地理概念和抽象地理概念则需要在感知的基础上，通过逻辑思维等方式来学习理解。

2. 地理特征的理解

地理特征是指对地理事物和地理现象的整体概括，它能起到提纲挈领的作用，它是由地理表象、地理事实概括出来的[③]。地理特征是形成地理概念的重要“台阶”，通过特征的概括更加凸显其地理事物的本质，同时认识和理解地理特征更有助于分析地理成因和地理规律等。在中学阶段，学生应当理解的地理特征知识包括两大类，即自然地理特征和人文地理特征。自然地理特征主要包括地形、土壤、气候、水体、植被、动物等要素的特征，某一特定区域自然地理环境整体的特征。人文地理特征包括农业、工业、商业、聚落、运输、人口等主要社会经济系统的特征[④]。

理解地理特征的具体思维过程包括：感知地理事物和现象的形象→辨析地理事物和现象的类型→比较地理事物和现象的差异→归纳地理事物和

---

① 孙大文. 地理教育学[M]. 杭州：浙江教育出版社，1992：119.

② 杨新. 新编地理教学论[M]. 北京：科学出版社，2010：42.

③ 夏志芳. 地理学习论[M]. 南宁：广西教育出版社，2001：149.

④ 袁孝亭. 地理课程与教学论[M]. 长春：东北师范大学出版社，2006：182.

现象的特征①。理解地理特征的策略主要有:加强地理特征理解的思维过程练习,培养良好的思维习惯;深入挖掘存量知识,突破地理特征认知思维的难点;基于地理特征理解的基本思维过程进行自主探究等。

3. 地理成因的理解

地理成因是反映地理事物因果联系,揭示地理特征和地理规律形成原因的地理基础知识。地理成因属于地理理性知识,在地理知识体系中占有重要地位。地理成因知识的学习不仅有助于学生辩证地分析地理现象的因果关系,更有利于学生甄别多个角度综合分析地理事物的因果关系,进而培养学生的综合分析能力和因果关系推理能力②。学习地理成因是地理学习中难度较大的部分,要根据学生的学习能力,分解难点、循序渐进,由浅入深逐步提高。同时要找到地理成因这类知识的特点与价值,找到同类地理成因的共性特征,注意地理成因这类知识与其他知识之间的内在关联。

4. 地理规律的理解

地理规律是地理知识中最具有概括性的地理理性知识,是经过对无数地理现象的高度抽象、归纳而成的地理原理知识。地理规律揭示了地理事物最本质的内核,说明了地理现象产生、发展、变化的客观性与必然性③。中学地理所涉及的地理规律可分为地理分布规律和地理演变规律等,如"气温自赤道向两极递减"就属于地理分布规律,"太阳辐射的季节变化规律"就属于地理演变规律等。地理规律的学习是地理思维逐步深化的过程,不能依靠机械记忆和反复背诵。它包含了地理概念、地理特征、地理成因等知识的运用,需要将这些知识融会贯通,运用综合思维去理解。

地理规律的理解需要有一定的地理概念和地理特征作为学习的基础,因此,学生掌握一定的地理概念和地理特征是理解地理规律的前提。同时

---

① 卢万合,马清潮. 地理特征认知的"一般思维法则"及教学策略[J]. 教学与管理,2020,4(12):107-110.

② 王向东,袁孝亭. 地理成因知识的教学视角及教学策略[J]. 地理教学,2015(7):13-15.

③ 夏志芳. 地理学习论[M]. 南宁:广西教育出版社,2001:162.

学生需要将地理教材中具有规律性的内容从部分到整体,从个别到一般,逐步加以整理归纳,使之更加系统,才能理解地理规律。可以用系统整理的方法、图像示意的方法、表格对比的方法、记录地理事物发展方向等方法进行规律的理解。

(四)地理学习的巩固阶段

地理学习的巩固是指学生识记并保持地理知识的过程,是地理学习的重要环节。地理知识的累积与知识体系的扩大,依赖于地理知识的巩固;地理知识的应用,以地理知识的巩固为前提;地理知识的巩固也会加深学生对地理事物感知和理解。而且,通过地理知识巩固环节发展起来的记忆能力,还能为发展学生的地理观察能力、地理思维能力、地理想象能力和实际操作能力提供有利的条件①。

提高地理知识巩固效果需要明确识记目标,并在理解的基础上进行巩固,而不是死记硬背的巩固。可以利用联想提高地理知识的巩固效果。如,接近联想,记住秦岭的位置就能够记住淮河;类似联想,记住鲁尔区的工业发展就能分析类似工业区位;对比联想,由热带雨林的气候成因、分布、特征能联想热带沙漠的成因、分布、特征等;关系联想,能够根据一个区域的位置推导这个地方的气候类型、特征等。

(五)地理学习的应用阶段

地理知识的应用既是检验学生对知识理解、保持的一种手段,也是使学生加深理解、巩固知识和培养能力的重要途径。地理知识的应用也称之为地理知识迁移应用。在地理学习过程中,过去所学的地理知识、技能、方法等与新学习的知识、技能、方法间相互影响,就称之为“地理学习迁移”②。地理迁移主要有垂直迁移应用和水平迁移应用。垂直迁移应用可以是由易到

① 黄成林. 地理教学论[M]. 合肥:安徽人民出版社,2007:71.
② 杨新. 新编地理教学论[M]. 北京:科学出版社,2010:45.

难、由简单到复杂、由低到高的递进式迁移,也可以是由高到低、由一般到个别的演绎式迁移。水平迁移是地理学科不同部分的知识和技能在学习中的影响。

地理学习的应用阶段需要一定的策略。对此孙大文教授提出了三点策略:一是在新的问题情境中应用地理知识;二是在地理知识的应用中形成地理技能;三是在地理知识的应用中培养创新意识①。

在地理教学设计时不但需要依据学生学习地理的心理过程进行教学设计,还需要对学生地理学习准备状态进行具体的分析。

三、地理学习准备状态分析

“学生中心、产出导向、持续改进”是一个重要的教育教学理念。该理念强调教育教学活动的中心是学生的发展,要因材施教,以学定教。因此,地理教学设计必须分析学生学习需要,即分析学情。进行地理学习准备状态分析,需要回答三个基本问题:分析什么?如何分析?为什么分析?

(一)地理学习准备状态分析的内容

学生的地理学习准备状态分析,也就是学情分析,也可以称之为教学对象分析或学生分析,是教师对学生学习某一地理内容前的基本状态进行分析的过程。地理学习准备状态分析的内容主要包括学生的起点水平、生活经验、学习动机、学习兴趣和学习风格等。

(1)分析学生已有的地理知识与地理技能情况。分析学生的学习起点就是分析学生的初始状态,分析其已有的地理知识和技能,为激活旧知、学习新知打下基础。如进行“世界洋流分布”的教学时,大气环流模式、风向等知识和世界洋流分布图的阅读技能都是重要的必备知识与技能,因此,教师在教学前需要了解、分析学生对这些知识与技能的掌握情况,才能顺利开展洋流分布知识的教学工作。

---

① 孙大文.地理教育学[M].杭州:浙江教育出版社,1992:127－130.

(2)分析学生地理学习的兴趣与动机。学生的地理学习动机具有多样性。夏志芳教授将中学生的地理学习动机状态与水平层次分为五种三级,即"主动型、认真型、情绪型、被动型和应付型"和"初级水平、中级水平和高级水平"①。由于学生学习动机不同,对地理学习的态度也就不同。在地理教学设计时,要根据学生的不同情况,有的放矢地激发学生的地理学习动机、培养地理学习兴趣。

(3)分析学生学习可能遇到的困难与解决的对策。在地理教学中需要突出重点,突破难点。难点就是学生学习时可能遇到的困难,在教学设计时要给予充分的考虑。地理教学难点包括三种类型:抽象性强的、综合性强的和分散性大的难点②。突破难点的方法有六种:变式分解法、直观形象法、综合联系法、归纳总结法、突出结论法和增补知识法③。

(二)地理学习准备状态分析的方法

学情分析主要方法包括观察法、访谈法、调查法、材料分析法、测验法等。

(1)观察法是教师收集学生信息、了解学生情况,最基本、最常用、最便捷的方法。一般情况下,要在学生自然状态下对其行为、表情、兴趣爱好进行观察。学情分析的观察可以在课前、课中和课后三个阶段分别进行。通过观察了解学生的学习状态、学习心理、知识与技能掌握情况,为确定教学策略提供参考。

(2)调查问卷法是通过问卷对学生的地理学习兴趣、学习动机、学习风格、知识基础、能力水平等进行调查。通过调查来了解学生学习准备状态,为教学设计提供依据。

其他学情分析方法,如通过测验、作品分析等,来收集学生的一些实际材料,把握学生的知识储备、能力水平,为地理教学设计与实施提供参考。

---

① 夏志芳.地理学习论[M].南宁:广西教育出版社,2001:94-95.

② 徐宝芳.地理课堂教学技能训练[M].呼和浩特:内蒙古教育出版社,2000:118-119.

③ 徐宝芳.地理课堂教学技能训练[M].呼和浩特:内蒙古教育出版社,2000:119-125.

(三)地理学习准备状态分析的原因

加涅累积学习理论的重要意义在于学生在学习任何新的知识技能时，都建立在他们已经习得的知识技能基础之上。而布鲁姆认为要使绝大多数学生的学习达到掌握水平，必须具备三个条件：学生认知准备状态、情感准备状态、适合学生学习的教学策略。这些心理学家、教育学家的观点都说明一个道理：分析学生的学习准备状态是十分重要的，因为学习都是新知与旧知重构的过程。

(1)学情分析是因材施教的需要。学情分析是因材施教的前提，是有效教学的基础，对提高地理教学质量具有重要意义。学情分析可以为地理教学目标的设计、教学内容的处理、教学方法的选择、教学过程的安排、教学评价实施等提供重要依据。

(2)学情分析是教学能否找准方向，能否顺利进行的关键。学情分析需要了解学生知识准备状况，可以从学生已有的地理知识基础与需要达到的教学目标之间的差距来确定教学起点，找到教学需要解决的问题，确定教学方向。

案例 3－1　《地球上的水》学情分析

对于单元学情分析，首先应该分析学生的认知基础、学习方法与能力等方面，可以采取访谈、座谈与调查问卷的形式，以抽样调查为主。抽样访谈内容可以采取书面或语言形式进行，例如表 3－1 所示。

表 3－1　《地球上的水》访谈内容

预习任务：浏览教材，完成练习册基础部分的习题，回答以下问题
①是否能理解水循环各个环节的意义；
②是否能举例说出水循环在生活中的现象；
③是否能理解海水的温度、盐度、密度的定义；
④是否能描述出教材中“海水温度分布”“海水盐度分布”“海水盐度、温度、密度随纬度的变化”三幅图中的规律

学情分析

(1)知识基础。学生在初中仅仅学习了“大洲和大洋”,简单了解了地球上的水的类型,没有深入认识。但学生对于一些概念,例如“海洋捕捞”“海水晒盐”“海上冲浪”等有一定知识基础。学生通过自主预习,对部分难度较低的知识可以自主掌握,教师通过批改练习册的部分题目,并结合访谈内容,选择略讲海水温度、盐度及海浪对人类活动的影响,重点讲解水循环的过程、意义以及其与人类活动的关系,海水性质的分布规律以及影响因素,海浪、潮汐、洋流的概念,洋流对地理环境的影响。

(2)认知能力。学生经过了前两个单元的学习,对地理学习的方法有了一定的体会,能够简单读图、析图。但本单元涉及的读图看图的能力、分析能力以及将地理事象、原理与规律在具体的区域中加以认识的能力难度较高,需要教师带领学生学习地理方法。本单元的内容不涉及难度大的原理和规律,需要锻炼的是学生的地理分析能力,理解地理事物对人类的生产生活有重要的影响。

(3)生活经验。水圈是地球重要的外部圈层组成,人们每天都在接触不同种类与形式的水。水与生活息息相关,且学生在生活中接触过水循环有关的环节,如蒸发、地表径流、降水等,由于有先前的生活经验,学生对本单元内容本身有一定兴趣。海洋是地球的重要组成部分,但并不是所有的学生对海洋熟悉。对于沿海地区的学生,对海洋产业、海洋旅游等了解较多,对海浪、潮汐的感触较深。对于内陆地区的学生,切身感受海洋的机会少,缺乏感性认识。不论是沿海还是内陆的学生,对洋流这种大规模的海水运动形式了解都不多,因此需要向学生重点介绍洋流的概念。

(4)学习心理。高一的学生正处于初中向高中转变的阶段,对于地理探究兴趣仍然深厚。新教材利用真实的情境教学,更能激发学生的学习兴趣。海洋是地球的重要组成部分,人类对于海洋的探索欲永无止境,高中生也不例外。对于海洋的知识,学生初中接触少,因此兴趣浓厚,学习动机强烈。

第二节　中学地理课程标准分析

学习目标

1. 说出地理课程标准的组成。
2. 简述地理课程标准的作用。
3. 学会地理课程标准内容要求解读方法。

一、地理课程标准的组成

中学地理课程标准是国家颁布的纲领性的教学文件。国家通过中学地理课程标准，对中学地理教育的课程目标、课程内容、课程实施和学业质量评价等方面作出了具体的规定，以保证全国范围内地理教学的基本水平与教学质量。

我国中学地理课程标准由《义务教育地理课程标准》和《普通高中地理课程标准》两个标准组成。随着社会发展、地理学科的发展和学生发展的需要，每过一段时间，地理课程标准要修订一次。

《义务教育地理课程标准（2022 年版）》包括课程性质、课程理念、课程目标、课程内容、学业质量、课程实施及附录七部分。

《普通高中地理课程标准（2017 年版 2020 年修订）》包括课程性质与基本理念、学科核心素养与课程目标、课程结构、课程内容、学业质量、实施建议及附录七部分。

义务教育地理课程标准，贯彻落实了习近平总书记关于培养担当民族复兴大任时代新人的要求，结合地理学科特点，体现了地理课程对培养“有理想、有本领、有担当”的少年的独特价值。普通高中地理课程标准，体现了地理课程对培养“具有理想信念和社会责任感，具有科学文化素养和终身学习能力，具有自主发展能力和沟通合作能力”的青少年的育人价值。

二、地理课程标准的作用

课程标准是教材编写、教学、评估和考试命题的依据，是国家管理和评价课程的基础。地理课程标准是中学地理教学设计的主要依据之一。中学地理课程标准具体作用有以下四点：

（一）地理课程标准是编写地理教材的依据

地理课程标准规定了中学地理课具体的教学内容、内容安排、教学要求、教学进度，体现了国家对中学地理学科的基本要求。但学生学习的是地理教科书，而不是课程标准，地理课程标准的各项要求是通过地理教科书来体现的。因此，应该根据地理课程标准的课程目标、内容要求、实施建议等编写地理教科书。

（二）地理课程标准是教师实施教学的依据

地理课程标准明确了中学地理的课程性质、基本理念和设计思路、内容要求和实施建议，回答了为什么教、教什么、如何教、如何评等地理教学的基本问题，可以说对地理教学提出了全面的要求与建议。地理课程标准为教师制订教学计划、确定教学目标、安排教学内容、设计教学方法等提供了重要依据。所以，认真学习和钻研地理课程标准是教师进行中学地理教学的基础。

（三）地理课程标准是对教师教学评价的依据

根据地理课程标准中的“课程目标”“内容要求”“课程实施”等内容，可以对教师的地理教学工作进行评价，以评促改，通过评价帮助教师改进教学工作，提高教学质量。

（四）地理课程标准是对学生评价与考核的依据

地理课程标准所规定的内容要求是基本要求，也可以说是学生必须达到的最低学习要求。对学生评价与考核要以课程标准的课程目标、内容要求、学业要求、学业质量标准为基本依据。课程标准不仅是学生平时成绩测定的标准和依据，同时也是高考命题的依据。

三、地理课程标准“内容要求”解读方法

课程标准的“内容要求”是教学目标设计的第一个依据，对“内容要求”的解读与分解是教学目标设计的首要环节，是理解并落实课程标准的一项专业活动。只有通过解读与分解，才能全面、深入地理解课程标准，才能贯彻落实课程标准。

一般来讲，课程标准的每条“内容要求”都回答了以下四个问题：“为什么学”“学什么”“学到什么程度”和“怎么学”。其中“为什么学”和“学到什么程度”属于目标问题，“学什么”属于内容问题，“怎么学”属于方法问题。本质上来讲，“内容要求”是对每项学习内容的目标要求。例如人教版《高中地理必修第一册》的课程标准有一条“内容要求”是“运用示意图，说明地球的圈层结构”。该条“内容要求”隐含学习目标（通过对地球的圈层结构的学习，培养综合思维等地理学科核心素养）、学习内容（地球的内部圈层结构和外部圈层结构两个内容）、学习程度（达到理解地球结构原理的程度）、学习方法（运用示意图等方法来学习地球圈层结构原理）。

根据以上分析，我们对课程标准的每条“内容要求”的解读，主张按四步分解法进行。

下面以对人教版《高中地理必修第一册》的课程标准中“内容要求”的“运用示意图，说明水循环的过程及其地理意义”的解读为例，来说明四步分解法。

（一）为什么学

水循环是一种自然现象，水循环将水圈、岩石圈、大气圈、生物圈四大圈层联系起来，表现出自然界圈层之间和地理要素之间的联系以及相互影响。从培养地理学科核心素养的视角来看，通过对水循环这一内容的学习，可以提升学生的综合思维、区域认知、人地协调观和地理实践力。

（二）学什么

“内容要求”不但隐含学习目标，还包含学习内容要点。该“内容要求”

包含两个要点：一是水循环的过程，二是水循环的地理意义。结合该节教材内容可以进一步细化其组成。

“水循环的过程”分解为“水循环的概念”“水循环的类型”“水循环的过程与环节”；“水循环的地理意义”分解为“水循环对地理环境的影响”“水循环与人类活动的关系”。

（三）学到何种程度

在“内容要求”中，行为动词“说明”即为学生学习后需要达到的程度，按照布鲁姆的认知领域的学习水平划分理论，“说明”一般属于理解的程度，但通过什么样的外在行为表现可以判断学生“理解”了，学会了“说明”呢？可以把“运用示意图，说明水循环的过程”分解为：“运用水循环示意图，描述水循环的概念、水循环的类型、水循环的过程与环节；具备一定的运用水循环模拟实验等方式进行科学探究的意识和能力（地理实践力）”。这样才能把学到什么程度说清楚，使学习的程度可视化、易测量、易评价。同理，课程标准“内容要求”中“运用示意图，说明水循环的地理意义”可分解为“运用水循环示意图，说明水圈、大气圈、岩石圈和生物圈四大圈层之间的关系，以及水循环对地理环境的影响（综合思维）；能够在一定程度上合理描述和解释特定区域（如黄河流域）的水循环现象，并说明水循环对人类的影响以及人类活动对水循环的影响（区域认知、人地协调观）”。

（四）如何学

在“内容要求”中，“运用示意图”属于行为条件，“说明”属于行为动词。行为条件对学生学习过程与方法提出了基本要求。“运用示意图”的要求主要是看学生能否绘制示意图或使用水循环示意图来说明水循环的过程和水循环的地理意义。在教学过程中为学生提供绘制水循环示意图的机会，让他们学习如何建立水循环各个环节之间的联系，如何通过直观示意图来逐步归纳、建立起水循环的模型。

案例 3-2　课程标准解读

内容要求：运用示意图等，说明大气受热过程与热力环流原理，并解释相关现象。

课程标准解读：

本条内容要求中的大气是指低层大气，其高度不超过对流层顶端。

大气受热过程，实际上是太阳辐射、地面辐射和大气辐射之间相互转化的过程，需要学生掌握大气的热源，理解大气是如何受热的。在大气受热过程中出现的温室效应及其作用与实际生活关系密切，可以作为重点学习的内容。

大气热力环流是理解大气运动基本原理的需要。小到城市热岛环流，大到全球性大气环流，都可以用大气热力环流的原理来解释。

学习和说明大气受热过程，需要借用一些原理示意图，如大气温室效应示意图、大气热力环流形成示意图等，也可借助一些模拟实验。本条要求强调对大气基本知识的学习和应用，落脚点是学生能否知道这些知识在生产生活中有什么作用，如何运用。

运用大气受热过程和热力环流的原理可以解释生产生活中的一些现象，如一日中最高气温通常出现在午后 2 点、气温随海拔降低、城市热岛效应、温室大棚效应等。[①]

第三节　中学地理教学内容分析

学习目标

1. 简述地理教学内容组成。
2. 能运用地理教材宏观分析方法对教材进行分析。
3. 能运用地理教材微观分析方法对教材进行分析。

---

① 韦志榕，朱翔. 普通高中地理课程标准(2017 年版)解读[M]. 北京：高等教育出版社，2018：74.

4. 能运用地理教材结构分析方法对教材进行分析。

一、地理教学内容组成

中学地理教学内容的来源一般包括地理教科书(狭义的地理教材)、地图册、填充图册和其他地理教学资源,其主要来源为地理教材。在“一标多本”的时代背景下,地理教材是落实地理课程标准的重要载体。习近平总书记多次强调:课程教材要发挥培根铸魂,启智增慧的作用,教师要发挥好地理教材的育人价值。初中地理教材有人民教育出版社、湖南教育出版社、中国地图出版社、山东教育出版社、山西教育出版社、广东人民出版社和大象出版社的教材;高中地理教材有人民教育出版社、湖南教育出版社、中国地图出版社、山东教育出版社的教材,还有中国地图出版社与中华地图学社联合出版的教材。

中学地理教学内容该如何选择呢?仲小敏教授提出了六点依据:地理课程标准是教学内容设计的直接依据,教学目标是进行地理教学内容设计的第一依据,地理教材是进行地理教学内容设计的重要依据,教师是教学内容的“二次加工”创造者,学生的特点和需要是教学内容设计的落脚点,地理学科特性是教学内容设计的必要考虑。①

二、地理教材分析含义

地理教材体系可分为三种:地理教材的科学体系、地理教材的认知体系和地理教材的表述体系。地理教材分析就是对这三种体系进行分析。

(一)地理教材的科学体系分析

地理教材的科学体系分析的内容是教材的科学体系及其价值,分析的目的是要明确教材内容的范围,确定最佳进度和教学目标,其分析所运用的知识是地理学的知识。

---

① 仲小敏.中学地理教学设计[M].北京:高等教育出版社,2017:54-56.

（二）地理教材的认知体系分析

地理教材的认知体系分析的内容是教材内容的知识属性及各种知识在认知过程中的关系。分析的目的是明确学生在地理认知活动中的心理过程、设计认知方法，其分析所运用的知识是教育心理学的知识。

（1）地理感性知识。地理感性知识反映地理事物表面现象、外部特征与联系，具有直观具体的特点。包括地理名称、地理景观、地理分布、地理演变、地理数据等。它反映的是地理的基本事实，多用直观方法学习，要求学生多了解。

（2）地理理性知识。地理理性知识反映地理事物的本质特征和内在必然联系，包括地理概念、地理特征、地理成因、地理规律等。它反映的是地理基本原理，多用逻辑方法学习，要求学生多理解、多应用。

（三）地理教材的表述体系分析

地理教材的表述体系分析的内容是教材内容的呈现形式，分析各种知识表述方法的特点、作用和关系，分析的目的是协调各种表述关系，使之形成符合学生认知需要的最佳组合，设计活动方式（如读、看、听、思、讨、说、写、做等），其分析所运用的知识是地理教育学的知识。

1. 文字系统

文字系统是以文字符号（包括数字）的形式储存和传递地理教学信息的系统。其表现形式多为文字叙述及表格等。不同的地理教科书，课文结构不尽相同。一般由地理基础知识的文字表述、教学指导语及教学辅助教材的文字表述三部分构成。

文字系统有“逻辑系统”之称，能准确表达地理知识，对发展学生的抽象思维能力，运用地理语言的能力等有重要作用，但复杂的地理空间关系仅用文字系统表述是不够的。

2. 图像系统

地理图像系统是以各种图像符号储存和传递地理教学信息的系统。其突出特点是以形象、直观的形式表示、解释、揭示地理事物和现象。主要类型有地图、地理景观图、地理统计图、遥感及卫星图像、地理漫画、地理示意图等，其形式多种多样，作用也不尽相同。

地理图像系统有“直观系统”之称，可简要表述复杂空间关系，对突出地理特点、发展学生的地图能力等有重要作用。

3. 活动系统

地理活动系统是以指导学生思考或实践活动形式储存和传递地理教学信息的系统，亦称练习系统或作业系统。初、高中地理教科书中形式多样的“活动”即是地理活动系统的内容。其形式多种多样，比如，为了巩固和理解地理知识而设计的地理活动题，为了培养学生思维能力而设计的地理活动题，为了培养学生的地理实践力而设计的地理实践活动，为了扩展地理知识领域而设计的阅读，等等。

地理活动系统有“实践系统”之称，对学生的学以致用，学生理论联系实际的学习与研究能力的发展，以及态度、情感、价值观的形成意义重大。

三、地理教材分析方法

要树立多视角分析地理教材的观念：全方位地把握教材、吃透教材、挖掘教材的育人价值。可以采取整体分析与局部分析结合、表层分析与深层分析结合、形式分析与功能分析结合、综合分析与专题分析结合、横向分析与纵向分析结合等方式进行教材分析。

刁传芳教授运用系统论的方法对中学地理教材分析进行了研究，提出了地理教材整体分析方法和地理教材局部分析方法。①

（一）地理教材宏观分析方法

地理教材宏观分析又称整体教材分析，是指对教材整体的内容进行分析，分析教材产生和使用的时代背景，揭示其内部结构和外部联系，把握其

① 刁传芳，高如珊. 中学地理教学法[M]. 北京：北京师范大学出版社，1988：141－156.

功能与特点的分析方法。

1. 背景分析

(1)地理教材产生的时代背景。地理教材产生的时代背景是教材生成的外部环境。任何一部教材的产生,都有一定的社会、经济、科学技术发展背景。事实上,也正是在当时特定的社会、经济的需求中,在当时的科学技术的基础上,才产生了相应的教材。教材是时代的产物,受多种因素的影响和制约。地理教材分析的时代背景,一般应从以下几个方面进行:①国家教育方针政策。地理教材是课程改革的成果,只有了解国家教育方针政策,理解其精神实质,才能形成正确的地理教材整体分析的指导思想。②社会的发展变化。教材必须反映社会的发展,也需要根据社会的变化而变化。地理教材分析应注意分析社会变化在教材中的具体体现,理解这些变化所产生的教学意义。

(2)时代背景对地理教材的影响。一定的社会、经济环境,一定的科学技术基础,必然产生与之适应的教材,所以,教材编写的时代背景对于教师认识教材、评价教材、掌握和使用教材有很大的影响。了解教材产生的时代背景,还有助于教师明确和把握中学地理教材的特点。由于现代社会,经济与科学技术的迅猛发展,一部教材在使用一段时间之后,往往会产生与时代要求不相适应的现象。因此,研究分析教材使用时的时代特点,即现实社会、经济和科技发展的状况以及它们对地理教学的要求,也是整体教材分析的重要任务。因为教育必须为社会、经济服务,要适应并满足它们对教育提出的要求。而教师只有在了解这些要求后,才能正确评价和准确使用教材。

2. 内部结构分析

地理教材的内部结构是指教材组成部分的排列、顺序与逻辑关系。分析教材的内部结构,有助于了解教材各组成部分之间的逻辑关系,认识各部分在教材中所处的地位和功能。例如,人教版《高中地理必修第一册》的内部结构为:地球科学基础、自然地理环境要素、自然地理环境影响和自然地理实践方法,其中地球科学基础知识为基础,自然地理环境要素知识为重点,自然地理环境影响知识是目的,自然地理实践方法是重要组成部分,体现出自然地理知识、方法和思想结合的特点。

3. 外部联系分析

地理教材是一个开放的知能系统,同外部的联系非常广泛。分析教材的外部联系,有助于把握教材,在地理教学实践中更好地发挥教材的地理教育功能,体现地理教材的社会价值。例如,高中地理教材的外部联系可以表现为三个方面:一是与初中地理教材的衔接联系;二是与其他相关学科的联系,包括与数学、物理、化学、生物、历史等学科的联系;三是与实际的联系,包括与自然环境、社会生活、生产实践的联系等。

(二)地理教材微观分析方法

地理教材微观分析又称局部教材分析,是指对一部教材局部的内容进行分析,揭示其内外联系及各种教育功能的方法,实质上是从挖掘局部教材的教学目标的视角来分析教材的。局部教材分析分为深层系统分析和表层系统分析。这里的局部教材指一章、一节、一课的内容。

1. 深层系统分析

教材的深层系统分析,也称之为功能系统分析,是对教材内容的育人功能进行分析,包括划分知识组成、分析内部联系、分析外部联系、分析"能力培养"的功能和分析"人地协调观"的教育功能五个步骤,可以简称为"教材微观分析五步法"。

(1)划分知识组成。划分教材的知识组成就是将该局部教材内容划分为若干教学因子,即几个基本的知识单元,教学因子划分是依据教材的知识结构和教学的实际需要,划分教学因子的目的是了解教材的基本组成,为下一步分析其结构打下基础。如,人教版《高中地理必修第一册》的"地球的自转和公转"一节的教学因子划分,可以划分三个教学因子:地球的自转,地球的公转,黄赤交角及其影响。同时还可以将每个教学因子进一步细分为二级教学因子。

(2)分析内部联系。地理教材的内部联系是指教材各组成部分的先后顺序与组织形式,是由其地理知识逻辑关系所决定的,体现着地理学科的逻辑。如并列关系、从属关系、因果关系、层次关系、递进关系等。具体的地理教材内容不同,它们的内部联系也就不同,因此,分析地理教材的内部联系就是分析教学因子内部或教学因子之间的知识联系,分析内部联系的目的就是分析教材内部的知识结构及认识活动的方式,为认识教材的整体功能和进一步用好教材提供依据。

(3)分析外部联系。地理教材的外部联系是指地理教材与外部知识经验的联系。如,高中地理教材的外部联系主要有三个方面:一是与初中地理知识的联系;二是与相关学科之间的联系,也称科际联系;三是与实际生产生活的联系,这种联系既包括现实社会生活和经济生活中的地理知识,也包括学生的生活经验。

分析外部联系的内容,可以根据教学需要进行补充,外部联系类型可分为比较外联(常用于相近概念或易混淆的概念的比较)、加深外联(常用于对教学内容的解释,加深对知识的理解)和应用外联(常将所学新知识应用到实际问题的解决中)等类型。分析外部联系的目的是为了完善教材认知体系,提高教材知识的教育功能。

(4)分析“能力培养”的功能。分析教材的“能力培养”功能就是挖掘教材的能力因素,分析各教学因子的能力培养目标及其培养策略。教学实践表明,任何教学因子都具有发展学生相应的一项或多项能力的可能性。如学习某区域气候成因这一教学因子,就可以培养学生综合思维和区域认知等地理学科核心素养。

地理教材的“能力培养”的功能分析是在教材知识结构分析的基础上,进一步深入挖掘教材的能力构成。这里所说的能力主要是指综合思维、区域认知和地理实践力等地理学科核心素养。在具体分析时,应以“课程标准”为依据,以具体教材内容为基础,结合学生实际进行分析。学生的地理能力是在学习地理知识和掌握地理学习方法中形成的。

(5)分析“人地协调观”的教育功能。分析“人地协调观”的教育功能就是要挖掘地理教材的育人价值因素,分析各教学因子的人地协调观培养目标及其培养策略。中学地理课程将“人地协调观”作为课程目标的一个维度提出，赋予了地理课程目标重要的价值取向，是地理教育的终极目标。

“人地协调观”教育功能的分析应结合对地理教材的知识和能力分析，再进行提炼，以清晰、具体的内容为依托，明确其在培养学生人地协调观方面的主要目标和基本策略。根据教材的人地协调观的教育功能的不同表现形式，可以将其分为显露式（教材明显具有人地协调观的教育内容）、隐蔽式（教材表面不具有人地协调观教育方面的内容，需挖掘其包含的思想内容）和互补式（几种内容相互联系，可以进行人地协调观教育）等。

例如，在分析“城镇化”一节教材内容时，要在分析“城镇化的意义、世界城镇化的进程、城镇化过程中出现的问题、地理信息技术在城市管理中的应用和在城市出警中的应用”知识结构、能力培养目标的基础上，分析其人地协调观的教育功能和培养策略。比如，通过比较不同时期城镇发展对区域地理环境的影响程度差异，认识人类居住活动与地理环境变化的辩证关系，结合城镇化过程中所出现的局部区域自然资源和环境压力过大的问题，讨论城镇化过程中如何解决人地关系矛盾等。

2. 表层系统分析

教材的表层系统分析，也称之为形式系统分析，是对教材内容的呈现形式进行分析，教材内容呈现形式对学生的学习和教师的教学具有一定的引导作用，需要认真分析。教材的内容呈现形式包括文字系统、图像系统和活动系统，三者构成了教材的表层系统。

关于教材表层系统分析，既要对教材的文字系统、图像系统和活动系统分别进行分析，又要分析三者的关系，把握教材各种呈现方式的特点，为设计教材使用方式，如读、看、听、思、讨、说、写等提供依据。

案例 3－3　运用微观分析方法对“土地资源”一节教材进行分析

第一，深层系统的分析。

一、划分知识组成

1. 土地资源的利用

①耕地、林地、草地、建筑用地等，②总量丰富，类型齐全，人均占有量

少，类型不尽合理。

2. 土地资源分布不均

①耕地主要分布在气候湿润的东部季风区、平原、低缓的丘陵，②林地主要分布在气候湿润的东部季风区、山区，③草地主要分布在年平均降水量不足400毫米的西部内陆地区。

3. 合理利用每一寸土地

①属于可再生资源，②耕地面积不断缩小，水土流失严重，沙漠扩大，③采取法律措施，保护土地资源。

二、分析内部联系

(1)土地资源的利用类型是基础，分布是重点，利用和保护是目的。

(2)四种类型是并列关系，三种类型分布是并列关系，作用、问题和保护是因果关系。

三、分析外部联系

(1)联系学生已学过的地形、气候和自然带知识，分析耕地、林地和草地分布的特征。

(2)可联系乡土地理说明土地利用类型和土地的利用和保护问题。

四、分析“能力培养”的功能

(1)通过分析主要土地利用类型分布特征，培养学生综合思维。

(2)通过阅读“我国主要土地利用类型的分布”图，培养学生读图分析方法。

(3)通过调查家乡土地利用状况，让学生体会地理问题探究过程，学习研究地理问题方法，培养地理实践力。

五、分析“人地协调观”教育功能

通过学习“土地资源”知识，让学生认识到土地资源的重要性，逐步树立保护土地资源的意识。

第二，表层系统的分析。

该教材主要内容由文字系统和图像系统表述，二者作用并重，活动系统起着辅助学习的作用。

(三)地理教材结构分析方法

地理教材逻辑结构分析反映着分析地理问题的思想和方法,这种方法对学生来说是终身受用的。知识之间清晰的逻辑关系,教师不仅要把握好,还要引导学生把握好,不能孤立地学习知识,要用主线串起来。地理教材结构化分析方法就是要按地理学科逻辑对地理教学内容间的逻辑关系进行分析,确定其逻辑主线,形成地理教学内容的逻辑结构,运用各种示意图的形式把结构关系表示出来。

陈澄、袁腋成教授运用图表形式呈现地理教学内容各组成部分之间的关系,提出了"地理教学内容图表示意分析"方法,并依据地理课堂教学内容,提出了六种关系的图表示意:具有时间关系的图表示意、具有空间关系的结构图表示意、具有因果关系的图表示意、具有总分关系的图表示意、具有对比关系的图表示意、具有综合关系的图表示意。① 据此,可以将地理教材结构分析分为:空间关系结构、时间关系结构、总—分关系结构、因果关系结构、对比关系结构和综合关系结构等。

1. 空间关系结构

地理是一门空间的科学,因此教学中的许多内容都具有空间性,有的直接是地理的空间概念,如陆地自然带分异规律中各种"地带性"名称本身就是空间概念,而有的则表现为地理事物和现象的空间差异与空间规律,如板块边界地貌差异、气候类型和洋流分布规律等。这些内容组织后即形成空间关系的结构。

2. 时间关系结构

地理不仅研究地表事物和现象的空间问题,还探讨它们的时间演化特征与规律。如地球不同地质历史时期的气候变化、生物进化、海陆变迁,不同历史时期人口的迁移,以及不同时间尺度的气候变化等。这类内容往往

① 陈澄,袁腋成.地理课堂教学设计[M].上海:华东师范大学出版社,2001:45-49.

可以以时间发展为轴线来组织结构。

3. 总—分关系结构

地理中某些具有层次、等级关系的内容,可以用总—分关系加以组织。如岩石圈—岩石—矿石—元素这一系列的教学内容,天体系统层次关系、地球圈层结构关系。

4. 因果关系结构

地理学研究的地表是一个多种要素相互作用的综合体。地理位置、地形、气候、河流、植被等自然地理要素,以及人口、聚落、农牧业、工业、交通等人文地理要素有着较复杂的因果关系。可见,自然地理要素之间、人文地理要素之间、自然与人文地理要素之间形成了复杂的地理要素因果关系。

5. 对比关系结构

地理学研究的对象除整体性,还有差异性的特征,即存在区域的差异以及组成要素的差异等。因此在教学时,可以把同类相似的概念或同类事物(现象)以及同类区域进行对比分析。如纬线与经线对比分析,三大类岩石比较,河流上、中、下游的水文特征比较,五种基本地形的比较,不同交通运输方式特征比较,日本与英国的国家地理特征比较等内容,都可以通过列表比较的方式进行分析。

6. 综合关系结构

地理学最终探讨的是人地关系,人地关系涉及的地理要素很多,教学内容可以从兼容多种要素、多种关系的综合关系结构进行组织分析。

【阅读文献】

地理教材专题分析方法

徐宝芳教授为了把握某类地理教学内容在中学地理教材中的地位、组成、结构和功能,提出了"中学地理教材专题分析"方法。该方法是把中学地理教材按其内容性质不同,划分为不同的地理专题,如地理规律专题、地理技能专题、地理活动专题等，并对其进行系统分类，是运用调查和统计的方法，对教材的某项地理专题进行整体构成分析、逐类构成分析、逐章构成分析，从而分析出该专题在地理教材中的地位、数量、结构、功能和特点等的一种地理教材研究方法。详见徐宝芳的《地理教育实践与理论》(中国地图出版社,2011 年)一书。实践证明，对地理教材分门别类地开展专题分析研究，不但对地理教材某方面的专题的组成、结构、功能和特点有深入的把握，同时对地理教材的整体组成、结构、功能与特点的掌握也是十分有益的。《中学地理课程标准与教材研究》(张卫青、徐宝芳，陕西师范大学出版社,2012 年)一书的第四章和第五章就是运用地理教材专题分析法分别对初中和高中有关地理专题分析与研究的成果。

第四节　地理课程资源开发与利用

学习目标

1. 能说出地理课程资源含义。
2. 能举例说明树立地理课程资源开发与利用观念的重要性。
3. 能举例说明校内地理课程资源开发与利用的注意事项。
4. 能设计一个简要的开发与利用校外地理课程资源的方案。

地理课程资源开发与利用是地理教学内容设计的一个重要方面。随着地理课程改革的不断深入，地理教学内容从狭义的地理教材演变为广义的地理教材，再发展到地理课程资源，这是地理教学观念更新、教学内容改革、教学方法优化的一个重要标志。因为地理课程资源的丰富性和适切性影响着地理课程目标实现的范围和水平，因此，要充分开发、合理利用地理课程资源，树立地理课程资源开发与利用的观念，培养地理课程资源开发与利用的能力。

一、地理课程资源的类型、特点与作用

(一)地理课程资源的概念

地理课程资源是指有利于实现地理课程目标的所有因素和条件的总和,[①]是广泛蕴藏于学生生活、学校、社会以及自然中的所有有利于地理课程实施,有利于实现地理课程教学目标的教育资源。地理课程资源是教学的主要工具,包括在教学活动中利用的一切物质的、精神的、校内的、校外的事物。

(二)地理课程资源的类型

地理课程资源的形式多样、内容丰富,按照不同的分类标准,可以将地理课程资源进行如下分类。

1.依据功能特点可分为:素材性课程资源和条件性课程资源

(1)素材性课程资源作用于地理课程,并且能够直接成为地理课程的教学素材来源。它包括地理知识、地理技能、地理经验、地理活动方式与方法和情感态度价值观等内容;(2)条件性课程资源作用于地理课程却不是形成地理课程资源的直接来源,但它决定地理课程实施的范围和水平等,是保障地理课程实施的物质经济条件。它包括服务于地理课程的人力、物力、财力和媒介、设施、设备等。

2.依据地理学科性质可分为:自然地理课程资源和社会课程资源

(1)自然地理课程资源是指自然界中存在的,可以运用于地理课程的资源。主要包括自然界中的地形、气候、水、土、动植物等;(2)社会课程资源是指社会生活中存在的,可以运用于地理课程的资源。它主要包括如图书馆、地震台、天文馆、气象台、博物馆、展览馆等与地理学科相关的公共设施,以及科技活动、政治活动、经济活动等人类交往活动,宗教伦理、风俗习惯等影

---

① 黄京鸿.新课程地理教学论[M].重庆:西南师范大学出版社,2011:254.

响人类生产生活的价值观念。

3. 依据空间分布可分为：校内资源和校外资源

(1)校内资源指学校范围内能作用于地理课程的资源。它包括学校内的各类教材和设施，也包括地理教师和学生的地理学习活动等；(2)校外资源指学校范围以外能作用于地理课程的资源。它包括家长、校外地理学科专家、研究机构、博物馆、展览馆、科技馆、天文台、气象站、政府有关部门、工厂、农村等社会资源和丰富的自然资源等。

4. 依据呈现方式可分为：文字资源、实物资源、活动资源和信息化资源

(1)文字资源是承载各类地理信息并以文本形式存在的地理课程资源，包括地理教科书、地图册、各类地理练习册、教学设计、学案、各类地理相关书籍等；(2)实物资源一般指满足地理教学需要并以实物形态存在的地理课程资源，包括各类动植物标本、矿物标本、模型、挂图、地理学习场所(教室、地理专用教室、地理园地)等；(3)活动资源是指存在于各式各类地理活动中的地理课程资源，如地理教师的教学行为、学生的学习行为、学校地理社团、地理实践活动及师生之间、生生之间的交流活动等等；(4)信息化资源是在现代信息技术的支持下以音像、网络媒体为载体的地理课程资源。

5. 依据存在方式可分为：显性资源和隐性资源

(1)显性资源指实实在在以物质形态存在，可以直接运用于地理课程的资源，包括教材、计算机网络、教学设备、广播电视、风景名胜、文物古迹、文化教育机构等自然和社会中的实物；(2)隐性资源指以潜在的方式对地理课程施加影响的资源，包括校风、学风、社会风气、家庭氛围、社会生活方式、价值规范、行为准则及人际关系等。

(三)地理课程资源的特点

1. 内涵的动态性

地理课程资源的内涵是不断发展并日益丰富的，具有动态性特点。一方面表现于自然环境、区位条件、经济水平、民族文化和社会因素的不同,对地理课程资源的内容和存在形式的影响也不同;另一方面,地理课程资源的内涵不是静止、固定不变的,科技进步、社会发展及学校地理教育拓展,使地理课程资源的概念得以延展,也就使更多的资源可以作为影响、支持并构成地理课程的要素,从而成为地理课程资源的一部分。例如,随着隐性地理课程的提出,地理课程的外延在不断扩大,教师的情感、学习的氛围、师生之间的交流等都丰富了地理课程内容;随着人力资源概念的提出,教师、学生、家长、地理专家及社会各界等都成为地理课程资源的组成部分;随着现代信息技术的发展,网络资源也成了地理课程资源的组成要素。

2. 内容的开放性

地理课程资源内容丰富,具有开放性特点。一是体现于地理课程资源空间上的开放。地理课程资源并不局限于教科书、课堂、教师和学校,自然界和社会生活中也蕴藏着丰富的课程资源。教师要努力从中挖掘适合学生学习的素材,引导学生充分利用校外各种资源,在大自然和社会生活中学习与探索。二是体现于地理课程资源时间上的开放。信息化时代的地理课程资源可以不受时间的局限,在任何需要的时候都可以提取相关课程资源辅助地理教学。

3. 价值的双重性

地理课程资源不仅能为教学服务,具有教育价值,而且具有独特的社会经济价值。地理课程资源内容丰富、形式多样。地理课程资源不仅可以使学生的地理学习更加生动、活泼,而且可以产生社会影响,创造经济价值和社会价值。例如,可以利用自然风光开展特色旅游,利用高原开展冰雪旅游,利用草原开展牧马、牧羊、狩猎等活动。另外,还可以利用乡土地理资源招商引资,发展经济。例如,山西煤矿资源丰富,是著名的煤都;深圳优越的地理位置,使其成为中国对外开放的窗口;内蒙古茫茫的大草原,兴起了诸如伊利、蒙牛这样的中国品牌乳业。因此,地理课程资源的开发具有双重性,既可以服务于地理教学,又可以服务于社会经济活动。

4. 功能的交叉性

地理课程资源与其他课程资源之间存在着功能的交叉性。地理课程是一门兼有自然科学和社会科学性质的综合课程。地理课程资源与其他课程资源之间紧密联系，一方面，有些地理课程资源不但可以为地理教学服务，还可以为其他课程教学服务。例如，地图作为地理学的第二语言，承载着丰富的地理信息，不但广泛服务于地理教学，也可以在历史、政治、英语，甚至语文教学中得到应用。另一方面，为其他学科服务的课程资源，有些也可以为地理教学服务。例如，利用诗词、故事、新闻等课程资源，可以解决许多地理教学问题；利用数学、物理、化学等知识，也可以解决许多地理教学问题等。

5. 形式的多样性

由于地理课程要求学生在宽广的科学技术社会背景下学习地理科学知识，所以地理课程资源绝不仅仅指地理教材，也不仅仅限于学校内部，它涉及学生学习、生活环境中所有有利于地理课程实施，有利于达到地理课程目标的资源。因此，地理课程资源形式多样，既有自然的，也有社会的；既有人力的，也有物力的；既有校内的，也有校外的；既有显性的，也有隐性的。

（四）地理课程资源的作用

在地理教学内容设计中仅限于教材分析是不够的，还必须依据课程标准，合理地开发与利用其他的教学资源，才能真正落实新课程标准的理念和要求①。地理课程资源的作用具体表现在以下几个方面：

1. 有利于丰富地理课程内容

地理课程资源的开发利用拓展了学生的学习环境、开阔了学习视野。例如，网络地理课程资源的运用，使学生的地理学习可以实现“人人可学、处处可学、时时可学”；再比如，校外地理课程资源的运用，为学生走进大自然，参与社会实践创造了条件。引导学生用地理视角，靠双眼的观察，去欣赏、认识、理解客观世界，现实的地理环境就成为学生地理学习的内

① 李家清. 中学地理教学设计[M]. 北京：高等教育出版社，2015：152.

容。可见,地理课程实施的过程就是地理课程资源的开发与利用过程,当课程资源被开发利用时,课程资源本身就作为课程实施的内容,成为教学的内容。

2. 有利于达成地理学科核心素养目标

恰当运用地理课程资源,可以促进书本知识和生活经验的深度融合。运用不同区域现实生产生活的情境,开展地理教学设计与实施,对于培养学生综合思维、区域认知、地理实践力和人地协调观具有重要作用。可见,丰富的地理课程资源的开发与利用,为推动实施地理学科素质教育,创新中学地理教学模式,实现地理课程目标提供了条件。

3. 有利于选择与实施多种地理教学方式

多样的地理课程资源为教师的教学方式方法选择和学生的学习方式方法的选择创造了条件。如,利用文字课程资源引导学生学会地理阅读,利用地图等地理图像课程资源引导学生学会"图解大千世界",运用数字星球系统等地理装备引导学生使用地理工具进行地理观察,运用乡土地理课程资源引导学生开展地理野外考察和社会调查活动等。

4. 有利于实施多样化的地理课程评价方式

地理课程资源可以运用于地理课程的评价。如,让学生在自然、社会等真实情境中利用丰富的地理课程资源开展多样的地理实践活动,采取表现性评价方式来评价学生地理学习效果。这种评价方式不仅能测评学生的地理实践能力,还能激发学生学习地理的积极性和主动性,实现教、学与评一体化。

二、地理课程资源开发与利用的任务

课程资源的开发,实质上就是探寻一切有可能进入课程,能够与教育教学活动联系起来的资源。课程资源的利用,实质上就是充分挖掘被开发出来的课程资源的教育教学价值。所以,课程资源的开发与利用是密切联系在一起的,开发是利用的前提,利用是开发的目的,而开发的过程也包含着一定的利用,在利用的过程中也会促进开发。

（一）高中地理课程资源建设任务

《普通高中地理课程标准（2017 年版）》提出地方与学校地理课程资源建设任务包括：校内地理教学的环境条件、地理实践活动装备的配置、数字化课程资源和地理实践基地建设等，详见表 3－2。

表 3－2　地理课程资源建设任务

任务	组成
1. 校内地理教学的环境条件	国内外地理教科书、地理图册、挂图、地理填充图、地理教学参考书、地理练习册等。注重地理教具、学具的开发，包括地理教学图件、地理教学标本（如土壤、矿物与岩石标本）、地球仪、等高线地形模型、天文望远镜、天球仪等地理教学器材等的配备； 地理园、气象观测站、天象馆、天文台、地理橱窗、地理实验室等。地理专用教室，地理课程的地理实践手册，如地理户外活动设计、地理模拟实验手册、社会调查方案等
2. 地理实践活动装备的配置	适用于中学的“水、土、气、岩、化石”标（样）本的采集、测试工具、实验资源包（箱）。相关采集、记录、测试的实验手册、使用说明、课程案例、数据等文本或数字资源。校园气象等环境数据的监测站点或专门实验室； 野外实践的基本工具，如测绘定位工具设备、传统罗盘、望远镜等；用于野外采挖、收集、储存、保存的工具；野外安全工具、设施装备等；相关区域的等高线地形图、遥感图像等
3. 数字化课程资源	地理信息系统（GIS）、全球卫星导航系统（GNSS）（北斗或 GPS）、遥感（RS）辅助教学系统。数字气象站平台系统，天文望远镜遥感观测平台系统，野外实践（水、土、气、岩）采集分析与显示系统等； 研发地理课程情景资源库、课程实例或案例
4. 地理实践基地	地理野外实习基地、公共图书馆、气象台、天文馆、地质馆、海洋馆、科技馆、展览馆、少年宫、博物馆、植物园、动物园、主题公园，以及有关政府部门、科研单位、大专院校、工厂、农村等

（二）初中地理教学装备配置

《初中地理教学装备配置标准》（教育部，2019 年）提出初中地理教学装备包括：专用教室基础器材、地理观测主题学习器材、地理制作与操作主题学习器材、地理模拟实验主题学习器材、地理室内观察主题学习器材、地理野外考察主题学习器材和地理参观与调查主题学习器材。

三、地理课程资源开发与利用的原则与途径

教师要树立课程资源发展观，即狭义教材到广义教材再到课程资源。教材不再是唯一的课程资源，要了解课程资源开发主体的变化，课程实施活动空间的变化，课程素材或内容上的变化，课程资源载体形式上的变化。地理课程资源开发与利用要注意所选资源的科学性、思想性和适宜性。

（一）地理课程资源开发的原则与途径

关于地理课程资源开发原则，李家清教授提出了选择地理教学内容资源的辅助性原则、相关性原则、适应性原则、探究性原则和联系性原则[①]，详见表 3－3 所示。

表 3－3 地理教学内容资源开发原则

开发原则	开发原则说明
辅助性原则	教材为主，其他为辅
相关性原则	与教学内容紧密相关
适应性原则	与学生年龄特征、知识水平与接受能力一致
探究性原则	有利于引发兴趣、提出问题、促进探究与自学
联系性原则	有利于地理知识之间的联系、发展学生能力

关于地理课程资源开发途径，李家清教授提出了挖掘实际生活、联系相

① 李家清. 中学地理教学设计[M]. 北京：高等教育出版社，2015：152.

关学科、比较事象特点和综合性开发[①]四种途径，详见表 3 - 4 所示。

表 3 - 4　地理教学内容资源开发途径

开发途径	开发途径说明
挖掘实际生活	提供感性认识，澄清错误、形成认知冲突，书本知识与生活知识沟通，吸收新知识，知识应用
联系相关学科	联系相关学科，发挥支持、加深、拓展的作用
比较事象特点	学习新概念，如荒漠化与沙漠化比较等
综合性开发	围绕课程目标的综合性开发支持目标实现的资源

(二)地理课程资源利用的原则与途径

教师要树立正确的课程资源观，从教教材到用教材教，再到课程资源开发与利用，扮演好课程学习者、研究者、建设者和实施者的角色。关键是要有开发、利用好地理课程资源的雄心和能力。要讲好地理课的故事，需创作好地理课的故事。

(1)地理课程资源利用的层次性原则和综合性原则。层次性原则强调地理课程分为国家地理课程、地方地理课程和校本地理课程三个层次，要注意处理好三者关系，各有侧重地利用，强化国家地理课程的功能，发挥好地方课程和校本课程的地方特色与学校特色，有效地利用好自身资源。综合性原则是指围绕地理教学目标合理选用、整合各类教学资源，解读不同版本的地理教材，创造性地使用教材，利用课程资源时要注意文本资源与非文本资源结合，课内资源与课外资源结合，国家、地方和校本资源结合，教师自身的资源与学生的生活经验结合。

(2)地理课程资源利用的基本途径。一是教师在课堂教学中有效地利用各种课程资源；二是引导学生运用，比如引导学生利用网络资源学习地理，组织学生利用乡土地理课程资源开展各种地理实践活动等。

① 李家清. 中学地理教学设计[M]. 北京：高等教育出版社，2015：152 - 154.

【本章小结】

本章阐述了中学地理教学对象分析、地理课程标准分析、地理教学内容分析、地理课程资源开发与利用的基本要点。具体内容包括：在说明地理学习过程基础上，阐述了地理教学对象分析方法；在介绍地理课程标准组成与作用基础上，阐述了地理课程标准的内容要求解读方法；在说明地理教学内容体系分析含义基础上，阐述了三种地理教材分析方法；在说明地理课程资源含义基础上，阐述了地理课程资源开发与利用的原则和途径。

本章希望大家可以通过理论学习、案例分析与实践演练来把握地理教学对象分析与地理教材分析思想，理解地理教学对象、地理课程标准、地理教材、地理课程资源与地理教学设计的内在联系，确立地理教学设计的"学生本位""课程标准导向""用教材教"和"课程资源开发与利用观念"等思想，学会学情分析方法、地理课程标准解读方法、地理教学内容分析方法和地理课程资源开发与利用的方法。

【二维码】

第三章　教学资源

【实践演练】

1. 学习风格倾向测试演练：按照学习风格倾向，可以将学生分为发想者、务实者、理论者、行动者四种类型。根据有关量表，试着对自己的学习风格进行判断。

2. 运用学情分析方法，对一个地理教学设计案例的学情部分进行分析。

3. 阅读初中或高中地理课程标准，选一个课程标准的"内容要求"进行解读。

4. 自选一节地理教材，运用地理教材分析方法对其进行分析。

5. 选择一个地理课程资源运用案例，分析其运用的特点。

【拓展阅读】

[1]夏志芳. 地理学习论[M]. 南宁:广西教育出版社,2001.

[2]中华人民共和国中华人民共和国教育部. 义务教育地理课程标准:2022 年版[M]. 北京:北京师范大学出版社,2022.

[3]中华人民共和国教育部. 普通高中地理课程标准:2017 年版 2020 修订[M]. 2 版. 北京:人民教育出版社,2020.

[4]教育部. 初中地理教学装备配置标准[S/OL]. (2019 - 05 - 31). http://www.moe.gov.cn/srcsite/A06/s3321/201905/t20190531_383960.html.

第四章　中学地理教学目标设计

内容提要

若行其事、先明其意。教学目标指引教学方向，教学的一切活动都是围绕着教学目标开展的，教学目标具有导教、导学、导测评的作用。地理教学目标设计是中学地理教学设计的重中之重，进行恰当的地理教学目标设计是地理教学设计的关键。本章包括以下内容：地理教学目标含义、地理教学目标设计的理论基础、地理教学目标设计的技术与方法。

通过本章的理论学习、案例分析与实践演练，大家可以掌握地理教学目标设计基本理论与技术，学会地理教学目标分析与设计方法。

学习目标

1. 能说出地理教学目标的含义。
2. 能阐述地理教学目标基本理论的内容。
3. 能说出地理教学目标设计依据和原则。
4. 能举例说明地理教学目标设计程序与方法。
5. 能举例说明地理教学目标陈述技术。
6. 能恰当地设计一节中学地理课的教学目标。

第一节　地理教学目标概述

学习目标

1. 能说出地理教学目标的含义。

2. 能说出地理教学目标的组成。

3. 能举例说明地理教学目标的功能。

4. 能阐述地理教学目标基本理论的内容。

一、地理教学目标的含义

（一）地理教学目标的概念

关于地理教学目标的概念，学者有如下一些阐述。王民和仲小敏认为："教学目标是对学习者通过教学后应该表现出的可见行为的具体、明确的表述，包括外显的行为和内部的心理变化。因此，教学目标有时也称为行为目标，这是为了强调教育结果的可见性和可测量性。"①曹琦认为："教学目标，则是学生学习行动所预期的结果，是从学生角度提出来的，在近些年来的教学中，都称为教学目标。在旧教学大纲中称作教学目的，而在新的课程标准中，一律改称教学目标。"②江晔认为："教学目标是教学中师生预期达到的学习结果和标准，且具有指导性，其指导性主要体现在为教师教学、学生学习指明方向。在实际教学活动中，教学目标通常指狭义的具体的课时目标。"③

综上所述，地理教学目标是对地理教学活动所要达到的预期结果的描述。也就是说，地理教学目标是对地理教学目的所作的具体的描述，是教学活动结束后，学生学习行为与结果的预期。

---

① 王民，仲小敏. 地理教学论[M]. 北京：高等教育出版社，2003：36.

② 曹琦. 中学地理教学设计：教学原理与方法[M]. 长春：东北师范大学出版社，2005：16.

③ 江晔. 地理教学设计应用指导[M]. 北京：中国地图出版社，2010：44.

关于地理教学目标的概念，可以做如下解释。

（1）地理教学目标是地理教学活动的预期结果，是在地理教学实施前的一种预设，具有一定程度的不确定性。

（2）地理教学活动范围可以是一门课程整体的实施活动、一个模块的教学活动、一个单元的教学活动、一节课的教学活动。因此，由于这些教学活动范围不同，所指的教学目标含义就有所区别，可见，地理教学目标是一个目标体系。

教师在进行地理教学目标设计时，要树立整体的目标观，防止出现“只见树木、不见森林”的问题，要把握好课程目标、单元目标与课时目标的关系，目标设计顺序上要从课程目标到单元目标再到课时目标，确保最终实现地理课程的总目标。

（3）地理教学目标是教师教学设计的出发点，也是教学活动的最终归宿，引领教学方向，指导教学活动过程，其目标达成度是检验教学效果的依据。

（二）地理教学目标的体系

关于地理教学目标，从目标含义可见，它是一个体系，涉及国家教育目的、学校人才培养目标、课程目标、单元教学目标和课时教学目标。

（1）教育目的是国家对各级各类学校教育培养人才的质量规格的总体设计，反映国家对教育的总体要求和期望。2016 年教育部发布《中国学生发展核心素养》，明确了为国家培养具有“人文底蕴、科学精神、学会学习、健康生活、责任担当、实践创新”素养的全面发展的人。

（2）培养目标是各级各类学校根据教育目的制订的，不同类型的学校其人才培养目标不同。培养目标要根据教育目的来制订，而教育目的又要通过各级各类学校培养目标才能实现。

（3）课程目标是国家或学校为实现培养目标而安排的教育内容进程，以及要求学生达到的程度，是培养目标的具体化，是师生行动的依据。它一般按照学科制订和实施，可分为学科课程目标、单元目标、课时目标等。

①地理课程目标是地理课程教学对学生地理素养培养结果的概括性要求。一般通过教育部制定的《义务教育地理课程标准》颁布实施。

②年级(模块)地理教学目标是对年级或模块地理教学目标的细化。年级地理教学目标主要针对初中,如7年级地理教学目标、8年级地理教学目标;模块地理教学目标主要针对高中地理各必修模块及选修模块。

③单元地理教学目标是对年级或模块地理教学目标的细化。例如人教版《高中地理必修第一册》就包括了“宇宙中的地球”“地球上的大气”“地球上的水”“地貌”“植被与土壤”“自然灾害”六个单元。每单元都有具体的教学目标。

④课时地理教学目标是对单元地理教学目标的进一步细化,是每课时结束时的预期教学结果。

二、地理教学目标的组成

(一)我国中学地理课程教学目标的历史演进

中华人民共和国成立以来,我国颁布执行的中学地理教学大纲共有8部,分别颁布于1956年、1963年、1978年、1986年、1990年、1992年、1996年、2000年,又分别于2001年、2003年、2011年、2017年、2020年、2022年修订,先后颁布了初、高中地理课程标准。每次课程大纲与课程标准变化的一个重要内容就是课程目标的发展变化。我国地理课程目标的发展历程,大致可以概括为三个阶段。

1.第一阶段:“知识、技能、思想”阶段

20世纪50年代至20世纪末,地理课程目标为:地理基础知识,地理基本技能与能力,政治思想。例如,1978年《全日制十年制学校中学地理教学大纲(试行草案)》提出的教学目的:使学生掌握中国、世界各大洲、大洋和主要国家的地理知识;使他们掌握运用地图的初步本领;培养他们辩证唯物主义的观点,无产阶级爱国主义和国际主义的精神,把祖国建设成为社会主义的现代化强国的雄心壮志。[1]

---

① 吴履平.20世纪中国中小学课程标准·教学大纲汇编(地理卷)[M].北京:人民教育出版社,2001:198.

2. 第二阶段“三维目标”阶段

2001 年开始，地理课程目标为：知识与技能，过程与方法，情感、态度与价值观。例如：2003 年《普通高中地理课程标准》（实验）提出的课程目标①：

知识与技能：①获得地球和宇宙环境的基础知识；理解人类赖以生存的自然地理环境的主要特征，以及自然地理环境各要素之间的相互关系。②了解人类活动对地理环境的影响，理解人文地理环境的形成和特点；认识可持续发展的意义及主要途径。③认识区域差异，了解区域可持续发展面临的主要问题和解决途径。④学会独立或合作进行地理观测、地理实验、地理调查；掌握阅读、分析、运用地理图表和地理数据的技能。

过程与方法：①初步学会通过多种途径、运用多种手段收集地理信息，尝试运用所学的地理知识和技能对地理信息进行整理、分析，并把地理信息运用于地理学习过程。②尝试从学习和生活中发现地理问题，提出探究方案，与他人合作，开展调查研究，提出解决问题的对策。③运用适当的方法和手段，表达、交流、反思自己地理学习和探究的体会、见解和成果。

情感态度与价值观：①激发探究地理问题的兴趣和动机，养成求真、求实的科学态度，提高地理审美情趣。②关心我国的基本地理国情，关注我国环境与发展的现状与趋势，增强热爱祖国、热爱家乡的情感。③了解全球的环境与发展问题，理解国际合作的价值，初步形成正确的全球意识。④增强对资源、环境的保护意识和法制意识，形成可持续发展观念，增强关心和爱护环境的社会责任感，养成良好的行为习惯。

3. 第三阶段“核心素养”阶段

2017 年开始，新的高中地理课程将课程目标确定为：培养学生地理学科核心素养。地理学科核心素养是学生通过地理课程学习而逐步形成的正确价值观、必备品格和关键能力，包括人地协调观、综合思维、区域认知和地理实践力。

2022 年开始，新的初中地理课程将课程目标确定为：地理课程要培育的

① 教育部. 普通高中地理课程标准：实验[M]. 北京：人民教育出版社，2003：5－6.

核心素养，主要包括人地协调观、综合思维、区域认知和地理实践力等。

地理课程目标的三个发展阶段，体现出地理课程育人价值追求的变化：从“知识立意”到“能力立意”再到“素养立意”的转变。

（二）地理教学目标的组成要素

1. 地理基础知识与基本技能目标

表 4－1　地理基础知识体系

地理基础知识类别	种类	举例
地理感性知识	地理名称	北京、阴山、亚洲
	地理分布	热带雨林分布在赤道两侧
	地理景观	温带草原景观、城市景观
	地理演变	昼夜更替、人口变化
	地理数据	内蒙古 118 万平方千米、亚洲是世界第一大洲
地理理性知识	地理特征	气候特征、中国地理特征
	地理概念	地理环境、天气、温带草原
	地理规律	内蒙古草原分布规律、水循环规律
	地理成因	气候的成因、气旋的成因

表 4－2　地理基本技能体系

种类	类型	举例
地理动作技能	地图、图表的绘制技能	填绘大洲轮廓图；绘制气温变化图
	地理仪器使用技能	地球仪使用、高度表使用
	制作地理模型技能	制作褶皱模型；制作地球形状模型
地理智力技能	地理观察、调查、实验技能	观察大青山地形；调查呼市道路建设情况
	地理分析技能	分析呼和浩特邮局分布发展原因
	阅读、分析地图、图表的技能	阅读中国地形图；分析某地气温变化曲线图
	地理统计、计算技能	某地气温、降水统计、计算
	地理信息技能	下载地图、网上收集资料、资料处理

2. 地理课程的三维目标

(1)知识与技能目标是教学的基础目标;(2)过程与方法目标是主导目标;(3)情感、态度与价值观目标是终极目标。需强调的是地理课程的三维目标是一个有机的整体。

3. 地理学科核心素养目标

表4-3　地理学科核心素养

素养	内涵
人地协调观	人们对人类活动与地理环境之间的关系秉持的正确价值观
综合思维	人们综合地认识地理环境及人地关系的思维方式和能力
区域认知	人们从空间—区域的视角认识地理环境及人地关系的思维方式和能力
地理实践力	人们在实验、调查和考察等地理实践活动中所具备的行动能力和意志品质

关于地理学科核心素养有如下几点说明。

(1)四个核心素养之间的关系:人地协调观是地理课程内容蕴含的最为核心的价值观,它包含着正确的人口观、资源观、环境观和发展观等。综合性和区域性是地理学的两大突出特点,由此形成的综合思维和区域认知,是学生分析和理解地理过程、地理规律、人地关系系统的重要思维品质和能力。地理课程具有很强的实践性,在实践活动中运用综合思维和区域认知,是学生感悟、体验现实世界中人地关系的重要途径。可见,这四个学科核心素养是有机的统一整体。

(2)高中地理课程将每个地理学科核心素养分为三种表现,水平划分为4级,水平1至水平4由低到高呈逐渐递进的关系。

(3)初中地理课程要培育的核心素养没划分表现,未进行水平划分。

三、地理教学目标的功能

（一）指导教师的教学

教学目标具有指导教师的教学过程、方法、技术、媒体的选择和运用的功能。教学论不是主张“教学有法，教无定法”，而是主张“学有规律，教有优法”[①]，学习类型不同、同一学习类型所处的学习阶段不同，其教学方法不同，即目标决定方法。具体表现在以下几个方面：

（1）教学目标能使教学活动不至于陷入盲目的状态，有助于使教学活动自觉地进行。

（2）教学目标能够使教学活动集中于有意义的方向，而避开无意义或者不符合预定方向的事物，有助于有意义的结果的达成。

（3）教学目标能够提高教学活动的效率，使教学活动做到事半功倍。

（二）指导学生的学习

所谓指导学生的学习，目标能够明确告诉学生，通过学习应该学会做什么。

例如，“自然地理环境的整体性”一节的教学目标案例中，学生在学习之后，能正确认识人类活动和自然地理环境的关系，树立人地协调观和可持续发展观念；能够运用地理环境整体性规律，解释区域地理环境各要素间的相互作用关系，分析区域自然地理环境特征，树立因地制宜的发展观；并能够根据图表进行学习，获得搜集地理信息和获取地理信息的能力。

（三）指导教学结果的测量与评价

所谓指导教学结果的测量与评价，就是目标应暗含观察学生学习结果的条件。根据目标编写测验题，根据目标评价学生和教师。

---

① 皮连生.学与教的心理学[M].上海：华东师范大学出版社，2009：84.

案例4-1 分析“自然地理环境的整体性”一节教学目标的功能

内容要求：

运用图表并结合实例，分析自然环境的整体性和地域分异规律。

教学目标：

1. 从地理环境整体性的角度，正确认识人类活动和自然地理环境的关系，树立人地协调观和可持续发展观念。（人地协调观）

2. 结合实例，分析地理环境各要素间的相互作用及其对地理环境形成与发展的影响。（综合思维）

3. 运用地理环境整体性规律，解释区域地理环境各要素间的相互作用关系，分析区域自然地理环境特征，树立因地制宜的发展观。（区域认知）

4. 运用图表并结合实例进行地理学习，通过搜集、处理地理信息，进行小组合作探究学习，培养发现问题、解决问题的能力。（地理实践力）

案例分析：

本节课的教学目标围绕自然地理环境整体性这一原理，从地理学科核心素养培养的视角进行设计，同时从该教学目标的行为条件表述来看，指出了运用具体案例，结合图表，收集、处理信息和分析综合等多种活动方式。可见，该教学目标不仅提出了学习的内容、达到的程度，而且提出了活动方式。因此，能对教师的教和学生的学起到一定的指导作用，而且也能对教学测评起到引导作用。

四、教学目标基本理论

（一）布卢姆的教育目标分类学

美国当代著名的心理学家、教育家布卢姆，把教学目标分为认知领域、情感领域和动作技能领域，在每个领域里又分成由简单到复杂的不同层次，并列出其可观测的行为。

1. 认知领域的教学目标分类

表 4－4 布卢姆认知领域教学目标分类①

领域	学习水平	可观测的行为
认知领域	1. 识记	具体的事物;处理事物的方法;对事物的概括与抽象
	2. 理解	转译资料;解释资料;推论结果
	3. 应用	把知识应用于具体情境中
	4. 分析	要素分析;关系分析;组成原理分析
	5. 综合	形成观点意见;拟定计划方案;抽象关系、理论
	6. 评价	依内在的准则来判断;依外在的效果来判断

表 4－5 认知目标二维分类表(修订的认知目标分类学)②

知识维度	认知过程维度					
	1 记忆	2 理解	3 运用	4 分析	5 评价	6 创造
A 事实性知识						
B 概念性知识						
C 程序性知识						
D 反省认知知识						

2. 动作技能领域的教学目标分类

表 4－6 布卢姆动作技能领域教学目标分类③

领域	学习水平	可观测的行为
动作技能领域	1. 模仿	按样品技术进行操作,掌握了步骤
	2. 熟练	按样品技术熟练操作,掌握了要领
	3. 精确	脱离样品技术独立操作,掌握了精度
	4. 节奏	加快操作的时间,掌握了规律
	5. 自然化	使操作成为日常生活的一部分

① 袁金华. 课堂教学论[M]. 南京:江苏教育出版社,1996:135.
② 皮连生. 学习、教学和评估的分类学[M]. 上海:华东师范大学出版社,2008:25.
③ 陈澄,裘腋成. 地理课堂教学设计[M]. 上海:华东师范大学出版社,2001:17.

3. 情感领域的教学目标分类

表 4－7　布卢姆情感领域的教学目标分类[①]

领域	学习水平	可观测的行为
情感领域	1. 接受	感觉现象的存在；愿意接受现象；有选择地接受某种现象
	2. 反应	顺从反应；愿意的反应；满意的反应
	3. 评价	接受价值；爱好价值；信奉价值
	4. 形成价值	建立价值观念；组成价值体系
	5. 形成品格	一般态度；性格化

（二）加涅的学习结果分类理论

美国教育心理学家加涅按照学习结果对教育目标进行分类，他把学习结果分为认知、动作技能和态度三类，其中认知又包括：言语信息、智慧技能、认知策略。[②]

言语信息是指人用语言来表述信息的能力。加涅认为言语信息的学习不但是学过的东西能逐字逐句地回忆出来，而且是要用自己的语言表达出来。根据言语信息本身所具有的不同复杂程度，加涅区分出三类不同的言语信息形式：符号学习、事实学习、有组织的言语信息的学习。它是"知什么"或陈述性知识。

智慧技能是指通过使用概念和规则处理事情的能力，其按照由简到难可分为辨别、概念、规则和高级规则四个层次：最简单的智慧技能是辨别，即区分物体差异的能力；较高一级的智慧技能是概念，即对同类事物的共同本质特征的认识；当规则支配人的行动时，我们便说，人在按规则办事；最高级的智慧技能是高级规则，是指运用简单规则解决复杂问题的能力。它是"知如何"或程序性知识。

认知策略与智慧技能的区别是：智慧技能是个体学会使用符号与环境

① 陈澄，裘腋成．地理课堂教学设计［M］．上海：华东师范大学出版社，2001：18．

② 加涅．学习的条件和教学论［M］．皮连生，等译．上海：华东师范大学出版社，1999：47－49．

发生作用，是处理外部世界的能力；而认知策略是对内组织的技能，它的功能是调节监控概念和规则的使用，是处理内部世界的能力，是个体对认知过程进行调节与控制的能力。认知策略使用的先决条件是具备相应的智慧技能。

动作技能有两个成分：一是操作规则，二是肌肉协调能力。动作技能的学习就是使用一套操作规则支配人的肌肉协调，是指个体不仅仅完成某种规定的动作，而且指这些动作组织起来构成流畅、合规则和准确的整体行为。

态度是指影响个人对其行动选择的内在心理状态。加涅把态度大致区分为三类：(1)儿童所获得的促进他与社会交往的态度；(2)对某类活动的积极偏爱；(3)有关一般公民身份的态度。

加涅从信息论的角度研究人的认知。他把学习过程看作是由信息输入、信息处理、信息输出这三个基本阶段组成。判断学生是否掌握了该掌握的知识，是否达到了学习要求，通过鉴别学生学习结果的信息输出是否是预期的信息输出的方法是最有效的方法。比如，学生能够陈述一个概念，说明他知道这个概念。如果学生在操作时能够遵循某个规则，说明他学会了这个规则。所以，通过对学习结果进行分类来制定教学目标，就是从对学习信息可能的输出方式反推出对学习的要求，对教学指导有实用价值，尤其有利于对学习的反馈控制。

第二节　地理教学目标设计

学习目标

1. 能说出地理教学目标设计依据和原则。
2. 能举例说明地理教学目标设计程序与方法。
3. 能举例说明地理教学目标陈述技术。
4. 能对一节中学地理课的教学目标进行恰当地分析。
5. 能科学地设计一节中学地理课的教学目标。

一、地理教学目标设计依据

（一）地理课程标准

依据地理课程标准初步确定教学目标。地理课程标准是地理教学目标设计的直接依据。对地理课程标准的研究是科学地设计地理教学目标的前提，是实现地理课程目标的基本保证。它阐述了地理课程的结构体系和地理教学的指导思想，规定了地理教学的目标。依据地理课程标准和教学内容设计，结合教学实际，对地理教学目标进行科学地设计。通过分析地理课程标准中的内容要求和学业要求，可以初步确定教学目标。

（二）地理教材

依据地理教材内容完善和细化教学目标。地理教材内容是进行地理教学的“物质基础”，它与教学目标设计有直接关系，是进行地理教学目标设计的“物质载体”。因此，需要挖掘地理教材中隐含的人地协调观、综合思维、区域认知和地理实践力培养要求，完善和细化教学目标。

（三）教学对象

依据教学对象调整教学目标。教学目标设计要分析教学对象，即对学生进行学情分析。要依据学生的存量知识与学习能力、学校教学条件和当地教学资源等调整教学目标。对学生的存量知识和学习能力进行分析是地理教学设计的一个重要基础，也是地理教学能够顺利进行的一个有力保障。根据地理课程标准及地理教材设计的教学目标不一定适应每个地区、每所学校，所以还需要根据学校教学条件和当地教学资源作进一步调整①。

二、地理教学目标设计原则

（一）全面、整体、全体性原则

全面性是指进行地理教学目标设计时，要全面考虑到“人地协调观、综

① 王民.地理学科知识与教学能力（初中）[M].北京：高等教育出版社，2011：182.

合思维、区域认知、地理实践力”四大地理学科核心素养目标在地理教学中的实现。整体性是说四大地理学科核心素养目标不是孤立存在的，它们相互联系、相互促进，成为不可分割的有机统一整体。“综合思维、区域认知”教育是培养“思维方式与能力”，是实现其他两项目标的基础和前提；“地理实践力”教育是培养“行动能力与意志品质”，是其他三项目标的综合；“人地协调观”教育是培养“正确的价值观”，是其他三项目标教育的保证，也是地理教育的根本目的。全体性是指教学目标设计时，既考虑学生的整体水平又兼顾学生个性差异。

传统的地理教学目标设计中存在“重知识、轻方法、贫思想”等问题，着眼于传授知识的数量，对教学目标的认识是片面的，对通过教学培养学生的能力、形成正确的价值观的目标落实的不够到位。

案例4－2　新疆地形特征的教学目标设计

1. 说出新疆的三大山脉和两大盆地名称；2. 结合新疆地形图说出新疆三大山脉和两大盆地分布；3. 说明新疆的地形特点；4. 通过运用新疆地形图判别不同的地形类型，初步学会根据地形图分析地形分布特点的方法；5. 通过对新疆地形特点的认识，领会人类应主动地适应和改造环境，促进人地关系协调发展的思想。

（二）难度适中性原则

难度适中性是指地理教学目标要难度适中，使学生“跳一跳，摘到桃子”，要把教学目标确定在学生的“最近发展区”内。恰当的教学目标能激发学生的求知欲，产生学习需要，形成学习动机，产生学习兴趣，提高学习效果。例如，某教师在设计《中国的人口》一节（第一课时）时，把认知目标设计为：（1）知道我国人口众多，是世界上人口最多的国家；（2）记住我国人口分布不均，东南多，西北少；（3）记住我国农村人口比重大，城镇人口比重小；（4）知道我国外籍华人、华侨多。这个目标层次设定在“知道”和“记住”层次，显然有些浅。

（三）明确、具体、可观察、可测量性原则

教学目标是评价教师的教学效果和学生学习效果的依据。教学目标应是可观察、可测量的。为了保证教学目标的可操作性，要注意以下几点要求：(1)教学目标的行为主体是学生，而不能是教师；(2)教学目标是用教学活动的结果而不能用教学活动的过程或手段来描述；(3)教学目标的行为动词是具体的而不能是抽象的。所谓具体，是指这一动词所对应的行为或动作是可观察的，如“说出”“列举”“区分”“解释”“使用”“分析”“归纳”“设计”“计算”“绘制”等，尽量避免使用含糊笼统的行为动词。通过学习，学习者能够做什么。如“说出地球在太阳系中的位置”要比“了解地球在太阳系中的位置”更妥当。

三、地理教学目标陈述技术

地理教学目标陈述技术包括：马杰的行为目标陈述法；格伦兰的内外结合法；艾思纳的表现性目标陈述法三种。

（一）马杰的行为目标陈述法

行为目标陈述法侧重用可观察、可测量的外显行为来描述。美国的教学目标研究专家马杰在其著作《程序教学目标的编写》中提出一个教学目标应包括“行为”“条件”“标准”三个基本要素的模式，马杰的教学目标三要素模式一般以作业的形式呈现，便于操作，至今仍为教育界所接受。在课堂教学设计的实践中，有的研究者认为有必要在三要素的基础上增加教学对象的描述，一个规范的教学目标包括四个要素，一般把这个模式称为“ABCD ”模式。

1. 行为主体（A，即 Audience）

行为主体是指学习者。行为目标描述的应是学生的行为，而不是教师的行为。因此，正确的行为目标开头都应是“学生应该…… ”，书写时可以省略，但是，目标制定者心中必须装有学生主体。现实中存在行为主体错位问题，如“培养学生，发展学生，使学生，帮助学生”等，这些行为主体均为教师而非学生。

2. **行为动词**(B,即 Behavior)

行为动词是目标中最基本的成分。行为的表述应具有可观察、可测量的特点,应使用明确的行为动词来描述,如"列出""写出""说出""辨别""比较"等。而现实中行为动词存在模糊、简单、空泛等问题,如"提高分析问题和解决问题的能力""掌握阅读地图的方法""发展创新能力和思维能力""理解水循环过程"等。

3. **行为条件**(C,即 Conditions)

行为条件指产生行为的条件,即评定学习结果的约束因素(包括环境、人、设备、信息、时间、问题明确性等因素),是目标表述句中的状语。如"能在空白地图上标出哈尔滨城市的位置"。

4. **表现程度**(D,即 Degree)

表现程度是明确上述行为的标准,指评定行为的最低依据或学生对目标所达到的最低水平。表现程度一般包括以下三类:完成行为的数量限制,如"至少列出三点理由说明……";完成行为的准确性,如"……答案的正确率至少达 80%";完成行为的成功特征,如"在地图上能迅速无误地找到……"。

(二)格伦兰的内外结合陈述法

内外结合陈述法,即内部过程和外显行为相结合的描述方法。该方法由美国的教学评价专家格伦兰教授于 1978 年在《课堂教学目标的陈述》中提出。学习的实质是内在心理的变化,因此教育的真正目标不是具体的行为变化,而是内在能力或情感的变化。而那些内在的心理变化,如理解、欣赏、热爱、尊重等,不能直接进行观察和测量。为了能间接地测量、观察这些内在心理变化,需要列举反映这些内在变化的行为样品,使这个目标具体化。该方法强调教学目标表述不能忽视情意领域目标和其他领域的高层次目标。

具体表述时,先用描述内部过程的术语陈述一般教学目标,然后用可观察的学生表现使之具体化。例如,在教学"水循环"课题时,要求学生"理解水循环原理"。这样的目标可以表述如"理解水循环原理":(1)说出水循环类型;(2)对照水循环示意图,描述水循环的几个过程;(3)能用水循环原理解释水资源是否"取之不尽,用之不竭";(4)能举出生活中的实例,说明水循环的地理意义。①

这样的目标表述,第一个层次,是心理内部过程(一般目标:理解水循环原理);第二个层次是心理外显行为(四条具体目标)。两者相结合的表述方法,既保留了行为目标表述的优点,又避免了行为目标只顾及具体行为变化而忽视内在心理过程变化的缺点,所以这种表述方法受到很多人的青睐。它既适合认知目标的表述,也适合情感目标的表述。

(三)艾思纳的表现性目标陈述法

人的认识和情感变化不是参加一两次教育活动就能到达的,教师也很难预测一定的教育活动后学生的内在心理过程将会出现什么变化,如高级认知策略和心理智能的提高,情感、态度与价值观的培养等都不是几节课的教育就能实现的。为此,美国的课程学者艾思纳提出了“表现性目标”。“该种目标陈述要求明确规定学生应参加的活动,但不明确规定每个学生应从这些活动中习得什么或相应的行为,主要强调组织有情境的活动让学生表现”②。例如,“领悟走可持续发展之路是人类的必然选择”的目标设计可为:呈现长江流域中下游河段沿岸污染图,人们到江心取食用水的场景,感受并分析当代人对环境破坏给当代人及子孙带来的危害性,能够提出一些可行性防范建议,领悟走可持续发展道路的重要性。

需要注意的是,这种目标有了更多的灵活性与开放性,更符合学生心理变化,但运用时只能作为目标具体化的一种补充,否则,会使教学目标模糊、空泛,起不到导教、导学和导测评的作用。

四、地理教学目标设计程序与方法

地理教学目标设计程序与方法可分为:解课程标准,析教材,把学情,建双向和写目标五个步骤与方法。

---

① 李家清.中学地理教学设计[M].北京:高等教育出版社,2015:83.

② 黄京鸿.新课程地理教学论[M].重庆:西南师范大学出版社,2011:206.

(一)解课程标准:解读课程标准、明确素养目标

课程标准的“内容要求”是课程目标的具体化,具体规定了学生在每一部分课程学习结束后应达到的基本要求。但它不是详细、具体的教学目标,而是对学生学习效果宏观的、共同的和统一的基本要求。所以,教师在日常教学中设计教学目标时需要以课程标准规定的整体目标为依据,对其内容进行分解,初步确定一节课的课时目标。例如,课程标准的内容要求:“结合实例,说明区域的含义及类型。”分解后的教学目标为:①学生能够说出区域的概念和类型;②学生能够列举常见的重要区域,例如,长江三角洲、珠江三角洲、环渤海地区、中国东北地区、美国东北部、北京大都市等,并能够从所给出的区域图中辨认出上述区域。

(二)析教材:分析教材、构建知识结构

地理教材内容是进行地理教学的“物质基础”,它与教学目标设计有直接关系,是进行地理教学目标设计的“物质载体”。因此,需要挖掘地理教材中隐含的知识、能力、情感培养要求,分析其地理学科核心素养的培养价值,结合课程标准的分解,完善和细化教学目标。

分析教材时,要确定知识点,构建知识结构。知识点是课时教学内容中相对独立的、与其他知识项目不交叉的若干要素,知识点的划分有粗有细,其标准是依据内容的学科逻辑与方便教学,将课时教学内容分解成知识点,画出知识结构图,这是编制教学目标的基础工作。例如,认识地球的形状和大小的知识结构,如图 4-1 所示。

- 认识地球的形状和大小
  - 对地球形状的认识过程
  - 大小
    - 平均半径 6371 千米
    - 表面积 5.1 亿平方千米
    - 最大周长约 4 万千米

图 4-1　认识地球的形状和大小知识结构示意图

(三)把学情:分析学生,把准学情

对学生的知识基础、学习方法和学习能力进行分析是地理教学设计的一个必要环节和一项重要的基础工作,也是地理教学能够顺利进行的一个有力保障。学生是有差异的,设计教学目标时,必须充分考虑学生情况,根据学生情况,将依据课程标准和教材制定出的教学目标进行适当调整。例如,《亚洲》一节学情分析如下:通过前面的学习,学生对地理的学习方法有了一定的了解,具备了一定的地图、图表阅读和分析能力,为区域地理的学习打下了一定的基础;学生有一定的地理知识储备,对所处的亚洲已经有局部的认识,但没有形成对亚洲系统的地理学科视角的认识和判断;对于生活在亚洲的中国学生,有很多关于亚洲的生活经历和感受,便于建立空间概念的同时激发对亚洲深入认识的学习兴趣,有利于培养他们学习大洲地理的学习方法。

(四)建双向:构建教学目标双向细目表

将各个教学目标类别化和层次化。类别化是按照有关目标分类理论,将已经确定的目标表述归入有关的领域或类别,比如按照布卢姆的教育目标分类理论,将各教学目标归入认知、情感、动作技能三个领域。层次化即根据目标层次性要求,使教学目标的表述应能够反映学习结果的层次性。例如,应用布卢姆目标分类理论把教学目标分成不同层次。具体做法是设计一张双向细目表。该表是应用安德森认知能力完善分类(基于“布卢姆认知领域分类”的完善)理论设计的一个双向细目表。在“教学目标”纵项栏目中,依次填写一个教学单元或节的各知识点及认知目标,在“认知目标层次”横栏中,从左到右填写安德森认知能力的各个层次,在相应的空格中画“√”,表示各个目标反映的学习结果层次所在。动作技能领域和情感学习领域也可按同样方法设计出双向细目表。例如,“岩石与矿物”认知领域教学目标层次双向细目表,详见表4-8[①]。

① 江晔.地理教学设计应用指导[M].北京:中国地图出版社,2010:60.

表 4－8 “岩石与矿物”认知领域教学目标层次双向细目表

知识教学目标	记忆	理解	应用	分析	评价	创造
1. 认识岩石与矿物						
① 正确说出岩石的种类和主要造岩矿物；	√					
② 能够正确地指出岩石与矿物；		√				
③ 鉴别主要的岩石和矿物			√			
2. 剖析岩石						
① 阐述岩石的形成过程；				√		
② 熟练用图示说明岩石的形成及转化					√	
3. 认识判断生活中的岩石和矿物			√			

在新课程要求下，我们可以结合布卢姆教学目标分类理论进行双向细目表设计，依据“人地协调观、综合思维、区域认知和地理实践力”四大地理学科核心素养的表现和层次要求，设计具体的教学目标。例如，中图版(2019)第二册第一章第二节“人口迁移的特点及影响因素”一节的教学目标设计，详见表 4－9。

表 4－9 人口迁移的特点及影响因素的教学目标设计

课程标准	学业质量标准	核心素养式教学目标
运用资料，描述人口迁移的特点及其影响因素	水平 1：根据地理资料，指出人口迁移的分类及其影响； 水平 2：结合地理资料，说明国际人口迁移和国内人口迁移的特点； 水平 3：运用地理资料，分析影响人口迁移的自然因素和人文因素； 水平 4：能够结合地理资料，运用人口迁移的推力因素和拉力因素说明人口迁移的规律	1. 结合区域地理资料，分析人口迁移的时空特点，为人口迁移提供合理的解决措施(人地协调观) 2. 结合资料，说明人口迁移对迁入地和迁出地影响的差异，世界及我国人口迁移状况(区域认知) 3. 结合资料，分析影响人口迁移的因素(综合思维) 4. 调查学校所在地人口迁移的现状，并分析原因(地理实践力)

(五)写目标:书写教学目标

通过前面的学习,我们知道教学目标的书写有三种陈述技术可以选择。书写教学目标时,先要选择恰当的教学目标表述技术,然后采用陈述语句逐个目标进行表述。例如,《亚洲》一节的教学目标表述如下。

(1)运用“世界政区图”说出亚洲的纬度、海陆、相关位置和范围, 并能自主读图描述欧洲地理位置的特点,培养读图技能。

(2)通过阅读亚洲地形图、气候图以及相关文字资料,归纳亚洲地形、河流、气候等自然环境特征,并结合生活经验,尝试说出气候对农业的影响,从而拓展学习地理的思维,提高充分、合理利用资源的意识。

(3)通过读图分析、景观图片欣赏及有关人口数据计算等途径,归纳亚洲人口众多的特点和人口的分布特点,并能用实例说明人口问题对经济、环境、资源、社会等方面的影响,从而初步树立正确的人口观、人地协调的意识。

案例4-3 《欧洲西部》一节课教学目标

1. 读图找出欧洲西部的位置、范围、主要国家及首都,并能据图说出欧洲西部的地理位置特点。

2. 利用地形图,归纳欧洲西部的地势、地形特点及地形与当地畜牧业生产的关系。

3. 运用气候类型分布图、多年平均各月气温和降水量图,说出欧洲西部气候的特点以及气候对当地发展畜牧业的有利影响。

4. 解释自然地理要素的关联性,懂得区域发展必须遵循自然规律的道理。

案例分析:

本节课重视了区域思想和区域学习方法目标的设计:学习归纳区域地理位置特点、地形特点、气候特点的方法,进而突出区域自然环境特征的学习方法,培养区域认知素养;同时又注意到了人地协调观,即该区域地理位置、地形、气候对发展畜牧业的有利影响；还关注到了综合地看待问题的地理学思想，即该区域地理位置、地形和气候之间的联系，重视了综合思维的培养。

在表述一节课的地理教学目标的时候，应该把地理知识、思想和方法有机地结合在一起，因为这三者是相互融合的整体。

【本章小结】

本章介绍了中学地理教学目标含义、组成和三个功能，阐述了两种基本理论，详细论述了地理教学目标设计三个依据、三个原则和三个表述技术，说明了地理教学目标四个要素（行为主体、行为动词、行为条件、表现程度），介绍了地理教学目标设计路径与方法。本章试图通过理论学习、案例分析与实践演练来把握地理教学目标的含义，理解地理教学目标设计在地理教学设计中的重要性，掌握地理教学设计的理论基础及其对教学目标设计的指导作用，学会分析与设计地理教学目标的程序与方法。

【二维码】

第四章　教学资源

【实践演练】

1. 简述地理教学目标组成。
2. 结合实例说明地理教学目标的功能。
3. 简述地理教学目标设计的基本理论依据。
4. 简述地理教学目标设计依据和原则。
5. 举例说明地理教学目标设计程序与方法。
6. 举例说明地理教学目标陈述技术。
7. 从《地理教学》《地理教育》和《中学地理教学参考》刊物中选一节初

中或高中地理教学设计，对其教学目标进行分析。

8. 试着对地理第一册（湘教版或其他版本，2019 年版）第三章的第一节《水循环》教学目标进行设计，并填写下面演练表。

中学地理教学目标设计方法演练表

演练环节		任务：《水循环》一节的教学目标设计
教学目标设计依据	课程标准解读	运用示意图，说明水循环的过程及其地理意义 （来源：地理 1，普通高中地理课程标准 2017 年版）
	教材分析	湘教版或其他版本 地理第一册 第三章第一节《水循环》
	学情分析	
陈述技术选择		
教学目标组成表述		

【拓展阅读】

[1] 皮连生. 学习、教学和评估的分类学[M]. 上海：华东师范大学出版社，2008.

[2] 加涅. 学习的条件和教学论[M]. 皮连生，等译. 上海：华东师范大学出版社，1999.

[3] 皮连生. 学与教的心理学[M]. 上海：华东师范大学出版社，2009.

[4] 韦志榕，朱翔. 普通高中地理课程标准（2017 年版 2020 年修订）解读[M]. 北京：高等教育出版社，2020.

第五章　中学地理教学方法与媒体设计

内容提要

事必有法,然后可成。中学地理教学方法与媒体设计是中学地理教学设计中最具有活力、可以发挥教师创造性的内容。本章介绍了中学地理学习方法和教学方法组成,针对四大地理学科核心素养的培养提出了学与教的方法设计策略,阐述了中学地理教学媒体组成、选择和运用,简述了地理信息系统技术的主要功能及其在地理教学中的作用、遥感技术的主要功能及其在地理教学中的作用、全球卫星导航系统技术的主要功能及其在地理教学中的作用。

学习目标

1. 能说出中学地理学与教的方法构成体系。

2. 能举例说明各类地理学习方法和地理教学方法的特点。

3. 能对一节中学地理课中的学与教的方法进行恰当分析。

4. 能恰当地设计一节中学地理课的学与教的方法。

5. 能结合地理教学内容设计培养地理学科素养的地理学习方法和地理教学方法。

6. 能说出地理教学媒体的主要类型。

7. 能根据教学目标、内容与对象,选择合适的地理教学媒体进行课堂教学。

8. 能说出地理信息系统技术在地理教学中的作用。

9. 能说出主要的网络地理信息技术及其在地理教学中的应用。

10. 能说出遥感技术在地理教学中的应用。

11. 能说出全球卫星导航系统技术在地理教学中的应用。

第一节　地理学习与教学方法的组成

学习目标

1. 能从“学”和“教”两个维度说出中学地理教学方法构成体系。

2. 能举例说明各类地理学习方法和地理教学方法的特点。

3. 能对一节中学地理课中学与教的方法进行恰当分析。

4. 能恰当地设计一节中学地理课学与教的方法。

一、地理教学方法的含义

(一)地理教学方法的概念

关于地理教学方法的定义,不同时期、不同学者对地理教学方法内涵的理解存在着一定的差异。我们将具有代表性的几种观点进行了梳理,见表5-1。

表5-1　关于地理教学方法定义的几种表述

序号	定义表述	出处
观点1	在中学地理教学过程中,为了达到中学地理教学目的,由教师设计,师生共同实施的,协调教学诸要素之间关系的活动方式或方式系列	刁传芳. 中学地理教材教法[M]. 北京:北京师范大学出版社,1991:87.
观点2	教学方法是教师和学生为了完成一定的教学任务,所采用的教和学的方式与手段的总称	褚亚平,等. 地理学科教育学[M]. 北京:首都师范大学出版社,1998:126.

续表

序号	定义表述	出处
观点3	地理教学方法是指在教学过程中教师和学生为实现教学目的，根据特定的地理教学内容而采取的教与学相互作用的一系列活动方式、步骤、手段和技术的总和	陈澄.地理教学论[M].上海：上海教育出版社，1999：101.
观点4	为实现地理教学目标，完成地理教学任务，运用教学手段而进行的，由教学原则指导的一整套方式组成的师生相互作用的活动	袁书琪.地理教育学[M].北京：高等教育出版社，2001：125.

随着时代的发展，地理教学理论研究逐步深化，人们对地理教学方法的认识也更加深刻。具体表现在：(1)地理教学方法的设计要遵循地理教学规律和地理教学原则；(2)地理教学方法由教师教的方法和学生学的方法组成，但二者不是截然分开的，而是相互联系、相互制约的；(3)地理教学方法是一个系统，包含着教与学相互作用的一系列活动方式、步骤、手段和技术等要素；(4)地理教学方法有明确的服务目的，即完成地理教学任务，实现地理教学目标。

(二)地理教学方法的分类

地理教学方法是一个复杂的系统，分类依据不同时，类型构成也不同。我们将常见的分类方式进行了梳理，见表5-2。

表5-2　地理教学方法常见的分类方式

序号	分类依据	一级分类	二级分类	出处
1	根据教学方法所能完成的教	讲授法	讲述法、讲解法、朗读法	
		引导方法	问答式引导法、研究讨论式引导法、辅导式引导法、读议讲练式引导法、例证式引导法	

续表

序号	分类依据	一级分类	二级分类	出处
	学任务和职能分类	直观方法	地理象征图示直观方法、地理形象直观方法、地理图解直观方法、地理直感直观方法	曹琦，周靖馨．中学地理教学法[M]．北京：高等教育出版社，1989：70.
		逻辑方法	比较法、分析综合法、归纳法、演绎法	
		练习法	问答练习法、作业练习法、实践操作法	
		复习方法	提问法、总结法、串讲法	
		成绩考核方法	口头考核法、书面考核法	
2	根据主要教学要素（教师、教材、学生）之间的关系分类	认识方法	观察法、逻辑法、记忆法、学习技能方法、解决问题方法	刁传芳．中学地理教材教法[M]．北京：北京师范大学出版社，1991：91.
		教学手段	教科书、地图、地球仪、直观形象教具、示意图、地理统计图表、电化教学手段、微机等	
		组织方法	讲授法、谈话法、讨论法、指导自学法、练习法	
3	根据教学方法在形成地理知识体系中的地位和作用分类	一般方法	(1)直观方法（象征图示、图解、形象、直感直观方法）； (2)逻辑方法（比较法、分析综合法、归纳演绎法）； (3)口讲方法（讲述、讲解、谈话法）	褚亚平，曹琦，周靖馨．中学地理教学法[M]．北京：高等教育出版社，1981：54.
		专题方法	(1)普通专题方法：讲授一般地理课题所用的教学方法； (2)特定专题方法：讲授具体地理课题所用的教学方法	

续表

序号	分类依据	一级分类	二级分类	出处
4	根据教学方法外部形态和学生认识活动特点分类	以语言传递信息为主的方法	讲授法、谈话法、读书指导法、板书笔记法	陈澄. 地理教学论[M]. 上海:上海教育出版社,1999:114.
		以直接感知为主的方法	演示法、参观法	
		以象征符号认知为主的方法	地图法(教学挂图、地图册、填充图册、立体地图)、纲要信号图法	
		以自学探究为主的方法	程序教学法、自学辅导法、发现法、读议讲练法	
		以实际训练为主的方法	练习法、实习法	
5	根据纵向层次结构分类	宏观层面的方法	主要由地理教学模式构成,比如自然地理教学模式、区域地理教学模式、乡土地理教学模式、讲解—接受地理教学模式等	袁书琪. 地理教育学[M]. 北京:高等教育出版社,2001:127.
		中观层面的方法	主要由综合性的地理教学方法构成,比如地理综合程序教学法、地理读读讲讲议议练练八字法、地理图像信号法等	
		微观层面的方法	主要由具体的地理教学方法构成,比如地理讲解法、地理观察法、地理谈话法、地理游戏法、地理练习法、地理演示法等	

续表

序号	分类依据	一级分类	二级分类	出处
6	根据地理教学媒体使用分类	运用语言媒体的地理教学方法	(1)运用口头语言的地理教学方法,比如讲述法、讲解法、谈话法、朗读法等; (2)运用书面语言的地理教学方法,比如板书笔记法、地理课本阅读法等	袁书琪. 地理教育学[M]. 北京:高等教育出版社,2001:128.
		运用图像媒体的地理教学方法	运用教学地图、地理图画、地理图表、地理卫(航)片等	
		运用实验媒体的地理教学方法	(1)课堂演示实验,比如地理演示法、地理实验法等; (2)课外实验学习,比如地理观测法、地理制作法、地理参观调查法、地理野外考察法等	
		运用电教媒体的地理教学方法	运用地理幻灯和投影、地理电影电视、地理录像和 VCD 等	
		运用计算机多媒体的地理教学方法	运用电子计算机、计算机多媒体、教学光盘、CAI 教学软件、互联网等	

续表

序号	分类依据	一级分类	二级分类	出处
7	根据地理教学环节分类	地理教学导入法	温故知新导入法、练习导入法、趣味导入法、实例导入法	袁书琪. 地理教育学[M]. 北京:高等教育出版社,2001:128.
		地理新课教学法	谈话法、讲解法、地理逻辑法、地理综合程序教学法	
		地理练习法	口头练习法、书面练习法、实践操作法、小论文撰写法	
		地理复习法	复习提问法、复习串讲法、复习归纳法	
		地理检测法	地理教师教学质量检测法、学生地理学习质量检测法	
8	根据地理教学方法发展趋势分类	重视学生智力发展的地理教学方法	地理发现式教学法、地理问题解决式教学法、地理范例式教学法、地理探究式教学法、地理专题研究法	袁书琪. 地理教育学[M]. 北京:高等教育出版社,2001:129.
		重视学习方法指导的地理教学方法	地理综合程序教学法、地理自学辅导法、地理导学法、地理示范教学法、地理求解教学法、地理反馈教学法	
		重视学生情绪生活的地理教学方法	暗示教学法、情境教学法、愉快教学法、情感教学法、模拟游戏教学法	

以上每一种划分方法都具有一定的合理性,它们从不同层面、视角反映了地理教学方法的特点。这些分类方法对中学地理教学具有指导意义。然而,地理教学方法不论怎么分类,始终绕不开"学与教"这一矛盾体。因此,有必要从"学习方法"与"教学方法"两个方面对地理教学方法体系做进一步地阐述。

二、地理学习方法的组成

地理学习方法是地理学习理论中的一个重要概念，多数学者认为，地理学习方法是地理学习过程中以获得大量的知识和技能为目的而组织学习活动的方式或方法①。例如，感知地理事物的观察法、认识地理特征的分析—综合法等等。随着时代的发展，地理学习方法的内涵和外延得到了不断发展，其具体的构成呈现出了多样化的特点，我们将地理学习方法的几种分类方式进行了梳理，见表5－3。

表5－3　地理学习方法的几种分类方式

序号	代表人物	观点	出处
1	褚绍唐	(1)用教科书；(2)听讲；(3)看地图；(4)绘地图；(5)参考；(6)自习；(7)摘要；(8)答问；(9)利用日常的谈话；(10)利用假期的旅行	褚绍唐. 地理学习法[M]. 上海：中华书局，1946：5－20.
2	夏志芳	(1)地理学习动机培养策略，即课堂中动机激发与平时渗透和因人而异与有的放矢； (2)地理学习基本能力培养策略与方法。如地理观察能力、地理信息能力、地理读图能力和地理阅读能力等； (3)地理知识理解策略。如地理概念、地理特征、地理成因和地理规律等理解策略； (4)地理知识记忆方法。如地图记忆法、意义记忆法、归纳记忆法、结构记忆法、规律记忆法、文图并用记忆法、游戏记忆法、口讲记忆法、适当反复记忆法和编写“地名小词典”记忆法等	夏志芳. 地理学习论[M]. 南宁：广西教育出版社，2001：103－235.

① 中国大百科全书出版社编辑部. 中国大百科全书·心理学[M]. 北京：中国大百科全书出版社，2004：21.

续表

序号	代表人物	观点	出处
2	夏志芳	(5)地理学习的活化策略。如地理知识变式运用、地理知识同化和地理知识迁移 (6)地理学习的实践与创新策略与方法。其中实践类学习方法包括观察观测法、实地考察法、社会调查法、实验操作法、学具制作法;创新学习方式包括同心圆方式、相交圆方式、对立圆方式	
3	黄京鸿	(1)实践类。包括地理观察法、地理实验法和地理调查法等 (2)信息处理类。收集、整理、加工、评价等信息处理方法 (3)地理思维类。分析、判断、比较、抽象、概括等 (4)地理问题类。提出问题、探究问题和解决问题的系列方法 (5)表达交流类。表达、交流、反思学习与研究成果的方法	黄京鸿. 新课程地理教学论[M]. 重庆:西南师范大学出版社,2011:52.

由表5-3可见,地理学习方法的分类方式多元,方法构成也较为复杂。虽然地理学习方法多样,且随着时代的发展新的地理学习方法也会层出不穷,但是这些地理学习方法从功能和地位来看,大致可以分为一般的地理学习方法和特殊的地理学习方法两大类。

(一)一般的地理学习方法

一般的地理学习方法是指在地理学习过程中,普遍使用的学习方法,如阅读法、地图法与地理图表法、练习法、接受式学习法和探究式学习法等。

1. 阅读法

学生对文字语言的准确感知是建立地理表象,进而获得地理理性知识的必要前提。因此,阅读是学生汲取地理知识的重要途径,是学生学习地理知识的主要方式之一。随着时代的发展,地理知识载体逐渐多元化,不但包括传统的地理教材、相关书籍、杂志,也包括新兴的网络媒体数字平台。虽然,阅读的对象形式在变化,但阅读的方法和意义并未改变。一般而言,阅读方式可以细分为速读和精读两类,文字语言表述以地理事实性知识为主时,通常使用速读法;文字语言表述以地理原理性知识为主时,则要使用精读法。速读和精读是地理阅读中互补的两个方面,不可缺一,不能偏废。另外,整理知识也是阅读过程中的重要一环。整理地理知识的过程就是通过分类、比较等方法,对地理知识进行进一步处理,采用重组法、图示法、结构法等方法来揭示知识之间的内在联系,使之系统化、体系化。

2. 地图法与地理图表法

地图法与地理图表法是指学生在教师的指导下,通过对地图和地理图表的阅读、分析、填绘、记忆等获取地理知识、认识地理事物的空间联系、理解地理图表的内涵、发展地理空间思维能力的一种学习方法。从实施过程来看,大致包括直接感知、析图认知、填绘、默记四个环节。直接感知主要是学生在教师指导下,通过目视感知地图或图表,从中获得直接信息,这些获得的信息多数属于地理感性认识,例如河流流向、山脉分布等。析图认知主要是学生带着问题自主分析图表中的信息,通过对图中信息的深入挖掘,寻找地理事物间的内在联系及规律,这一过程获得的信息更多的是地理理性知识。填绘图表主要是通过填绘地图和地理图表来加深学生对地理知识的理解与记忆,发展填绘地图和地理图表技能。默记就是对图示的重要信息的记忆,构建"心理图像"。

利用地图开展地理学习时,通常有六种方法①:(1)直观读图法。通过直观读图可以直接获取地理知识;(2)纵向联系法。用纵向联系法读图时,可以知道知识的来龙去脉;(3)横向比较法。利用横向比较法读图时,易于掌握地理事物的特点及其成因;(4)划块分割法。使用划块分割法读图时,可

① 夏志芳. 地理学习论[M]. 南宁:广西教育出版社,2001:131-133.

以提高读图的效率,使读图过程有序;(5)旅行读图法。利用地图,开展模拟旅行的一种读图法,获取图上信息,建立地理信息间的联系;(6)读图分析法。通过阅读、分析图表信息,揭示图表信息背后的地理原理,方便学习者开展深层次学习。

3. **练习法**

清代教育家颜元曾说过:"讲之功有限,习之功无已。"这里的习指的就是练习,练习是学生参与学习活动的重要形式之一,其内涵为学生在教师的指导下,依靠自觉地控制和校正,反复地完成一定动作或活动方式,借以巩固知识、形成技能、培养思维的学习方法。练习法可以分为口头练习、书面练习、实际操作练习等。练习法广泛应用于地理学习中,地理练习的过程,实质上就是运用、迁移地理知识的过程,以此达到牢固掌握地理概念和地理规律、实现地理技能的自动化、形成地理价值观念等的学习目的。练习并不是简单的机械重复,而是一个有目的、有步骤的过程,在这一过程中既要讲究方法,还要注意强度。当然,也要以练习的成效为依据,适时调整练习方式,以保证练习质量。

4. **接受式学习法**

地理接受式学习,是指学生掌握教师以定论形式传授的地理知识,是一种传统的学习方式①,只要学生接受以定论形式呈现的知识和信息就是接受式学习。通常,接受式学习以听讲、记忆、模仿、练习等为特征,以在短时间内获得较多知识或技能为目标。

接受式学习可以划分为三种不同性质的接受式学习,即机械性接受式学习、被动性接受式学习、有意义的接受式学习。前两种接受式学习都限制了学生思维品质的发展,而有意义的接受式学习是符合学生认知发展规律的学习方法,应适当提倡。在进行接受式学习之前,学生首先应明确在学习过程中需要掌握的内容以及要达到的目标。其次,要在教师所设计的"先行组织者"的引导下,自觉地将头脑中的原有信息与新信息联系起来进行学

① 袁孝亭,等.地理课程与教学论[M].2版.长春:东北师范大学出版社,2020:217.

习,从而使新信息变得易于理解。最后,在学习结束后,学生应反思新学到的知识点及其运用途径、对个人的意义等,以使知识点得以概括、深化,使认知结构严谨、浑然一体。

5. 探究式学习法

探究式学习主要是指学生通过参与一系列开放的探究式学习活动来获取知识、应用知识的学习方式①。其实质是将学习内容转化为地理问题,学习者在学习情境中发现问题,提出探究思路,运用有关知识和方法,分析问题和解决问题,从而获得地理知识、掌握地理技能、培养地理能力、理解科学研究过程、促进科学素养的发展。探究式学习法具有鲜明的特点,即注重目标的全面性、注重学生的主体性、注重群体的合作性、注重过程的开放性、注重结果的生成性。从探究式学习的展开过程来看,大体可以分为提出地理问题、提出假设或猜想、收集地理信息、整理分析地理信息、解释(得出结论)、表达与交流六个步骤②。探究式学习法的实施必须要以已有学习经验为基础,同时要人人参与、平等对话,允许有争议、有分歧;探究活动也应遵循由易到难、由少到多的原则,当然,还要考虑学习的内容具有探究性。总之,探究式学习法作为一种新型的学习法,优点甚多,但也存在着耗时长、难把控等问题。

(二)特殊的地理学习方法

这里特殊的地理学习方法仅指培养地理学科核心素养的方法,包括培养学生综合思维素养的学习方法、培养学生区域认知素养的学习方法、培养学生地理实践力素养的学习方法和培养学生人地协调观素养的学习方法等四类方法。

1. 培养学生"综合思维素养"的学习方法

综合思维素养的形成需要借助于多种学习方法,但核心方法是分析—

① 王民. 地理新课程教学论[M]. 北京:高等教育出版社,2003:135.

② 袁孝亭,等. 地理课程与教学论[M]. 2 版. 长春:东北师范大学出版社,2020:223.

综合法。分析与综合是思维过程的基本环节,在认识地理环境这样复杂的综合体时,分析—综合法是最基本、最重要的逻辑方法①。

分析法就是把地理事物整体分解成若干部分,或是从地理事物的整体中区分出个别的特点、个别的方面的思维方法。如在认识自然地理环境时,将其分成地形、气候、水文、植被、土壤等基本地理要素。

综合法与分析法恰恰相反,是把地理事物的各组成部分、不同特性、不同方面联系起来的思维方法。如要概括某个地区的区域特征,则要将自然地理要素与人文地理要素的特点联合起来加以综合。

分析法与综合法既有区别、又有联系,是对立的统一。分析法与综合法是经常结合在一起的,所以,一般称为分析—综合法,它在学生认识地理概念、要素特征及区域特征的过程中发挥着不可替代的作用。

分析—综合法的一般步骤:(1)分析地理事物的范围和地理位置,这是运用分析—综合法的起点和基础;(2)根据地理事物的结构特点划分地理事物的组成部分;(3)分析各组成部分的特点及各部分在构成地理事物整体中的作用;(4)分析各组成部分之间的联系。这里的联系,指的是分析各组成部分之间的结构联系,是在地理综合体这个客观事物的地理过程中的联系;(5)综合各部分的特点及联系。这种综合不是简单的拼凑,而是有机的结合。

2. 培养学生“区域认知素养”的学习方法

认识区域时,通常要认识区域位置、区域特征、区域差异与联系,以及区域发展等内容。从认识区域的内容看,区域分析综合法、地理比较法、地理推理法等是重要的认识方法。分析综合法在前面已有分析,在此不再赘述。下面重点分析地理比较法和地理推理法。

(1)地理比较法。地理比较法就是明确被比较的地理事物共同点和不同点的思维方法②,比较对象一般为同类事物或具有相似特点的地理事物。

① 刁传芳.中学地理教材教法[M].北京:北京师范大学出版社,1991:114-116.

② 刁传芳.中学地理教材教法[M].北京:北京师范大学出版社,1991:119.

通过对地理事物或现象的比较,能够揭示其内在本质,有助于学生建立新的地理概念、把握地理事物特征等。比较法的类型多样,具体包括类比法、借比法、纵比法、横比法、互比法、中心问题比较法和综合比较法等。在运用比较法时要遵循一般步骤:①选择比较对象;②根据比较对象的特征选择比较项目;③按比较项目逐一比较;第四,概括比较结果。地理比较法应用广泛,但在应用时要注意与其他逻辑方法相结合,尤其是分析—综合法、归纳法等,以达到最佳效果。

(2)归纳推理法。归纳法是一种从个别到一般来认识地理事物的思维方法。它是从较多具有相同属性的个别地理事物中概括地理一般特征、原理和规律的思维方法,又称概括法或归纳推理法①。这种推理方法多用于学习地理特征、地理规律的过程中。运用归纳推理法的一般步骤是:①认清被概括地理事物的范围和属性;②概括地理事物的共同点;③根据部分地理事物的共同点推理出同类地理事物的一般特征或规律。

(3)演绎推理法。演绎法与归纳法相反,是从一般到个别的思维方法,是运用一般地理规律或理论认知各具体地理事物的推理方法②。演绎法是一种间接推理的思维方法,经常应用于地理判断或间接获取地理知识,多在以地理规律与理论解决地理问题的过程中使用。例如"评析区域开发利用决策的得失,为区域的发展献言献策"时,便会使用它。运用演绎推理法的一般步骤是:①明确所要认识地理事物特点的属性;②选用相应的地理规律或地理原理;③推理具体地理事物的特点。

3. 培养学生"地理实践力素养"的学习方法

野外考察、地理实验和社会调查等地理实践活动是培养学生"地理实践力"的有效途径,在实践活动中利用地理观察法、地理观测法、实地考察法、社会参观与调查法、地理实验法、制作地理模型法等实践类方法,能够有效促进学生地理实践能力的提升、意志品质的形成。

---

① 刁传芳. 中学地理教材教法[M]. 北京:北京师范大学出版社,1991:116.

② 刁传芳. 中学地理教材教法[M]. 北京:北京师范大学出版社,1991:117.

（1）地理观察法。地理观察法是根据地理学习目的，学生对地理事物和现象进行观察，以获得地理感性知识或巩固、验证已学地理知识，发展地理能力的一种方法。“观”就是通过感觉器官获得有关地理事物的信息，“察”就是对这些地理信息的分析研究。地理观察法按观察对象和地点的不同，可分为课堂观察和野外观察。课堂观察主要有对地图的观察、地理标本的观察、地理模型的观察、地理图表的观察等；野外观察主要是对各种自然地理事物和现象进行实地观察。运用地理观察法的基本要求：①观察的目的、任务要明确；②观察前的准备工作要细致；③观察计划的制定要具体，要根据观察目的和任务，结合观察对象特点制定计划；④重视观察活动前的预察环节；⑤观察步骤要有序，观察方法要适当；⑥观察总结要认真。[①]

（2）地理观测法。地理观测法是根据地理学习目的，学生利用一些仪器对地理事物和现象进行观测，以获得地理感性知识或巩固、验证已学地理知识、培养动手能力的一种方法。地理现象的内在规律，一般需要通过自然现象的数量、方向、状态等的量度才能加以揭示。如，没有逐日的气象观测，就很难了解一个地方天气和气候的变化规律。运用地理观测法的基本要求：①明确观测的目的、时间、次数、程序、方法等；②向示范者学习观测仪器的运用方法，并通过反复练习，掌握观测仪器的使用方法；③准备观测记录表；④观测过程中要做好观测资料的统计、整理工作；⑤做好观测资料的检查工作，如有缺失要及时补测。

（3）地理参观、调查法。地理参观、调查法是学生根据地理学习目标，到自然界或社会场所，通过对自然、人文地理事物和现象的直接参观、调查而获得知识、培养能力的方法[②]。运用地理参观、调查法的基本要求：①参观、调查开始前，确定参观、调查的目的和要求，制定参观、调查计划；②参观、调查进行时，关注重点调查对象，多方面开展调查，收集资料，做好记录；③参观、调查结束后，整理调查资料，撰写调查报告，交流参观的收获与体会，深

① 徐宝芳，张卫青. 中学地理实验教学研究[M]. 西安：陕西师范大学出版社，2010：159.
② 徐宝芳，张卫青. 中学地理实验教学研究[M]. 西安：陕西师范大学出版社，2010：160.

化学习结果。

(4)地理实验法。地理实验法的外延较为宽泛,这里的地理实验仅指狭义地理实验和地理模拟实验。狭义的地理实验,指通过物理的、化学的、生物的实践活动去证实、发现地理的一些原理的方法。如不同坡度的水土流失强度实验、沉积物分选的实验等。地理模拟实验是指在人为设置的条件或环境下,使用替代材料,将课堂上无法真实表现或不易观察的地理现象直观地模拟出来,使学生获得地理知识的一种方法。地理模拟实验又可分为实物模拟和计算机模拟两种。地理实验中,大部分是模拟实验。运用地理实验法的基本要求:①实验目的要明确,要突出地理事物的主要特征,实验内容一般要选择教学中的重点和难点的内容,利于学生突破重点、掌握难点;②按照实验步骤操作实验,并运用多种感官感知实验过程,获取直观信息;③注重合作,借助团队力量,完成实验。

(5)制作地理模型法。制作地理模型能够帮助学生理解抽象难懂的地理知识、提升动手能力、激发地理学习兴趣、发展审美意识等。运用制作地理模型法的基本要求:①做好准备工作,预习相关内容并准备好制作工具、材料;②学习制作方法,掌握制作技巧;③相互观摩,相互学习,大胆创新,认真制作;④相互评议,认真反思。

4. 培养学生"人地协调观素养"的学习方法

人地协调观是一种价值观念,它的形成过程是一个由外显到内化,再由内化至外显的心理变化过程,先后经历感知、体验、感悟、内化等心理活动,经过长时间的积淀而达到稳定状态。社会心理学认为,社会对个人的影响决定了价值的产生,由此可见,外部环境对于价值观的形成是至关重要的。所以,利用情境体验法培养学生"人地协调观"十分有效。

情境体验法是指教师根据学生学习的需要,创设学习情景,使学习者与学习环境互动(强调学习者的体验、感受),使学生在积极自主的学习中达到地理认知和个性素质全面发展的一种方法。这类方法能够让学生直接投入地理学习,唤起他们的热情与激情,获得良好的心理体验,同时能够增进对他人的理解,提高交往能力,培养合作精神,形成正确的社会责任感与价值认同感。

运用情境体验法的基本要求：①情境是真实情境也可以是模拟情境，但要有代表性、启发性和思想性；②要充分体验，积极思考，交流感受；③做好总结，形成深层次认知。

三、地理教学方法的组成

这里所说的地理教学方法是指教师“教”的方法，是地理教学过程中教师与学生发生直接行为联系的活动方法，是教师组织学生学习活动的方法。例如，讲授法、谈话法、指导自学法等等。这里介绍几种常用的和重要的地理教学方法。

（一）常用的地理教学方法

1. 讲授法

地理教学的一切形式和方法都伴随着教师的语言，教师运用口头语言向学生传授地理知识，培养地理能力，进行情感、态度和价值观教育的方法就是讲授法。根据讲授的内容及方式，又可分为讲述法、讲解法、讲读法和讲演法①。讲授法是中学地理教学中最常用、最基本的教学方法，它具有适应性强、灵活性大、学习效率高、教师的表率作用明显等优点。不过，这种方法只适合于在获取间接经验的过程中使用，不利于学生获取直接经验。

运用讲授法的基本要求：(1)贯彻启发性教学原则。做到讲中有导、导中有讲、讲导结合，防止流于“注入式”的教学；(2)教师要熟练掌握教材，讲授中要脱稿；(3)教师的语言应清晰、精炼、准确、生动、形象、通俗、风趣，使用普通话，音量与速度适中，最好能用姿势和手势助说话；(4)地理板书要具有艺术性。地理板书应简明、扼要、工整、完整、条理清楚、安排得当、讲究布局、力求美观、图文并茂；(5)运用地理讲授法必须与其他组织方法配合；(6)实施地理讲授法时，应运用恰当的地理直观教具。

---

① 刁传芳. 中学地理教材教法[M]. 北京：北京师范大学出版社，1991：93.

2. 谈话法

谈话法就是教师根据学生已有的知识和经验提问学生，以此引发学生思考，对所提问题得出结论，从而获取地理知识的方法[①]。又称问答法、提问法。谈话法既可用于讲授地理新知识，也可用于复习和巩固环节，又可用于地理知识和技能的检查之中。

运用谈话法的基本要求：(1)谈话法宜与其他方法配合使用，以此来保障所获得的知识的系统性、逻辑性；(2)对所设计的问题及答案做充分的准备。问题应紧扣教学重点内容，问题要具有启发性和思考性，问题的排列顺序要合乎逻辑；(3)所提问的问题要明确、具体、恰当、难易适度；(4)要面向全班学生提问；(5)认真听取学生的回答，不得任意打断；(6)对学生的答案给以肯定、否定或补充等评价；(7)使用谈话法要注意条件和次数。提问在于精，不在于多。

它的优点突出，是教师直接控制学生学习活动的组织教学方式，能积极开展“双边活动”，也是最能集中学生注意力，调动学生学习兴趣的教学方法。谈话法也具有明显的局限性：其一，谈话法要求学生具备一定的知识基础和经验；其二，谈话法往往占用较多的教学时间；其三，由谈话法所传授的地理知识不系统，也无益于地理技能的训练。

3. 指导自学法

指导自学法是教师指导学生通过阅读地理教科书和参考书、识读地图册、观察各种地理事物和现象、直接感知有关的地理教学媒体等方面的途径，让学生独立获得地理知识与技能，培养地理自学能力的一种教学方法[②]。

运用指导自学法的基本要求：(1)学习前，教师应向学生明确提出学习的目的和任务、学习的对象及内容、学习的方法和步骤，这是运用指导自学法的关键；(2)自学过程中，教师应正确估计学生自学能力，加强巡回辅导，共同问题，集体辅导；(3)培养良好的学风，使学生逐步形成自学地理的能

① 刁传芳.中学地理教材教法[M].北京：北京师范大学出版社，1991：98.

② 刁传芳.中学地理教材教法[M].北京：北京师范大学出版社，1991：101.

力,包括读书、识图、观察及自我检查等方面的能力;(4)及时检查和巩固学生学习效果。

指导自学法的特点:(1)指导自学法是教师间接控制学生学习活动的一种教学组织方法;(2)有利于培养学生的自学能力;(3)具有广泛的适用性,适用于各种地理知识的学习;(4)相对削弱了教师的示范作用,不利于师生之间的情感交流。

4. 讨论法

讨论法就是在教师的指导下,由全班学生或分小组围绕某一中心问题发表自己的看法,从而进行以学生间互学为主的一种教学方法①。运用讨论法的基本要求:(1)明确问题和方法,给学生一定的准备时间;(2)鼓励学生发言,注意普遍性;(3)注意控制讨论进程,不要跑题;(4)讨论结束后,及时总结。讨论法的特点:(1)教师间接控制学生学习活动。教师事前只向学生提供讨论的中心问题和方法上的指导,教师一般只控制讨论过程,不参与或少参与学生的讨论活动;(2)利于培养学生的学习兴趣、语言表达能力、探索问题实事求是的精神;(3)要求学生具有一定的准备知识及论证阐述问题的能力;(4)时耗较大,知识获取速度较慢。

(二)重要的地理教学方法

1. 地理问题式教学法

《普通高中地理课程标准(2017 年版 2020 年修订)》中将“问题式教学法”定义为以问题为导向的教学方法,是用“问题”整合相关学习内容的教学方式,以“问题发现”和“问题解决”为要旨,在解决问题的教学过程中,教师引导学生运用地理的思维方式,建立与“问题”相关的知识结构,并能够由表及里、层次清晰地分析问题,合理表达自己的观点。② 问题式教学法最显著的特征有三:(1)教学过程中以地理问题为中心;(2)教师是启发者、诱导

---

① 刁传芳. 中学地理教材教法[M]. 北京:北京师范大学出版社,1991:100.

② 教育部. 普通高中地理课程标准(2017 年版 2020 年修订)[M]. 北京:人民教育出版社,2020:32.

者，学生是学习主体者；（3）极大地锻炼和提高学生创造性地分析问题和解决问题的能力，增强地理问题意识。

问题式教学法的实施过程中，存在着三个基本环节：（1）创设情境。教师根据教学的需要，依据教学内容，创设问题情境，以此激发学生的学习动机，并为学生发现地理问题提供条件。创设情境大致有直观演示、叙事、认知冲突和联系生活实际几种方法；（2）发现问题。教师引导学生利用情境材料积极探索，提出具有挑战性、非良性的地理新问题；（3）解决问题。此过程包括收集资料、分析问题、提出假设、验证假设几个环节。通过对新问题的探讨分析搜集解决问题所需的相关资料，进一步寻找解决问题的途径，并经过反复的实践验证，最终形成解决问题的答案。这一过程中，教师仍然是指导者、服务者。

使用地理问题式教学法的基本要求：（1）正确选定地理问题。选定的地理问题要有一定难度和研究价值，需要创造性运用已学的多方面知识，经过多种假设、尝试才能解决；（2）为学生学习提供必要的条件，如图书资料、仪器设备等；（3）让学生独立思考与探索。在学习过程中应以学生为主，放手让学生独立思考，探讨与研究。教师不可越俎代庖，必要时适当给予启发引导；（4）循序渐进。一般要从半独立研究状态逐步过渡到独立研究；从单一问题研究逐步过渡到复杂问题的研究；从参与局部的研究过渡到掌握全过程的研究。

2. 地理实践活动教学法

《普通高中地理课程标准（2017 年版，2020 年修订）》指出“地理教学应将实践活动作为重要的教学方式之一”。地理实践活动有野外考察、地理实验和社会调查等多种类型，虽然形式不同，但利用其开展教学时，均可以充分调动学生各种感官和认识要素，能把感知学习与操作学习融合在一起，促进学生综合发展。

利用地理实践教学法开展教学时应注意的问题：（1）要依据学习的内容和目标，选择合适的地理实践活动类型；（2）做好实践活动前的准备工作。要制定好实践活动方案，准备好实践器材、资料等，要求学生做好理论准备；

(3)使学生明确实践活动的目的、要求与做法。懂得实践活动的原理、过程、方法和注意的事项,提高学生活动的自觉性;(4)做好实践活动过程中的指导。教师要对实践过程进行巡视、及时指导,对困难较大的小组或个人要给予帮助,使每个学生都要积极投入到实践活动中;(5)做好实践活动总结。教师指导学生撰写实践活动报告、交流汇报实践成果,促进学生对实践活动成果深化。

每种地理教学方法都不是孤立存在的,也不是完美无缺的。因此,在利用某种地理教学方法实施教学时,通常要融入其他的教学方法,取长补短,才能取得好的教学效果。当然,一种教学方法的存在也需要其他教学方法作为支撑。所以,在现实地理教学中呈现出的教学方法更为复杂多样。

需要说明的是,地理学习方法与教学方法有着密切的联系。地理学习方法决定地理教学方法,即“学法决定教法”;地理教学方法制约地理学习方法,即“教法制约学法”。

第二节　地理学习与教学方法的设计

学习目标

1. 能结合地理教学内容设计培养综合思维素养的地理学习方法和地理教学方法。

2. 能结合地理教学内容设计培养区域认知素养的地理学习方法和地理教学方法。

3. 能结合地理教学内容设计培养地理实践力素养的地理学习方法和地理教学方法。

4. 能结合地理教学内容设计培养人地协调观素养的地理学习方法和地理教学方法。

一、培养综合思维素养的学与教方法设计

(一)对综合思维的理解

1. 要素综合

要素综合强调的是多个要素间的相互作用、相互影响的关系。地球表层系统之中,任何一个子系统都是依靠诸多地理要素错综复杂的共同作用才得以维系的。诸多自然地理要素和人文地理要素之间通过能量流、物质流和信息流而相互作用,形成具有复杂因果反馈关系的综合地理要素结构①。要素综合按照其复杂程度可以分成低层次综合(两个要素间的相互关系)、中层次综合(多个要素间的相互关系)和高层次综合(地球表面全部要素间的相互关系)。综合层次越高,复杂程度也越高,难度也越大。

2. 时空综合

地理事物和现象的发生离不开特定的时间和空间,它是时空耦合结果的反映。例如钢铁产业的布局,早期钢铁产业部门多布局在原料、燃料地附近,而现在钢铁产业部门多布局在市场附近。为什么钢铁产业的布局会发生变化?这些问题都关乎时空之间的相关性。因此,要以动态的眼光看待地理事物和现象,发现其发生、发展及演变规律,从联系的视角客观看待不同时期的地理要素及其之间的关系。

3. 地方综合

地理事象的存在既有一般性,也有差异性。差异性的出现往往与特定区域的地理环境相关。例如,日本国土面积狭小、矿产资源匮乏、国内市场空间有限,但多优良港口、科技发达、劳动力素质高。在这些自然、人文多个因素的综合作用下,日本工业形成了“进口—加工—出口”型生产模式,当然,这也导致了日本工业具有了高度依赖性的特征。这些区域特征的形成都离不开区域内自然、人文诸多要素的相互作用。当然,这也反映了区域人

① 吴殿廷,丛东来,杜霞.区域地理学原理[M].南京:东南大学出版社,2016:32.

地关系问题。

其实，要素综合、时空综合、地方综合它们之间不是孤立的，而是相互联系的，甚至是你中有我，我中有你。究其本质，它们都是在研究地理要素及其地理要素间关系的。这一本质特征决定了在地理教学过程中，要以分析—综合法为主要学习方法来发展学生的综合思维素养。

（二）学与教方法的设计

围绕着“培养学生的综合思维素养”这个目标，正确选择学与教的方法，合理搭配二者的关系，对于保证学习效果至关重要。在培养学生“综合思维”的教学过程中，具有一定的方法结构（如图5－1所示）。(1)利用观察法或阅读法对所要学习的对象建立地理表象，以此来激发学生的学习动机，为后续深度学习做好铺垫；(2)在教师的引导下利用分析法对地理要素和要素关系进行分析；(3)采用综合法形成整体认识，这是形成“综合思维方式”的关键环节；(4)及时明确“综合思维方式”，以起到保持记忆的作用；(5)要对“综合思维方式”不断运用，在实践应用的过程中促进综合思维能力、品格的形成与发展。

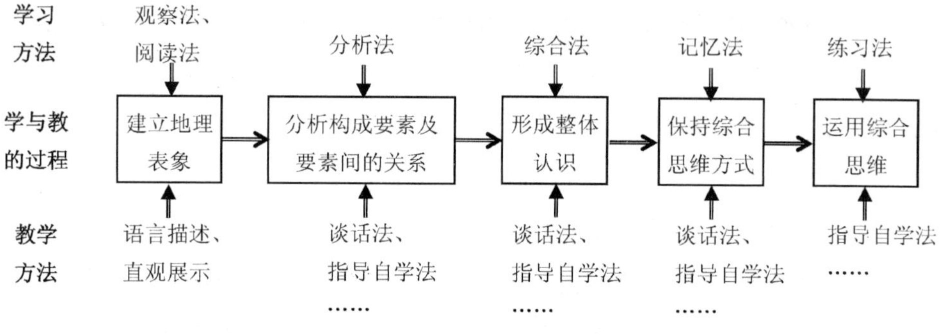

图5－1　培养“综合思维”的学与教方法结构图

由图5－1可知，培养学生“综合思维”的结构中，每一个环节的学习方法是不同的，这是由于不同阶段的学习任务所决定的，由此形成了学习方法集群。但是在这个集群中分析—综合法处于核心地位，而诸如阅读法、观察法、记忆法、练习法等与其形成了纵向结构，为最终学习结果的实现发挥着各自的功能。在这一过程中,教学方法的选择相对于学习方法要“灵活”“多样”,教学内容、学生、教师、教学环境等任何一个要素的改变都会导致教学方法的变化,但教学方法服务于学习方法的宗旨是不变的。

案例5－1　黄土高原水土流失(教学设计片段)

【创设情境,发现问题】

播放黄土高原景观视频,帮助学生对“千沟万壑、支离破碎”的黄土高原地表状况形成直接感知。引导学生提出问题:为什么黄土高原沟壑纵横,是什么原因导致的? 引出黄土高原水土流失严重这一地理现象。

【依托实验,分析水土流失的影响因素】

分组进行实验。阅读实验报告单,利用准备好的实验器材进行实验。分工合作,小组同学动手实验。

第一组探讨地形与水土流失的关系;第二组探讨降水与水土流失的关系;第三组探讨植被与水土流失的关系;第四组探讨土质与水土流失的关系。

实验结论:地表起伏程度、降水量及强度、植被覆盖率、土质等因素与水土流失直接相关。

【分析区域环境特征,揭示区域水土流失严重的原因】

学生借助资料,分析黄土高原的自然环境特征:降水集中,夏季多暴雨;植被缺乏,光秃裸露;土质疏松,易溶于水;地表沟壑纵横,支离破碎。

建立联系:黄土高原自然环境特征完全符合水土流失的条件。

学生借助视频资料了解黄土高原人类活动的历史过程,分析人类活动对地理环境的影响。(开发历史久,人口增长快,开荒、放牧、开矿、修路等活动强度大,破坏植被)

师生共同总结:人类活动加剧了黄土高原的水土流失。

【综合分析,形成整体认知】

教师引导学生分析黄土高原地区自然环境和人类环境之间的关系,帮助学生认识黄土高原水土流失严重是“自然环境和人类活动共同作用的结果”这一地理事实。

(案例来源:山东省淄博第十一中学姬元雪老师提供)

案例分析:

本节课以“黄土高原地表景观”视频为素材,促使学生发现黄土高原水土流失严重这一地理问题。师生通过四组地理模拟实验,探讨了地形、降水、植被、土质四要素与水土流失之间的关系,并在黄土高原相关资料分析的基础上,揭示黄土高原水土流失的自然因素。同时,教师以黄土高原人类活动视频资料为手段,帮助学生认识人类活动在黄土高原水土流失过程的作用。最后,在分析黄土高原自然环境与人类活动之间关系的基础上,认识到黄土高原水土流失是自然环境和人类活动共同作用的结果。本节课在学习地理知识的过程中,注重了从要素综合等方面分析黄土高原地区水土流失的成因,有利于培养学生的综合思维素养。

二、培养区域认知素养的学与教方法设计

(一)对区域认知的理解

1. 区域

区域就是地球上显示了重要元素的内部一致性与周围地域的外部差异的地方[①]。划分区域时有的按照“空间尺度大小”划分,有的按照“地理事物的基本属性”来划分。区域相对于地球而言属于“各个部分”。区域虽小,但区域内部的地理要素可谓“麻雀虽小五脏俱全”,地理要素同样复杂多样,而且这些地理要素在地域内的组合与其他区域相比存在着明显的差异,这就导致了“地球表面没有两个地方是完全相同的”。

2. 认识区域的方法

认识区域时,通常要认识区域位置、区域特征、区域差异和区域联系。认识区域位置时通常要从半球位置、经纬度位置、海陆位置或相对空间位置等几个方面来认识;认识区域特征时,既要认识区域内各个地理要素的特

---

① 袁孝亭,等.地理课程与教学论[M].2版.长春:东北师范大学出版社,2020:32.

征，也要认识区域的整体特征；认识区域差异时主要关注的是区域间的地理要素差异；认识区域联系时，要以区域差异为基础，用联系的眼光看二者的关系。从认识区域的内容看，区域综合分析法、地理比较法、地理演绎推理法等是重要的认识方法，而地图则是认识区域的重要工具。

3. 评析区域开发利用决策的得失

评价一定要有衡量标准。评价某区域开发利用决策的得失时，必须要以正确的地理观念为准绳。同时，评价区域时还应该有充足的论据，能够根据区域发展的条件和现状，找出区域发展的问题，指出区域发展的方向，提出相应的对策。这一过程的学习，必须要使用区域综合分析法、地理比较法、地理推理法等地理方法。

通过对"区域认知"的解读，我们发现这一概念中包含了不少的认识方法，这为教学方法的设计提供了直接依据。

（二）学与教方法的设计

区域地理学习内容较为复杂，所以，以培养学生的"区域认知"为目标的教学设计是一个复杂的问题。下面我们针对不同的区域地理学习内容阐述学与教方法的设计。

1. "区域位置或区域特征"学与教方法的设计

"区域位置或区域特征"的学习过程具有一定的方法结构，如图 5－2 所示。

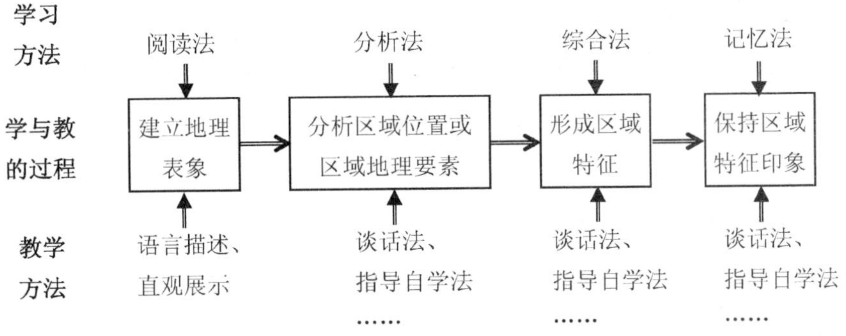

图 5－2 "区域位置或区域特征"学与教方法结构图

这一学习过程中,(1)以地图或反映区域地理事象的资料为手段,采用观察法或阅读法对所学区域的地理位置或地理事象形成初步印象,建立地理表象;(2)在地理表象的基础上,利用分析法分析区域位置或区域地理要素,形成局部认知;(3)对局部认知进行综合,形成区域的整体认知,即形成区域特征;(4)利用记忆法或练习法加深区域特征印象,保持区域特征记忆。整个学习过程中观察法、分析法、综合法、记忆法参与到了不同的学习环节中,发挥着不同的功能,但分析—综合法占据着核心地位。这一过程中,服务于学习方法的教学方法可以是谈话法、也可以是指导自学法,这需要根据具体的学习情况或教学情况而定。

案例5-2　东南亚(教学设计片段)

【基于情境,发现问题】

以郑和下西洋航线图为情境材料,要求学生在图上圈出航线中由太平洋到达印度洋的必经区域。教师在点出该区域属于东南亚的基础上,提问:郑和为何次次必经这里呢?带着问题开始新课的学习。

【自主学习,认识东南亚的位置】

教师引导学生回顾学习较大尺度区域地理位置的方法。为学习东南亚的地理位置提供认知视角。

学生利用“东南亚地理位置图”从半球位置、经纬度位置、海陆位置等视角分析东南亚的地理位置,并完成导学案中的相应题目。

【综合信息,概括位置特征】

教师引导学生在“东南亚地理位置图”中用铅笔划线连接亚洲和大洋洲,连接太平洋和印度洋。观察东南亚在这图中的特殊之处,引导学生得出“十字路口”的位置特征。

师生结合实例,探讨东南亚地理位置的重要性。

(案例来源:山东省烟台第二中学姜雨老师提供)

案例分析:

本案例呈现了区域地理位置的一般学习过程。在学习开始前以情境为手段，使学生对东南亚地理位置的特殊性产生好奇；而后在回顾大尺度区域地理位置认知结构的基础上，采用读图分析法来认识东南亚的地理位置，并在画图活动的驱使下概括东南亚的地理位置特征；最后在探究活动过程中揭示东南亚地理位置的重要性。这种教学过程的安排有利于学生对区域地理位置学习方法的掌握，有助于学生区域认知素养的培养。

2. “区域差异与联系”学与教方法的设计

“区域差异与联系”的学习过程中，学与教的方法具有一定的结构，如图5-3所示。在这一学习过程中，(1)通过学生观察或阅读资料，对不同区域间某种地理事象的差异形成初步印象；(2)围绕所研究的地理事象，综合分析各个区域内部与所研究地理事象相关的地理要素，梳理各要素与所研究地理事象的关系；(3)不同区域间同类要素进行比较，认识区域间的差异，揭示不同区域的特征；(4)以区域间的差异为基础，综合分析区域间的联系，客观看待区域间的关系；(5)通过练习，反复强化，逐步形成区域差异与联系的思维方式。

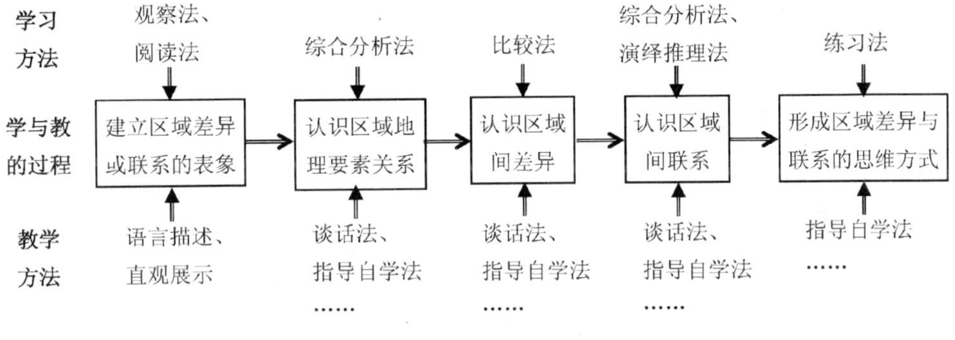

图5-3　“区域差异与联系”学与教方法结构图

在学习“区域差异与联系”时，不同区域内部要素的综合分析是基础，不同区域间要素的比较是认识区域差异的关键，这也是认识区域联系的前提。需要强调的是，在认识区域联系时，综合分析法和地理演绎推理法往往会组合使用。有些区域联系是已知的，比如案例5-3中的产业转移现象，认识这种已知的区域联系运用综合分析法即可。而有些区域联系是潜在的，需要学习者根据区域间的差异进行合理推理。

案例5-3　影响产业转移的因素(教学设计片段)

【感受生活景象,发现地理问题】

教师布置任务:要求学生根据日常观察,列举青岛城阳区的外资企业,引导学生发现"韩国企业数量居多"这一地理现象。顺势引出问题:韩国企业为何会转移到青岛?其影响因素有哪些?

【以时间为轴,分析影响因素】

活动一,忆往昔

学生阅读资料一,分析20世纪80、90年代在青岛建厂的韩国企业所呈现出的产业特点(劳动力数量多、技术含量低、利润低,属于劳动力密集型企业)。在问题驱使下,学生对比分析20世纪80、90年代时期青岛与韩国在劳动力数量、价格等方面的差异,揭示促使产业转移的因素之一——劳动力。

活动二,看今朝

学生阅读资料二,分析21世纪以来韩国在青岛投资的企业在产业类型上所发生的变化(技术含量较高、污染较低的资本密集型产业增多)。

师生以"浦项不锈钢公司"为例,探究在青岛建厂的原因。结合其公司产品销往地及销售数量的空间分布差异,揭示促使产业转移的因素之二——市场。

学生阅读资料三,分析青岛近些年为招商引资所做的工作。帮助学生认识促使产业转移的因素之三——内部交易成本。

活动三,畅未来

在"数字中国"发展战略背景下,2021年青岛实施"工赋青岛"(以工业为青岛赋能)这一全国首创新模式,青岛市未来在承接产业转移方面会做出哪些举措呢?请同学大胆设想、积极讨论。

【基于差异,认识联系】

教师引导学生,再次认识劳动力、市场、内部交易成本等要素在青岛与韩国不同地域上的差异,强调区域间的差异性促使了区域间的联系,产业转移就是区域联系的一种表现。

(案例来源:山东省烟台经济技术开发区王懿荣高级中学徐晨冉老师提供)

案例分析:

本案例基于真实情境探究产业转移影响因素。教学过程中以时间为线索,结合不同时期资料,利用分析比较法揭示青岛市不同时期接纳韩国产业转移的主导因素,帮助学生认识影响产业转移因素在区域间表现出的差异性,进而梳理清楚了区域差异与区域联系的辩证关系。这一案例中,恰当地运用了地理比较法、地理分析综合法等地理学习方法,有利于培养学生分析区域差异与区域联系关系等地理问题的能力。

3.“区域发展”学与教方法的设计

“区域发展”的学习过程中,学与教的方法具有一定的结构,如图 5 – 4 所示。

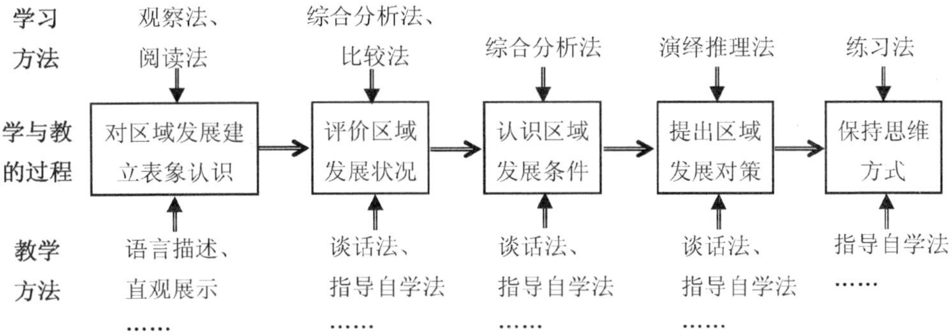

图 5 – 4　“区域发展”学与教方法结构图

第一步,学生需要借助文字或图像资料,在教师的组织下采用阅读法或观察法初步认识研究区域的发展状况,对所研究的区域建立感性认知;第二步,教师组织学生采用分析法多角度分析区域发展状况,以人地协调观为准绳,利用比较法认识区域发展的得与失,对区域发展形成综合认识;第三步,学生采用综合分析法,分析区域发展条件,明确优势与不足,客观看待区位条件;第四步,组织学生以区域发展现状和区域发展条件为基础,采用演绎推理法提出区域发展对策；最后，需要应用练习法或迁移法，应用学习“区域发展”的思维方式，帮助学生逐步形成、发展“能够正确解释、评析区域开发利用决策的得失”的地理素养。从整个学习过程看，综合分析法、地理比较法、演绎推理法，是学生学习“区域发展”的主要学习方法，而且彼此之间相互联系，在发挥各自功能的同时，促进学习过程的推进。

案例5－4　资源枯竭型城市的转型之路（教学设计片段）

【阅读材料，发现问题】

引导学生阅读河南焦作市工业发展概况资料，了解焦作市在2000年之前工业发展过程中出现的问题（产业结构单一；矿产资源面临枯竭；经济效益下滑；环境污染加剧），认识到转型发展的必要性。

【合作学习，分析区位条件】

学生利用教师提供的资料以学习小组为单位，讨论分析河南焦作市的区位条件。

学习结果：略

【合作探究，探寻转型之路】

布置探究任务：假如你是焦作市的市领导，你该如何利用本土优势条件，开辟一条经济转型之路，以实现区域的可持续发展。将全班分为三个学习小组，一组探究工业的转型之路；二组探究农业的转型之路；三组探究服务业的转型之路。

展示探究结果：略

验证探究结果：引导学生阅读“焦作市转型之路”的相关资料，看看现实的转型之路是否与大家探究的结果相一致。

【凝练“资源枯竭型城市”的一般转型之路】

教师提问：焦作市的成功转型对其他的资源枯竭型城市的发展有何启示呢？

学生概括，教师适当补充。首先，要以因地制宜的思想为指导，客观认识本地区的区位优势条件；其次，要以调整产业结构为主线，既要优化产业间的结构比重,又要优化产业内部的结构比重,努力向技术型产业转变;第三,培育优势产业,发展龙头产业。

教师强调:资源枯竭型城市的转型之路,既有一般性,也有特殊性,不可完全照搬,应该因时因地制宜。

布置课后作业:我国大庆市也是资源枯竭型城市,它的转型之路该如何走呢? 请大家结合今天所学知识,为大庆市的发展献计献策!

(案例来源:山东省烟台市开发区第二高级中学朱怡润老师提供)

案例分析:

本教学设计中,教师首先组织学生采用自学法,利用已有资料分析焦作市发展过程中人地不协调的表现,认识焦作市的发展困境,提出解决的问题——焦作市的转型之路;其次,教师通过启发式教学,利用合作学习的形式,综合分析了焦作市的区位条件;最后,依据焦作市的区位条件采用演绎推理法为焦作市提出转型对策,并进行了验证。该教学设计教学方法科学、合理,对于发展学生"能够正确解释、评析区域开发利用决策的得失"的地理学科素养是十分有益的。

三、培养地理实践力素养的学与教方法设计

(一)对地理实践力的理解

1. 收集和处理地理信息的素养

收集和处理地理信息的素养主要表现在收集和处理信息的方法、信息意识以及问题意识三个方面。收集和处理信息的方法又可分为收集信息的方法和处理信息的方法。收集信息的方法主要包括检索图书、实地考察、社会调查、模拟实验等;处理信息的方法则主要包括分析—综合法、比较法、推理法等。信息意识具体表现为能够从生活中发现与地理相关的信息,并能够判断信息的价值。问题意识则表现为善于提出地理问题的习惯。

2. 设计地理实践活动方案的素养

设计地理实践活动方案的素养主要体现在合作态度、设计创意以及工

具使用三个方面。合作态度是本人与他人团结协作的心理倾向,具体反映在与他人交流、分享、协作的过程中;设计创意强调能够从问题本身出发,有目的、有步骤地设计地理实践活动方案;工具使用则注重运用地理图表、模型、信息技术等常见的地理工具来分析、判断地理问题,寻找解决方案等。

3. 实施地理实践活动的素养

实施地理实践活动的素养主要表现在实施活动和体验反思的过程中。在实施活动过程中,能够根据设计方案进行实际操作,能够全身心地参与到"真枪实战"的过程中;在体验反思过程中,能够根据自身的体验用心感悟活动过程,能够评价操作过程中的利与弊,进一步调整地理实践活动的实施策略。

由此可见,培养学生的地理实践力,一定要使学生"动"起来。为此,教师要尽可能地提供诸如地理观测、地理制作与操作、地理模拟实验、地理室内观察、地理野外考察、地理参观与调查等地理实践活动机会,充分利用地理观察法、地理观测法、实地考察法、社会参观与调查法、地理实验法、制作地理模型法等方法发展学生的地理实践力素养。

(二)学与教方法的设计

利用地理实践活动培养学生的地理实践力,教师应大胆"放手",让学生充分参与到学习过程中,才能取得好的学习效果。利用实践活动培养学生地理实践力素养的过程中,存在着一定的方法结构,如图 5-5 所示。

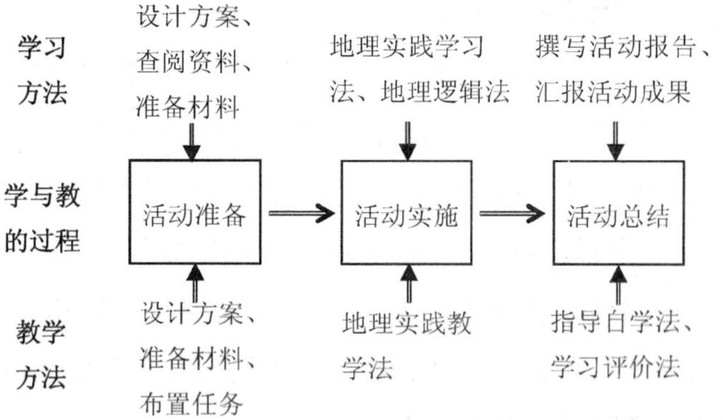

图 5-5 培养"地理实践力"学与教方法结构图

第一阶段——实践活动准备。该阶段教师要根据学生的学习需要，确定地理实践活动类型和主题、设计实践活动总方案（教的方案）、布置学习任务、准备相关材料；学生则根据相关的学习任务，收集资料并设计活动方案（学的方案）。第二阶段——实践活动实施。该阶段教师主要通过启发、引导、辅助等方式组织学生开展实践活动；学生以小组合作学习的形式，根据学习任务和预设活动方案采用观察、观测、考察、调查、制作、实验等地理实践类方法开展实践活动。值得注意的是，这一过程中要利用好分析—综合法、比较法、推理法等地理逻辑方法，对实践过程中获取的地理信息进行加工、处理，以保证地理学习问题获得科学、合理地解决。第三阶段——实践活动总结。学生在教师的指导下，撰写实践活动报告、汇报活动成果、完成活动总结，巩固和提升学习成果；教师根据学生的表现和学习成果给予客观地评价。

培养学生的地理实践力，必须要搭建好地理实践平台，让学生充分参与到地理实践活动前、中、后三个阶段中，使用多种地理实践法和地理工具去发现问题、分析问题、解决问题。在磨炼学生意志品质的同时，还要发展学生团结协作的意识以及问题意识。整个过程中，教师只做引路人，让学生在开放的空间中回归为真正的学习者。

案例 5-5 “芝罘岛人类产业活动区域特征研究”实践活动方案（片段）

【活动准备】

1. 划分学习小组：依据活动主题和活动目标划分农业组、工业组和服务业组等学习小组，明确学习任务。

2. 学习资料准备：查阅芝罘岛遥感影像图；搜集芝罘岛产业活动的相关资料。

3. 设计调查方案：各学习小组依据本组的学习任务，在指导教师协助下设计访谈提纲或调查问卷，以及应急预案。

【活动实施】

第一阶段：实地调查，发现问题

农业组：通过访谈、考察等方法，了解芝罘岛农业部门构成、分布等情况。参观芝罘岛东口水产养殖基地，了解水产养殖的面积、种类、产量等问题，并分析其区位条件。

工业组：通过访谈、实地考察等方法，了解芝罘岛的工业部门和分布。参观烟台造船厂，了解其产业状况，如占地规模、产品类型、数量等；分析工业部门构成、分布与当地地理环境的关系。

服务业组：通过走访调查，了解岛上服务业的构成及分布情况。对港口运输业做重点调查，如港口占地规模、服务项目、年客货运量等，探究其区位条件，并结合搜集的资料，分析港口的发展对芝罘岛及其周边地区产业活动的影响。

第二阶段：合作探究，解决问题

①各小组汇报调查结果，并填写实践活动报告表，对芝罘岛的产业活动空间分布、产业结构等特征形成整体认识。

表5－4　实践活动报告表

		农业	工业	服务业
概况	芝罘岛东路			
	芝罘岛西路			
产业空间分布特征				
产业结构特征				

②成因探究。根据实地调查获取的资料，综合分析芝罘岛人类产业活动特征成因。

【活动总结与评价】

1. 提交活动成果：个人提交活动记录、心得体会；学习小组提交实践活动报告和活动简报。

2. 成果交流：展示实践活动成果，评定活动成绩。

（案例来源：摘自丁俊新编写的《中学地理教学设计案例库》）

案例分析：

本案例是以“芝罘岛人类产业活动的特征及成因”为学习主题的地理实践活动方案，该方案呈现了地理实践活动前、中、后不同阶段学生学的情况和教师教的情况。活动准备阶段，教师明确学习主题，布置学习任务；学生查阅相关资料，设计调查方案。活动实施阶段，首先，教师组织学生利用观察法、调查法、访谈法等开展调查活动，获取地理信息，逐步认识芝罘岛人类产业活动的空间分布和产业结构；其次，在调查的基础上，以小组合作学习的形式，采用比较法、归纳法概括芝罘岛人类产业活动的特点，分析成因。活动总结阶段，学生撰写实践活动报告、设计活动简报，教师根据学生的活动表现以及活动成果评定实践活动成绩。整个实践活动过程中，教师给学生提供了充足的“动手”机会，使学生全身心地参与发现问题、分析问题、解决问题的过程。

四、培养人地协调观素养的学与教方法设计

（一）对人地协调观的理解

1. 地理环境对人类活动的影响

地球上的自然环境和自然资源是人类赖以生存的基本条件，自然环境是人类生存发展的基础。因此，地理环境对人类活动的影响是巨大的，随着社会的发展，其形式和程度会发生变化，但是，自然环境的作用，特别是它通过生产力和参与生产过程表现的作用，决定了它能够对社会发展起到巨大的正面或负面影响，有时甚至起决定作用。

2. 人类活动对地理环境的作用

人类活动已经影响到整个地理环境，表现出不同的方式、强度，产生不同的结果。人类活动已经改变了地球的原始面貌，这种影响方式是多样的，如开垦农田、铺设道路等；影响强度可以是超级的，人类活动已经达到地球的地质作用力水平；产生的结果既有积极的，也有消极的。因此，人类在利用自然时，必须遵循自然规律，人类可以利用自然、改造自然，但是不能改变

自然规律。如果人类活动违背自然规律,将会受到大自然的惩罚。

3. 协调人类活动与地理环境的关系

随着人口增长、社会发展与科技水平的提高,人类活动对地理环境的影响越来越大,资源的索取变得更加贪婪,环境问题也变得越发严重,引发了一系列的问题。面对人地关系的矛盾和问题,我们应该秉持什么观念?从价值观层面看,协调人类活动与环境关系要求我们正确认识和处理自然价值与文化价值的关系,我们只有保护自然价值,才会有健康的文化。以不损害自然价值的方式实现文化价值,实现人与自然的"双赢",是协调人地关系最重要的目标。

人地协调观是一种正确的价值观念,它的形成与发展,重在促使学习者在真实情景中进行体验、感悟、理性认识、价值判断、加工组织、深度内化,经过层层递进的心理活动过程才可以逐步形成。而且这一形成过程并非一朝一夕,需要长时间的积淀才能达到稳定状态。

(二)学与教方法的设计

价值观教育主要通过学生在学习过程中无意识的心理机制发生作用,是"润物无声"式的①。培养"人地协调观"的教学设计要遵循价值观形成的心理过程。在培养学生"人地协调观"的过程中,也存在着一定的方法结构,如图5-6所示。

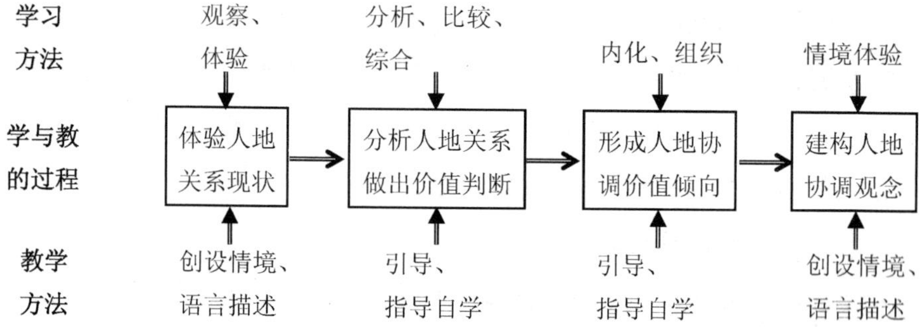

图5-6 培养"人地协调观"学与教方法结构图

① 林培英,陈澄.走进课堂:初中地理新课程案例与评析[M].北京:高等教育出版社,2003:19.

第一阶段，对人地关系现状形成外部体验。通过教师所创设的地理情境，使学生从中受到感悟与启示，引起注意，产生兴趣，表示认同，愿意接受，同时引起情绪上的变化，并产生情感上的体验，形成相应的外显行为，例如表情上的喜怒哀乐及言语上的赞同、惋惜和反对等等。第二阶段，分析人地关系，做出价值判断。教师组织学生在情感体验的基础上，综合分析人地关系表现，并利用已有价值观采用比较法对人地关系表现做出价值判断。第三阶段，形成人地协调价值倾向。教师引导学生在价值判断的基础上，表现出肯定或否定的态度，经过学生对这些反应进一步的内化、组织，形成相应的价值倾向，并在情感上确信其价值的存在。第四阶段，建构人地协调观。教师将学生置身于新的情境中，引导学生对其情感信念反复感悟，对其价值观进行多重审视，将学生已形成的人地协调价值倾向发展成人地协调观的价值观，并以此规范和指导自己的言行举止。

人地协调观的形成依赖于学生自我意识的高度成熟，是在学生自我体验、内化、组织、感悟的过程中逐步形成的。因此，培养学生的人地协调观时，教师应尊重学生的心理发展过程，科学创设学习情境，做好适当的辅助、引导、启发性工作，助力学生人地协调观的健康形成。当然，人地协调观在短时间内形成显然是不现实的，它的实现是系统、复杂的过程，地理教师对此必须有个正确的认识。

案例 5－6　城市化对地理环境的影响(教学设计片段)

【创设学习情境，感受城市化与地理环境的关系】

教师播放《城市让生活更美好》和《我们的城市怎么了》两部视频短片。让学生感受城市化与地理环境的关系，意识到城市化对地理环境的影响具有两面性。

【小组协作，探究城市化对地理环境影响的表现】

教师引导学生复习城市化的表现形式——城市人口增加、用地类型改变、生产方式改变，为后续学习找到逻辑起点。

组织探究活动：将全班同学分为三个学习小组，结合手中的资料以及生活经验,开展“城市化对地理环境的影响”的探究活动。A 组分析城市人口增加对地理环境的影响;B 组分析土地类型的改变对地理环境的影响;C 组分析生产方式的改变对地理环境的影响。教师做好指导工作。

各小组汇报学习成果:略

教师在学生汇报的基础上,做适当补充,并整理板书(略)。

【深度分析,理性看待城市化对地理环境的影响】

引导学生从“环境承载力”的视角看待城市化对地理环境的影响这一问题。

【感受现实,探寻健康城市化发展之路】

教师播放《发现湛江》纪录片,让学生感受新型生态绿色城市的魅力,体会新型生态绿色城市的发展理念:人口、社会与环境的协调发展。认识到城市化健康发展之路的方向:新型生态绿色城市。

布置课后活动:以学习小组为单位,开展社会调查,分析学生所在地的城市化对地理环境的影响状况,并为所在地发展成为新型生态绿色城市出谋划策。

(案例来源:山东省烟台市港城中学韩俏老师提供)

案例分析:

本案例首先以视频资料为手段,让学生感受“城市化对地理环境的影响”这一人地关系现象,激发其深度思考的动力;其次,以城市化的表现为逻辑起点,结合生活经验分析城市化对地理环境影响的结果,适时引入环境承载力的概念,使学生能够科学、辩证地看待城市化与地理环境的关系,意识到城市化进程中人地协调发展的重要性。最后,教师播放《发现湛江》纪录片,让学生体会、感受绿色生态城市的魅力,明确城市可持续发展的方向——新型绿色生态城市,帮助学生夯实人地协调发展的观念。整个教学设计,遵循了价值观念形成的一般心理过程,从单纯的接受、反应开始,经过内心体验、态度变化、加工组织,逐渐形成价值观。

本节围绕着“培养学生地理学科核心素养”这一问题,结合 6 个中学地理教学案例,阐述了地理学与教方法的设计,明确了不同地理学科核心素养所对应的学与教方法的纵向结构。现就其中的结构关系说明如下。

(1)地理学科核心素养的学与教方法纵向结构可以进一步概括为三阶段:感性认识阶段—理性认识阶段—素养形成阶段。从感性认识到理性认识,是人们认识世界的一般过程和方法。前者建立表象,后者揭示本质;前者是后者的基础,后者是前者的深入。正因如此,“从感性认识到理性认识”成为地理教学的基本原则之一。但通过感性认识和理性认识获得的学习结果,并不是真正意义上的地理学科核心素养。地理学科核心素养的形成需要积淀的过程,而感性认识和理性认识是这一积淀过程中的基础环节。因此,在培养学生地理学科核心素养的过程中,要在学生获得地理知识、地理技能,掌握地理方法,形成地理情感态度等的基础上,进行一系列的迁移应用、变式训练、实践体验等,帮助学生逐步形成地理学科核心素养。

(2)地理学科核心素养的学与教方法纵向结构中包含着学习方法群和教学方法群。教学目标或内容决定学习方法,而学习方法决定教学方法。同理,教学目标和内容决定学习方法群,而学习方法群决定教学方法群。教学方法群可随着教师、学生、教学要求、教学实际情况、教学环境等的变化而发生改变,但教学方法群服务于学习方法群的宗旨是不变的。另外,不同的教学环节,由不同的学习方法和教学方法组成方法群,每个教学环节的方法群,它们各自的功能是有所差异的,但它们有着一个共同的目标——促进学生地理学科核心素养的形成与发展。再有,学习方法群中,每一个方法各有差异,有核心方法和辅助方法之分,至于哪种方法为核心方法,哪种方法为辅助方法,则取决于学习目标和学习内容。

总之,教学方法的设计是有规律可循的,以地理学习理论为基础,以学习目标和学习内容为重要依据,结合学生、教师、环境等要素的实际情况,科学设计学习路径与学习方法,合理选择教学方法与教学手段,统筹考虑,必定能取得好的效果。

【阅读文献】 刁传芳先生的中学地理教学方法设计程序

刁传芳先生的中学地理教学方法设计程序,如图 5-7 所示。

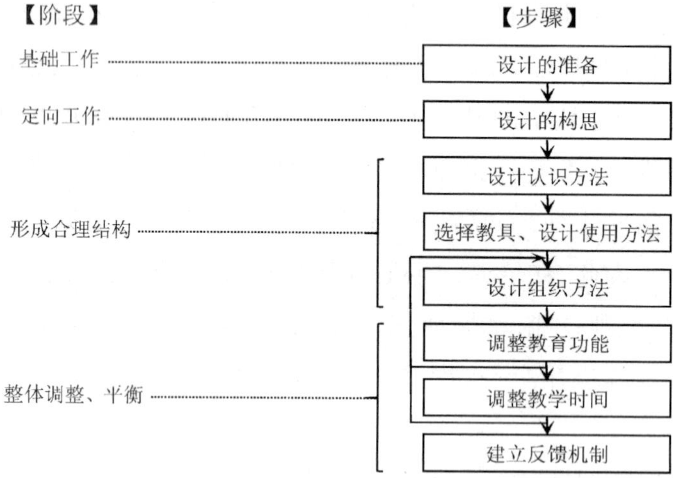

图 5-7 中学地理教学方法设计程序示意图

第一,基础工作阶段:设计的准备。分析地理课程标准、教材、分析学生情况。第二,定向工作阶段:设计的构思。确定地理教学方法总的方向、总的“蓝图”,是由教学目标、教学内容与学生水平三者结合而产生的。第三,形成方法结构阶段:设计认识方法,选择教具、设计使用方法,设计组织方法。第四,整体平衡与调整阶段:调整教育功能,调整教学时间,建立反馈机制。

该中学地理教学方法设计程序包括 4 个阶段 8 个步骤,体现出如下 5 点中学地理教学方法设计思想:(1)强调地理学习方法与地理教学方法相结合;(2)强调学生的学习方法设计的核心地位;(3)强调地理基本教学方法设计的顺序性;(4)强调地理教学方法设计的程序性;(5)强调地理教学方法设计的系统性。该原理与技术使地理教学策略设计更加有条理。

第三节　地理教学媒体的选择与运用

学习目标

1. 能说出地理教学媒体的主要类型。

2. 能举例说明地理教学媒体选择依据和原则。

3. 能根据教学内容与对象，选择合适的地理教学媒体进行课堂设计。

自从有了教育活动，便有了教学媒体。从口耳相传到文字印刷，从语言媒体到出现了物质媒体；光电科学的发展，出现了视听媒体；电子计算机的发展，现代化媒体出现；而现在，信息技术和互联网的快速发展，使教学媒体更加丰富、更加多样化。

地理教学媒体是指师生为实现预期的地理教学目的，开展教学活动、相互传递信息的工具或设备①。可见，地理教学媒体是储存和传递地理教学信息的载体，是一种连接地理课程内容和课程目标、沟通学生和教师的一种辅助教学工具。

一、地理教学媒体的类型

地理教学媒体的分类有很多种，比如：根据印刷与否，分为印刷媒体和非印刷媒体；根据作用的感官通道分为听觉媒体、视觉媒体、视听媒体；根据地理教学媒体的性质和特点分为地理教学资料、地理直观教具、地理电化教学媒体和计算机多媒体；根据媒体的作用与特点将地理教学媒体分为直观型、抽象型、图像型、实物型、音响型、静态型、动态型等媒体类型；以地理教学媒体“手段”和“工具”的属性分为黑板、实物投影仪，实验模型和标本、教科书、教辅资料、挂图、计算机多媒体等。

除了常见的地理教学媒体分类外，袁书琪教授指出，真正意义上的（广

① 袁孝亭. 地理课程与教学论[M]. 长春：东北师范大学出版社，2006：124.

义的)地理教学多媒体还包括师生的教学语言(甚至包括肢体语言)和校内设施、野外或社会真实地理事物以及社会媒体等。广义的多媒体反映出地理知识和技能较之其他课程更为突出的多样性和丰富性①。

(一)地理教学媒体常见分类

目前,有关地理教学媒体分类系统,简单清晰并得到普遍认可的是根据产生的时间和技术水平,分为传统地理教学媒体和现代地理教学媒体。

1. 传统地理教学媒体

(1)教学资料媒体:教科书、学生用书、地图册、导学案、教辅资料等;(2)辅助教学媒体:黑板、粉笔、地理挂图、地理教具(地球仪、地理模型等)、地理标本、实验器材等。

2. 现代地理教学媒体

(1)视觉媒体:幻灯片、图片、投影仪、实物投影;(2)听觉媒体:音乐、录音、广播、磁带;(3)视听媒体:电影、电视、视频;(4)综合媒体:教学软件、多媒体计算机、GIS 辅助地理教学系统、网页网站、电子阅览室、电脑机房等。

(二)地理教学媒体分类的探讨

随着时代和技术的发展,原有的地理教学媒体分类无法包括所有较新的媒体。因此,我们把“现代教学媒体”分为“常规现代教学媒体”来代表原有分类中包含的教学媒体,“信息技术支持的教学媒体”来代表近些年新产生的教学媒体和相关媒体。

(1)常规现代教学媒体:包括幻灯片、投影仪、电子白板、视频、音频、图片、动画等。

(2)信息技术支持的教学媒体:根据是否需要地理专业地图、处理系统等分为地理专业教学媒体和通用技术媒体。

①地理专业教学媒体:是直接呈现地理教学信息的媒体类型。从地

① 袁书琪. 地理教学的多媒体系统[J]. 地理教学,2010(8):1.

理的视角和地理学科特有的思维逻辑方式开发的软件和构建的网页资源等。如国产著名的地理信息系统软件 MapGIS、GeoStar、SuperMap 等，国外著名的地理信息系统软件如 ArcGIS、MapInfo 等，也有许多相关地理数据网站如地理空间数据云，地理专业资源网站如中国科学院资源环境科学与数据中心网等。以上相关软件在搜索引擎都可以获得其网址。利用这些地理信息软件和资源库进行辅助教学的媒体就是地理专业教学媒体。

相关研究开发如“用 Authorware 模拟行星的椭圆运动”“Maptool 在世界地理教学中的应用”“GoogleEarth 在经纬网教学中的运用”为地理信息技术在中学地理教学的应用提供了思路；“如何利用 MapInfo 快捷制作专题地图”“巧用 Surfer 软件绘制三维立体地形图进行等高线辅助教学”“利用 ArcGIS 制作等太阳高度线图”等，通过教师自行制作专题地图，丰富地理教学资源，展现鲜活的地理素材。

例如，Stellarium 是一款开发比较早的、受中小学教师欢迎度较高的虚拟星象仪软件。可以根据观测者所处的时间和地点，计算天空中恒星、星云、行星、卫星、彗星等天体的位置，并将其显示出来，可以真实表现通过肉眼、双筒望远镜和小型天文望远镜所看到的天空；可以绘制星座，研究恒星演化过程，模拟观测星雨、日食、月食等天文现象[①]；通过网络查询日食、月食等现象出现的时间及地点，模拟日食、月食过程；可观察太阳视运动、月相变化；设置地点与时间，能模拟某地一年之内的正午太阳高度角变化[②]。如图 5－8 所示，模拟呼和浩特（40°48′N，111°39′E）不同日期正午太阳高度角变化。

---

① 姜严. Stellarium 软件在高中地理教学中的应用研究：以“月相与日月食”为例[J]. 地理教学，2019(11)：62－64.

② 赵伟聪，任国荣，杨帅，赵冉. Stellarium 软件在地理教学中的应用探索：以“正午太阳高度角的变化”为例[J]. 教育现代化，2020，7(3)：95－97.

图5－8　呼和浩特春分日、夏至日、秋分日、冬至日正午太阳高度角示意图

②通用技术媒体：指的是呈现地理教学信息的工具媒体。利用信息时代相关技术和平台进行教学，除了地理学科外，也可以应用于其他学科的教学。

• 常用软件开发。比如运用Excel进行数据统计与分析、巧用Word软件绘制地理图表、"浅谈如何实现Flash视频与Power－point的链接"等研究，为地理教师制作课件和图表提供了指导；"用Flash演示昼夜长短和太阳高度的变化"等研究，为教师如何利用计算机突破教学重难点提供了借鉴。此外，还有多种常用软件如"有道云笔记"功能、百度地图的"百度街景""形色"植物识别在地理教学的各个环节、各个知识点起到了很大作用。

• 网络教育。网络教育包括线上教学、智慧课堂、大数据运用等。比如利用微信平台进行作业发布与打卡、利用网络自主学习、在线翻转课堂提前发布教学资源、运用"互联网＋"等形式的教学。在线教学既有学生和网络的交互，也有学生和学生、学生和教师之间的交互①。

① 胡英山，郭恒源．网络平台下的中学地理交互式课堂探索[J]．教育教学论坛，2013(41)：234－235.

从功能上来说，首先，学生通过弹幕可以提问、讨论、回答等，加强了老师与学生以及学生与学生之间的互动，提高了课堂的参与度；其次，课堂投稿可以用更丰富的形式，如文字、图片、视频等发表观点，方便、简单、有效；最后，在线教学环境下可以轻松获取学生的学习痕迹（包括课堂表现、学生在线测试等），保证了学习记录的连续性，促进师生反馈与评价。

通过智慧教室，教师控制屏幕共享，发布任务，学生合作操作，可以上网，再将结果上传。教师端可以展示同学们的答案，收集到统计好的数据和答案，有针对性地进行教学。

大数据背景下的地理教学可以通过大数据的分析，找到搜集资料、课堂表现、问题理解、语言表达、课堂参与度、专注度、画图能力、正确率等要素间的相关性。不仅如此，教师的教学数据也会被大量记录，包括教学环节、课堂提问效果、课堂节奏、案例选择、练习讲评、试卷命题、作业批改、引导讨论和个别辅导等①。随着应用工具的发展，一些线下数据（包括学生练习册、地图册、学生期末测试等）采集的问题将得到解决。在大数据支持下，线上与线下数据的结合可以形成班级和学生个人学习档案②，促进教学反馈、评价的科学性。

- AR、VR 技术。各种地理软件以及虚拟现实技术的出现，为情境教学的实施创造了优越的条件。

AR 技术（Augmented Reality），即增强现实技术，包括多媒体技术、三维建模技术、实时视频控制技术、传感技术、实时跟踪技术和场景融合技术等。因此，AR 技术可以实现地理事物与地理环境三维立体呈现、动态过程现实与模拟、各种资源的整合融合。现在应用于开发 AR 立体书（扫描二维码获得更多 AR 资源）、开发 AR 教学软件（如中图 e 学堂 APP）、搭建 AR 地理教

---

① 朱来军. 谈大数据背景下的地理教学[J]. 中学地理教学参考，2015(4)：14－16.

② 马玉改. 混合式教学模式在中学地理课程中的探索：以人教版“行政区划”为例[J]. 地理教学，2020(3)：39－41.

学资源平台等①。

VR 技术(Virtual Reality),即虚拟现实,涉及计算机图形学、传感器技术学、人工智能等等,打破时空尺度,构建虚拟的真实场景及三维虚拟模型,弥补学生空间想象力的不足,使学生拥有强烈的体验感与沉浸感②。桌面式 VR 辅助教学,混合式 VR 搭建模型便于学生和教师收集和处理信息,沉浸式穿戴 VR 是未来发展的趋势,可以让人足不出户游世界。

二、地理教学媒体的选择

(一)地理教学媒体选择的依据

1. 课程标准的要求

课程标准的突出属性就是指导性,对教材编写、教学实施、考试评价都有指导作用。课程标准的每个模块或主题都由“内容要求”“教学提示”“学业要求”组成,整体规划了教学方向、教学手段、教学目标;而具体的“内容要求”部分由“条件 + 要求”组成,前半句提示了基本的教学要求和媒体选择,在此基础上进行教学内容的重整和教学媒体的组合。课程标准具有“目标导向”的特点,教学媒体选择与设计是为实现教学目标服务的,依据课程标准的要求选择教学媒体,就是根据教学目标选择媒体,为此,需要深入挖掘课程标准的内容要求和教学目标,选择合适的教学媒体和教学方法来完成课程目标,实现高质量的地理教育。

2. 教学媒体的特点

不同的教学媒体具有不同的特性、使用时机、使用场合和使用效果。传统的地理教学媒体中,教学资料媒体如教科书、图册、学案等,以学生自主使用为主、教师指导教学为辅;粉笔、黑板是教师最常用也是最重要的教学媒

① 彭琪. 利用微信和 AR 技术构建直达一线需求的地理教学服务平台[J]. 地理教学,2020(23):40 - 41.

② 张欣. 基于 VR 技术的中学地理探究活动案例设计研究[D]. 呼和浩特:内蒙古师范大学,2020:11.

体,体现知识框架和重点内容;传统的教具与挂图,要注意使用时机、演示和挂图位置,兼顾所有同学,同时应由教师指导观察内容和观察角度。总的来说,传统教学媒体、现代教学媒体要合理搭配、组合使用,以达到较好的教学效果。

3. 教材内容与知识类型

不同的地理知识适合运用的媒体不同。地理概念和地理名称,用文本和语言媒体教学为主;地理分布多用地图;地理景观知识则多用实景图片与视频;地理过程和成因,需要恰当运用视频媒体和实验媒体;地理特征和地理规律往往需用多种媒体进行归纳和总结。

4. 学生认知与学情

地理教学媒体的选择要符合学生认知规律、学生心理特点、学生兴趣等,从易到难、循序渐进。比如初中生的认知发展比较倾向于具象思维,可以较多地使用投影仪、电影、电视和录像。初中学生的兴趣驱动力会比较强,持续注意力正在形成发展中,所以教学媒体的选择要形象生动、重点突出、色彩鲜艳,能活动的地方力求活动。高中生的抽象思维和综合思维有所提高,能够摆脱具象、形象进行逻辑思维,可将多种教学媒体相结合,传递的内容可增加分析、综合、抽象和概括,增加理性认识的分量。在揭示地理事物的内在规律基础上,建立起具有思维框架的知识体系。

(二)地理教学媒体选择的原则

关于地理教学媒体选择原则,学者们有不同的表述,我们选择有代表性的几种观点进行介绍,见表5-5所示。

表5-5 教学媒体选择原则

序号	原则	出处
1	(1)目标控制原则; (2)内容符合原则; (3)对象适应原则	何克抗、郑永柏、谢幼如. 教学系统设计[M]. 北京:北京师范大学出版社,2002:122-123.

续表

序号	原则	出处
2	(1)最优决策原则; (2)有效信息原则; (3)优化组合原则	李龙. 教学过程设计[M]. 呼和浩特:内蒙古人民出版社,2000:291－294.
3	(1)多样性原则; (2)适度性原则; (3)经济性原则; (4)教学最优化原则	李家清. 中学地理教学设计[M]. 北京:科学出版社,2012:206－208.

下面将目标控制原则、内容符合原则、对象适应原则和优化组合原则简述如下。

1. 目标控制原则

教学目标是贯穿教学活动全过程的指导思想,它不仅规定教师进行教学活动的内容和方式,指导学生对内容的选择和吸收,而且还控制教学媒体类型和教学媒体内容的选择。例如,让学生"运用示意图说出水循环的过程与环节"和"理解水循环的地理意义",是两种不同的教学目标。前者往往通过师生绘制水循环示意图或呈现水循环过程动画和讲解来帮助学生学习水循环的过程与环节知识,后者一般通过案例分析和讲解来归纳总结出水循环的地理意义。可见,不同的教学目标决定不同的教学媒体类型和内容的选择。

2. 内容符合原则

地理教学内容不同对地理教学媒体的要求也不同。例如,让学生掌握地球自转的地理意义,往往需要通过反映地球自转情境的动画或运用地球仪演示和讲解来帮助学生学习地球自转地理意义知识;而要求学生掌握新疆"三山夹两盆"地形特征,一般通过阅读、分析新疆地形图和讲解来归纳总结出新疆"三山夹两盆"地形特征。可见,教学媒体的选择和设计应以符合地理教学内容为原则。

3. **对象适应原则**

不同年龄的学生认知特征不同。在进行教学媒体选择与设计时,必须考虑学生的特点,要适应学生知识水平、认知能力、兴趣等,一般来说初中阶段可以采用形象化突出的一些媒体。高中阶段尽管形象化教学仍然不可少,但只能作为一种帮助理解抽象概念和原理的辅助手段,因此,这一阶段的教学媒体的运用重点要放在如何帮助学生完成由形象思维向抽象思维的过渡,学会运用语言符号去揭示地理事物的内在规律,逐步发展学生的综合思维、区域认知等能力。

4. **优化组合原则**

各种教学媒体都有各自的优点和局限性,没有一种教学媒体是万能媒体。在设计教学媒体时,要综合考虑各种媒体的教学特性与功能,扬长避短、优势互补、有机组合,才能取得整体优化的教学效果。因此,教学媒体的选择与组合要以取得最佳的教学效果为出发点,优化组合,而不是形式上的相加、盲目追求教学媒体的多样化。

(三)地理教学媒体选择的程序

关于地理教学媒体选择程序,学者们有不同的表述,李家清教授将地理教学媒体选择的程序分为:掌握媒体的功能与特性,教材分析,学情分析,教学目标设计,确定媒体使用目标,选择媒体类型,选择媒体内容和阐明媒体运用设想八个步骤①。

根据教学媒体选择依据和原则,参照学者们的观点,我们将地理教学媒体设计程序分为:教学媒体选择准备工作、确定教学媒体使用目标、选择教学媒体类型、确定教学媒体内容和教学媒体运用说明五个步骤,简述如下。

(1)教学媒体选择准备工作。把握各种教学媒体的教学特性与功能,分析课程标准和地理教材,分析学情等,这些是选择教学媒体的准备工作,目的是为选择教学媒体打好基础。

---

① 李家清.中学地理教学设计与案例研究[M].北京:科学出版社,2012:212－214.

(2)确定教学媒体使用目标。依据学习目标,认真分析教学内容,确定教学媒体的使用目标,即确定在完成该学习目标中教学媒体的作用。

(3)选择教学媒体的类型。依据教学媒体的使用目标和学习者的特点,按照戴尔对教学媒体的层次划分,选择合适的教学媒体类型。

(4)确定教学媒体的内容。教学媒体类型确定后,确定所选择教学媒体的具体内容。如果现有教学媒体内容合适,则可在教学中使用;否则可以通过选编、修改、重新制作等方法来确定合适内容的教学媒体。

(5)教学媒体运用说明。为了明确所选媒体在教学中的具体作用,有必要把各知识点、学习水平与所选媒体在教学中的作用及其之间的关系通过表5-6的方式加以阐述,为教学实施提供参考。

表5-6 教学媒体运用说明一览表①

课题名称	知识点	目标水平	拟选媒体	媒体内容要点	使用时间	资料来源	媒体在教学中的作用	媒体使用方式
	1							
	2							
	3							
	4							

其中,"媒体在教学中的作用"包括创设情境、引发动机,反映事实、显示

① 乌美娜.教学设计[M].北京:高等教育出版社,1994:208.

过程，示范演示、验证原理，提供练习，训练技能等；“媒体使用方式”包括设疑→演示→讲解，讲解→演示→概括，演示→练习→总结，边播放、边讲解等。

三、地理教学媒体的应用案例分析

（一）“喀斯特地貌”教学片段分析

新课导入

请学生观察三衢石林的景观图，指出图中岩石与我们平常所见岩石的不同之处。

新课讲解

【环节一：喀斯特地貌的分布】

请学生观察中国碳酸盐岩石分布图，结合形成喀斯特地貌的两大必要条件（水和可溶性岩石），推测在我国哪些地区还可以看到类似的喀斯特地貌。

【环节二：认识地上喀斯特地貌】

1. 观看喀斯特地貌石芽、溶沟、天坑组图，描述其地貌特点；

2. 欣赏桂林航拍视频，圈出视频中看到的形态各异的山，并描述区别和排序；

3. 请学生思考，随着流水进一步溶蚀，接下来地貌会如何演化。

【环节三：认识地下喀斯特地貌】

结合课本相关介绍，观看地下溶洞视频，描述石钟乳、石笋、石柱、地下暗河和溶洞的特征。

【环节四：画一画喀斯特地貌】

画出一种喀斯特地貌，上台展示并介绍自己的作品、说出地貌名称并描述特征；将几幅具有代表性的作品吸在黑板上并标号，小组合作，试排序和描述喀斯特地貌形成过程。

该片段的教学媒体分析：地貌内容是新版教材必修一中的重要内容，根据课程标准要求“1.4 野外观察或运用视频、图像,识别3~4种地貌类型,说明其景观的主要特点”。本节的教学目标是识别地貌和描述特点,所以选择的课内教学媒体为视频和图像。教学媒体内容即为可以突出该类地貌类型特征的典型地貌图片。所以本节教学设计每一个环节都与图像、视频相关,并注重课中学生对地貌特点的描述。最后环节四的教学活动,考查、评价了地貌识别和描述的教学效果,同时培养了地理表达等能力。

(二)“交通运输与区域发展——金华交通的前世今生”教学片段分析

【环节一 古代:兰溪因水而兴】

材料一:宋代兰溪因水而兴。展示兰溪的地理位置图,“六水之腰”“七省通衢”,读图描述兰溪的地理位置、评价兰溪的交通位置和交通条件。

材料二:近代兰溪兰江沿岸商铺林立。介绍近代某年兰溪、金华、义乌商业年交易额数据,要求学生比对各地经济发展情况,结合材料信息,分析兰溪经济繁荣的表现和产生经济差异的原因。

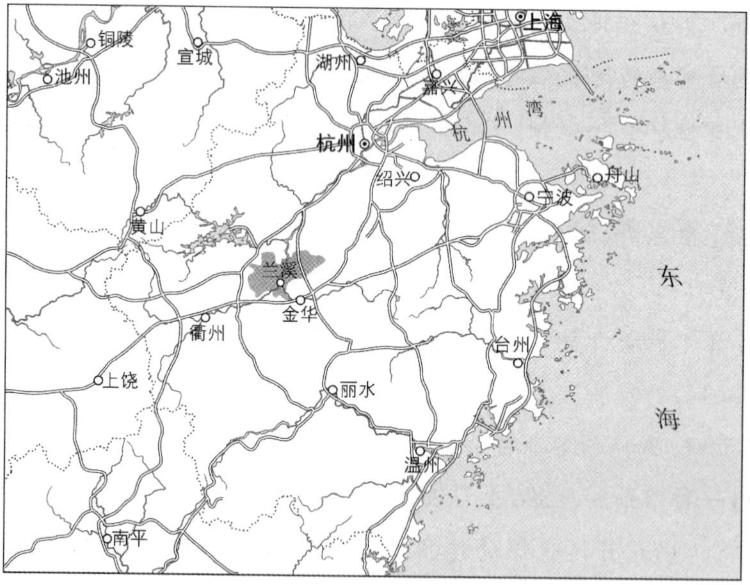

图5-9　兰溪“七省通衢”示意图

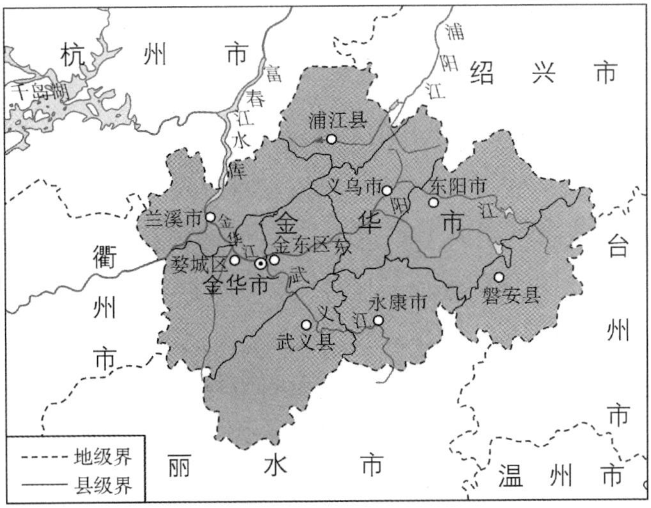

图 5－10 兰溪“六水之腰”示意图

【环节二 现代:金华浙赣铁路】

材料三:1932 年浙赣铁路通车,金华崛起,兰溪水运没落。短短 5 年,两地经济差距逐步缩小至金华与兰溪齐平。翻开地图册,阅读“我国铁路分布图”。

1. 引导学生思考为什么会出现这样的情况。与水运相比,铁路有哪些优势?(“多”“快”“好”“省”);

2. 引导学生思考比较古代铁路与现代铁路的区别,水运与铁路的优缺点、普通铁路和高速铁路的区别。

【环节三 现代:义乌中欧班列】

材料四:“一带一路”背景下,义乌中欧班列联通亚欧大陆 50 多个国家。播放“中欧班列”的介绍视频,提问学生“义新欧”中欧班列开启国际公铁联运,会给我国乃至世界带来怎样的影响。

【环节四 未来:金义东轻轨】

给出金华市区的交通地图(分成江北片区、江南片区、金东片区三大组),请同学们课后小组讨论,规划轻轨站点的分布。同时完成两个任务:(1)说明在该处规划轻轨站点的区位条件;(2)说明建设轻轨站点可能对该区域带来的影响。

该片段的教学媒体分析：从高中地理必修二课程标准中可以看出，教学手段以“结合实例”为主，即“具体情境”“案例分析”，即在必修二的教学中，教学媒体应该更多为创设情境服务。本节课程标准为“2.6 结合实例，说明运输方式和交通布局与区域发展的关系”，所以选择用文字材料、图片、视频材料作为教学信息、PPT 和黑板作为教学媒介，完成了运输方式优缺点的比较分析、交通位置和布局的描述与评价、分析交通运输（与演变）与区域发展的关系的教学目标要求，包含了比较思维、动态思维、综合思维、区域发展的思维、全球视角以及环节四对地理实践力的培养。

（三）“地球自转的一般特点”教学片段分析

新课导入

观看傅科摆纪录片片段，了解地球自转的有力证明。

新课讲解

【环节一：地球运动的方向】

1. 谈话法：你如何证明地球在转动——日月星辰东升西落；

2. 演示法：拿一个地球仪，在黑板上规定了东西方向，自西向东转动地球仪，让同学们分别从侧面、北极上空、南极上空观察地球仪旋转方向。

【环节二：地球运动的周期】

1. 谈话法：如何证明地球自转周期是一天——昼夜交替周期是一天，即太阳日；

2. 演示法：在黑板上画上远方的恒星作为参照物，并画上太阳，拿一个准备好的自制教具（如，插了筷子的橘子），演示恒星日和太阳日的区别。

【环节三：地球自转的速度】

角速度

1. 谈话法：地球转过的角速度如何计算——速度 = 转过角度（360°）/单位时间（周期）——角速度为 15°/时；

2. 观察法：转动地球仪，观察地球上各个地点角速度；有没有角速度为 0 的地方，总结规律——除南北极为 0 外，角速度处处相等。

线速度

1. 观察法：转动地球仪，观察地球上各个地点线速度是否相同，并描述它的变化规律；有没有线速度为0的地方，总结规律——线速度是从赤道向南北两级递减，南北极点为0；

2. 情境问题链：回归书本，课前探究资料，分析a. 火箭发射为什么要往东发射；b. 文昌发射中心与酒泉相比有什么优势；c. 还有什么因素会影响线速度，同一纬度的线速度一定相等吗？

3. 计算题：试根据给出地球的半径长，验证“坐地日行八万里”的正确性。

该片段的教学媒体分析：地球运动是新版教材选择性必修一自然地理基础的典型章节，它奠定了高二上学期学习内容的深度、难度、思维、逻辑的基调。地球运动是地理环境的形成以及地理环境各要素运动变化的先验知识，是高中阶段地理学习的基础，但是这部分知识比较抽象，理解难度大。地球运动需要较强的空间思维能力，需要动态的空间想象能力，地球运动产生的现象和意义需要极强的逻辑推理能力和总结归纳能力。所以根据知识点特点和教学目标，选择综合运用多种地理教学媒体，常用动画、视频、有条件地运用计算机模拟、虚拟地球，化抽象为形象，化二维为三维；用板画和纲要示意图，理清知识结构；用身边常见的事物进行演示，演示内容能再现知识过程、提示学生观察方向和顺序；引导学生自制教具，通过观察现象、分析原因，加深对地理原理的理解。

第四节 地理信息技术在中学地理教学中的应用

学习目标

1. 能说出地理信息系统技术的主要功能及其在地理教学中的作用。

2. 能举例说明网络地理信息技术在地理教学中的应用情况。

3. 能说出遥感数据和主要遥感软件在地理教学中的应用情况。

4. 能说出全球卫星导航系统技术在地理教学中的作用。

一、地理信息系统技术在地理教学中的应用

(一)地理信息系统概述

1. 地球空间信息学

地球空间信息学(Geomatics),是以地理信息系统(Geographic Information System,简称 GIS)、遥感(Remote Sensing,简称 RS)、全球卫星导航系统(Global Navigation Satellite System,简称 GNSS)等空间信息技术为主要内容,并以计算机技术和通信技术为主要技术支撑,用于采集、量测、存储、管理、分析、显示、传输和应用地理空间数据的信息科学和技术①。

2004 年美国劳动部把地球空间技术(Geo - spatial technology)、纳米技术和生物技术一起确定为最具发展前途和最有潜力的三大高新技术②。

地球空间信息科学与技术目前已经广泛应用于环境、资源、灾害、农业、城市发展等领域,为各行各业提供准确、实时的空间信息和空间数据。如图 5 - 11 所示地球空间信息科学与技术天地一体化系统。

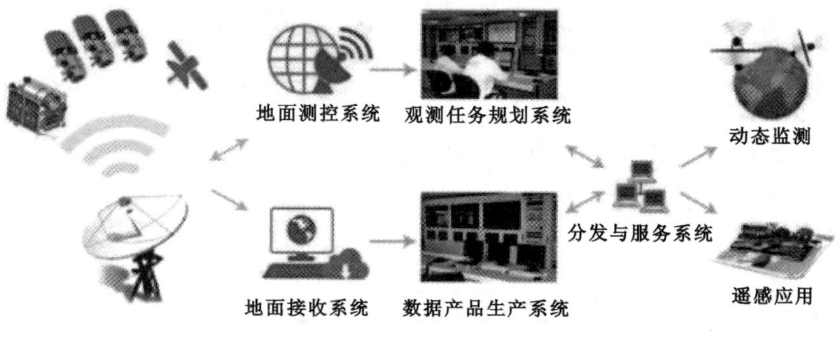

图 5 - 11　地球空间信息科学与技术天地一体化系统

① 李德仁. 展望大数据时代的地球空间信息学[J]. 测绘学报,2016,45(4):379 - 384.
② 李德仁. 地球空间信息学的机遇[N]. 中国测绘报,2004 - 11 - 09.

2. 地理信息系统及其发展

地理信息系统(Geographic Information System,简称 GIS)是一种以采集、存储、管理、分析和描述地球表面与地理分布有关数据的空间信息系统。

自从世界上第一台电子计算机诞生后,用计算机管理和制作地图就成为人们关注的话题。20 世纪 60 年代,加拿大管理部门急需要较精确地统计出全国的森林面积。而要达到这个目的,就需要对大量的大比例尺地图中的森林分布进行面积量算和统计,在没有使用计算机技术前,这个工作的任务量非常巨大。因此,为了完成地图面积量算这一任务,加拿大的 Tomlinson R. 提出 GIS 概念,并于 1963 年由他主持的世界上第一个地理信息系统 CGIS 在加拿大建成。从此,开启了地理信息技术的新时代。如今,随着计算机技术与网络技术的发展,地理信息系统逐渐演变成地理信息科学(Geographic Information Science)和地理信息服务(Geographic Information Service)。

仔细思考可以发现,加拿大出现世界上第一个 GIS 系统,其实也是一个地理科学问题。查阅资料,试着从地理位置、国土面积、人口与劳动力数量、经济发展水平、当时的计算机技术与价格等角度,解释一下为什么第一个 GIS 系统会出现在加拿大。

3. 主要地理信息系统软件

(1)ArcGIS 是美国 ESRI 公司开发的 GIS 软件。1982 年 6 月,美国 ESRI 公司开发出了 Arc/Info 1.0,这是世界上第一个现代意义上的商品化 GIS 软件。2004 年 4 月,ESRI 推出了新一代 ArcGIS 软件,为构建完善的 GIS 系统,提供了一套完整的软件产品。ArcGIS 功能强大,主要功能包括距离分析、密度分析、栅格计算、地统计分析、3D 分析、网络分析、跟踪分析等。

(2)MapGIS 是中国地质大学在 1995 年开发的一个专业的二三维一体化 GIS 产品,由武汉中地数码科技有限公司进行成果转化。MapGIS 具备强大的数据管理与编辑、数据制图与可视化、空间分析与影像处理、三维可视化与分析等能力,是最具市场影响力的国产 GIS 软件之一。

(3)GeoStar 是我国最早的自主版权 GIS 平台之一,打破了国外 GIS 软件在中国的垄断地位。GeoStar 基于组件开发,支持多种数据库引擎,提供数据管理、图形编辑、空间分析、空间查询、制图、数据转换、元数据管理等功能。2009 年底,该软件入选国家地理信息公共服务平台建设的基础平台,并在省、市级地理信息公共服务平台中得到广泛应用。

(4)SuperMap 由北京超图软件股份有限公司依托于中国科学院而开发,具有完全自主知识产权的大型地理信息系统软件平台,包括云 GIS 平台、组件 GIS 开发平台、移动 GIS 开发平台、桌面 GIS 平台、浏览器端 SDK、轻量移动端 SDK 等全系列产品。

(二)地理信息系统主要功能

1. 地理信息系统主要功能

随着地理信息技术的发展,其功能日渐强大。除了基本的地图制图功能外,地理信息系统最重要的价值就在于其空间分析、空间模拟、基于位置的服务、空间地理建模功能。

2. 地理信息系统空间分析

GIS 以空间数据为对象,将地理事物、现象及过程转化为数字的形式,然后通过强大的空间分析功能进行数据分析,从而获取和传输信息。空间分析是 GIS 的重要组成部分也是主要功能。空间分析是基于空间数据的分析技术,以地球科学原理为依托,通过分析算法,从空间数据中获取有关地理对象的空间位置、空间分布、空间形态、空间构成、空间演变等信息①,它强调对采集到的空间数据进行深加工,从而获得所需的地理信息。常用的空间分析包括叠合分析、缓冲区分析、数字地形分析、网络分析、核密度分析等等。

案例 5-7　GIS 空间分析与地图的实践应用

1854 年,英国伦敦郊区苏豪区爆发了一次来势凶猛的霍乱疫情,因找不到病源所在,尽管政府和卫生部门采取了强有力的隔离措施,仍未能控制住

① 黄杏元,马劲松. 地理信息系统概论[M]. 3 版. 北京:高等教育出版社,2008:141.

疫情,病人呈几何级数增长。这时,伦敦医生约翰·斯诺(John Snow)详细统计了苏豪区患霍乱死亡的死者居住地位置,用点代表个例,标记在公共供水系统地图上,制成了这张著名的“霍乱死亡地图”(如图5-12所示)。地图呈现出一个明显的规律:发病者聚集分布在位于宽街的一口井的周围。斯诺拆除了这座水泵的把手,政府修建了独立的地下水道并大力宣传喝熟水的重要性,由此,这场霍乱逐渐平息。①

这是一个应用地图发现事物空间分布规律的案例,也是应用GIS空间分析解决实际问题的雏形。

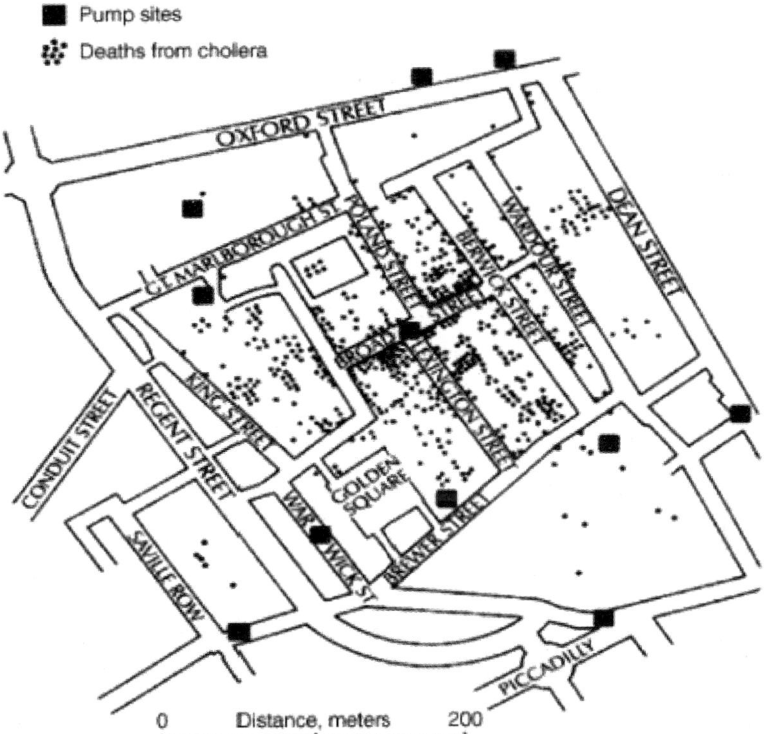

图5-12　1854年苏豪区霍乱死亡地图

① 闫金强.经典信息图:1854年伦敦霍乱爆发[EB/OL].(2006-02-16).https://www.jianshu.com/p/55c23bed9152.

（三）网络地理信息技术与地理教学

1. 数字地球到智慧地球

美国前副总统阿尔·戈尔在1998年1月提出数字地球，勾勒出虚拟地球景象，使真实地球作为一个虚拟地球进入了互联网。这个虚拟的数字地球以空间位置为关联点，整合相关资源（以地理信息系统和虚拟现实技术集成各类数据资源），实现了足不出户知天下事。①

数字地球是一个无缝的覆盖全球的地球信息模型，数字地球是信息化的地球，它包括全部地球资料的数字化、网络化、智能化和可视化的过程。

2009年1月28日，IBM首席执行官彭明盛在参加奥巴马就任美国总统后与美国工商业领袖举行了一次"圆桌会议"上，首次提出"智慧地球"（Smart Earth）这一概念②。智慧地球是新一代的智慧型基础设施。这一理念的主要内容是涉及"物联网""超级计算机和云计算"，目的是实现网上数字地球与人类社会和物理系统的整合，以更加精细和动态的方式管理生产和生活，从而达到"智慧"状态。在智慧地球上，人们将看到智慧的医疗、智慧的电网、智慧的油田、智慧的城市、智慧的企业等。

如今，移动通信、大数据、云计算技术，让不可能的计算成为可能，人工智能地理信息应用进入新时期。

2. 主要网络地理信息软件及其在地理教学中的用途

（1）主要网络地理信息软件

传统地理信息服务的基础是电子地图、影像地图。随着互联网技术的普及和大众化，特别是无限互联网如智能手机等的普及，地理空间信息技术进入了新地理信息时代。新地理信息时代的地理信息服务最大的特征是：按需测量、用户参与、地理信息技术一体化。主要表现就是网络地图逐渐把定位技术、遥感影像与地理信息系统技术集成在一起，用户根据需求定制服

---

① 鲁学军，励惠国. 数字地球与地球信息科学[J]. 数字地球科学，1999(1)：42－49.

② 李德仁，龚健雅，邵振峰. 从数字地球到智慧地球[J]. 武汉大学学报（信息科学版），2010，35(2)：127－132.

务，或参与网络地图的功能与服务增减以及信息发布等。

Google Earth 软件来源于 Keyhole 公司的旗舰软件 Keyhole EarthSystem，最早于2001 年6 月发布了 Keyhole Earthviewer 1.0 Windows 版本。Keyhole 软件通过管理 TB 级的海量卫星影像信息数据库，允许用户通过网络环境浏览多分辨率卫星影像、多分辨率数字航空摄影影像和三维地形数据等空间信息。2004 年10 月谷歌公司宣布收购了 Keyhole 公司，并于2005 年6 月推出了 Google Earth 系列软件，开启了互联网地图服务的新时代。之后，我国国家地理信息公共服务平台天地图（Map World）、百度地图、高德地图相继问世。同时，这些国产网络地图都推出手机 APP 版本。

（2）网络地理信息的地理教学

网络地图与网络地理信息软件，与传统纸质地图相比，功能强大，可视化效果好，同时拥有动态缩放、空间计算分析等功能，除了可以辅助地理教学、完成地理信息系统的基本功能（如地图查询、量算、出行选线等）外，也可以实现对地理尺度变化、时空演化、空间感知的教学。

同时，网络地图的许多应用案例也可以大大丰富人文地理的教学。如国家地理信息公共服务平台天地图（Map World），其中的许多地图服务、典型应用案例，均可作为地理教学素材。

（四）地理信息系统技术在地理教学中的应用

1. 高中地理课程标准对地理信息技术应用的要求

普通高中地理课程标准（2017 年版2020 年修订）在必修和选择性必修的五个模块内容中，都安排了地理信息技术应用的内容。此外还专门设置了一个“地理信息技术应用”选修模块。

必修一的学业要求：学习本模块之后，学生能够运用地理信息技术或其他地理工具，观察、识别、描述与地貌、大气、水、土壤、植被等有关的自然现象。教学提示：充分利用地图、景观图像、地理视频、虚拟技术、地理信息技术和周边自然与社会资源支持教学。

必修二的学业要求：学习本模块之后，学生能够运用地理信息技术或其他地理工具，收集和呈现人口、城镇、产业活动等人文地理数据、图表和地图。

选择性必修一的学业要求：学习本模块之后，学生能够运用地理信息技术或其他地理工具，结合地球运动、自然环境要素的物质运动和能量交换，以及自然地理基本过程，分析现实世界的一些自然现象、过程及其对人类活动的影响。教学提示：注重运用现代地理信息技术、模拟实验、野外考察等方法，提高学生解释地理事物和现象与认识自然环境的能力。

选择性必修二的学业要求：学习本模块之后，学生能够运用地理信息技术或其他地理工具，通过案例分析、数据采集、实地调查等方式，比较、归纳不同区域发展的异同。

选择性必修三的学业要求：学习本模块之后，学生能够运用地理信息技术或其他地理工具，或实地调查身边的资源、环境状况，分析问题及成因，有理有据提出可行性对策。

综上所述，高中地理课程凸显了地理信息技术在自然地理、人文地理、区域地理和资源、环境与国家安全等多个方面的应用。高中地理课程不仅将地理信息技术作为其学习内容组成部分，而且将其作为地理学习与地理教学的辅助手段。

2. 地理信息系统技术在地理教学中应用注意事项

（1）随着无线互联网技术的发展，已经改变了传统电脑版地理信息系统软件专业化程度高、普及程度低的局面。目前，我们可以通过手机、平板电脑等，很容易地连接上百度地图、高德地图、天地图等网络地理信息软件。因此，在中学地理教学中要充分应用地理信息系统技术。地理信息系统技术具有地理数据的分析、处理、计算与可视化等多种功能，可应用于中学地理教学多个方面。比如地理信息系统技术的可视化、动态性等对于学习地理原理、理解地理模型具有重要的作用。在中学地理教学中，可以根据地理信息系统软件特征和具体的教学内容，选择合适的软件（如国产软件 MapGIS、SuperMap 等都有适合中学教学的版本）进行教学。

（2）地理信息系统技术在中学地理教学中应用的具体注意事项如下：

①教师设计主题、任务、要求。教师需要根据课程内容,通过自己的操作,选定应用网络地理信息系统软件要完成的主题,并提出任务要求;②任务设计要利于促进学生思考。学生在软件使用中,要有独立的思维与判断,真正达到辅助教学的目的;③鼓励学生探索地理信息系统软件的更多应用价值。学生在完成任务的基础上,可以探索地理信息系统软件新的功能与应用价值,提高学生地理学习兴趣与积极性。

案例 5－8 公共设施选址布局①

图 5－13 中＋号代表客户分布位置,可以是人口分布或其他地理要素的分布。o 符号表示在该区域布置的公共服务设施,如学校、医院、商场、快递站等。图 5－13 示意在该区域布置 5 个同类服务设施(如 5 个快递站),在满足总体出行距离最小的前提下,最优的选址结果与服务对象匹配如图所示。本案例很好地体现了地理教学中的最优布局理念。

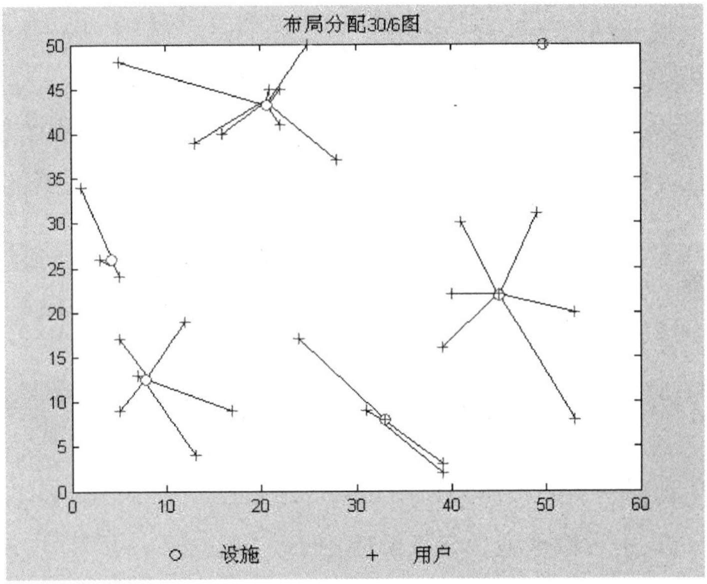

图 5－13 公共设施选址示意图

① 梁勤欧.人工免疫系统与 GIS 空间分析应用[M].武汉:武汉大学出版社,2011:1.

二、遥感技术在地理教学中的应用

(一)遥感概述

1. 遥感含义

遥感一般指对地遥感。对地遥感(Remote Sensing,RS)是从地球表面以外的空间对地球表层目标及大气进行探测。目前它能直接或间接探测到的或具有潜在可探测性的地球表面物体的属性包括:电磁辐射特性、物质成分构成、物质结构、温度、湿度、生物参数、地应力、三维几何形态、三维空间位置等及其变化过程①。

2. 主要遥感数据及其来源

中学地理教学可用的遥感数据非常广泛。随着我国卫星技术的快速发展,高分六号宽幅 WFV 传感器(GF6_WFV)、中巴地球资源卫星 04 星(CBERS-04)、高分一号宽幅传感器(GF1_WFV)、环境卫星(HJ-1A/HJ-1B)等数据都可以免费下载。

中巴地球资源卫星分辨率可以达到 20 米,高分六号分辨率优于 2 米。高分影像适合精确定位与分析地理事物的变化轨迹。另外,美国 NASA 的陆地卫星(Landsat)计划(1975 年前称为地球资源技术卫星——ERTS),从 1972 年 7 月 23 日以来,已发射 9 颗(第 6 颗发射失败)。

适合中学教学免费下载的 Landsat 数据主要包括 TM/ETM+/OLI,分辨率为 30 米,适合动态监测从 20 世纪 80 年代直到现在的区域土地利用变化、城市扩张、城市热环境变化、水环境污染等。另外,美国的 MODIS 数据、欧洲航天局哨兵系列卫星(ESA's Sentinel Mission),以及印度、日本等国外的遥感影像数据,也可以作为教学资源使用。

3. 主要遥感数据处理软件

ENVI 是由美国的 Exelis Visual Information Solutions 公司开发的一个完

① 赵英时. 遥感应用分析原理与方法[M]. 北京:科学出版社,2003:6.

整的遥感图像处理平台，用户可以利用软件进行图像校正、镶嵌、裁剪、分类、植被与地形分析、三维分析等操作，还可以通过 IDL 语言及其自身提供的二次开发工具对功能进行扩展。

ERDAS IMAGINE 是美国 Intergraph 公司开发的遥感图像处理系统，将遥感、摄影测量、激光雷达分析、基本矢量分析和雷达处理整合到一个产品中，可以进行图像纠正、数据融合及变换、信息提取、空间分析/建模及专家分类、Arc/Info 矢量数据更新、数字摄影测量与三维信息提取、雷达数据处理等，高度集成了 RS 与 GIS 功能。

（二）遥感技术在地理教学中的应用

1. 遥感在自然地理教学中的主要应用领域

（1）大气遥感：利用遥感研究大气状况，包括大气物理状态、大气运动、大气污染物等，为气象预报、大气污染监测应用提供信息；（2）资源遥感：利用遥感研究地球表层的资源分布，包括土地资源、矿产资源、生物资源、海洋资源和水资源等；（3）环境遥感：利用遥感研究地表环境及其变化，如碳循环、温室效应、生态变化、大气污染、水污染、城市热场分布和地质灾害等。

2. 遥感在人文地理教学中的主要应用领域

（1）城市遥感：城市扩张与城市土地利用变化、城市环境监测、城市热岛效应等；（2）农业遥感：农作物估产、森林生物量估算、牧草灾情监测等；（3）旅游资源遥感：旅游景区规划、旅游资源开发评估等；（4）工业用地以及工业污染、人口估算等都有遥感应用的成功案例。

3. 遥感在地理教学中的应用注意事项

地理环境演化是中学地理教学的一个重点内容，地理演化过程是中学地理教学的一个难点。遥感技术可以直观反映地理事物的动态变化。因此，根据具体的地理教学内容，运用遥感技术，结合遥感数据特征，可以帮助我们来认识地理事物的演化过程及其发展变化特点。

三、全球卫星导航系统技术在地理教学中的应用

（一）全球卫星导航系统概述

1. 全球卫星导航系统

全球卫星导航系统（Global Navigation Satellite System，简称 GNSS）是形成于 20 世纪 70 年代的导航与定位系统。全球卫星导航系统是以人造卫星作为导航台的星基无线电导航系统，为全球提供全天候、高精度的位置、速度和时间信息。

目前全球卫星导航系统主要有，中国的北斗卫星导航系统（BDS）、美国的全球定位系统（GPS）、俄罗斯的格洛纳斯卫星导航系统（GLONASS）、欧盟的伽利略卫星导航系统（Galileo Satellite Navigation System）。

全球卫星导航系统广泛应用于交通运输、户外运动、大地测量、工程测量、航空摄影、资源勘察、农业生产等领域，并取得了良好的经济、社会效益。

2. 全球卫星导航定位原理

全球卫星导航定位原理是空间距离后方交会。卫星的坐标已知，地面目标通过与卫星通信，确定其到卫星距离。然后，地面目标通过接收至少 4 颗卫星数据，就可以实现精确定位。

为什么至少需要 4 颗卫星才能精确定位？因为确定地面目标位置有 3 个未知数，分别是经度、纬度、海拔，解出这 3 个未知数，需要 3 个方程。这就需要该目标到 3 颗卫星的距离数据。另外，电磁波传播会产生误差，会导致传播时间的不同步。为了使传播的数据同步，所以引入 1 颗卫星来提供时间。为了全球各地精确定位，至少需要 24 颗卫星覆盖全球。

（二）全球卫星导航系统技术在地理教学中的应用

全球卫星导航系统技术应用比较专业，如监测地质断层和洋流、传感大气层的全球变暖、消防和灾情制图、运动载体（车辆、船舶、飞行器）导航、工程（变形、稳定性）监测、实验动物跟踪（实验鸟兽类等）、精细农业、旅游娱

乐、户外运动等。

地理教学中建议通过网络地理信息软件、打车软件、网购物流动态，来让学生学习卫星导航技术的原理，从而理解地理定位导航技术的应用价值。

【本章小结】

本章将地理教学方法分为学习方法和教学方法，意在突出以学定教、学法决定教法，教是为学服务的；地理教学方法的设计突出了地理学科核心素养的培养方法设计；中学地理教学媒体重点阐述了地理教学媒体的选择问题，包括选择依据、原则和程序；简单介绍了地理信息系统技术、遥感技术和全球卫星导航系统的主要功能，以及在中学地理教学中的作用等问题。

地理教学方法设计的基本思路：依据教学目标、教学内容、学生等教学基本要素，整体考虑学与教的方法。地理教学方法的设计不但要考虑地理教师教的方法，还应该考虑学生地理学习的方法，更应该考虑教与学方法的配合。地理教学方法考虑地理教学目标，就要针对不同的目标、不同的目标水平，设计出具有针对性的教学方法。地理教学方法考虑地理教学内容，就要针对不同的内容、设计出具有针对性的教学方法。不同类型的地理知识其教学方法不同，要有针对性地设计其有效的教学方法。

【二维码】

第五章　教学资源

【实践演练】

1. 地理教学方法分析与设计演练表。

表 5－7 地理教学方法与设计演练表

演练环节	内容
阅读案例	在有关“我国农业分布”的教学中，可以把中国地形、中国气候、中国农业的地区分布等地图与景观图结合起来使用，引导学生认识农业生产必须“因地制宜”。首先，展示反映我国农业生产的景观图（例如，南方的水田插秧、北方的小麦收割、西北的高原畜牧、西南的山地林业等），并介绍景观图片拍摄的时间和反映的事物，但不注明景观图片代表的地点。然后，让学生结合相关地图观察景观图片，分组讨论图片上的农业生产景象可能出现的地区，并对该地区农业生产的自然条件进行综合分析。最后，利用表格对我国农业生产区域差异进行比较、分析，通过归纳、总结，使学生深刻理解因地制宜发展农业的必要性
写出该案例所设计的教学方法名称	
分析评价该案例所设计的教学方法	
设计新的教学方法	

2. 根据“地理要素的变化会‘牵一发而动全身’”这个教材内容，设计恰当的教学方法，要求①写出设计的教学方法名称；②简要表述教学方法的运用过程（要求：主要步骤要表述清晰；所阐述的具体步骤应符合所设计教学方法的特点与要求）。

地理要素的变化会“牵一发而动全身”

某一自然地理要素的变化，会导致其他要素及整个地理环境状态的改变。

例如,陆地表面的森林植被、特别是热带雨林具有平衡大气成分的作用,它一旦遭到破坏,将会引起全球气候的变化,并导致整个生态环境的功能失调。相反,植树种草可以调节局部小气候,改善水文状况,保持水土,促使生态环境向良性方向发展。在大气、水、岩石、生物、土壤等地理要素中,人类活动比较容易导致生物发生变化,并由此带动其他要素发生变化。水也是比较容易受人类干扰的自然地理要素,而岩石受人类直接影响相对较小。

3. 设计一节地理课的"教学方法与媒体",并阐述理由。

(1)小组汇报分工,各小组自选《地理必修第一册》(2019,人教版或其他版本)一节内容,进行教学方法与媒体设计;

(2)每位同学都要对所选的一节内容进行教学方法设计,小组长负责收;

(3)在每位同学独立完成的基础上,小组长主持集体讨论会,制作汇报PPT,确定汇报人;

(4)研究性学习建议:①学习本章中学地理教学方法的内容;②选择一节课:从指定教材选择一节教学内容;③研读课程标准与教材:研读对应该节的教材和课程标准;④设计方法与媒体:设计该节内容的教学方法与媒体;⑤陈述理由:对所设计教学方法与媒体说明理由;⑥制作 PPT:汇报用。

4. 地图图形面积量算,并体会地理信息系统技术的强大功能。

(1)制作一张以厘米、毫米为单位的透明方格纸片。

(2)在一张白纸上画几个任意多边形。

(3)将刚做好的透明方格纸蒙在这张画有多边形的白纸上(如图 5 – 14 所示)。

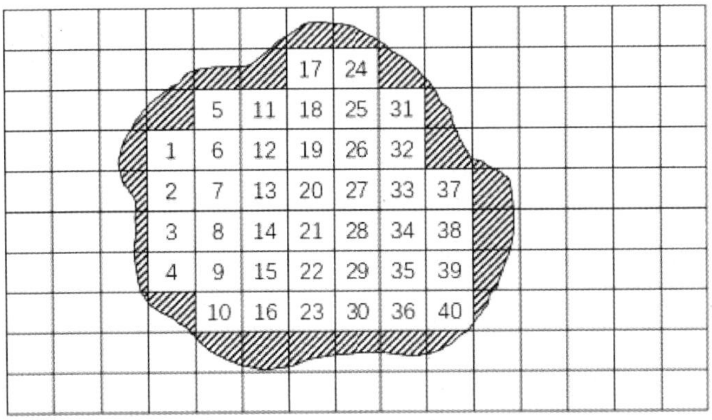

图 5 – 14　方格法量算多边形面积

(4)数出多边形内包括的完整方格数并记录。对于边缘不完整的方格，用估计的方法将它们凑成完整的方格,然后相加即为总方格数。

(5)最后按几何公式计算图形面积。

实践探究

①假设方格边长为 a,地图比例尺分母为 M,刚才计数的总方格数为 N。试着写出图形代表的地面面积计算公式。

②说出这种方法量算面积的优点和缺点。

③你还能想出别的量算地图面积的方法吗？试着讲讲原理或动手实验一下。

④上网查阅一下地图面积量算的其他方法。

⑤试验用网络地图或 GIS 软件量算和统计地图上多边形面积。

⑥经过上面的小活动,你是否体会到,看起来很简单的一个地图面积量算问题,实际操作起来是非常费时费力的。

【拓展阅读】

[1]褚绍唐. 地理学习法[M]. 北京:中华书局印行,1946.

[2]夏志芳. 地理学习论[M]. 南宁:广西教育出版社,2001.

[3]现代信息技术与中学地理教学[EB/OL]. [2021 - 08 - 18]. http://www. icourse 163. org/course/CCNU - 1002923013？ tid = 1467834455.

[4]崔静云,方晓颖,徐宝芳. 数字星球系统在地理教学中的应用刍议[J]. 地理教育,2020(10):51 - 53.

第六章　中学地理教学过程设计

内容提要

优化教学过程，实现教学目标。地理教学过程不仅是教师引导下学生的特殊认识过程，而且是促进师生身心全面发展的实践活动过程。地理教学过程设计是在时间序列上对地理教学各要素关系的处理，它包括地理课程教学过程、地理单元教学过程、地理课堂教学过程、地理活动过程的设计。本章我们将主要探讨地理教学过程设计的基本问题和地理教学过程的模式，重点阐述四F教学模式、五星教学模式和BOPPPS教学模式在地理教学中的应用，详细介绍地理双动两案教学模式。

地理教学过程的含义有不同的界定，地理课堂教学和地理活动是地理教学的两种主要形式。本课程的地理教学过程设计主要是探讨地理课堂教学过程和地理活动教学过程的设计。

学习目标

1. 能结合实例描述地理教学过程含义与特点。

2. 能结合实例说明地理教学模式含义与特点。

3. 能运用所学的地理教学过程知识，分析一节地理课堂教学模式。

4. 能运用地理教学模式理论，对一节地理课堂教学模式进行设计。

5. 能运用教学过程优化理论，对一个地理活动教学过程案例进行再设计。

第一节　地理教学过程设计概述

学习目标

1. 能结合实例描述地理教学过程的含义与特点。

2. 能运用所学的地理教学过程设计的知识，分析一节地理课堂教学过程设计。

3. 能运用教学过程优化理论，对一个地理活动教学过程案例进行初步的分析。

一、地理教学过程的含义

（一）地理教学过程的概念

关于地理教学过程的概念，一些学者的观点见表6－1。

表6－1　关于地理教学过程概念的几种表述

序号	概念表述	出处
观点1	地理教学过程是一种特殊的认识过程，是地理教师的“教”和学生的“学”相互结合、相互作用的统一的活动过程	陈澄. 地理教学论[M]. 上海：上海教育出版社，1999：40.
观点2	地理教学过程是学生在教师指导下，积极主动地学习掌握地理基础知识、基本技能及基本方法，发展地理能力，形成积极情感、态度与科学观念的多主体交互的认识与实践活动过程	黄京鸿. 新课程地理教学论[M]. 重庆：西南师范大学出版社，2011：93.
观点3	地理教学过程是指学生在教师有目的、有计划的指导下，积极主动地掌握地理知识、形成地理技能、发展智能、发展个性的过程	李家清. 地理教学设计[M]. 北京：高等教育出版社，2015：157.

上述各位专家关于地理教学过程含义观点可以概括为：“特殊认识过

程”“交互的认识与实践活动过程”和“教师指导的学生发展过程”。

借鉴各位专家关于地理教学过程概念的观点，我们认为地理教学过程是指师生一起共同实现地理教学目标的认知、情感和实践的三位一体的活动过程。

对此，我们做如下四点说明：

(1)地理教学过程是指地理教学活动在时间上展开的程序，其范围可以分为：一个地理单元的教学过程，一堂地理课的教学过程，一个课外地理活动的教学过程等。

(2)地理教学过程是一种有目的的活动过程，其目的是师生的发展，使学生获得地理学科核心素养，使老师专业得到发展。

(3)地理教学过程是认知过程、情感体验过程和实践过程的三位一体的活动过程。

(4)地理教学过程是地理教学活动阶段性与师生心理活动有序性的统一。

(二)地理教学过程的特点

关于地理教学过程的特点，一些学者的观点，见表6－2。

表6－2 关于地理教学过程特点的几种表述

序号	特点	出处
观点1	(1)以环境—资源—人类活动为主线，正确阐明人地关系，使学生逐步树立科学的人口观、环境观和资源观，懂得正确处理人地关系以实现持续发展的重大意义；(2)教学内容具有广泛性、综合性和区域性，有利于学生的观察、注意、想象、记忆和思维等多种智力因素的开发，促进抽象思维和形象思维的综合发展；(3)地图在地理教学中具有特殊重要的地位。地图既是地理教材的重要内容，又是地理教学的重要工具。利用地图进行教学是中学地理教学最重要的方法之一；(4)注重课堂教学与课外实践相结合、理论与实践相结合	王树声. 中学地理教材教法［M］. 北京：高等教育出版社，1995：131－132.

续表

序号	特点	出处
观点2	(1)以正确阐明人地关系、可持续发展理论为教学宗旨;(2)以地图为教学的“第二语言”;(3)以建立地理空间概念为教学先导	陈澄. 地理教学论[M]. 上海:上海教育出版社,1999:41-44.
观点3	(1)以正确阐明人地关系、可持续发展理论为教学宗旨;(2)以地图为教学的“第二语言”;(3)以建立地理空间概念为教学先导;(4)以突出综合性和区域性为显著特点;(5)以密切联系社会实践为方向;(6)以促进学生地理综合素质发展为根本目的	黄京鸿. 新课程地理教学论[M]. 重庆:西南师范大学出版社,2011:93-96.

借鉴各位专家关于地理教学过程特点的观点,我们认为地理教学过程的特点可以做如下四点概括:

(1)地理教学过程是实现地理教学目标的过程。按着地理新课程目标就是培养学生地理学科核心素养的过程。教学相长,也是促进地理教师专业发展的过程。

(2)地理教学过程是三种参与过程的统一,即师生的行为参与、认知参与和情感参与的统一活动过程。

(3)地理教学过程是师生双动过程。学生的学习过程与教师的教学过程的互动过程。实践中要注意不能将教师教的过程代替学生学的过程。实际上,不是教师教了学生就学了,学生的学习需要教师的激励。

(4)地理教学过程的教学流程具有多样性。地理课堂教学过程和地理活动教学过程的设计要注意选择、运用多种地理教学过程模式。

二、地理教学过程的设计

地理教学过程设计的目的是为了创设一个最优的学与教的序列。教学过程是一个复杂的系统,包含多种教学因素,如果想从某个层面研究就能得出教学过程设计程序、规律或一整套方法和要领是不容易的。分析多种文献后,总结出新课程背景下的地理教学过程设计的研究主要专注两个方面:一是教学过程中教学模式设计的研究,二是教学环节设计技能研究。① 地理教学过程设计思想往往体现在不同种类、不同层次的教学模式中。

(一)地理教学过程设计的含义

李家清教授认为“地理教学过程设计是地理教学设计的主体和核心,具体而言,其主要内容明确展示有关地理教学过程的实施程序、步骤与具体安排等,即用文字的、表格的或流程图的方式,简明扼要地表达地理教学过程中各要素之间的相互关系,直观地表示教学过程,给教师的具体教学提供一个可供参考的教学设计方案。”②

地理教学过程设计是地理教学设计的重要任务,是依据有关地理教学设计理论和方法,对地理教学活动过程的安排。

随着社会与教育技术的进步,广义的地理教学过程设计还可以分为地理线上教学过程设计、地理线下教学过程设计、地理线上与线下混合式教学过程设计;基于数字星球系统的地理教学过程设计、基于 VR 的地理教学过程设计、基于 AR 的地理教学过程设计等等。本课程重点探讨地理单元教学过程设计、地理课堂教学过程设计和地理活动教学过程设计等问题。

地理单元教学过程设计是对某一个地理单元教学的整体安排。首先是确定地理单元教学目标。在对该地理单元教学任务进行分析的基础上,确定其单元教学目标,它既是对课程目标的分解,又是对课时目标的总揽;既是对地理单元教学设计的规定,又是地理单元教学评价的依据。其次是划分课节,确定课时教学顺序。然后是课时教学目标的确定,以及课时的安排。

有关地理课堂教学过程和地理活动教学过程设计,详见第八章中学地理教学方案设计。

---

① 黄莉敏.中学地理教学设计:方法·操作·案例[M].武汉:华中师范大学出版社,2013:5.

② 李家清.中学地理教学设计与案例研究[M].北京:科学出版社,2012:236.

(二)地理教学过程设计的原则

如何设计地理教学过程?我们将在本章第二节、第三节具体探讨,这里仅就地理教学过程设计要遵循的两项基本原则加以阐述。

1. 以培养学生的地理学科核心素养为教学过程设计的宗旨

《普通高中地理课程标准(2017 年版)》将地理学科核心素养表述为:地理学科核心素养是地理学科育人价值的集中体现,是学生通过地理学科学习而逐步形成的正确价值观念、必备品格和关键能力,主要包括人地协调观、综合思维、区域认知和地理实践力,它们是相互联系的有机整体。① 地理学科核心素养统领地理课程理念和课程目标,体现了地理学科育人价值。为此,地理教学过程要以培养学生的地理学科核心素养为导向,才能保证地理教育质量,才能实现地理教育的育人价值,所以,地理教学过程设计要以培养学生的地理学科核心素养为教学宗旨。

2. 以地理学科逻辑和学生认知逻辑为教学过程设计的指导

地理教学过程的设计要符合地理学科逻辑,就是要依据地理学科知识结构来安排地理教学活动序列。例如"气候特征"的教学过程,如图 6－1 所示,首先学习气候的两大要素(气温、降水)特征,然后学习气候类型特点,最后学习气候分布特点,这个地理教学过程的设计就是依据气候特征知识逻辑关系来设计的,符合气候特征地理知识学科逻辑关系,体现了地理学科逻

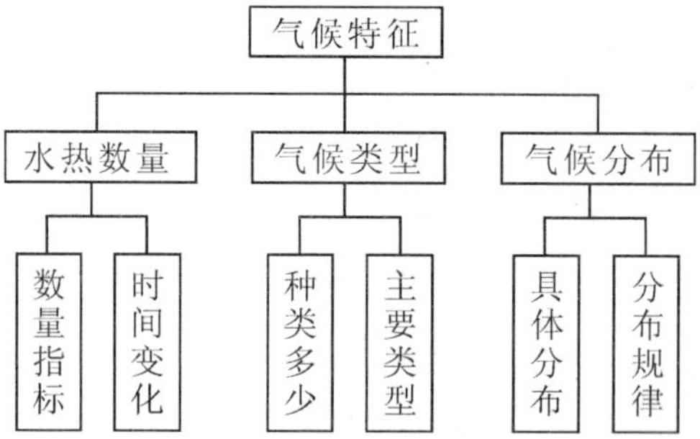

图 6－1　气候特征知识逻辑关系示意图

① 中华人民共和国教育部. 普通高中地理课程标准:2017 年版[M]. 北京:人民教育出版社,2018:3.

辑特点。由此可见,教师对地理学科思想与方法的把握是影响地理教学过程设计的一个重要因素。

地理教学过程的设计要符合学生的认知逻辑,就是要依据学生的地理学习的心理活动顺序来安排地理教学活动顺序,遵循学生的地理学习规律。第三章已经介绍了地理学习的心理过程是一个复杂的认知过程。地理学习的心理过程需经历:形成学习动机阶段、感知阶段、理解阶段、巩固阶段和应用阶段。地理教学过程设计就是要遵从这个规律,这样的学习是由现象到本质、由事实到理论再到巩固与应用,才符合学生学习的认知规律,学习才能发生。因此,地理教学过程的设计,要少一点“演绎”,多一点“归纳”,是符合人的认知心理的。

总之,地理教学过程的设计既要符合地理学科逻辑,更要符合学生的认知逻辑,这样的地理教学过程安排才是符合地理教学规律的设计,才能实现科学施教,才能取得好的教学效果。

案例 6 - 1 地理单元教学设计

“从石景山的前世今生看地球的百变之力”教学设计

一、课程标准

地理必修 1—1.4 通过野外观察或运用视频、图像识别 3—4 种地貌,描述其景观的主要特点。

地理必修 2—2.10 运用资料,归纳人类面临的主要环境问题,说明协调人地关系和可持续发展的主要途径及其缘由。

地理选择性必修 1—1.2 运用示意图,说明岩石圈物质循环过程;1.3 结合实例,解释内力和外力对地表形态变化的影响。

二、单元学习目标

1. 能够运用多种媒介收集和整理所研究对象的信息,并能根据基础理论知识提出问题设想,进行小组分工合作,在条件适宜时能够进行实地考察,对研究问题进行实证研究,强化获取信息、组织策划的能力,树立分工与合作的精神,强化提出和求证地理问题的实践能力。

2. 通过自主学习内外力作用和地壳的物质循环等基本理论，小组合作推测石景山典型花岗岩地貌的形成过程，理解石景山的前世、今生及未来的变化，增强从综合视角认识地理事物和现象的思维能力。同时，从中深刻理解营造地表的内外力作用，并能迁移应用解释其他地貌。

3. 通过学习珠海本土石景山花岗岩典型地貌的形成过程，欣赏花岗岩地貌之美，加深对所在生活区域的认识并增强乡土情感，同时提升地理实践力。

4. 通过展示石景山的施工现场以及景山道、海滨公园海滩等地的改造景观，探讨人类活动与地表形态的相互关系，引导学生思考人地的协调发展问题。

三、教学思路

本单元教学适用于高二新课，分 3 课时展开。以珠海著名景点石景山的前世、今生及未来的营造之力这一真实问题情境贯穿单元教学始终，采用基础搭建—提出问题—实地考察(或虚拟考察)—问题研讨—总结与建构—迁移升华这一思路展开，重在借问题情境的深度学习，从而培养学生区域认知、综合思维、地理实践力及人地协调观等核心素养，具体课时内容分配如图 6－2 所示。

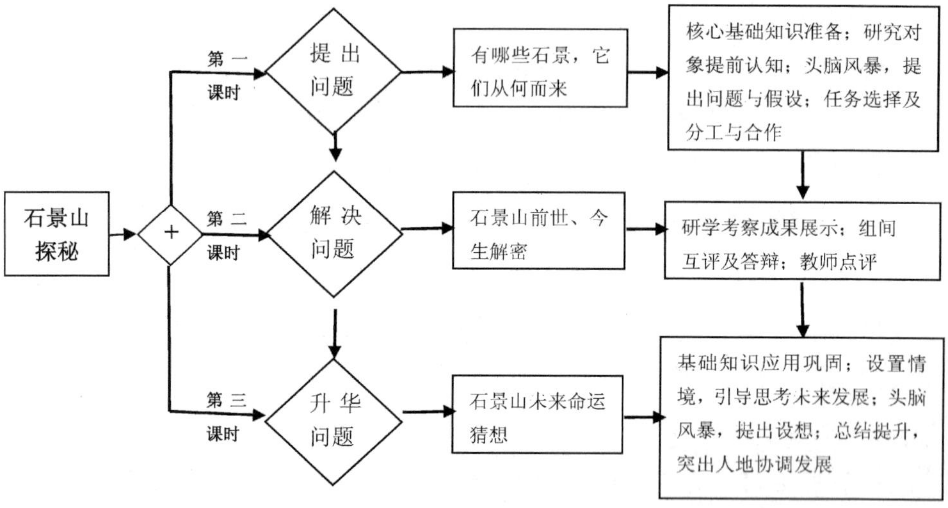

图 6－2　从珠海石景山的前世今生看地球的百变之力教学设计示意图

(改编自:《指向深度学习的单元教学设计——从珠海石景山的前世今生看地球的百变之力》,《地理教育》2021 年第 9 期,第 18 页)

案例分析：

单元教学打破以往按课时进行的知识点分解方式，转而以地理学科大概念为前提，以问题情境为载体，兼顾知识的内在逻辑和问题情境的进程重组课时，是实现深度学习的重要途径，有助于更好地培养学生的地理学科核心素养。本案例以珠海市“石景山的前世、今生、未来的营造之力”这一真实问题情境贯穿单元教学始终，从提出问题、解决问题和升华问题分3课时进行单元教学设计，重在借问题情境达到地理学科核心知识及原理的深度学习。

本单元教学设计的最大特点是选用经典本土资源进行单元教学，营造真实的主题情境，贴近学生的生活，容易引起认知冲突，激发学生主动学习的热情和探究问题的兴趣，同时有利于培养可持续学习能力，让“生活—学习—生活—学习”形成一个良性的循环，促进学生达成深度学习，在自然而然的学习过程中落实综合思维、区域认知、人地协调观和地理实践力等地理学科核心素养的培养。

第二节　地理教学模式

学习目标

1. 能结合实例描述地理教学模式的基本含义。
2. 能举例说明地理教学模式的功能。
3. 能举例说明4F、五星和BOPPPS教学模式各自的组成与特点。
4. 能对一节中学地理课堂教学模式进行恰当的分析。
5. 能恰当地设计一节中学地理课的教学模式。

一、地理教学模式的含义

（一）地理教学模式的概念

1. 地理教学模式概念界定

目前，关于地理教学模式含义可以归纳为四种：教学方法体系说；教学策略体系说；教学活动程序说；教学活动体系说。

（1）李晴认为，地理教学模式一般是指在一定的教学思想指导下，用以组织和实施具体教学的相对稳固的地理教学程式方法的系统组合①。

（2）袁书琪认为，所谓地理教学模式，是指在一定的教学思想指导下建立起来的，比较稳定的教学结构、教学程序以及实施地理教学方法的教学策略体系②。

（3）李家清认为，地理教学模式是指在一定的地理教学思想或教学理论指导下建立起来的较为稳定的地理教学活动结构框架和地理教学活动程序③。

（4）黄京鸿认为，地理教学模式即在一定教学理论指导下的地理教学的基本教学逻辑结构或基本教学范型④。

我们认为：地理教学模式是指在一定教学理论指导下建立起来的，以学生学习与教师教学活动为手段，以培养学生地理学科素养为目标，完整的地理教学过程的抽象概括。

2. 地理教学模式的组成要素

（1）教学理论与教学思想。教学理论与教学思想是建立各种教学模式的理论基础。任何教学模式都要有一定的教学理论或教学思想作为依据，可以说模式是理论的一种具体表现形式。

（2）地理教学目标。地理教学目标是构成地理教学模式的核心要素。任何地理教学模式都要指向和完成一定的地理教学目标，地理教学目标对其他要素具有制约作用，也是地理教学评价的根本依据。

（3）地理教学程序。地理教学程序是完成地理教学目标的步骤和过程，任何地理教学模式都具有一套独特的操作程序和步骤，确定教学过程中师生活动的内容以及各个阶段所应完成的任务。

（4）师生互动。地理教学过程中师生互动的具体任务、地位、方式、方法、途径和手段及其相互关系、相互作用的不同组合，也是构成一定教学模式的要素。

---

① 卞鸿翔，李晴. 地理教学论[M]. 南宁：广西教育出版社，2001：150.

② 袁书琪. 地理教育学[M]. 北京：高等教育出版社，2001：114.

③ 李家清. 中学地理教学设计与案例研究[M]. 北京：科学出版社，2012：227－228.

④ 黄京鸿. 新课程地理教学论[M]. 重庆：西南师范大学出版社，2011：101.

随着教学理论研究的不断深入和教学实践的不断发展,教学模式也在不断丰富。尽管每种教学模式都有各自特定的适用范围,但也具有一些共同的特征①。

(二)地理教学模式的基本特征

1. **完整性**

任何地理教学模式都由一定的教学理论或思想为指导,都有明确的目标、操作程序以及教学策略,具有一套比较完整的结构和机制。因此,不可把地理教学模式理解为仅仅是教学的某种方式、方法或程序。

2. **中介性**

任何地理教学模式的形成和发展,都必须以一定的教学思想为指导,以一定的教学实践为基础。从其形成过程来看,或是先提出理论假设,设计实施方案,经过实践的检验、修正和完善,最终形成教学模式;或是先在实践中摸索,通过总结经验、提炼和论证,概括升华形成教学模式。由此可见,地理教学模式既是教学理论的具体化,又是教学经验的概括化。

3. **操作性**

任何地理教学模式总是从某种特定的角度和侧面来体现教学规律,揭示地理教学各要素之间的关系,为此而设计出一套可以控制的、稳定的教学系统和程序,以便于被人们接受和掌握。可操作性程度不高的教学模式实用价值不大,往往是没有生命力的。

4. **地理学科性**

任何地理教学模式都必须反映出地理学科性的特点,即体现出地理学科的思想与方法在教学中的作用,反映出地理学科的育人价值。

二、地理教学模式的类型

(一)几种地理教学模式的分类

考察各种地理教学模式的指导思想、教学程序、实施策略,以及学生获

① 袁书琪.地理教育学[M].北京:高等教育出版社,2001:114.

取知识、培养能力、形成思想的方式，可以把地理教学模式进行多种分类，详见表6－3。

表6－3　地理教学模式类型

序号	类型	分类依据	作者	出处
1	1. 情境演示教学模式；实验——探究教学模式（适用基础自然地理）； 2. 图导式教学模式；游戏情境创设教学模式（适用中国和世界通论地理）； 3. 典型问题探究教学模式；导读——评议教学模式；综合活动式教学模式；观察——研讨教学模式（适用中国和世界区域地理）； 4. 观察——发现教学模式；“诱、思、探、识”教学模式；“自读、疑议、精讲、巧练”四步教学模式（适用高中自然地理）； 5. 问题评析教学模式；引导——探索教学模式；自学——导学教学模式（适用高中人文地理）； 6. 多图展析教学模式；“问我激励”教学模式（适用地理复习）	依据模式适合于不同的地理教学内容等	裘腋成	地理学科课堂教学模式的研究与实践[M]. 上海：上海教育出版社，2000：4－170.
2	1. 讲解——接受地理教学模式； 2. 自学——辅导地理教学模式； 3. 引导——发现地理教学模式； 4. 参与——活动地理教学模式； 5. 地理综合程序教学模式； 6. 地理纲要信号教学模式； 7. 地理情境教学模式； 8. 地理问题教学模式	依据师生在地理教学活动中的关系	李晴	地理教学论[M]. 南宁：广西教育出版社，2001：155－173.

续表

序号	类型	分类依据	作者	出处
3	1. 图表教学模式; 2. 互动探究式教学模式; 3. 操作活动教学模式; 4. 多媒体教学模式; 5. 实习教学模式; 6. 讲练教学模式; 7. 案例教学模式; 8. 自学导思教学模式; 9. 情境教学模式	依据地理教学活动形式	夏志芳	地理课程与教学论[M]. 杭州: 浙江教育出版社,2003:336－363.
4	1. 探究式教学模式(引导—发现,问题解决,科学探究等); 2. 讨论式教学模式(法理学的探究等); 3. 体验式教学模式(角色扮演等); 4. 小组学习和合作学习教学模式(团体调查,主题实践活动等); 5. 讲解——接受式教学模式(讲授式,先行组织者等); 6. 研究性学习	地理新课程常用的教学模式	王民	地理新课程教学论[M]. 北京:高等教育出版社,2003:115－123.
5	1. 探究式教学模式; 2. 案例教学模式; 3. 合作学习教学模式; 4. 抛锚式教学模式; 5. 双动两案教学模式	地理教学常用的教学模式	陆静	新课程高中教师手册:地理[M]. 南京:南京大学出版社,2012:250－280.

(二)4F 教学模式

1.4F 教学模式的含义

英国学者罗贵荣根据回顾循环各环节的特点,归纳出包含四个 F 的教学模式,主要是“引导 - 反思”式提问为教学特色组织教学。基于“动态回顾循环”引导 - 反思技巧的 4F 教学模式为:由 Fact(客观事实)、Feel(感受联想)、Find(归纳意义)和 Future(决定行动)组成的四阶段循环回顾式的教学模式。

为了深入理解该模式做如下几点说明:

(1)4F 教学模式来源于英国学者罗贵荣提出的“动态回顾循环”引导技巧[①],又称“4F”动态引导反思法。4F 教学模式属于符合学生认知规律的学习体验式的教学模式,强调依次使用四个层次的提问,引导学生进行逐步地深入思考与讨论。

(2)罗贵荣的主要观点是发现并说明回顾的艺术性,帮助教育者获得引导反思的技巧,同时让受教育者明白在学习的过程中不断反思、沟通、分析的重要性。他认为“学习是一个需要有创意的过程,应该在学习的过程中充分调动学习者的各种感知觉,激发学习者的疑问和好奇心,让学习者完全沉浸于学习过程中,并在此过程中不断地回顾反思,发现知识的盲区或是重新构建对已有认知的新认知,再次激发学习的求知欲”[②]。罗贵荣认为回顾是学习持续发生的基础,而有序的回顾才是有效的,因此提出了由 Fact、Feel、Find、Future 组成的四阶段循环的回顾模式应用于体验式教学中。

(3)4F 教学模式的组成要素。

4F 教学模式的“引导反思”基本组成要素是:Fact(事实)、Feel(感受)、Find(发现)、Future(未来),可以解读为学生认知过程的“知、情、意、行”。

---

① The Active Reviewing Cycle[EB/OL]. [2021 - 08 - 21]. http://reviewing.co.uk/learning - cycle.

② GREENAWAY R. The art of reviewing[J]. Sino Forum:1 - 13.

为形象具体说明这四个要素，通过四张花色扑克牌来进行说明，见表 6－4。

表 6－4 问题引导对应扑克牌花色

问题引导	对应的扑克牌花色	扑克牌原意
Fact（客观事实）——知		Diamond
Feel（感受联想）——情		Heart
Find（归纳意义）——意		Spade
Future（决定行动）——行		Club

（1）Fact 为“客观事实”，事实（Fact）与扑克牌红色方块相对，“Diamond”钻石的意思，钻石多切面不同角度展现的光泽度不同，可以代表事物具有多面性，可以从不同的角度观察和描述事实。“事实”是事物的表象，是多方面的。“客观事实”是什么样的？如何认清“客观事实”，这是该教学模式的第一个要素。

（2）Feel 为“感受联想”，感受（Feel）与扑克牌红色的红心相对，“Heart”心的意思，代表个人的真实情绪，即可以反映内心主观情绪和直觉的感受。面对“客观事实”，有哪些“感受联想”？如何获得“感受联想”？这是该教学模式的第二个要素。

（3）Find 为“归纳意义”，发现（Find）与扑克牌黑桃相对，“Spade”铲子的意思，代表发现，是找寻原因、解释、判断及澄清信念的过程，这一阶段主要是在感知的基础上寻找事物的本质，获得理性的认识。在“感受联想”的基础上，获得哪些“经验意义”？如何获得“经验意义”？这是该教学模式的第三个要素。

(4) Future 为"决定行动",未来(Future)与扑克牌黑色的梅花相对,"Club"社团的意思,代表未来,多片花瓣代表了不同的发展方向,这一环节是通过反思确立未来目标的过程。在"经验意义"的基础上,"决定行动"有哪些?如何"决定行动"?这是该教学模式的第四个要素。

2.4F 教学模式的教学程序

(1)4F 教学模式的教学程序。

根据 4F 教学模式的问题引导步骤,结合中学地理课堂教学实际,本着便于操作的原则,我们这里将 4F 教学模式的教学程序表述为:四个环节(包括七个步骤)。如图 6-3 所示。

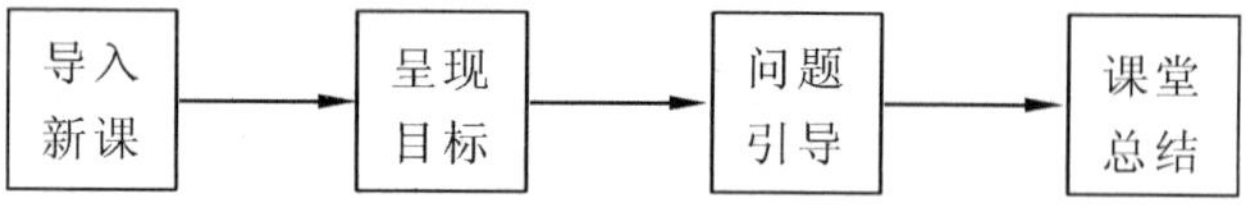

图 6-3　4F 教学模式的教学程序

第一环节:导入新课。导入新课就是描述使用何种方法(讲述、图片、活动等)进行情境创设,并如何将情境与所设计的引导问题联结。

第二环节:呈现目标。呈现目标就是呈现学习结束时预期达到的学习成果,就是本节课能够学会解决哪些问题以及掌握何种学习方法。

第三环节:问题引导。问题引导包括 Fact(客观事实)、Feel(感受反映)、Find(经验意义)和 Future(决定行动)四个定序进阶的步骤。

第四环节:课堂总结。课堂总结就是反思总结本节课学习的内容及其之间的内在逻辑关系。

(2)4F 教学模式应用注意事项。

为了恰当运用 4F 模式,需要把握问题引导各步骤的教学注意事项。

(1)F1(Fact)"客观事实"注意事项:事实具有多面性。"客观事实"是什么样的?如何认清"客观事实"?这是该步骤需要解决的基本问题。从不同的角度观察和描述事实,可以得出不同的看法。教学设计时要依据教学内容联系实际,提供学生观察的事实;教学实施时要引导学生通过多种感官发现客观事实，并鼓励学生从不同角度观察和描述事实，从而获得不同认识；学会发现、观察、描述地理事物是本步骤的基本要求。

(2) F2(Feel)"感受联想"注意事项：感受指面对地理事物人的心理感觉与认识，具有多样性。面对"客观事实"，有哪些"感受联想"？如何获得"感受联想"？这是该步骤需要解决的基本问题。教学实施时，要唤起学生对客观事实的反应，要引导学生表达自己对于课堂案例材料的感受，引导学生回顾思考过程，说明自己是如何想到的。学会感觉联想、学会表达自己的感受、描述感受的获得过程是本步骤的基本要求。

(3) F3(Find)"归纳意义"注意事项：发现在教学中意味挖掘事实真相、探究事物本质。这一步骤主要是在感知的基础上寻找事物的本质，获得理性的认识。在"感受联想"的基础上，获得哪些"经验意义"？如何获得"经验意义"？这是该步骤需要解决的基本问题。教学实施时，要依据教学目标和教学内容，引导学生在感性认识的基础上进行归纳演绎，进行逻辑思维，鼓励学生进行深入思考。学会逻辑思维、学会总结归纳是本步骤的基本要求。

(4) F4(Future)"决定行动"注意事项：未来代表方向，学习是为了改善人的行为，面对未来如何运用所学解决问题，这应该是在理性认识基础上"决定行动"的基本含义，具有创新性。为此，在"经验意义"的基础上，"决定行动"有哪些？如何"决定行动"？这是该步骤需要解决的基本问题。教学实施时，要引导学生思考这个课程最后让你决定要改变什么？你会采取什么行动？学会理论联系实际、学会运用知识解决问题是本步骤的基本要求。

3. 4F 教学模式的说明

(1)4F 教学模式设计考虑到可以让不同风格的学习者通过问题引导参与到学习中来，注重通过问题引导调动各类学生的积极性。通过有层次的问题引导学生由浅入深地开展参与式学习，逐渐提升思维能力与水平，通过目标指向明确的问题引导，使得教学内容问题情境的创设有了一定的遵循，便于进行教学设计。

(2)4F 教学模式是一种遵循学生认知规律的教学过程,其各个问题引导对应的心理过程如图 6－4 所示。首先学生观察描述客观事实(地理现象),然后对观察到的客观事实进行感知,从中获得感性认识,再其次是对获得的感性认识进行总结归纳、形成理性认识,最后反思、采取行动,实现知行合一。

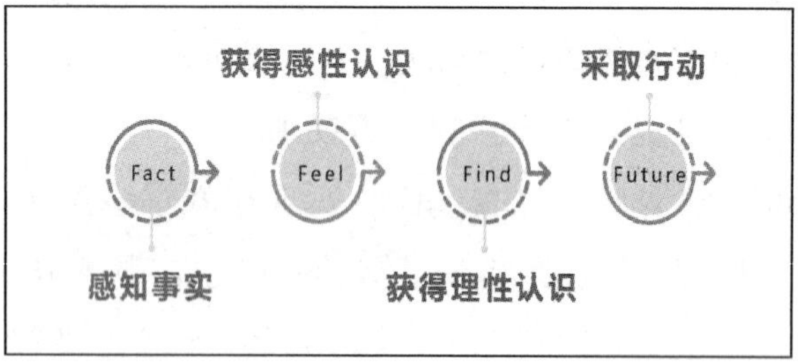

图 6－4　4F 教学模式的引导问题心理过程示意图

(3)4F 教学模式的“引导问题”环节是一个遵循认知心理由浅入深、循环往复的过程,该过程如图 6－5 所示。

图 6－5　4F 教学模式的问题引导过程

“方块”和“红心”两张红色的牌代表已经发生的事情和体会到的感受,学习者通过这两个环节可以吸取和积累一定的经验,这两步强调的是经验交流。

“黑桃”和“梅花”两张黑色的牌代表的是在前两步积累的经验基础上,通过深入地钻研才能把握事物的本质、获得知识,运用知识解决问题,这两步强调的是反思总结。

学生先开始红色区域的活动可以为后续的黑色区域的学习打好基础,也就是说,确保学习来自前两个环节的经验,才能进行后续的深入学习,四个步骤接续循环,可以不断地丰富经验,再以经验为基础进行学习,然后不断进行深入反思,最终将知识学习与生活实际相联系。

(三)五星教学模式

1. 五星教学模式的含义

五星教学模式,又称首要教学原理或五星教学原理(“五星”,是指五星级,是优质的标志)是由美国教育技术学和教学心理学家戴维·梅里尔(M. David Merrill)提出的。

首要教学原理由聚焦问题和激活旧知、示证新知、应用新知、融会贯通五项原理组成,其中激活旧知、示证新知、应用新知、融会贯通分别代表了教学循环的四个阶段。首要教学原理如图6-6所示[①]。

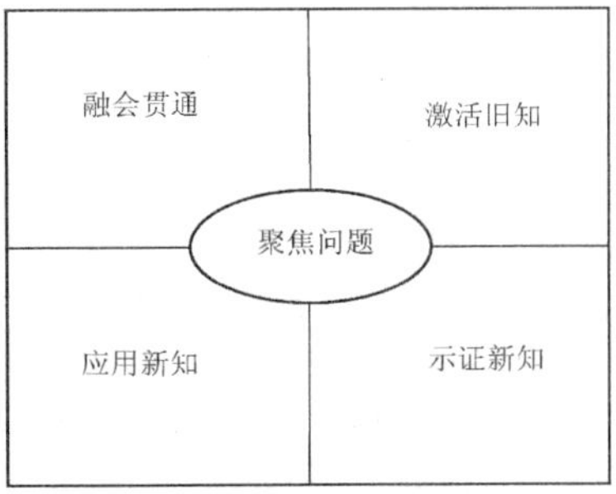

图6-6　首要教学原理

为了深入理解该模式,以下是对每项原理进行的简要说明。

五星教学模式主张在“聚焦解决问题”的教学宗旨下,教学由四阶段循环进行。

(1)聚焦问题:当学习者在现实世界问题的情境中掌握知识与技能时,才能促进学习;通过参与完成一组由易到难的任务,才能构建意义。

(2)激活旧知:当学习者回忆已有知识与技能作为新学习的基础时,才能促进学习。激活不仅仅帮助学习者回顾先前经验或提供相关经验,而且要帮助学习者将新知识与现有知识整合。如果生硬地呈现给学生知识,学

---

① 梅里尔.首要教学原理[M].盛群力,等译.福州:福建教育出版社,2016:21.

习很难发生。

(3)示证新知:当向学习者展示其将要学习的技能时,要注意将一般知能与具体实例相联系,多媒体要呈现规定的教学内容,才能促进学习。如果仅仅是告知给学生而不是示范解决过程,学习很难发生。

(4)应用新知:当学习者运用新掌握的技能来解决问题时,获得了正确的反馈和恰当的辅导,才能促进学习。如果学生不操练,操练不反馈,学习很难发生。

(5)融会贯通:当学习者反思、讨论和巩固其新习得的知识与技能时,才能促进学习。如果学生不能融会贯通运用到工作生活中,学习很难实现知行合一。

2. 五星教学模式的教学程序

五星教学模式的操作是:具体的教学任务应被置于循序渐进的实际问题解决情境中来完成,即先向学习者呈现问题,然后针对各项具体任务展开教学,接着再展示如何将学到的具体知识运用到解决问题或完成整体任务中去。只有达到了这样的要求,才是符合由“结构—指导—辅导—反思”构成的循环学习过程和学习者心理发展要求的优质高效的教学。

根据五星教学模式的内在逻辑,结合中学地理课堂教学实际,本着便于操作的原则,我们这里将五星教学模式的教学程序表述为:五个环节,如图6-7所示。

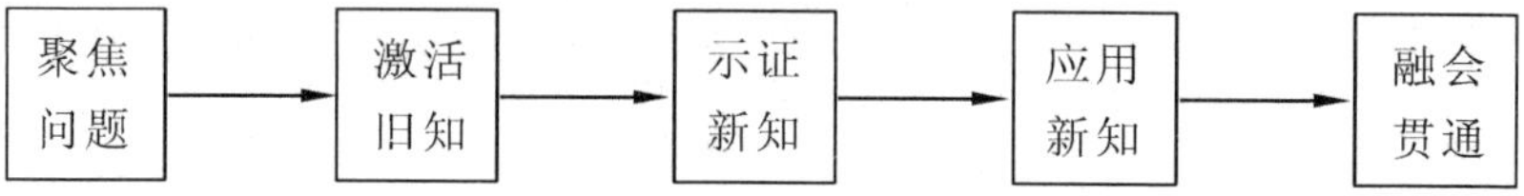

图6-7　五星教学模式的教学程序

第一个环节P(Problem-focused)“聚焦问题”:确定目标,交代学习任务,才能促进学习。教学时要提出由易到难的一组问题链。

第二个环节A(Activate old knowledge)“激活旧知”:新知的学习是建立在已有经验的基础上,当学习者激活已有知识和技能的心智模式,并将其作为新学习的基础时,才能促进学习。教学时要明晰结构,补救原有经验和回忆原有经验。

第三个环节 D(Demonstrate new knowledge)“示证新知”:学习是在观察和模仿中产生的,不仅需要听,更需要看,当向学习者展示其将要学习的技能时,才能促进学习。教学时要紧扣目标施教,精心提供指导和善用媒体促进学习。

第四个环节 A(Apply new knowledge)“应用新知”:大量的练习是获取技能的有效方法,当学习者运用新掌握的知识与技能来解决问题时,才能促进学习。教学时要紧扣目标操练,逐渐放手操练,变式问题操练,及时反馈和辅导。

第五个环节 D(Digest)“融会贯通”:当学习者反思、讨论和巩固其新学的知识与技能,才能促进学习。教学时要灵活创造应用,通过同伴合作与评价进行反思提高,注重实际业绩表现。

3. 五星教学模式应用注意事项

五星教学模式具有普适性①,它揭示了学生心理发展过程,符合学生的认知规律,为课堂教学环节的安排提供了理论依据,为有效教学提供了一种处方性教学设计原理。首要教学原理虽然具有普适性,但是在实际应用时,应该考虑到地理学科的特点创造性地运用。

五星教学模式包含 5 个原理,这 5 个原理可以同时应用于一个完整的教学当中,也可以选取其中一个或几个原理进行运用。为了恰当运用五星教学模式,需要把握各步骤的教学注意事项。

P(Problem - focused)“聚焦问题”注意事项:聚焦问题是教学的起点也是终点。问题必须贴近真实生活,明确问题的性质。

A(Activate old knowledge)“激活旧知”注意事项:采用提问、演示、讨论等方式帮助学生激活与学习新任务相关的旧知识与技能,要求教师把握激活的时机、数量等。

D(Demonstrate new knowledge)“示证新知”注意事项:要求教师首先要

① 梅里尔. 首要教学原理[M]. 盛群力,等译. 福州:福建教育出版社,2016:19.

把握学习结果的类型或教学任务的类型，然后通过一系列讲解示范帮助学习者领会新知识。

A(Apply new knowledge)“应用新知”注意事项：教学时要紧扣目标操练，逐渐增加难度，及时评价反馈。

D(Digest)“融会贯通”注意事项：要求学习者进一步熟练和迁移新知识，因此教师要精心选择课后应用题，做到目标与检测项目匹配，并给予指导。

（四）BOPPPS教学模式

1. BOPPPS教学模式的含义

BOPPPS模型是由加拿大英属哥伦比亚大学的道格拉斯·克尔于1978年提出的。自从BOPPPS被道格拉斯·克尔提出以来，因其简洁明了，容易上手操作，在加拿大乃至全球许多国家的各级各类学校教师技能培训中得到了广泛应用，尤其是被广泛应用于教授一线教师教学设计的一些核心技能。

BOPPPS教学模型是以建构主义理论为基础，以有效教学设计著称，强调以学生为中心，将课堂教学过程分为六个部分，以这六部分的英文名称首字母组合命名，分别是导言B(Bridge-in)、目标O(Objective or outcome)、前测P(Pre-assessment)、参与式学习活动P(Participatory Learning)、后测P(Post-assessment)和总结S(Summary)。

以下对这六个部分各自的作用与实施策略进行简要说明。

(1)导言B(Bridge-in)：该部分是作为课前的引言环节，目的在于能够吸引学生的注意力，激发学生的学习兴趣，同时引导学生关注本节课的课程内容，建立学生与本节课的联系，并提出核心问题引导学生进行接下来的教学内容。因此在这部分所采取的教学策略应该更具创造力，这就要求教师具备一定的素质和能力，能够提出具有挑战性的问题，激发学生学习的欲望。在课前应该有准备地设计，课上教师要与学生形成良好的交流与互动关系，善于沟通，敏锐观察学生的神情举止，灵活处理突发问题，适时地引导学生,以学生为主体。

（2）目标 O（Objective or outcome）：该部分要说明课堂的学习目标,起到整节课堂的统领作用,对于教师来讲,设计一节课的教学目标能够帮助教师整体策划教学环节,明确教学内容,设计探究问题,同时也能够作为教学评价的依据。而对于学生而言,学习目标能够体现学生在学完一节课后所能达到的程度,即学生通过了解学习目标能清楚本节课的知识重难点,以及本节课的学习任务和学习方向,同时也是学生自测自评的依据。因此教师在设计学习目标时应该做到全面性和整体性。

（3）前测 P（Pre – assessment）：该部分即教师在讲授新内容前对学生实际情况的了解和掌握,应该重点了解学生已有的知识储备和具备的能力,同时前测部分应与教学目标相呼应。在这部分可以采取问卷调查、提问和课堂检测等形式。前测能够帮助教师了解学生的学习基础与兴趣所在,从而为整节课的目标达成和师生配合做铺垫。

（4）参与式学习活动 P（Participatory Learning）：该部分是整个教学环节的核心,旨在让学生能够主动参与到整个教学环节当中。教师需要采用不同的教学策略对整体的教学内容进行设计,比如可以采取讨论的方式,引导学生针对某一问题进行分组讨论。每个学生都能在组内说出自己的想法,调动全体同学的积极性,最后由代表汇总组内成员观点进行回答,一般具有相对发散性的问题。此外还可以采取问答的方式,教师所提出的问题应该具有思考空间,需要经过学生的思考才能回答出的问题,且应适当地采取追问形式,引导学生深化对知识的理解。此外还可以采用情境教学法,教师设立某种情境,引导学生参与到该情境之中。

（5）后测 P（Post – assessment）：该部分目的是检测学生通过本节课的学习是否能够达到学习目标的要求,同时还能够帮助教师对本节课的教学方法进行整理和修正。教师可以通过一些具有针对性的方法对学生进行测评,而针对不同类型的课程教师要有选择性地应用不同的测评方式。例如在讲解知识性的课程时,可以采取当堂出题测验的方式,及时反馈,帮助学生了解自己对于本节课不清楚的地方。而对于一些实验或实践课来讲,可以选择完成实验报告单或者写一篇实践后的感想感悟,帮助学生回顾所见所感，同时提出自己的想法，培养独立思考和总结归纳的能力。在采取不同的检测方法的同时，教师也应该选择恰当的手段，既能够对学生的学习达标情况有所掌握，也能调动学生的学习积极性，例如可以采取抢答或小组竞赛的方式进行回答，也可以采用汇报或辩论的方式引导学生提出自己的所思所想。不过无论采用哪种手段，教师都要注重与学生进行交流和互动，总结学生遇到的困难和发生的问题，进而改善和丰富自己的教学设计。

(6)总结 S(Summary)：该部分是整节课的最后一个环节，就是对于本次课堂的一个总结，即用简洁精练的语言对本节课的内容进行归纳，形成知识结构。该部分不仅具有“承上”的作用，还有“启下”的功能，教师可以对下节课的内容进行预告，对下节课提出学习要求，同时教师可以通过对比本节课的教学效果，反思下节课需要完善的地方。总结部分所需时间不宜过长，这要求教师能够善于组织语言，以最精炼易懂的语言表达出来，完成整节课的归纳和下节课的铺垫。

2. BOPPPS **教学模式的教学程序**

(1)BOPPPS 教学模式的教学程序。

根据 BOPPPS 教学模式的内在逻辑，结合中学地理课堂教学实际，本着便于操作的原则，我们这里将 BOPPPS 教学模式的教学程序表述为：六个环节。

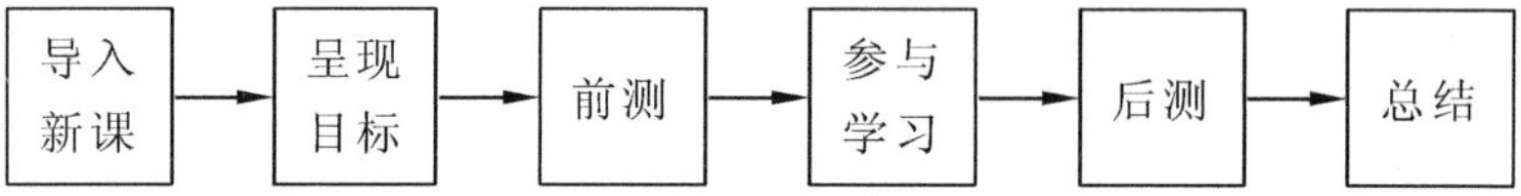

图 6 - 8　BOPPPS 教学模式的教学程序

第一环节：导言 B(Bridge - in)。导入新课就是引起学生注意和兴趣，解释课程重要性，让学生了解课程内容与学生之间的关联。描述使用何种方法(讲述、图片、活动等)进行导课。

第二环节：目标 O(Objective or outcome)。说明课堂学习目标，学生学完后可以达到哪种程度。

第三环节：前测 P(Pre - assessment)。学生已经了解了多少，找到学生的知识边界，与教学目标相呼应。

第四环节：参与式学习活动 P(Participatory Learning)。创造机会，使学生参与学习的全过程。

第五环节:后测 P(Post - assessment)。检测学生是否达到教学目标,帮助教师修正教学方法。

第六环节:总结 S(Summary)。课堂总结就是总结本节课学习的内容及其关系。概括要点、延伸思考。

(2)BOPPPS 教学模式应用注意事项。

为了恰当运用 BOPPPS 教学模式,需要把握其各步骤的教学注意事项。

B 导言(Bridge - in)注意事项:此阶段主要是引起学生的学习动机,吸引学生的注意力,让学生可以开始准备进入教师所要介绍的内容。因此,教师在这一个阶段的教学策略,可提供学生为何要学习这门课程的理由、与主题相关的故事、引言或实例、提出相关的问题引导学生进入课程等。

O 目标(Objective or outcome)注意事项:学习目标主要是由认知、情意和能力三个元素组成。此阶段教师要能清楚地说明学生的学习目标,让学生明白所要学习的重点、知识、价值及能力。因此,教师在这一阶段要向学生说明,当学生课程完成后,将学到什么,以及让学生知道教师会如何教他们、如何评量。

P 前测(Pre - assessment)注意事项:为了解学生已具备的知识和能力,教师可通过前测的结果,适度调整教学的内容,而学生也可透过前测,向老师表达需要复习的需求。因此,教师在这一阶段可通过提问、考试或作业达成前测的目的。

P 参与式学习活动(Participatory Learning)注意事项:为了让学生能更积极主动的学习,课程中的互动是必备的,在此阶段,教师需善用教学策略,增加师生间的互动,或是同学间的互动。因此,教师在这一阶段可运用小组讨论或提出反思问题或模拟情境,鼓励学生发言。

P 后测(Post - assessment)注意事项:为了了解学生的学习成效以及是否达到学习目标,每当课程完成一个小单元或是段落时,教师即可开始进行后测。后测的评量方式可依据课程内容或性质而有所不同,可采用考试、上台口头报告、检核表、书面报告心得或问卷等。

S 总结(Summary)注意事项:最后一个阶段,教师需要综合整个课程内容,帮助学生归纳要点。教师可通过后测分析结果给予学生反馈,或是直接以讲述方式,让学生回顾课程重点。

3. BOPPPS 教学模式的说明

BOPPPS 教学模型是加拿大的教师技能培训体系 Instructional Skills Workshop(ISW)所广泛推行的一种教学模型。1984 年大卫·库伯提出了体验式学习模型。库伯认为,学习不是内容的获得与传递,而是通过经验的转换从而创造知识的过程。BOPPPS 教学模型就是一种体验式学习模型的教学框架①。

BOPPPS 教学模型是以目标教学为主导,即"成果导向型教学"。BOPPPS 教学模型强调"参与式教学活动",其精髓就是强调学生参与式学习。

(1)BOPPPS 教学模式考虑到教、学、评一体化设计,围绕教学目标,注重前测、参与和后测,使得教学过程的创设有了一定的遵循,便于进行教学设计。

(2)BOPPPS 教学模式是一种遵循学生认知规律的教学过程,强调学生参与过程,不仅强调学生行为参与,还强调认知参与,更强调情感参与。

(3)BOPPPS 教学模式是一个"目标导向"的教学模式,该过程可以说是呈现目标、形成目标和检测目标的过程。

第三节　地理双动两案教学模式

学习目标

1. 能说出地理双动教学模式的基本含义。
2. 能对地理学案和地理教案进行恰当分析。
3. 能恰当地设计一节地理课的学案和教案。

---

① 张建勋,朱琳. 基于 BOPPPS 模型的有效课堂教学设计[J]. 职业技术教育,2016,37(11):25-28.

自2003年到2013年，徐宝芳教授主持进行了“地理双动两案教学模式”的理论与实践研究，取得了一些研究成果，该项成果于2014年获得了内蒙古自治区高等教育自治区级教学成果一等奖。本节就地理双动两案教学模式的思想、含义、学案与教案、程序、功能、教学策略和评价等内容加以简介。

一、地理双动两案教学模式概述

（一）地理双动两案教学模式的概念与特征

1. 地理双动两案教学模式的概念

传统教学是一种以教案为指导的教学，我们称之为“教案式教学”，重点解决如何教的问题；后来有人提出学案式教学（或称为导学案式教学），重点解决如何学的问题。在教学实践中存在的问题是：（1）多数人进行着“教案式教学”，对学案式教学的研究与运用不够；（2）一些人提出“学案式教学”，却又忽视了教案的作用，主张用学案代替教案；（3）还有一些人主张学案与教案合二为一、混为一谈。我们认为：在教学中片面强调教师的作用，忽视学生的主动性和积极性，或者单纯强调学生学习，把学生作为教学的自由主人，否定教师的作用，这两种倾向都是错误的。所以，我们既反对教案式教学，也反对学案式教学。我们主张学与教并重，学案与教案并用，实施双动两案教学模式。

“地理双动两案”教学模式是指在建构主义学习理论、元认知理论、地理学习理论和地理教学理论等理论指导下建立起来的，以学生学习方案和教师的教学设计方案为媒介，以学生学习活动、教师教学活动为手段，以提高学生地理学习能力、培养学生地理学科素养，提高教师教学能力为目标，完整的地理教学过程的抽象概括。这里的“双动”指的是学生的学习活动过程与教师的教学活动过程；“两案”指的是学习方案（简称学案）与教学方案（简称教案）。实质上隐含了学会地理学习和学会地理教学的学与教的理念。[①]

---

① 徐宝芳，裴亚男，陈萍，等. 高中地理“双动两案”教学模式的构建[J]. 地理教育，2007(2)：4.

2. 地理双动两案教学模式的特征

地理双动两案教学模式具有与目标的一致性、严密的科学性、理论的独创性、教学的实践性、价值的推广性、方案的可操作性等基本特征。

(1)与目标的一致性。地理双动两案教学模式与培养目标的一致性体现在:该模式的功能为培养学生地理学科素养和提高教师地理教学能力,这也是该模式价值所在和应用推广的方向。

(2)严密的科学性。地理双动两案教学模式有其严密的科学性,它符合地理学习规律和地理教学规律,符合"四个核心素养目标"相统一的原则,符合面向集体与因材施教相结合的原则以及理论联系实际的原则。

(3)理论的独创性和新颖性。地理双动两案教学模式体现在理论方面具有"十大思想",包括教学抓手思想、教学过程思想、教学方法思想、教学反馈思想、教学动力思想、内容结构思想、教学合作思想、教学发展思想、有效教学思想和教学创新思想。该理论不但符合一般教学规律,而且符合地理教学规律,具有一定的独创性和新颖性。

(4)教学的实践性。地理双动两案教学模式是在大量地理教学实践中产生的,并在地理教学实践活动中不断总结、发现和提高。该模式的实践性还表现在它能运用于地理教学实践中,指导地理教学实践活动,使地理教学取得更好的效果。

(5)价值的推广性。地理双动两案教学模式从地理教学实践中来,有一定的示范性和推广价值,给教育工作者特别是地理教师带来了启迪和示范作用,通过示范、推广可带动和促进相关基础教育课堂教学成果的产生和发展。

(6)方案的可操作性。地理双动两案教学模式所体现的教学方案与学习方案具有一定的物化形式,这里包括初高中地理学案和教案等材料。它的实践结果可以通过实际观察加以直接测量以获得明确结论。在具体做法上具有实践上的可重复性,易于学习、借鉴和掌握。

（二）地理双动两案教学模式的学案和教案

1. 地理学习方案

（1）地理学案的内涵：地理学案是由教师集体精心设计，在教师指导下，学生进行自主、合作与探究学习的学习方案。其实质是教师用来帮助学生明确学习目标、掌握课程内容、沟通学与教的桥梁，是学生自主学习和建构知识方法的重要媒介与抓手，是教师引导学生学习的工具。学案本质上回答了学生“学什么、为什么学和如何学”等问题。

（2）地理学案的五个组成部分，即学习目标、自主学习、学会学习、课堂练习和学习小结，见表6－5。

表6－5　地理学案模板

课题名称	一节课的标题
学习目标	四个核心素养目标结合一起阐述；明确本节课学习要求
自主学习	1. 学生课前预习或上课开始时的作业题：了解教材基本知识； 2. 培养自学习惯和明确学习目标
学会学习	1. 系列作业问题，针对作业题指出解题方法和学习方法的提示与要求（也可以是通过反思，提炼地理学科学习方法）； 2. 培养解题思路方法、地理学科的思想与方法，训练地理学科能力，形成地理学科核心素养
课堂练习	1. 作业题要有层次性与选择性； 2. 当堂训练方法与技能、巩固和拓展地理学科核心素养和反馈学习情况
学习小结	1. 主要是让学生当堂总结教学内容，形成本节课内容结构； 2. 培养归纳总结的方法与能力

（3）地理学案设计应遵循的六个原则。

①主体性原则。地理学案是学生主动学习的抓手，设计时要强调充分考虑学生的情况，有利于调动学生学习的积极性。

②目标导向原则。地理学案设计要根据地理课程标准、地理教材的要求，明确教学内容的深度、广度和教学的阶段性，并切合学生的知识能力水平，考虑学习目标的全面性和重点性相统一，突出重点、难点，并应注重那些具有能力迁移价值和情感作用的目标。

③问题性原则。地理学案设计要将地理课程内容转变为探索性的问题点、能力点，并以问题形式设计成题组。地理课程内容的问题化能引导学生在问题意识驱动下，激发学生掌握新知识的兴趣，充分发挥学生已有的知识水平和创造能力，自主寻求探索和解决问题的方法，将未知变为已知，从而掌握知识，发展能力，培养情感。

④方法性原则。地理学案的设计重点在于指导学生地理学习的方法，使学生通过运用地理学案，掌握地理学习方法，并调动学习的主动性，获得创新和发展。地理学案中的方法设计还应注重基础性和迁移性。

⑤图表化原则。以图说理是地理学科的重要特点，地理学案的设计要重视地图和表格的运用。教师在设计地理学案时，可以大量的运用教材中的原图，或把教材中的文字和图表进行转换，或设计新的图表，增强地理学案的直观性和对比性，培养学生的读图能力、归纳能力、比较能力、空间思维能力，以及据图推导地理规律的能力。

⑥参与化原则。地理学案设计是地理教师集体智慧的结晶。地理学案的设计要充分发挥备课组团结合作的精神，集思广益，要求地理教师研究教材，探讨疑难，交流教法，在参与中学习，在参与中成长。

(4)地理学案作业是由地理双动两案教学模式衍生出来的一个概念，它是该教学模式下地理学案的主体部分。地理学案作业的本质是依据地理教材和地理课程标准的要求以及学生的知识经验和认知水平等实际情况，将地理教材内容问题化而成的地理“学材”，是教师站在学生学习与发展的角度对教材进行的再加工和再创造的结果。它为学生进行独立思考和地理实践活动进而完成地理学习任务提供了全程的、科学而有效的引领和指导，是学生自主学习活动的工具、主动进行知识构建的抓手。

(5)地理学案作业的一般特征。目标上四个维度相结合，内容上基础性和拓展性相结合，方式上自主、合作、探究学习与学法指导相结合，手段上传统纸笔作业和现代技术相结合，类型上多种作业相互补充，以及难度上层次性和选择性相结合。

(6)地理学案作业题设计基本要求。①准确性：精选学科信息，强调作业题内容的科学性；②针对性：每道目标要明确，作业功能设计强调针对性；③启发性：作业题设计时要注重作业题的思考性、探究性和方法性；④多样性：作业形式要多样化，激发学习兴趣；⑤逻辑性：作业结构设计强调顺序性；⑥适应性：作业题的设计要充分考虑学校和学生的实际情况，满足不同学生发展的需要。

(7)地理学案作业有立意、情境和设问"三要素"和量度、难度和梯度"三度"。其中"三要素"的"立意"反映地理学案作业的目的，是地理学案作业的核心和主题，即作业围绕什么主题展开，引导学生学习什么地理内容，实现怎样的学习目标；"情境"是实现立意的材料和介质，关系着立意表达的程度；"设问"是围绕立意、根据情境而设计的作业的呈现方式，它关系着立意实现的程度；"三度"的"量度"是指地理学案作业的数量；"难度"是指作业的难易程度，地理学案作业"易"在从教材中查找一些信息并进行记忆和简单地理解，"难"的是对这些信息进行理解、综合、批判和创造性地应用；"梯度"指的地理学案作业在难度上分出易、中、难不同层次，并且按照学生的认知规律，由浅入深、由易到难，循序渐进地进行编排，从而为每一位学生跨越"最近发展区"提供支持、创造条件。

(8)地理学案作业设计的理论基础。既有建构主义学习理论和多元智能理论等教育心理学理论基础，也有地理学习理论、地理教学理论和地理学理论基础。

(9)地理学案作业设计程序。按照确定作业目标→选择作业内容→设计作业形式→编写作业题目→编制作业答案→调整编排顺序等步骤进行设计和编制。

2. 地理教学方案

(1)地理教案的内涵。这里的地理教案是依据地理课程标准，体现地理双动两案教学模式的教学思想，以课时为单位，能有效配合地理学案一起使用的教学设计方案。该教案特别强调与地理学案协调配合使用，特别强调设计科学、可行的教师教学过程与教学方法。地理教案的设计与地理学案的设计要同步进行，以确保课堂教学的针对性和有效性。该教案本质上回答了教师“教什么、为什么教和如何教”的问题。

（2）地理教案的组成。它包括课题名称、课程标准及其解读、教材分析、学情分析、设计思想、教学目标、重点和难点、教学模式、教学方法及教学媒体、教学过程、课外探究、板书设计、学案作业题的答案要点、教学反思、教学资源拓展等项内容，见表6－6。

表6－6　地理教案模板

课题名称：一节课的题目		授课班级：	学时：1学时
课程标准要求	从课程标准中抄录本节课的内容标准		
教材分析	1. 该教材内容在本章中地位与作用；2. 该教材的内容组成及其结构；3. 该教材体现的地理方法与地理观念；4. 该教材的外部联系（生活、学科）；5. 该节教材表述体系		
学情分析	1. 学习本节课应具备的知识、技能基础；2. 学生已具备的信息技术基础；3. 学生认知特点与学习差异情况；4. 学生学习本节课可能遇到的困难及解决办法		
设计思想	1. 本教学设计在教学目标方面体现的理念；2. 本节教学内容与信息技术整合的思想；3. 本教学设计在教学策略方面突出的特色：如，先学后教、合作学习、学与教方法等等		
教学目标	1. 四个核心素养目标综合叙述，教师注意目标的全面性；2. 每项目标的条数（2—3条）不宜过多，注意表述的简明性；3. 每条目标表述时注意“A、B、C、D”的准确性		
教学重点	写明重点和突出重点的策略，注意应该把与本节知识密切相关的地理学思想与方法作为教学重点		

续表

<table>
<tr><td colspan="2">课题名称:一节课的题目</td><td>授课班级:</td><td>学时:1 学时</td></tr>
<tr><td>教学难点</td><td colspan="3">写明难点和突破难点的策略</td></tr>
<tr><td>教学模式</td><td colspan="3">地理双动两案教学模式</td></tr>
<tr><td>教学方法及教学媒体</td><td colspan="3">1. 认知方法;2. 教学媒体(直观方法);3. 组织方法</td></tr>
<tr><td>教学过程</td><td colspan="2">学生活动</td><td>教师活动</td></tr>
<tr><td>环节 1 依案导学</td><td colspan="2"></td><td></td></tr>
<tr><td>环节 2 该节第一个知识点</td><td colspan="2"></td><td></td></tr>
<tr><td>环节 n 该节第 n 个知识点</td><td colspan="2"></td><td></td></tr>
<tr><td>环节 $n+1$ 调控训练</td><td colspan="2"></td><td></td></tr>
<tr><td>环节 $n+2$ 总结反馈</td><td colspan="2"></td><td></td></tr>
<tr><td colspan="4">教学过程填写说明
1. 体现“先学后教”的思想;2. 体现“学习过程与教学过程”结合的思想;3. 体现学案与教案并用的思想;4. 教学环节总数不固定,要依据教学内容多少而定,其中第一个环节为“依案导学”,倒数第二个环节为“调控训练”,倒数第一个环节为“总结反思”,其余环节按教学内容顺序书写;5. 教师活动要表述:板书、教学内容要点、教学方法名称及使用要点;6. 学生活动要表述:针对各环节学生需进行的行为(听讲、观看、阅读、书写、绘制、讨论、思考、演示、回答、提问等行为)</td></tr>
<tr><td>课外探究</td><td colspan="3">指需要在课外进行的地理调查、地理观察、地理模型制作等实践类形式的作业题</td></tr>
<tr><td>板书设计</td><td colspan="3">可采用纲目式、结构式、表格式、图示式和综合式板书等形式。板书要体现内容结构,要工整、简明、突出重点,具有直观性和艺术性</td></tr>
<tr><td>学案作业题的答案要点</td><td colspan="3">学案作业题的答案要点写到此处
目的是教师在设计学案时自己做一遍题,以便把握作业题的数量与质量,为课堂运用学案打下基础</td></tr>
<tr><td>教学反思</td><td colspan="3">既反思学生的学习活动,也反思教师的教学活动,既反思教学优点,也反思教学不足,还可以补充材料以备参考</td></tr>
</table>

(3)地理教案的设计原则。包括以学定教原则、同步设计原则、学科思想原则、整体协调原则、简便实用原则和动态发展原则。①

①以学定教原则。地理教案的着眼点在于教师的"教",重点解决教师"为什么教、教什么、怎么教、如何教得更好"等问题。地理教案要突出以学生为主体,要以"学"为出发点去研究"教",研究"教"是为了"学",即以"学"为目的去"教"。为此,教师应围绕学案设计教案,主张为学习而设计教学,主张突出学生学习,学与教并举的教学设计方案。这样,既重视了教师的教、也重视了学生的学。

②同步设计原则。在地理"双动两案"教学模式中,地理教案和地理学案是缺一不可的。教案侧重教法设计,学案侧重学法指导。学案和教案都是通过教师集体备课完成的,是教师集体智慧的结晶。在学案设计时必须设计教案,二者在设计上要紧密联系,同步推进,切不可形成两张皮,也不可重复啰唆。

③学科思想原则。地理教案的设计应贯彻地理学科的思想。如中学地理中的地理学思想主要体现在解决"在哪里""什么样""为什么""将怎样"等问题,其中地球和地图是解决"在哪里"这个问题的工具;区域地理重点解决"是什么样"的问题;系统地理重点探讨"为什么"和"将怎样"等问题。因此地理教案的设计要将这些地理学思想贯穿其中。同时地理教案的设计还要贯彻地理教学理念和地理学方法的要求,这样才能实现地理课程的教学目标,提高地理教学质量。

④整体协调原则。地理学案和地理教案相协调,地理学案中的所有问题都要在地理教案中进行解答,地理教案应与学生的知识基础、能力水平、心理特征相协调,更加关注学生的学,关注学生的学习过程,关注学生的学习结果,加强教学的针对性和实效性,最终使得教学是有效的,学生的学习可以发生与维持。地理教案的设计应与教学实际相协调,引导教师正确地

① 徐宝芳,白瑞敏,裴亚男,等.高中地理教案设计与实施研究[J].内蒙古师范大学学报(教育科学版),2008,21(2):120.

确立教学目标和创建适合自己的教学策略，增强教学设计意识，培养教师的教学能力，能使教师从“教会地理”转变为“会教地理”，并能最终提高教学效果，促进教师的成长。

⑤简便实用原则。教案有详案和略案之分。由于有了较为详尽的学案，所以高中地理教案的编写以简便实用为原则，这样不仅节省了时间，而且更明晰了教学思路。在教案中必须有明确的对学生课前预习的检测方法、学案的操作方式以及如何通过学案对学生进行知识的拓展和补充，对学习方法和知识结构的构建等内容。

⑥动态发展原则。地理教案的设计是一个不断发展完善的过程。在使用过程中要不断修改、完善地理教案内容。教师也可以灵活使用符合个人习惯特点的教案表现形式，如文本教案、电子教案等。

（三）地理双动两案教学模式的教学程序①

地理双动两案教学模式的教学程序即学习过程与教学过程，可以如图6－9所示。

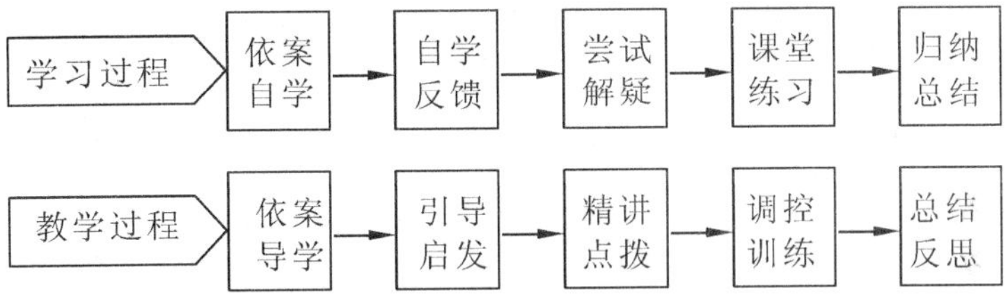

图6－9　地理双动两案教学模式的教学程序示意图

1. 地理学习活动过程

学生的地理学习活动过程可以概括为五个步骤：

第一步，依案自学。学生课前（或课上）依学案阅读教材，进行自学，完成[自主学习]作业，初步掌握基础知识、明确本节课学习目标。

---

① 徐宝芳．地理“双动两案”教学模式研究与实践概述[J]．中学地理教学参考，2010（1－2）：40－43.

第二步,自学反馈。把完成[自主学习]作业情况进行反馈,根据老师的指导,学生开展阅读、思考、讨论、绘图等学习活动。

第三步,尝试解疑。针对学案中的[学会学习]部分作业,学生通过读图、读文、思考、讨论等活动完成作业,教师指导下学生解答问题。

第四步,课堂练习。学生通过完成学案中的[课堂练习],了解自己对学习内容的掌握情况,根据反馈情况,及时矫正。

第五步,归纳总结。学生进行知识归纳,进一步明确本节课的重点、难点,完成[学习小结]。

2. 地理教学活动过程

教师的地理教学活动过程可概括为五个步骤:

第一步,依案导学。新课开始时,教师要依据学生情况,有针对性地提问学案中[自主学习]的问题,导入新课。

第二步,引导启发。教师针对多数学生在[自主学习]中存在的有代表性的问题,创设情境,进行启发引导。

第三步,精讲点拨。针对[学会学习]的作业,指导和启发学生看课本、讨论、回答问题,教师根据学生学习情况精讲点拨,并进行学习方法指导与训练。

第四步,调控训练。教师指导学生进行[课堂练习],及时矫正学生的问题,引导学生深入思考,训练学生解决问题的方法与能力。

第五步,总结反思。教师检查学生[学习小结]完成情况,总结反思整个教学过程。

关于学生学习活动与教师教学活动关系:这里我们虽然把教学过程中的关键要素教师与学生,分为“学生学习活动过程”与“教师教学活动过程”,便于在教学活动中明确师生的任务、避免教学过程代替学习过程,但这两个过程是相互联系的,因为教学是学生与教师两个主体通过课程中介而结成的一种交往关系,“教学过程是一种交往过程”,强调师生、生生之间在课堂中通过信息交流,实现师生互动,进而促进教学相长。

该模式主张教学过程就是学与教的过程,先学后教,以学定教,以教助学,以学促教,双动发展。该模式的“思想”是指导,“两案”是抓手,“双动”是途径,“发展”是目的。

(四)地理双动两案教学模式的思想[①]

任何地理教学模式都会有一定的教学思想或教学理论做指导,地理双动两案教学模式的教学思想主要包括如下10种。

(1)教学抓手思想:地理学案是学生发展的抓手、是学生学会学习的抓手;地理教案、学案是教师发展的抓手、是教师学会教学的抓手。

(2)教学过程思想:第一,把教学过程分为学生学习过程和教师教学过程。学习过程:依案自学,自学反馈,尝试解疑,课堂练习,归纳总结。教学过程:依案导学,引导启发,精讲点拨,调控训练,总结反思。学与教的过程:认知过程、情感体验过程、实践过程和评价反思过程。第二,教学顺序:“先学后教”为主、“先教后学”为辅、“以学定教”为魂。第三,学与教的过程既是手段,又是目标。

(3)教学方法思想:第一,把教学方法分为学生学习方法和教师教学方法。学习方式=接受式学习+探究式学习。教学方式=讲授式教学+启发式教学。学与教的方法=地理逻辑方法+地理直观方法+地理专题方法。第二,学与教的方法既是手段,又是目标。

(4)教学反馈思想:反馈者:教师、学生、家长、其他人员之间反馈;反馈内容:知识、能力、情感三结合;反馈形式:多样、及时、多次;反馈作用:有效反馈、促进发展。

(5)教学动力思想:教师爱教:专业发展、自我效能感、热爱学生;学生爱学:对所学内容有情感和兴趣、自我效能感、热爱老师。

(6)内容结构思想:整体思想:教学设计(设计教案、学案):整体→部分→整体。教学实施:整体→部分→整体。阐明学科内部联系;关注学科之

---

① 徐宝芳.地理双动两案教学模式的理论与实践研究[J].中学地理教学参考,2013(5):14.

间联系;教学小结:由教师小结向学生小结为主转变;由重复课程内容式小结向注重知识结构式小结转变;由注重知识结构式小结向注重内容(知识、能力、情感)结构式小结转变。

(7)教学合作思想:教师之间合作:集体设计与运用“两案”;同学之间合作:自主学习的前提下,开展合作学习;师生之间合作:以教助学、以学促教、互动发展;教师家长之间合作:目标一致、沟通信息、互相配合;教师、学生、其他人合作:利用一切课程资源。

(8)教学发展思想:师生共同发展:课程目标由学生发展向师生共同发展转变;学生全面发展:教学目标由过分注重知识目标向核心素养目标转变。学生地理学科素养的培养,特别是方法、能力、情感类目标的实现是一个长期循序渐进的过程,为此,要注意每节课之间的联系,方法、能力、情感类目标必要的重复是合理的。

(9)有效教学思想:树立有效课堂教学的理念;有利于培养学生的地理学科素养:知识、技能、方法、能力、观点等地理学科素养的培养;有利于提高教师的教学能力:教学设计能力、教学实施能力、学习指导能力和教学评价能力等能力的培养;有利于课程资源建设:学案、教案、课件、案例等资源建设。

(10)教学创新思想:坚信教学具有双重性:科学性和艺术性;树立教学创新、设计的思想;地理学案、教案的设计与实施要不断地发展与变化,具有创新性;双动两案教学模式是开放、动态、发展的学与教的模式。

二、地理双动两案教学模式的功能①

(一)有利于树立有效课堂教学的理念

地理双动两案教学模式在充分调动学生学习主动性和教师教学积极性的基础上,解决了学生学习方法与教师教学方法的问题,提高了学与教的效

① 徐宝芳,白瑞敏,张素芬,等.地理新课程与双动两案教学模式研究[J].内蒙古师范大学学报(教育科学版),2009,22(4):94.

率,实现了有效学习与教学。

(二)有利于培养学生的地理学科核心素养

有利于对学生知识、技能、方法、能力、观点等地理学科核心素养的培养。

(1)培养学生学会提出问题。地理双动两案教学模式是培养学生地理学习方法,形成地理学科素养的一个好途径。使用地理双动两案教学模式可以引导学生提问。在学案设计及教学过程中都要努力营造一种让学生置身于问题情境中的氛围,以激发他们的学习欲望,使之乐于发问。例如,在学习区域地理“撒哈拉以南的非洲”时,在描述了刚果盆地的成因、自然景观,刚果河的发源地及流向后,说“刚果河入海口没有形成明显的三角洲”,有的学生就直接提出了自己的疑惑“世界大河河口一般都有三角洲,为什么刚果河没有呢?”顺势把这一问题推向了全班学生,让学生们开展讨论,然后教师归纳总结。为使学生提问具有明确的目的性、思考性,还要逐渐向学生渗透提问的技能,使学生“会问”。例如,引导学生要善于对地理现象本身进行发问,要在对比中发现问题,如,提出“世界大沙漠的地下多有石油分布,这说明了什么?”“为什么我国冬季南北温差很大?夏季南北温差不大?”等等。另外,还要认真对待学生的提问,鼓励学生敢于提出问题,发现其积极思维的“闪光点”,让学生逐步养成问的习惯,做到“会问”。

(2)培训学生学会地理思维。地理学案设计是将地理课程内容转变为探索性的地理问题,并以作业形式设计成题组,指导学生通过完成学案的自主学习、学会学习、课堂练习和学习小结等部分的作业,培养学生的地理解题方法,进而训练学生的地理学习方法和解决地理问题的方法。例如,比较法和综合分析法是学习地理最常用的地理逻辑方法,因此,在学案中对这两种方法的训练也最为常见。地理知识因其综合性、区域性等特点,内容丰富广泛,类别复杂多样,需要根据一定的标准,对彼此有联系的地理事物进行比较,从而确定地理事物的地理特征。例如,学习了中国地理分区中的“北方地区”和“南方地区”后,我们就可引导学生将这两大区域进行对比,从而使学生更好地理解南方、北方之间的区域差异。综合分析是地理思维的基本过程和方法,例如,试说明南美洲湿热为主的气候特征的成因,就需要先确定南美洲的范围及地理位置,然后找出影响南美洲气候成因的主要因素,再分析影响南美洲气候成因各因素的特点,接着分析影响南美洲气候成因各因素之间的联系,最后说明在上述各因素共同作用下,形成了南美洲湿热为主的气候。这个解题的过程,就运用了综合分析法。

学案中对学生学习方法提出明确要求,这就对学生学习方法、能力的训练更加有了针对性,让学生在学习地理知识的同时,更加注重地理解题思路与能力的训练,培养学生地理学科特有的思维与方法,使学生从“学会”到“会学”地理。为了让学生能够顺利地完成学案,实现真正意义上的双动,在初次使用双动两案教学模式的班级还可以进行地理学习方法的专题讲座。给学生重点介绍一些常用的地理思维方法和使用地理学案的方法和注意事项,目的是先让学生了解熟悉这些方法,接着在学案学习运用中,分层次逐步训练,逐渐让学生做到熟练运用地理方法解决地理问题,形成地理学科素养。

(3)指导学生学会总结地理知识、构建地理知识结构。地理双动两案教学模式可以引导学生学会梳理地理知识体系。在课前预习中一般都要求“列出本节的知识结构”,让学生对所学内容有一个初步了解,在课后设计学习小结,主要是让学生总结当堂的学习内容,并最好以联系图表等形式表现出来,这样有利于培养学生总结和整理地理知识的能力和方法。

(4)训练学生运用地理知识解决实际问题。地理知识和生活实际联系密切,阅读报刊书籍、观看电视新闻、出门旅行都会牵涉到一些地理知识。我们在地理课堂教学中要经常将所学内容与周边的生活实际、国内外时事结合起来,学生对这些事情感兴趣,这样既加深了学生对地理知识的理解,更重要的是培养了学生运用所学知识解决实际问题的意识与能力。如在学习“气温随海拔的升高而降低”时,让登过山的同学谈一谈到达山顶时对气温的感受等。

(三)有利于提高教师的地理教学能力

有利于教师的教学设计能力、教学实施能力、学习指导能力和教学评价能力等能力的培养。

(1)有利于培养教学设计能力。通过集体备课,进行学案和教案设计,开展教师个体反思与经验共享的教研活动,使教师不断更新教学观念、树立教学设计意识,提高教学设计能力。在设计与编写两案的过程中,教师需要创造性地使用教材,把"教材"变为"学材":把教材分割为一个一个小块,设计成一个一个作业题。这样就可以培养教师分析教材的能力,而每一节学案都有明确的学习目标,教师通过具体的探究性问题表述学习目标,使教师教学目标的设计能力得到提高,同时教师还需要设计课堂教学过程,考虑师生的活动。可见,通过两案的设计与编写,有利于教师教学设计能力的培养。

(2)有利于培养教学实施能力。优化课堂结构、改进师生课堂行为是地理双动两案教学模式的重要思想。该模式课堂教学过程实施师生五步双动。在这一过程中,要优化教学时间管理,控制教学时间与节奏,包括地理课堂师生活动时间的利用效率,各教学环节的节奏和时间调控,还要科学分配达成各种认知、情感及技能的课堂教学目标的时间。

(3)有利于培养学习指导能力。如何指导学生愿意学习和会学习是教师教学能力的重要组成部分。地理双动两案教学模式注重培养和激发学生学习的积极性和主动性。学生学习的成功与否主要取决于内因,而内因的变化很大程度上依靠教师的指导。学习指导要帮助学生明确学习目的,培养学习兴趣,运用学案学习的成功体验和教师的激励措施激发学生学习动机,使学生愿意学习,主动有效地完成学案规定的学习任务。使学生会学习,教师要指导学生掌握地理学习方法,在地理课堂教学过程中,加强对学生进行地理方法的指导和训练,提高学生的学习效率。

(4)有利于培养教学评价能力。利用学案评价反馈信息,可以诊断学生学习存在的问题,有利于教师有目的地调整教学方法、进度。也可以诊断教师教学自身存在问题,促进反思,改进方法,优化教案和学案的设计。对评价反馈信息的利用程度与方法直接影响着教学评价效能和教学质量。地理课堂教学中,坚持用发展性评价理念来指导教师自己的评价行为,具体的做法是:①课堂口头评价,既要关注学习过程,也要关注学习结果;既要关注知识性目标,又要关注技能性目标和体验性目标;评价的语言力求简洁而具体,有启发性和真情实感;②平时地理学习活动评价,根据学生学习习惯、学习方法、学案成果展示状况进行全面评价,可采取教师评价、学生互评和自我评价有机结合,以评价促进学生的全面发展;③终结性评价要多元化,既有学业成绩的评价,也有学习活动情况的评价。

(四)有利于地理课程资源建设

通过该模式的实施,不断编制、完善学案和教案,使"两案"建设系列化,这样分门别类建设起来的"两案"课程资源为地理课程建设与改革提供的第一手研究资料是十分宝贵的。

三、地理双动两案教学模式的评价

该模式课堂教学行为评价主张不但观察评价教师的课堂教学行为,还要观察评价学生的学习行为,其中学生学习行为评价占50%,教师教学行为评价占50%。采取定性与定量相结合的评价方法,其评价量表,见表6-7和6-8。

(一)学生地理课堂学习行为评价(见表6-7)

表6-7　学生学习行为评价量表

评价指标		评价标准	权重	等级			
				优5	良4	合格3	不合格2
学生学习行为(50分)	参与状态(15分)	1. 学生主动地进行观察、读图、析图、填图、绘图等学习活动,学生黑板展示、书面展示、口答展示机会多、形式多样,学习状态良好	5				
		2. 学生能在课堂上自主、合作学习,参与时间充足,合作学习高效务实	5				

续表

评价指标		评价标准	权重	等级			
				优5	良4	合格3	不合格2
学生学习行为(50分)	参与状态(15分)	3. 各个层面的学生都能积极参与教学活动,参与度高、参与面广	5				
	思维状态(20分)	1. 地理逻辑思维活跃(综合分析、比较、归纳、演绎等),多角度分析地理问题	5				
		2. 学习的注意力集中,主动地收集和处理地理信息,积极地思考问题、能提出有意义的问题	5				
		3. 能独立思考,勇于发表自己的见解,并乐于听取和接受别人的意见	5				
		4. 在学习过程中能正确地评价同学和自己	5				
	达成状态(15分)	1. 理解和运用所学的地理知识,掌握地理学习方法和技能,地理基础知识和基本技能训练到位	5				
		2. 在学习过程中得到了综合发展,能运用所获得的地理知识和方法、分析和解决问题	5				
		3. 获得积极的情感体验,增强了地理学科的学习兴趣	5				

(二)教师地理课堂教学行为评价(见表6－8)

表6－8　教师教学行为评价量表

<table>
<tr><td rowspan="2" colspan="2">评价指标</td><td rowspan="2">评价标准</td><td rowspan="2">权重</td><td colspan="4">等级</td></tr>
<tr><td>优
5</td><td>良
4</td><td>合格
3</td><td>不合格
2</td></tr>
<tr><td rowspan="10">教师教学行为(50分)</td><td rowspan="3">地理专业表达行为(15分)</td><td>地理原理讲解与地理思维结构表达行为</td><td>5</td><td></td><td></td><td></td><td></td></tr>
<tr><td>地理板书板图板画与地理图像解读行为</td><td>5</td><td></td><td></td><td></td><td></td></tr>
<tr><td>地理课堂活动行为(包括地理实验等)</td><td>5</td><td></td><td></td><td></td><td></td></tr>
<tr><td rowspan="3">课堂组织行为(15分)</td><td>维持学习规则行为</td><td>5</td><td></td><td></td><td></td><td></td></tr>
<tr><td>课堂时间管理行为</td><td>5</td><td></td><td></td><td></td><td></td></tr>
<tr><td>合作讨论指导行为</td><td>5</td><td></td><td></td><td></td><td></td></tr>
<tr><td rowspan="2">技术应用行为(10分)</td><td>教科书应用行为</td><td>5</td><td></td><td></td><td></td><td></td></tr>
<tr><td>信息技术应用行为(包括地理信息技术应用)</td><td>5</td><td></td><td></td><td></td><td></td></tr>
<tr><td rowspan="2">课堂评价行为(10分)</td><td>课堂提问与理答行为</td><td>5</td><td></td><td></td><td></td><td></td></tr>
<tr><td>课堂检测与反馈行为</td><td>5</td><td></td><td></td><td></td><td></td></tr>
<tr><td colspan="2">总体印象</td><td colspan="6">优　良　合格　不合格</td></tr>
<tr><td colspan="2">评价陈述</td><td colspan="6"></td></tr>
</table>

【本章小结】

地理教学过程不仅是教师引导下学生的一种特殊认识过程，而且是促进师生身心全面发展的一种实践活动过程。本章主要探讨了地理教学过程含义和特点，地理教学模式含义和功能，并介绍了4F教学模式、五星教学模式、BOPPPS教学模式和地理双动两案教学模式，阐述了地理教学过程设计的含义与原则。其中地理教学过程含义与特点是本章的基础，四种教学模式是针对地理课堂教学过程和地理活动教学过程设计可供选择的模式，学会地理教学过程设计方法是本章的主要任务。本章主要是在学习地理教学过程设计基本理论与方法的基础上，通过案例分析和实践演练来掌握地理教学过程的设计方法。

【二维码】

第六章　教学资源

【实践演练】

1. 中学地理学案分析表

案例名称及来源	提示：地理学案题目，作者，刊物名称，期刊号，页码
课程标准 （内容要求）	提示：针对本节地理学案所涉及的课程标准要求，分条抄录即可
教学内容组成 （从教材分析而来）	提示：阅读相应的教材，划分知识组成，要细化，要考虑其逻辑关系
地理学案组成	提示：把该地理学案各组成部分名称和内容抄录一下

续表

对地理学案进行分析	提示:从学案组成,学案与教学目标关系,学案与教学内容关系,学案与学习方法关系等方面进行分析
地理学案分析启示	提示:从为什么分析、分析什么、如何分析等方面谈启示

2. 中学地理教案分析表

案例名称及来源	提示:地理教案题目,作者,刊物名称,期刊号,页码
课程标准 (内容要求)	提示:针对本节地理教案所涉及的课程标准要求,分条抄录即可
教学内容组成 (从教材分析而来)	提示:阅读相应的教材,划分知识组成,要细化,要考虑其逻辑关系
地理教案组成	提示:把该地理教案各组成部分名称和内容抄录一下
对地理教案进行分析	提示:从教案组成,教案的教学目标、教学内容、学习方法关系等方面进行分析
地理教案分析启示	提示:从为什么分析、分析什么、如何分析等方面谈启示

3. 试着对初中或高中一节地理课进行教学模式设计,并填写下面演练表。

BOPPPS 教学设计　演练表(小组)

组别:　　　　　　　　　　日期:

教学主题:　　　　　　　　　　　　　　　　内蒙古师范大学　徐宝芳设计

基本要素	教学设计内容
B 导言	(提示:导课形式的设计)
O 目标	(提示:学科核心素养的培养)
P 前测	

续表

P 参与式 学习活动	（提示：问题链、学生参与方式的设计）
P 后测	
S 总结	
教学反思	这个案例设计的教学活动有利于哪种学生的学习风格？ 请将序号填入下面对应的框格中（同一序号可以填入不同框格中） 发想者 序号：　务实者 序号：　理论者 序号：　行动者 序号：
	检视用了哪些参与式学习策略？

4. 运用地理教学模式理论，对一节地理课堂教学模式进行设计。

5. 运用教学过程优化理论，对一个地理活动教学过程案例进行再设计。

【拓展阅读】

[1] 梅里尔. 首要教学原理[M]. 盛群力，等译. 福州：福建教育出版社，2016.

[2] 徐宝芳. 地理双动两案教学模式的理论与实践研究[J]. 中学地理教学参考，2013(5)：2.

[3] 白瑞敏，徐宝芳，姚林. 双动两案教学模式下人教版《地理 1》学案作业设计研究[J]. 中学地理教学参考，2010(5)：4.

[4] 庞艳辉，徐宝芳.《地理 1》的地理学思想研究[J]. 中学地理教学参考，2010(6)：2.

[5] 庞艳辉，徐宝芳. 双动两案教学模式下《地理 1》（人教版）的地理方法研究[J]. 中学地理教学参考，2010(7)：2.

第七章　中学地理教学评价设计

内容提要

检验教学效果，促进师生发展。地理教学评价是中学地理教学设计的重要组成部分。本章主要内容为地理教学评价概述、地理课堂教学评价、地理学习评价和地理试题命制四个方面内容。

通过本章学习，大家需要在对地理教学评价基础知识理解的基础上，重点学会地理课堂教学评价方法，地理教学反思撰写方法，地理学习评价方法和地理试题命制方法。通过“实践演练”环节，加深对中学地理教学评价设计的理解，确立正确的地理教学评价观念。

学习目标

1. 能举例说明地理教学评价的含义、分类及作用。
2. 初步学会运用地理课堂教学评价指标进行评课。
3. 初步学会撰写地理教学反思的方法。
4. 能举例说明地理学习评价的含义、分类和作用。
5. 能运用观察法对学生地理学习表现进行评价。
6. 能恰当分析地理考试卷，说出其功能与特点。
7. 初步学会命制地理试题的方法。

第一节 地理教学评价概述

学习目标

1. 能说出地理教学评价的含义。
2. 能结合教师和学生成长的实例说明地理教学评价的作用。
3. 能说出诊断性评价、形成性评价、终结性评价的作用。

一、地理教学评价的含义

教、学、评一体化,地理教学评价如何科学有效进行,是地理教育工作者应下大力气进行深入研究和实践探索的重要课题。由于地理教学评价的对象、内容、形式多样,学者对地理教学评价有不同的解释。

陈澄教授将地理教学评价定义为:“地理教学评价是通过一定的方法或手段,系统地搜集、分析、整理信息资料,根据一定的教育价值观或地理课程目标,对地理教学要素、过程和结果进行价值判断,从而为不断完善自我和教学决策提供依据的过程”①。

段玉山教授将地理教学评价定义为:“地理教学评价是根据一定的地理教育目标,运用多种科学可行的方法或手段来系统地搜集、分析、整理信息资料,对地理教学活动中的对象、过程以及结果进行价值判断,从而为学生全面发展和教育决策服务的过程”②。

李家清教授认为:“所谓地理教学评价,就是在地理教学活动的过程中地理教师作为评价主体对学生的评价,评价的内容主要包括学生的地理知识掌握和能力发展情况、学生对地理知识获取方法和过程的理解以及学生在地理学习过程中表现出来的情感态度和价值观倾向等”③。

---

① 陈澄.新编地理教学论[M].上海:华东师范大学出版社,2007:176.
② 段玉山.地理新课程测量评价[M].北京:高等教育出版社,2003:4.
③ 李家清.中学地理教学设计[M].北京:高等教育出版社,2015:283.

综合考虑,我们这里对地理教学评价的含义界定如下:地理教学评价是根据一定的地理教学目标,运用多种科学可行的方法或手段,多途径收集信息,对中学地理教与学的实施过程以及学生的学业水平,做出符合教学实际的价值判断,并促进地理教师专业成长和学生地理素养提升的过程。

对此,做如下几点说明:①地理教学评价是地理教学设计的一项重要工作,这里包括对教学设计各环节的评价,以保证各环节设计的科学可行性;②地理教学评价既包括对地理教师教学的评价,也包括对学生地理学习的评价。

本章讨论的中学地理教学评价,是指对教师的地理课堂教学进行评价,以及对学生的地理学习进行评价;地理考试也是地理学习评价的重要方式,在本章第四节进行探讨。

二、地理教学评价的分类

地理教学评价可以依据不同标准对其进行分类。按照评价对象划分,可以分为教师评价、学生评价等。按照评价目的划分,可以将地理教学评价分为诊断性评价、形成性评价、终结性评价等。按照学习方式划分,可以将地理教学评价分为课堂教学评价、地理综合实践评价等。按照评价手段划分,可以将地理教学评价分为定量评价和定性评价。按照评价者划分,可以将地理教学评价分为自我评价和他人评价。按照评价基准划分,可以将地理教学评价分为相对评价、绝对评价和个体差异评价。下面对诊断性评价、形成性评价及终结性评价加以探讨。

(一)诊断性评价

1. 诊断性评价的含义

诊断性评价是指在教学活动开始前或进行中,对学生知识、技能、兴趣等方面的学习准备程度做出鉴定,以便采取相应措施使教学计划顺利实施而进行的测量性评价。诊断性评价的实施时间,一般选在一堂课或一个单元教学开始前或教学过程中需要的时候。目的是选择可以满足不同水平和不同学习风格的学生所需的教学策略。

2. 诊断性评价的作用

首先,诊断性评价可以起到对不同情况的学生给予不同安排的作用。也就是说,经过测验或问卷等诊断形式,了解学生在地理知识、技能、兴趣等方面的状况,有针对性地采取措施,引导后面的教学向着有利于学生发展的方向前进。其次,当某一个教学活动结束时也可以进行诊断测评,发现学生认知上存在的问题及原因,及时进行补救。

诊断性评价不仅有助于学生从自己实际水平出发,制定切实可行的学习计划,而且供给教师备课所必备的信息,作为制定教学方案和教学措施的依据。使教师有可能在课堂教学中,针对不同学生的具体情况,采用适应各种差异的教学方法,并随时给予学生不同的任务、机会和指导,以保证程度不一的学生都得到最合适的帮助①。

案例 7－1　开展诊断性前测,促进地理新知识的教与学

张老师即将开展“中国自然灾害”的教学活动,上课伊始先提出了两个思考问题:1. 秦岭—淮河一线以南地区与黄河中下游地区相比,地形特征有什么不同? 2. 秦岭—淮河一线以南地区与黄河中下游地区相比,降水特征有什么不同? 多数学生回答如下:秦岭—淮河一线以南地区地形以平原和丘陵为主,黄河中下游地区地形以高原和平原为主。秦岭—淮河一线以南地区降水多,黄河中下游地区降水较少。

张老师肯定了学生回答正确的部分,同时引导学生读中国地形图,找出分布在秦岭—淮河一线以南的主要地形区,有长江中下游平原、云贵高原、四川盆地、南岭、江南丘陵等,得出了地形复杂多样,山区面积较大的结论;找出黄河中下游地区的主要地形区,得出的结论是黄河中下游地区地形以高原和平原为主,这一点与学生回答相同。读武汉、西安两城市气温年变化曲线和月降水量柱状图,分析两城市降水季节分配特点,得出了如下结论:

① 段玉山. 地理新课程测量评价[M]. 北京:高等教育出版社,2003:128.

以武汉为代表的秦岭—淮河一线以南地区年降水量多，主要集中在5~9月；以西安为代表的黄河中下游地区年降水量较少，主要集中在7~8月。这时，张老师引入了新课学习，中国幅员辽阔，自然环境复杂，自然灾害频发，包括气象灾害、地质灾害等都与地形、气候有关，今天我们就来学习中国的自然灾害。

案例分析：

由于自然灾害形成与地形、气候等因素密切相关，而学生在前面已学过地形、气候等知识，但学生掌握到什么程度，张老师仍拿不准；因此，在新知识学习前通过复习提问的方式，诊断学生对已学知识和读图技能的掌握情况，对学生学习不扎实或遗忘的部分采取有针对性的复习措施，为中国自然灾害新知识的学习奠定坚实的基础。由于还没有学习中国地理分区的相关知识，张老师在诊断测评时就没有用南方地区或北方地区的概念，这也是其他教师在教学时需要借鉴的。

（二）形成性评价

1.形成性评价的含义

形成性评价是指对学生日常学习过程中的表现、所取得的成绩以及所反映出的情感、态度、价值观等方面的发展做出评价，是基于对学生学习全过程的持续观察、记录、反思而做出的发展性评价。其目的是“激励学生学习，帮助学生有效调控自己的学习过程，使学生获得成就感，增强自信心，培养合作精神”。形成性评价不单纯从评价者的需要出发，而更注重从被评价者的需要出发，重视学习的过程，重视学生在学习中的体验；强调人与人之间的相互作用，强调评价中多种因素的交互作用，重视师生交流。在形成性评价中，老师的职责是确定任务、收集资料、与学生共同讨论、在讨论中渗透教师的指导作用，与学生共同评价。形成性评价可以包括以课时为单位的评价、以章节或单元为单位的评价、以半个学期为单位的评价等几种形式。

2. 形成性评价的作用

通过形成性测试,可以使地理教师发现教学策略中的优点与不足,从而改进教学方法,优化教学手段;可以使学生了解自己对地理知识与技能的掌握情况,从而确定努力方向,改进学习方法,增强学习信心。形成性评价除采用问卷或测试题外,教师应特别注意以下两点:一是通过激励性语言,鼓励认真学习、积极思考的学生;二是通过引导性语言,促进不同层次的学生在原有基础上得到明显提高,从而促进全体学生在知识、能力、情感上都有提高和发展。

案例 7-2 运用形成性评价手段激励学生学习

王老师在进行《黄河》一课教学时,采用阅读黄河流域图的方法,引导学生找出黄河发源地、流经省区和注入的海洋,了解黄河概况;在此基础上引导学生回想河流水文特征相关知识,联系黄河流域地形、气候、土壤、植被等要素,分析归纳黄河水文特征,认识黄河对当地生产生活的影响,并进一步探究治理与开发黄河的措施。

在新知识教与学的过程中,王老师重点讲解自然环境对黄河水文特征的影响,不断提出思考问题,在与学生互动的过程中,通过师生之间、生生之间的质疑答疑解疑活动,将教学活动引向深入;时时关注每个学生的学习状态,对认真听讲、积极思考、主动回答问题的学生进行表扬,对学习困难生进行个别指导,针对没有进入学习状态的个别学生及时提醒。

新知识学习结束后,为了检测学习效果,王老师出了一道综合测试题。

阅读所给材料和图 7-1、图 7-2,回答下列问题。

材料:某科学考察队 3 月 12 日从黄河上游 A 点附近出发考察黄河水文特征,沿着干流向中下游考察,4 月下旬到达 B 点附近,考察黄河中游治理情况,5 月初到达 C 点附近考察"地上河"景观,5 月中旬到达入海口,考察黄河三角洲变迁。

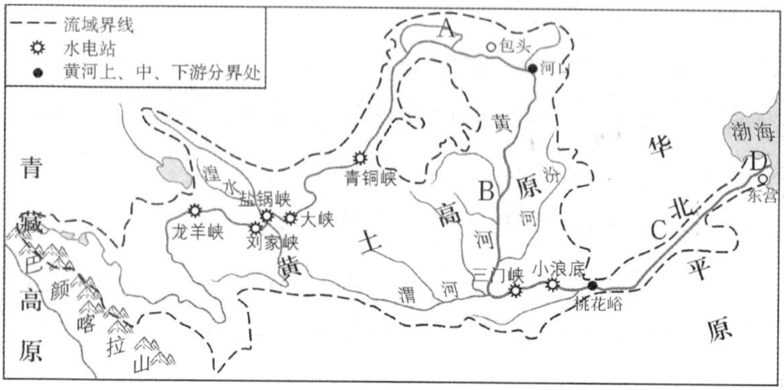

图 7－1　黄河流域示意图

甲：黄河大堤　　乙：黄土高原打坝淤地　　丙：黄河凌汛

图 7－2　黄河流域景观图

(1)黄河发源于________山脉北麓，曲折东流，注入________海，上游与中游分界点是________，中游与下游分界点是________。

(2)考察队按顺序先后见到的景观依次是(填具体名称)：________。

(3)黄河流经黄土高原携带的泥沙，到下游冲积形成了(　　)

A. 东北平原　　B. 华北平原　　C. 河套平原　　D. 长江中下游平原

(4)判断下列说法是否正确，在正确说法后打“√”，在错误说法后打“×”。

A. 主要水利枢纽和水电站均位于黄河上游。

B. 打坝淤地是治理黄河中游水土流失的重要措施之一。

C. 每年夏季暴雨不断，黄河都会发生凌汛。

教师对测试结果进行了粗略统计，发现大多数学生对(1)问和(3)问中关于黄河概况知识掌握较好，(2)问和(4)问涉及黄河流域典型景观分布、水文特征及开发治理的相关知识，有一小部分学生理解不到位，回答不准确，课上进行了订正。

本节课结束前，教师布置了课后思考题：这节课教学中，你认为老师哪些地方讲得好？哪些知识没讲清楚？自己在课上的表现如何，是否有没学会的知识？你认为班上哪些同学在这节课积极主动学习？

案例分析：

王老师在《黄河》一课教学过程中，时时关注每个学生的学习状态，对认真听讲、积极思考、主动回答问题的学生进行表扬，对学习困难生进行个别指导，针对没有进入学习状态的个别学生及时提醒。这种表扬、指导、提醒充分发挥了形成性评价的作用。

测试题的设计思路，体现了课程标准中"运用地图和相关资料，描述黄河的特点，举例说明其对经济发展和人们生活的影响"这一要求，起到了检测本节课学习效果的作用。课后思考题的设计彰显了形成性评价的理念，重视了学习的过程，重视了学生在学习中的体验。

（三）终结性评价

1. 终结性评价的含义

终结性评价是指"对学生在某个学段中的某个学科课程学习结束时学习结果进行的评价"，这里是指学生在初中学段或高中学段地理课程学习结束时的评价。其目的是，对学生该学段地理学习的质量做出结论性评价。换句话说，是为了评定学生的学业（是否符合毕业要求）或升学选拔用。地理学科终结性评价可以是初中学段或高中学段学业水平考试成绩，一般性的学业水平考试只分合格与不合格两个等级。

2. 终结性评价的作用

终结性评价的作用，首先体现在确定学生在某个学段地理学习上的进步和达到学习目标的程度，从而对学生完成地理学业情况做出整体性的价值判断；此外，终结性评价着眼于对某个学段（初中或高中）地理教学取得的成果进行全面的评定；从测试内容覆盖面看，终结性评价比形成性评价宽许多，评价的重点不在于过细的地理知识或技能，而是充分体现培育地理学科核心素养的命题导向与立意，为今后的学习和生活奠定坚实的基础。

学业评价可分为定量评价与定性评价，定量评价是定性评价的基础。定量评价，用数据说话，准确、合理使用数据，揭示“度”的问题。定性评价，赋予数据以意义，建立关联、揭示本质、把握特点。定性评价也称质性评价。

案例7－3　对初中学生地理学业的评价

下面以闻博同学（学生姓名为化名）参加某年初中地理学业水平考试成绩为例，说明终结性评价的过程与作用。

表7－1　闻博同学参加某年初中地理学业水平考试成绩（笔试部分）

姓名	一卷（40道选择题，共40分）	二卷（4道综合题，共50分）				全卷90分
	1～40题（每题1分）	41题14分	42题13分	43题11分	44题12分	
闻博	37	11	11	9	12	80

本套试卷包括一卷和二卷，一卷为选择题，共40道题，每题一分，共40分；二卷为综合题，共4道题，共50分；试卷整体覆盖课程标准约40条，包括地球和地图、世界地理、中国地理三大板块。除笔试成绩外，地理综合实践部分还有10分。两项得分相加即为该生初中学段地理课程总成绩；超过60分即为合格，低于60分为不合格，需要补考，合格后方可毕业。

说明：第一，选择题为客观性试题，由计算机阅卷，直接得分；每小题都给一个分值，答对得1分，答错得0分。第二，综合题为主观性试题，机器扫描每份试卷中的主观题，全区（相当于县）统一抽调教师，使用计算机阅卷，每名考生的试卷都要由两名教师进行双判，若分值相同，即为有效，若分值不同，则须三判，若还有差异（超出规定的差值），由阅卷组长与组员研究决定该题最终得分；阅卷结束后，4道综合题中每个题的每一问分值都能在计算机上显示出来。第三，根据考试要求，承担阅卷的技术公司，可以将每名考生的考试成绩以及某个学校或某个班级的成绩都提供给考试主管部门，这些数据可以包括每道试题的难度、信度、区分度等；命题蓝图也可以输入计算机，将每道题的每一问得分情况与课程标准中的知识点或能力要求对照分析。第四，地理综合实践得分是学生在两年的地理学习过程中，参加综合实践，并将实践成果（包括自制学具、野外考察或社会调查等内容，采用照片、论文、调查报告等形式）传到考试主管部门规定的网站，若实践过程和成果都有，一般可得满分，即 10 分。

闻博同学所在的地区，初中地理学科学业成绩由笔试和地理综合实践活动两部分组成，笔试满分为 90 分，地理综合实践活动满分为 10 分，合计为 100 分。闻博同学笔试成绩为 80 分，地理综合实践活动成绩为 10 分，二者相加，闻博同学初中地理学业成绩最终为 90 分，60 分以上即为合格，因此，闻博同学地理学业成绩为合格等级；如果闻博同学其他学科学业成绩也合格，则准予其毕业。

根据闻博同学地理学业考试笔试成绩、平时表现以及地理综合实践活动成绩，以评语的形式给他定性评价：闻博同学努力学习，在规定时间内完成了初中地理课程的学习任务，积极参加地理综合实践活动，地理学业水平达到了合格标准。

案例分析：

对终结性评价结果进行分析，每位学生和任课教师都能从中得到启发。终结性评价有助于学生在今后的学习中改进学习方法，提高学习效率；有助于教师全面检视自己的教学方法是否得当，教学理念是否先进，教学效果是否满意。

由于地理学业水平考试成绩较好，闻博同学增强了学习地理课程的信心。此外，他在老师的帮助下，查找错题，确定哪些知识点没有掌握，分析出错原因。经查，闻博同学选择题答错 3 道，涉及的知识点（课程标准点）包括：运用地图和相关资料，描述某国家突出的自然地理特征；运用地图和相关资料，联系某国家的自然地理环境特点，结合实例简要分析该国因地制宜发展经济的途径；运用地图和相关资料，简要分析某国家在资源开发、环境保护方面的经验和教训。这三点都属于“主题四认识世界”部分。4 道综合题合计扣 7 分，涉及的知识点（课程标准点）包括：结合实例，说明纬度位置、海陆分布、地形等对气候的影响；运用地图和相关资料，说明自然条件对该区域经济社会发展的影响；运用地图和相关资料，说明港澳与内地经济发展的相互促进作用。这几点中，有一点属于世界地理气候部分，其余两点属于中国地理认识分区部分。闻博同学经过反思，找出了地理学习的短板，即区域地理学习方法掌握不扎实。为了迎接地理中考，以及为高中学好地理打下基础，闻博同学制订了以下改进措施：一是向老师请教区域地理的学习方法；二是自己在中考前多做一些区域地理典型试题，理清答题思路；三是向班上其他优秀同学学习。

任课教师对自己所教班级学生的地理考试结果进行分析，发现优势，聚焦问题，精准施策。找准典型问题、关键问题，反思教与学的过程，探索今后教学改进、提升之路径。一是针对每个学生在地理知识点上的短板，加强指导，激励优等生，带动中等生，帮扶学困生，提高全体学生在地理学业水平考试中的平均分、优秀率、及格率；二是查找错题集中出现的考点，在下一轮教学中改进教学策略，提高教学实效。

三、地理教学评价的作用

（一）促进地理教师专业发展

1. 引导地理教师形成正确的地理教学观

地理教师的教学思想是否端正，直接影响着地理教学质量的提高和教学方向。因此，应有一定的方法和手段促使地理教师形成正确的地理教学思想，树立正确的地理教学观。这样的方法和手段很多，对地理教师的教学进行评价就是其中的一种。透过地理教师对地理教学目标的制定、教材的分析与组织、教学方法的运用、地理教学过程的设计与调控等外显的教学行为，就可以评价其地理教学思想。地理教学评价能帮助教师端正教学思想，树立正确的地理教学观。

2. 引导地理教师不断改进教学

进行地理教学评价，总要制定一系列评价的标准，这些标准都是依据一定的教育思想和地理教学目的制定出来的，一般都体现出地理教学的方向性。通过评价，可使地理教师知道地理教学的最高标准，明确自己的努力方向，即具有导向作用。通过评价，可以发现教学中存在的问题与不足，从而及时纠正；通过评价，还可以使教师作横向比较，了解自己的优势与不足，发现他人的长处，增强教师的竞争向上意识，调动教师教学的积极性。

地理教师在教学中都会表现出自己的教学特点，其中也可能有可供他人借鉴的经验。通过对教师课堂教学的评价，可以概括出一些带有规律的地理教学经验，用以进行交流，指导地理教学。

3. 促进地理教师的教学研究

地理教学的评价标准带有一定的方向性，为了达到相应的评价标准，就必须深入钻研。例如如何分析和组织地理教材，怎样选用地理教学方法，如何指导学生学习，怎样训练学生的地理技能等，都要进行研究，才可能找到最佳途径。另一方面，这些问题通过评价人员的分析、探讨，与被评价人取得较为一致的认识，就可以找到研究的起点。

（二）促进学生地理学科核心素养形成

地理教学评价既包括对老师的教学评价，也包括对学生的地理学习评价，有关地理学习评价的作用将在第三节阐述，这里就不再赘述。需要说明的是地理学习评价是对学生的学习过程和学习结果进行评价，其终极目的是促进学生地理学科核心素养形成。

第二节 地理课堂教学评价设计

学习目标

1. 能举例说出地理常态课与地理优秀课特点。
2. 能说出地理课堂教学评价方法。
3. 能应用地理课堂教学评价指标对某节地理课堂教学进行评价。
4. 能结合地理课堂教学实践撰写一篇教学反思。

一、地理课堂教学评价

做好地理课堂教学评价，需要深入研究地理常态课和地理优秀课各自具备哪些特征。从以往的地理课堂评价指标看，主要是针对竞赛或评优用的，对于常态课评价的研究不够。本书主张根据地理常态课和地理优秀课的特点，将地理课堂教学评价分为地理常态课评价和地理优秀课评价。

（一）地理常态课的评价

1. 地理常态课特征

这里所说的常态课是指教师在认真学习课程标准，细心研读教材，精准把握学情的情况下，运用已掌握的教学基本技能撰写教学方案及学案（学习任务单），制作教具及多媒体课件，较好地完成某一课时或单元教学任务的常态课。地理常态课一般具有以下特征。

（1）科学性。对于某一课时的教学内容，要依据课程标准，整合教材与学材内容，尊重地理科学。教师必须理论联系实际，做好教学准备。

（2）可行性。教师设计的教学方案所涉及的教学内容、教学活动、教学方法等都要具有可行性，否则就无法完成教学任务。

（3）规范性。只有将教学行为、方法、手段等做到规范，才能使教学“有板有眼”，从而达到预期效果。规范性涵盖的内容很多，比如，教学语言的规范性，教学方式方法的规范性，教学方案设计的规范性，板书与板图设计的规范性，地理教具和多媒体课件制作与使用的规范性，选择或命制检测试题的规范性等。

2. 地理常态课的评价方法与评价指标

地理常态课的评价指标确定，要依据常态课特征，可以包括下列指标：师德师风、教学方案设计（可包括学习任务单设计）、基本素质与基本技能、教学内容与教学过程、自我评价、学生评价等。详见表7－2。

对教师师德师风的评价，应坚持定性评价与定量评价相结合的方式，以定性评价为主，定量评价为辅。评价主体应多元，学校领导、班主任、相关教师可作为师德师风评价的主体，教育主管部门及教科研部门也可参加评价，另外的两个评价参与者更不能缺少，即教师自我评价和学生对教师的评价。

表7－2 中学地理常态课教学评价表

讲课教师： 课题： 评课人：

评价项目	评价要点及特征描述	权重	符合程度		本项得分
			基本符合	基本不符合	
师德师风	1. 乐教爱生，言传身教，贯彻国家教育方针	5			
教学方案设计	2. 对课程标准的理解和把握等教学背景分析透彻	5			
	3. 教学目标符合课程标准和学生实际，明确、具体、可操作	5			
	4. 教学重点难点准确，符合教学要求和学生实际	5			
	5. 教学设计思路清晰，科学可行，表述规范，有学科特色	5			

续表

评价项目	评价要点及特征描述	权重	符合程度		本项得分
			基本符合	基本不符合	
基本素质	6. 教态亲切,语言规范,仪表得体	5			
	7. 图像分析及教具演示准确规范	5			
教学过程	8. 精选课堂导入的情境,将导入、导学、导练、拓展有机衔接	7			
	9. 重视地理图像判读的指导,不同内容学习方法的指导,先学后教	10			
	10. 设问合理,能有效引导学生参与活动	7			
	11. 学生认真倾听教师讲解和其他学生发言,主动参与讨论	7			
	12. 教学资源丰富,媒体选择恰当,设计美观,教学方法适当,有助于突出重点、突破难点	7			
	13. 学生能运用所学知识举一反三,联系实际解释简单地理现象,探讨协调人地关系的办法	7			
教学效果	14. 气氛活跃,多数学生有展示自己的机会,基本完成教学目标	5			
自我评价	15. 客观评价自己的教学设计和教学实施效果	5			
学生评价	16. 课下访谈学生:本节课有哪些收获?还有什么困惑?对教师和自己在课堂上的表现满意程度如何?	5			
教学特色	17. 本节课教学是否有特色?	5			

续表

<table>
<tr><th rowspan="2">评价项目</th><th rowspan="2">评价要点及特征描述</th><th rowspan="2">权重</th><th colspan="2">符合程度</th><th rowspan="2">本项得分</th></tr>
<tr><th>基本符合</th><th>基本不符合</th></tr>
<tr><td>总体评价</td><td colspan="3">1. 从是否体现地理课程的区域性、综合性等角度进行评价；
2. 从是否贯彻“学习对生活有用的地理、对终身发展有用的地理”等新理念进行评价；
3. 从师生的课堂表现及完成教学目标的程度进行评价</td><td colspan="2">总分：
等级：</td></tr>
<tr><td>说明</td><td colspan="5">评价要点中的师德师风项，须达到“基本符合”，其他评价要点有 12 个以上达到“基本符合”的为 A 级，10—12 个为 B 级，7—9 个为 C 级；师德师风若为“基本不符合”或其他评价要点达到“基本符合”程度的在 6 个以下，评为 D 级</td></tr>
</table>

中学地理常态课评价要点的选取，主要是依据课程标准和各级教育主管部门制定的教师基本素质要求、课堂教学要求，结合地理常态课特征，加以综合考虑；同时借鉴了国内其他专家或教研部门研制的地理课堂教学评价方案；各项指标权重确定来源于评课实践经验。中学地理常态课评价方案突出了师德师风的评价，突出了基本素质的评价，突出了教学规范性的评价，突出了多元主体的评价。在确定评价等级时，师德师风起到一票否决作用。

常态课评价的等级，可分为 A 级课（优秀）、B 级课（良好）、C 级课（中等）和 D 级课（不合格）。需说明的是常态课或“推门课”的评价指标及权重，需要根据课堂教学评价做出适当的调整。

（二）地理优秀课的评价

1. 地理优秀课特征

这里所说的优秀课一般是指在县级以上层面开展的评优课、观摩课（展示课）、示范课或研究课，这类课大多是由教研组集体备课，专家指导，反复打磨，最终由一名教师主讲，体现的是集体智慧的结晶。目前，国内对优秀课的特征及评价指标尚无统一说法。有学者认为，优秀课要有料、有趣、有法、有得等。纵观近年来省级或国家级的评优课(或展示课),首先要符合常态课的科学性、可行性、规范性;此外,主要看课堂是否特色鲜明。地理教学特色可以体现在多个方面,举例说明如下。

(1)板书与板图有机结合。能够循序渐进地展示地理事物的空间分布和时间变化特点,体现地理知识的内在联系以及学习思路或方法。师生共同书写或修正板书、板图,可有效提高学生参与教学程度,体现“示证新知”的教学原理,实现“思维可视化”。以北京教育科学研究院编著的义务教育教科书地理八年级下册《东南亚》教学板书为例,如图7-3和图7-4所示。

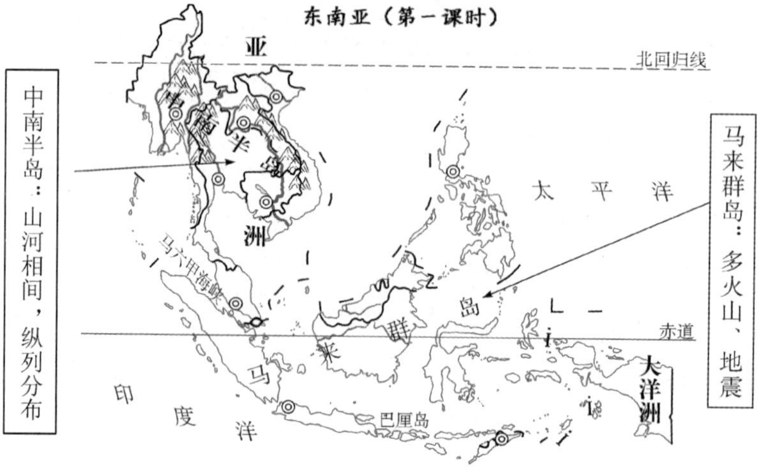

学习思路:找范围→说位置→识地形→认河流

图7-3　东南亚(第一课时)板书

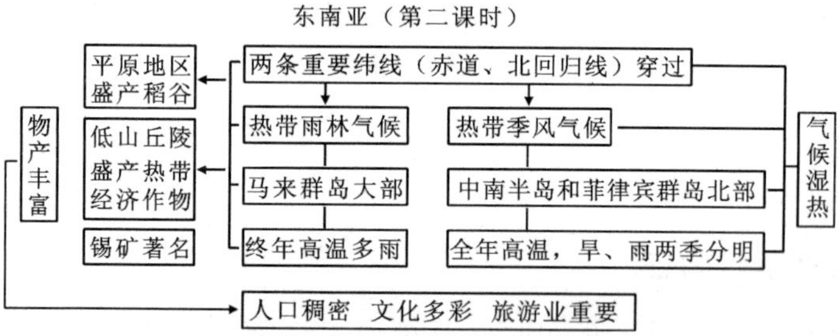

学习思路:析气候→寻物产→定分布→赏文化

图7-4　东南亚(第二课时)板书

东南亚第一课时采用板书与板图有机结合的形式,充分体现了地理事物的空间分布及内在联系,体现了位置、范围、地形、河流等教学重点,总结了认识地区这类课程的一般学习思路或方法。东南亚第二课时采用联系式或结构式板书，用线段相连的方式展现地理事物的内在联系，箭头指向反映地理事物的因果关系，进一步总结认识地区这类课程的学习方法。

(2)师生亲历情境及地理综合实践活动成果的运用。师生亲历情境是指教师和学生通过日常的观察、感悟，以及有计划的研学旅行，到社区参观调查，到野外考察等活动，对地理事物的空间分布及时间变化规律有所感悟，结合相关地理教学内容，将这些亲历情境或地理综合实践活动成果用于课堂讨论交流，这种教学形式有利于贯彻学习对生活有用的地理等新课程理念，有利于培养学生的地理学科核心素养。

(3)重视信息技术与学科教学整合。多媒体课件(演示文稿)是最常用的信息技术手段，能够有效提高地理教学的信息量，对地理事物的成因等进行演示或分析，促进学生思维力发展；Pad(平板电脑)、VR(虚拟现实技术)、AR(增强现实技术)等新技术的应用，有利于学生对地理信息的提取与整合，有利于展示其学习成果，有利于教师了解每个学生的学习状况，从而提高地理课堂教学效率。

(4)体现质疑、答疑、解疑的学习观。师生之间与生生之间的质疑、答疑、解疑，使全体学生积极主动参与教学全过程。教师或学生在回答其他同学的质疑时，一定要说出自己回答的依据(主要是地图或其他教学资料，也可以是亲历见闻)。质疑与追问相结合，可将地理教学活动引向深入，彰显生命课堂活力。

(5)地理实验及学具的制作与使用。地理实验或学具制作是培养学生地理实践力的重要途径之一，有利于培养学生创造性思维和动手操作能力。

2. 地理优秀课的评价方法与评价指标

地理优秀课首先要具备常态课特征，其次要彰显地理教学特色。优秀课与常态课评价指标的权重要有所区别。

为了达到地理课堂教学评价目的，依据课程标准要求，结合常态课和优秀课特征，考虑学生和学校实际，对地理课堂教学中教师的师德表现、基本素质、教学方案设计、教学过程中的活动落实情况以及教学效果等进行定量评价;在定量评价的基础上,写出评语,确定等级,进行定性评价。

中学地理优秀课的评价要点选取,与常态课没有明显区别,但评价指标的权重不同,评价要点的符合程度表述不同。由于优秀课是经过集体备课、专家指导、层层选拔上来参评的,一般来说,科学性、可行性、规范性基本上不会出现大的问题,师德师风也不会出现严重问题。因此,将教学方案设计、基本素质、教学过程等项指标的权重适当降低;将评价要点的符合程度由常态课的“基本符合”“基本不符合”,调整为“符合”“基本符合”;评价等级也由常态课的 A、B、C、D 四个等级,调整为 A、B、C 三个等级。优秀课的评价是为了推优和示范引领,因此,优秀课的评价方案应增加教学特色项目的权重,目的就是发现更多闪光点,引领地理教学改革,培养优秀地理教师,不断提高地理教学质量。

3. 地理课堂教学评语及等级划分

地理课堂教学评价,除量化打分外,还应写出评语,综合确定等级。本着评价者与被评价者互相交流、互相学习的态度,评语应突出教学过程中的闪光点,鼓励教师深入探索,对于教学过程中的不足提出改进建议;根据评价目的需要,可以将评价结果分为 A 级课(特等奖或一等奖)、B 级课(二等奖)、C 级课(三等奖)。

近年来,在地理新课程实施过程中,各地区都在不断探索促进教师和学生发展的地理课堂评价方案。云南省昆明市在地理新课程教学评比中使用了新的评价量表,见表 7-3。

表 7-3　云南省昆明市地理新课程教学评价量表

评价指标		评价要素	赋分		得分
教学目标（10分）	立德树人	1. 基于学科性质和特点,挖掘学科的育人价值,落实立德树人根本任务,培育与践行社会主义核心价值观	5	10	
	核心素养	2. 立足课程标准的要求,制定符合学生实际和需求的必备知识、关键能力、学科素养与价值观念的教学目标,表述清晰,可观察、易检测	5		

续表

评价指标		评价要素	赋分		得分
教师状态（40分）	学习内容	3. 根据学生学习需求和基础，引用真实的学习情境，创造性地使用新教材	5	40	
		4. 设计指向清晰的学科本质理解与高阶思维层级化的任务（如：问题串）用任务驱动学生在亲身实践和体验中发展核心素养与关键能力	5		
		5. 运用合理、灵活、有效的教学方法，吸引、激励学生积极主动地投入学习过程，教学氛围民主、和谐	5		
		6. 合理选用信息技术等教学媒体，提高学习的实效性	5		
	学习指导	7. 在预习、听课、阅读、复习、作业、实践等环节给予学生具体学习方法的指导	5		
		8. 针对特定目标或内容，给予学生规范、清晰、易懂的思维示范或行为示范，没有科学性错误	5		
		9. 能对学生的行为给予及时、恰当的评价与反馈，能充分利用教学过程中生成性资源，以评价促进学生的发展	5		
	特色	10. 体现学科教学特点，具有个人教学风格	5		
学生状态（40分）	学习活动	11. 学生积极参与教师根据不同目标、内容组织的发现学习、自主学习、合作学习等多种方式的学习活动	10	40	
		12. 学生在活动中表现出问题意识和适当的思维深度	10		
	学习效果	13. 学生理解所学内容，能够利用所学知识进行识别、描述、说明、解释、分析等	10		
		14. 学生能够运用所学内容和学科思想与方法，进行证明、阐述、评价、设计、建构、创造等，有效迁移解决问题，能够对基于学科的态度、价值观产生共鸣和认同，并表现出进一步学习、探索的欲望	10		

续表

<table>
<tr><td colspan="2">评价指标</td><td>评价要素</td><td colspan="2">赋分</td><td>得分</td></tr>
<tr><td rowspan="2">教学功底
（10分）</td><td>语言</td><td>普通话标准，用语规范，节奏处理得当</td><td>5</td><td rowspan="2">10</td><td rowspan="2"></td></tr>
<tr><td>板书</td><td>板书突显教学重点、难点；整洁美观，有创新性</td><td>5</td></tr>
<tr><td rowspan="2">综合评价</td><td>等级</td><td>优（$P\geq 85$）　良（$75\leq P<85$）　中（$60\leq P<75$）</td><td colspan="2">总分
（P）</td><td></td></tr>
<tr><td colspan="5">评价人签名：</td></tr>
</table>

二、地理课堂教学反思

（一）地理课堂教学反思的概念

教学反思是指教师对教育教学实践的再认识、再思考，并以此来总结经验，吸取教训，进一步提高教育教学水平。反思是教育者对教育教学观念与实践行为进行审视和分析的过程。

地理课堂教学反思是指地理教师对课前准备情况（包括教案与学习任务单的设计、课件制作与教具选择、学生课前调查与自学）、课上教学过程（包括师生活动情况、落实教学目标程度、教学效果）、课后巩固情况等开展"回头看"，梳理优点和成功之处，找出不足和有待改进的地方，为今后优化教学内容，改进教学方法，提高教学效率探索新的路径。

（二）地理课堂教学反思的作用

教师成长三大定律。第一定律越是扎根教师的现实需求，越是有效；第二定律越是扎根教师的鲜活经验，越是有效；第三定律越是扎根教师的实践反思，越是有效。可见，边实践边反思是教师成长的必由之路。

1. 地理课堂教学反思是促进教师养成良好思维习惯的重要途径

没有新的思维，永远不会有大的进步。教师只有经常反思，找出优点和不足，优点发扬光大，不足加以改进，重新进行教学设计，教学水平才能不断地提升,进而使自己逐渐养成反思的良好习惯。

2. 地理课堂教学反思为教师教学能力发展提供了新方法

反思性教学实践所应有的行动研究,如教学日志或教研组内相互听课、评课等都具有方法论的意义。反思不仅仅是“闭门思过”,教师之间的合作与对话也是进行教学反思的一种重要方式。教学反思要求教师要立足于自我,批判地审视自己的教学行为,它不以某个概念化的静态教学法去规范具体的、动态的教学实践。反思不是简单的教学经验总结,而是伴随教学全过程的分析问题与解决问题的活动。因此,教学反思为教师教学能力发展提供了一种新的方法。

(三)地理课堂教学反思的撰写注意事项

地理教学反思范围比较广,既有课堂教学反思,也有地理综合实践反思;既有教学方法的反思,也有教学手段的反思;既有课时反思,也有单元反思、学期反思或学段反思;既有对教学过程中单一要素的反思,也有对多要素的综合反思;既有纵向反思(比较自己前后不同时期的教学策略、教学手段等方面的变化),也有横向反思(将自己与其他同事进行比较,发现别人优点,改进自己不足)。下面主要介绍课堂教学反思撰写应注意的几个问题。

1. 写教学过程中的失误或不足

常言道:没有最好的课,只有更好的课。课堂教学难免有疏漏与失误。因此,在写教学反思的时候,首先就要考虑本节课在哪些教学内容和教学环节方面有不足的地方,这样认真地找出问题所在,才能为分析其原因并提出解决办法打下基础。

2. 写教学过程中的成功之处

初中地理教学内容比较简单,许多知识学生看书就能学会,较难的知识点经教师点拨,多数学生也可以掌握,因此许多教师认为初中地理没什么可教的。殊不知,正是这种简单的内容才容易使教与学的活动停留在表面,很难将教学活动引向深入。教师可以通过深入研究课程标准和教材,优化教学方法,巧妙设问和追问,引导学生深度思考,联系实际,解决问题。当改进后的教学策略取得成功之后,可以将其过程和体会写出来。每一次成功都会激励自己向着更高目标奋进。

3. 写改进策略或新的探索途径

讲课后静心思考:有哪些失误或不足?摸索出了哪些教学规律?教法上有哪些创新?知识点上有什么发现?组织教学方面有何新招?解题的诸多误区有无突破?启迪是否得当?训练是否到位?及时记下这些得失,并进行必要的归类与取舍,考虑再教这部分内容时应该如何做,写出改进策略或设计新的探索途径,这样做可以起到发扬优点,克服缺点,避免再失误的作用,把自己的教学水平提高到一个新的层次。

开展教学反思的过程,是教师借助行动研究,不断探讨与解决教学目的、教学工具和自身方面的问题,不断提升教学实践的合理性,不断提高教学效益和教科研能力,促进教师专业化的过程,也是教师直接探究和解决教学中的实际问题,不断追求教学实践合理性,全面发展的过程。教师的教学反思还可以作为课堂教学量化评价和定性评价的重要依据。

案例 7-4 《东南亚》教学反思

《东南亚》是地理八年级下册第六章第一节的内容。根据课程标准要求,学生需要学习世界地理分区中的至少 5 个地区,完成 8 条标准。东南亚是学生学习的第一个地区。以东南亚为例,如何掌握认识一个地区的方法或学习思路,为今后学习其他地区打下基础,是本节课设计的出发点。因此,我在进行教学设计之初,首先研读课程标准相关要求,深入分析教材,了解学生已有知识与技能储备情况,在此基础上制定切实可行的教学目标,选择适合的教学方法,设计恰当的教学环节;运用多媒体教学手段提高学生的学习兴趣,通过自主学习、合作交流、积极探究、教师点拨等教学活动,提高课堂教学的实效性;通过师生共同书写、绘制、板书与板图活动,突出教学重点,突破教学难点,取得了较好的教学效果。

《东南亚》一课的教学设计与实施有以下几个亮点。

1. 教学规范性

从课程标准的解读与教学目标的制定，到教学重点、难点的确定及教学方法和手段的选择，再到教学环节及板书、板图的设计，多媒体课件的制作，都体现了教学的规范性。

2. 学习方法的指导

首先是对具体问题的指导。例如，当学生回答出东南亚的范围包括中南半岛和马来群岛，此时教师追问：你是怎么得出来的？从而引导学生看图例、注记，包括字体、字号、颜色，以及注记覆盖的范围。其次是对学习区域地理整体方法的指导。例如，怎样识别一个地区的地形？当学生回答出中南半岛山河相间、纵列分布，马来群岛岛屿密布、多火山地震时，教师追问：我们归纳东南亚地形特征时，得到了上述结论，如果识别其他地区地形时，应从哪些方面考虑呢？从而引出了识别一个地区地形的一般方法。

3. 体现自主学习与积极探究的新课程理念

第一课时设计了 6 个活动，包括找范围、说位置、识地形、认河流、学法小结、巩固练习。第二课时设计了 6 个活动，包括析气候、寻物产、定分布、赏文化、学法小结、巩固练习。学生通过自主学习、合作交流、积极探究，完成学案上的相关要求。激发了学生学习的积极性，提高了课堂教学的实效性。

4. 构建适合区域地理的教学模式

我在教学实践中积极探索，构建了适合区域地理的教学模式，即“创设情境，恰当设问；阅读思考，讨论质疑；归纳小结，巩固练习；评价矫正，创新提高。”设计了适合区域地理的教学环节；例如，找范围、说位置、识地形、认河流、析气候、寻物产、定分布、赏文化等。上述教学模式的构建与教学环节的设计，对于落实课程标准有明显的促进作用。

5. 运用过程性评价激发学生学习兴趣

一是在课上运用激励性语言，鼓励认真学习、积极思考的学生；二是运用引导性语言，促进不同层次的学生在原有基础上得到明显提高。

此外，由于自己长期担任中学地理教研员，对授课班级学生的了解不够全面。例如,对学生学习习惯、学习兴趣等方面的长处和不足了解不够,使得个别学生在参与教学活动时不能充分展示自己的学习成果。今后应加强对学生的了解,设计更为合理的教学活动,使全体学生都能够积极主动地参与教学全过程,使全体学生在知识、能力和情感等方面得到全面发展。

案例分析:

从《东南亚》一课教学反思可以看出,该教师基本功扎实,从备课到上课都做了精心准备,对地理课程标准、教材等方面作了深入研究。从教学规范性、学习方法指导、贯彻新课程理念、构建区域地理教学模式、形成性评价手段运用等多方面阐释了本节课的成功之处,增强了今后开展地理教学改革的自信心。此外,该教学反思还找出了本节课的不足及有待改进之处,这也是教师取得新的进步的前提。

三、地理课堂教学评价案例分析

下面以一节地理优秀课"《地形图的判读》教学设计及实施"为例进行分析。

案例 7－5 《地形图的判读》教学设计及实施

<table>
<tr><td>课题</td><td>义务教育教科书 地理 七年级上册(北京教育科学研究院编著)
第一章 第三节 地形图的判读</td></tr>
<tr><td>授课教师</td><td>黄春江:北京市顺义区第三中学</td></tr>
<tr><td colspan="2">一、指导思想与理论依据</td></tr>
<tr><td colspan="2">1. 关注核心素养,培养"地理实践力"
地理课程核心素养,是学生适应终身发展和社会发展需要的必备品格和关键能力。其中,培养地理实践力,获得基本活动经验,使学生在实践中更快、更深入地掌握知识,形成地理思维品质,提升地理行动能力,是对地理学习方式的根本改变。同时,还能培养学生相互帮助、彼此合作、参与和决策等意识。</td></tr>
</table>

续表

本节课中,从学生的认知实际出发,创设符合学生年龄特点的学习活动,指导学生制作陶泥山体模型、绘制等高线地形图、画板图等活动,都体现了这一指导思想。 2. 贯彻地理课程新理念,构建开放的地理课程 构建开放的地理课程,强调“地理课程着眼于学生创新意识和实践能力的培养,充分重视校内外课程资源的开发,着力拓宽学习空间,倡导多样的地理学习方式,鼓励学生自主学习、合作交流、积极探究”。 3. 落实德育目标,培养“健全的人格” 《北京市义务教育阶段学科德育指导纲要》(初中地理学科指导纲要)中,对“健全的人格”培养的要求:通过地理学习,使学生初步形成对地理的好奇心和学习地理的兴趣,提高创新意识和能力,增强合作意识、科学探索精神。
二、教学背景分析
1. 课程标准解读 (1)课程标准要求:结合地形观察,说出等高线地形图表示地形的方法。 (2)理解与把握: 该条标准目的是让学生了解“等高线地形图表示地形的方法”可以解读为:了解在等高线地形图上表示常见的地形部位(山峰、山脊、山谷、陡崖、鞍部)的方法和表示地形陡缓的方法。 了解等高线地形图的含义(什么是等高线、什么是等高线地形图)。 “结合地形观察”,可以实地观察,也可以观察模型(山体地形模型),让学生通过实际地形的不同部位与等高线图上的相应部位相对照,学习在等高线地形图上判读地形部位的方法。 2. 教学内容分析 (1)本课时教学内容的地位和作用。 本节课是地图知识的重要组成部分。等高线地形图是学习地形的工具,能为今后学习中国地形、世界地形等知识奠定基础。 本节课是学习等值线图的起点。等高线地形图的绘制原理和判读方法,能为今后学习其他类型等值线图提供方法指导。

续表

(2)教材内容的处理。 本节教材内容简略,可塑性强,要求学生具有一定的空间思维能力。设计时,重点处理两处: 增补:制作陶泥山体模型、绘制等高线地形图的内容。原因:学生空间思维能力薄弱,实践经验缺乏。 调整:海拔和相对高度,上节课讲过了;原因:学生活动需要。分层设色地形图放在下节课中学习。原因:本节概念多、难度大。 3. 学生情况分析 (1)已有知识和能力储备。 七年级学生能感知地表起伏,但空间思维能力薄弱。 对地图知识尚在学习过程中,读图技能有限。 (2)已有知识和新知识的差距,如何解决。 对学生来说,判读等高线地形图是全新知识,有一定难度,要求学生具有一定的空间想象能力。 解决这些问题的第一步,是设计实践活动,将所学内容直观、形象化,丰富学生的认知,帮助学生理解等高线地形图的形成和特点;第二步是采取小组自主学习的形式,给每组配备了等高线地形模型和与其对应的等高线地形图,学生通过观察、讨论、绘图,完成基本学习内容,然后在交流展示、讨论分析的基础上进行归纳总结,降低了个体学习难度。 (3)以往教这部分内容易出现的问题,如何解决。 静态的读图——学生难以理解;动态课件演示、描述——学生思维活动深度不够。 解决办法:动手实践,图模对照,理解等高线地形图与模型上各个部位的对应关系。将学生置于小组中自主学习,促进学生真观察、真思考、真感悟。
三、教学目标、教学重点和难点、教学方法和手段
1. 教学目标 (1)通过制作模型、绘制等高线地形图等活动,学会运用等高线地形图,识别山峰、山脊、山谷,判读坡的陡缓。 (2)通过对比观察、读图分析、讨论交流等活动,掌握“阅读等高线地形图”的基本方法。

续表

2. 教学重点和难点

“运用等高线地形图，识别山峰、山脊、山谷，判读坡的陡缓”，既是教学重点也是教学难点。

重点落实：判读等高线地形图，归纳判读方法。通过师、生绘制等高线地形图，了解等高线地形图的制图原理，明确等高线及等高线地形图的特点；通过小组自主学习、讨论，学会判读地形部位并归纳判读方法。

难点突破：在等高线地形图上判读地形部位，对七年级学生来说最大的困难是空间想象能力薄弱，无法将等高线地形图与实际地形景观建立对应关系。于是，通过制作模型、绘制等高线地形图，将等高线地形图与模型对照的方法，帮助学生实现立体与平面之间的思维转换。

3. 教学方法和手段

(1) 教学方法：启发式讲授与小组合作学习结合。

(2) 教学手段：自制学具——等高线地形模型、多媒体课件、板书与板图。

四、教学过程

教学环节	教师为主的活动	学生为主的活动	设计意图
课前实践绘地图	指导学生活动：做陶泥模型，绘制对应等高线地形图。	做陶泥模型，绘制对应等高线地形图。	制作学具，为课堂教学提供资源。激发学习兴趣，培养学生实践能力。

情况介绍：在整个过程中，学生们不断遇到问题，也在不断解决问题。

塑形时，虽然先让学生看过了山地的景观图，但是由于实践经验和空间想象力缺乏，制作的模型很简单，学习需要的部位不突出，他们自嘲“像个鞋子”。后经指导，他们又经过切、补、捏等环节，把陡崖、山脊、山谷、陡坡、缓坡等基本部位都表示出来了。

描点时，开始不顺利，拿尺子和执笔的同学，配合不一致，尤其尺子不垂直，描的点误差太大。后来，经过讨论与实践，他们保持尺子垂直、沿着模型底边，慢慢移动尺子，在同一海拔高度描点，就熟练多了，描的也比较准确。

绘图时，怎么能让绘出的等高线地形图与模型更匹配？用两根粗铁丝，从两个山峰顶部，将模型垂直固定在泡沫板上，找好固定点，描出的等高线位置就比较准确了。

导入新课赏图片	欣赏几幅景观图片，分别是山峰、鞍部、山脊、山谷、陡崖。提问：地图上怎样注记山峰高度？如何将这些高低起伏的山体构成部位表示在地图上呢？	根据生活经验，识别景观图片，说出山体构成部位。	直入主题，增加感性认识。
分享交流谈过程	1. 选四名参与制作陶泥山体模型、绘制等高线地图的学生，与全班分享制作过程和感悟。 2. 在学生交流结束后，教师适当补充、简要归纳。	1. 展示亲手制作的陶泥山体模型和与之对应的等高线地形图。 2. 结合自己制作的PPT文稿，分别从“塑形、描点、连线、横剖、绘图”几个关键步骤，给大家介绍等高线地形图的形成过程，分享制作感悟。	展示立体与平面的转换过程。 通过交流，分享实践活动成果，将所学内容直观、形象化，丰富学生的认知，帮助学生理解等高线地形图的形成和特点。 展示学生创新成果和实践能力。

情况介绍：学生谈的“如何制作模型、绘制等高线地形图”的过程，也是“由立体到平面的转换”过程。选四名课前参与实践活动的同学，自己制作了PPT，分别从“塑形、描点、连线、横剖、绘图”几个关键步骤，给大家介绍从制作模型到绘制等高线地形图的转换过程，分享动手实践的感悟。

通过交流，分享实践活动成果，将所学内容直观、形象化，丰富学生的认知，为后面判读等高线地形图做了很好的铺垫。交流过程中，还展开了积极的互动。例：发言同学提出了问题：横剖时，泥有些粘，很费力，怎么办？绘图时，两根硬铁丝有什么用途？引发同学们更深入地去思考。（视频展示）

续表

初识地图说特点	指导学习:初步认识等高线和等高线地形图。 巡视指导,帮助学生。	自主学习:完成学习任务单上设计的问题,归纳出等高线地形图"同线等高、同图等距"等特点。	利用学生亲手绘制的等高线地形图,初步认识等高线和等高线地形图。 这是学生判读等高线地形图的开端,明白了等高线和等高线地形图的特点,才能深化读图内容,推进判读过程。
自主判读识部位	1. 全班分四组,每组抽签选取学习任务。 2. 学习资源: (1)等高线地形教学模型;(2)与等高线地形模型相对应的等高线地形图(教师绘制,见学习任务单);(3)打印标签(山体部位名称),放在桌上的纸盒里。 3. 巡视,指导学生完成学习任务。	1. 组长明确抽签选取的学习任务。 2. 观察模型,熟悉部位。找出山体各构成部位,将写有名称的标签贴在模型上。 3. 对照地形模型,阅读等高线地形图,通过观察、讨论、绘图,完成本组抽签选中的任务。 4. 在教师巡视指导后,修正答案,选出本组交流代表。	将等高线地形图与模型对照,识别山体部位,观察等高线形态,寻找判读方法,落实重点、突破难点。 教师绘制与模型对应的等高线地形图,供学生对照观察,直观形象,降低学习难度。 开展自主学习,合作探究。增强学生学习好奇心,激发学习兴趣。
情况介绍:在模型上识别山体部位、贴标签,学生参与特别积极,认真观察、主动探讨。接下来,针对本组抽取的任务,将等高线地形图和模型对照,观察对比不同地形部位的等高线形态,归纳判读方法。落实重点、突破难点。			

续表

展示交流找方法	指导学习： 1. 班内展示交流。 （教师讲解、纠正学习结果，指导画板图） 2. 归纳总结：等高线地形图判读方法。	1. 各组交流代表，说出本组题目答案；在黑板上画出等高线简图，写出各地形部位等高线特点。 2. 归纳等高线地形图判读方法。	通过展示交流，训练语言表达能力。 学绘板图，加强理解和记忆，培养地理学科素养。 归纳判读等高线地形图的方法。

五、板书与板图设计

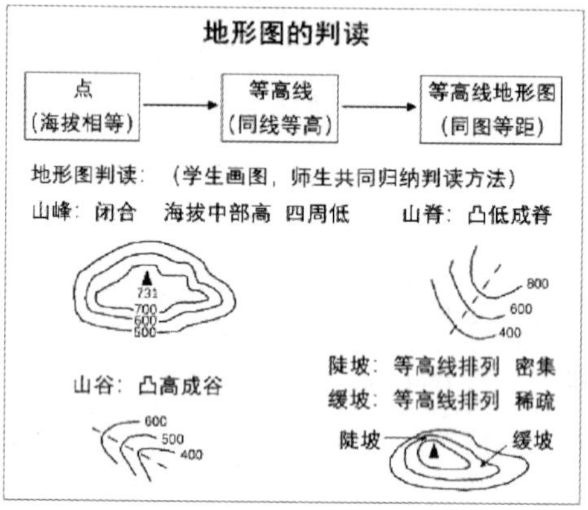

六、教学反思

1. 教学设计特色

（1）关注核心素养，培养地理实践力。地理实践活动是培养学生地理实践力的主要方式。本节课在突出重点、突破难点的处理上，进行了实践活动设计，将书本知识与实践活动相结合，使学生获得基本活动经验，更快、更深入地掌握知识，形成地理思维品质，实现了对地理学习方式的改变，提升了学生地理实践力。

（2）关注德育目标，培养健全人格。本节课通过动手实践、自主学习、展示交流等活动，使学生初步形成对地理的好奇心和学习地理的兴趣，提高创新意识和能力，增强合作意识、科学探索精神，体现了《北京市义务教育阶段学科德育指导纲要》(初中地理学科指导纲要)对"健全的人格"培养的要求。

2. 教学效果与待改进的地方

(1)课堂效果:学生学习兴致高,参与活动积极;学生合作互助,提升课堂学习的实效性。

(2)待改进的地方:对学生可能存在的问题预估不足。例如,在"识别山体部位、贴标签"的活动中,学生争议时间较长,出乎意料。学生实践经验缺乏。时间统筹有待改进,预留要充分一些。

附:学生制作学具——等高线地形模型,如图7-5所示。

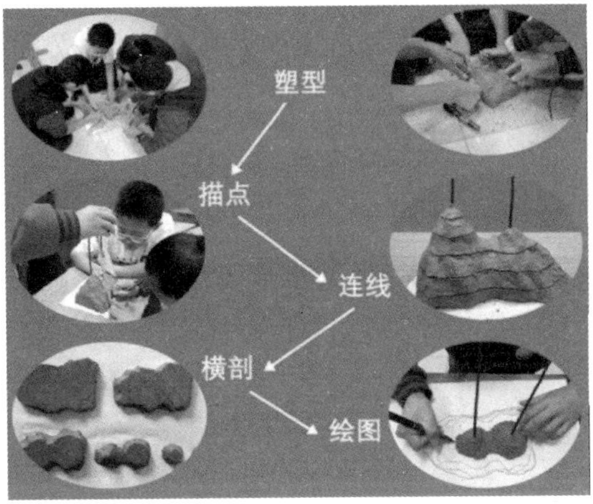

图7-5 学生制作等高线地形模型

对该节课的评价:

黄春江老师主讲的《地形图的判读》一课,教学设计科学、规范、可行;对课程标准的理解深入,把握准确;教学目标可操作、可检测;教学过程中突出重点和突破难点的活动安排,充分体现了培养学生综合思维与地理实践力等地理课程核心素养的新课程设计思路,重视地理图像判读的指导;气氛活跃,多数学生有展示自己的机会;整节课展现了良好的师德师风。

本节课具有以下几个鲜明特色:一是教师指导学生制作学具——等高线地形模型,通过塑形、描点、连线、横剖、绘图等步骤,将初中地理教学难点之一的“地形与等高线地形图转换”顺利突破，同时培养了学生实践能力和创新意识；二是板书与板图有机结合，师生共同绘制板图并归纳判读地形图方法，体现了教师对学法的指导；三是对学具制作与板图绘制的反复修改，课上的质疑、答疑、解疑活动不断出现高潮，实现了从有效课堂向高效课堂的转变。综合考虑，本节课量化评分为98分，等级为A级课。

通过上述地理优秀课评价案例可以看出，一节优秀课的教学设计和教学过程首先要具备科学性、可行性、规范性的常态课特征。在此基础上强调对教学特色的关注，特别是与突出重点、突破难点有关的特色教学活动，看其是否真正落实了立德树人的根本任务，是否将地理学科核心素养的培养落到实处。地理优秀课的评价更多地关注教学素材的原创性，教学方法和教学手段的多样性与适用性，书本知识与实际生产生活知识的联系。

评价时应注意，对一堂课的所有教学活动应整体把握，注意观察与感知教学气氛；教学特色不要求过多或过全，评语不必面面俱到，不应纠缠个别口误或微小瑕疵。若是现场评课，一定要将授课教师和学生的评价纳入总体评价中。

第三节　地理学习评价设计

学习目标

1. 能举例说明地理学习评价含义及其主要功能；
2. 能对中学地理教学设计案例的地理学习评价进行恰当分析；
3. 能针对不同的地理学习内容，选用恰当地理学习评价方法进行评价。

一、地理学习评价的含义

地理学习评价是地理教学评价的重要组成部分。对学生进行地理学习评价是为了促进学生的发展。目前关于地理学习评价的含义有如下观点：

陈澄认为,地理学习质量评价是根据地理教学目标,借助一定的评价技术和工具,对学生达到地理学习目标的程度进行价值判断的过程①。

黄京鸿认为,地理学习评价是根据地理素质教育目标,运用科学的方法技术对学生学习态度、学习过程、学习实效进行价值判断,促进其学习效益提高及综合素质发展的过程②。

黄成林认为,对学生的评价是对学生学习质量的评价,也是对学生学习进展与行为变化的评价③。

杨新认为,地理学习质量评价是根据地理教学目标,借助一定的技术和工具,对学生达到地理教学目标的程度进行价值判断的过程④。

黄莉敏认为,学生学习质量评价应是对学生是否和如何掌握地理"知识与技能"、经历知识与技能获得的"过程与方法"以及形成正确的"情感态度与价值观"情况的评价⑤。

从上述"地理学习评价"概念可以发现,地理学习评价主要包括以下几个共同的内容:其一,地理学习评价的对象是学生;其二,地理学习评价的依据是地理教学目标;其三,地理学习评价要借助一定的评价技术和工具,由此获得学生学习地理的信息,并根据这样的信息进行分析和评价。

案例 7-6 《地球的自转》教学设计——学习评价部分展示

评价项目	具体内容	评价等级			
		A 优秀	B 良好	C 合格	D 不合格
课堂表现	积极参与学习活动	39	0	0	0
	认真观察思考	39	0	0	0

① 陈澄. 地理教学论[M]. 上海:上海教育出版社,1999:238.
② 黄京鸿. 新课程地理教学论[M]. 重庆:西南师范大学出版社,2011:276.
③ 黄成林. 地理教学论[M]. 芜湖:安徽师范大学出版社,2012:203.
④ 杨新. 新编地理教学论[M]. 北京:科学出版社,2010:148.
⑤ 黄莉敏. 中学地理教学设计:方法·操作·案例[M]. 武汉:华中师范大学出版社,2013:169.

续表

评价项目	具体内容	评价等级			
		A 优秀	B 良好	C 合格	D 不合格
学案内容	地球自转的基本特点	34	4	1	0
	地理动手小实验	38	1	0	0
	地理观察小实验	39	0	0	0
	课堂小结	39	0	0	0
回答问题	参与展示的人数占总人数的比例	20/39 = 51.3%			

（来源：许芳，《地球的自转》教学设计，首都师范大学附属丽泽中学；班级学生 39 人）

案例分析：

案例中呈现的是《地球的自转》教学设计中学习评价部分。以“学案反馈”表格的形式对学生的地理学习效果进行形成性评价，为教学设计环节中不可或缺的部分。本节课的教学目标是：(1)运用地球仪，演示地球自转，说出地球自转的旋转中心、方向、周期，并在图中绘制地球自转的方向。(2)观察地球仪演示，说明地球自转所产生的昼夜交替和地方时等现象，并领悟运用实验演示探究地理现象的方法。该地理学习评价紧紧围绕教学目标设计，每项教学目标都有适宜的教学活动对应，每项活动都有明确的学习评价和判断方法，体现出“目标—活动—评价”一体化的特点。

二、地理学习评价的功能

（一）诊断功能

地理学习诊断是为了了解学生学习情况，发现问题，引导学生分析问题产生的原因，提出有针对性的改进措施。例如，要诊断学生地理课堂学习情况，就可以采取课堂提问、课堂练习、随堂测验、课堂观察等方法，来了解学生地理学习的问题，进而分析问题原因，帮助学生改进等。

（二）激励功能

科学合理的地理学习评价，能反映教学效果和学习成绩，可以激发学生对地理学习的动力。地理学习评价的激励作用在于教师要采取有效措施激发学生学习地理的积极性和主动性，为此教师需要经常在课堂上提出学生普遍感兴趣的地理问题，引导学生讨论，教师及时指导与评价，这是发挥评价激励功能的一种办法。实践证明，必要的作业和成绩测验等都可以起到评价的激励作用。

（三）调控功能

提供反馈信息，及时掌握教学情况，及时了解学习情况，师生调整教与学的行为。

在地理教学活动开始之前，教师可以先通过评价了解学生对学习活动的准备情况，包括学生的知识、能力基础，学生对地理学习的期望，以及投入学习的动机。如果学生在知识基础上存在缺陷，在开展新的教学活动之前，应该采取适当的补救措施，以免学生跟不上教学进度。如果学生的能力和技能水平较低，在教学过程中就应该注意加强有关方面的培养和训练。动机水平过低会导致学生学习积极性不高，教师要想办法让学生了解地理学习的意义和重要性，在教学中注意联系学生的兴趣点，以提高学生学习的主动性和积极性[①]。特别是在教学设计中可以设计带有诊断功能的教学环节。教师通过对学生的地理学习评价能够了解学生的学习情况，在此基础上能够更好地进行地理教学设计。

地理学习评价不但能够提供给学生学习结果及变化的反馈，还能够帮助教师获得学生的地理学习结果，了解学生在学习中存在的问题，能够促使教师采取相应的教学对策，控制教学进度，调节教学方式方法等。

案例 7－7《地理事物的分布专题复习》单元教学设计

前测：借助畅言智慧课堂“作业平台”，选取 10 道以“位置与分布”为重点进行考查的试题，对学生进行前测。通过测试发现，处于初二下学期的学

① 李家清. 中学地理教学设计[M]. 北京：高等教育出版社，2015：283.

生已经具备阅读地理分布图的基本能力，通过读图名、识别图例、概括位置特征，初步描述事物的大致分布。

发现问题：缺乏系统性和条理性，对地理事物分布特征的概括不全面、不具体，对哪一主要因素影响地理事物的分布缺乏准确的思考和深入分析，在这一类试题的作答上出现失分现象。对主要影响因素的分析不深入，难以找到核心关键影响因素。

解决问题：学生已知的知识、技能有哪些？出现问题的点在哪里？我解决的措施是什么？

（来源：张婷婷，《地理事物的分布专题复习》单元教学设计，北京十二中朗月学校）

案例分析：

案例中教师在进行地理事物的分布专题复习前通过畅言智慧课堂“作业平台”对学生进行诊断性评价，从而发现学生在地理事物的分布类问题的处理中存在的问题，在此基础上进一步设计和修改教学设计，进行针对性教学。

三、地理学习评价的内容与方法

地理学习评价既要评价学生的地理学习过程，还要评价学生的地理学习结果。地理教学目标是地理学习评价的根本依据。这里主要介绍 SOLO 分类评价法和基于地理学科核心素养的评价。

（一）SOLO 分类评价法

SOLO 分类评价法（可观察的学习成果结构）是一种以等级描述为基本特征的质性评价方法，由澳大利亚学者约翰·比格斯（Biggs）教授创建，另一位作者是凯文·科利斯。SOLO 分类理论目前在国际上已被广泛应用于诸如科学、数学、地理、历史和语言等学科的考评上。[①]

① 彼格斯，科利斯. 学习质量评价：SOLO 分类理论：可观察的学习成果结构[M]. 高凌飚，张洪岩，译. 北京：人民教育出版社，2010：7.

1. SOLO 分类理论基本观点

SOLO 分类评价法的基本理念源于皮亚杰(Jean Piaget)的认知发展阶段论。皮亚杰的认知发展阶段论指出,儿童在成长的过程中认知的发展是有阶段性的,不同的阶段之间的认知水平有质的区别。比格斯和他的同事通过研究发现,人的认知不仅在总体上具有阶段性的特点,在对具体知识的认知过程中,也具有阶段性的特征。人在学习新知识过程中表现出来的思维阶段是可以观察到的,因此称为"可观察的学习成果结构(Structure of the Observed Learning Outcome)"。英语缩写为 SOLO。

该理论主张:决定个体的认知反应水平有两个因素:一是思维操作模式,即所利用元素(语句、符合等)的性质和水平与思维操作的类型所决定;二是在某种思维操作模式下的反应结构的复杂性。根据这两个因素,认为人们在学习新知识时,认知的发展是有阶段的,可以从"能力、思维操作、一致性与闭合、应答结构"四个方面区分学生回答的水平。比格斯把描述学习质量的水平层次,用"可观察的学习成果结构"(简称 SOLO)这一术语来描述,其层次为:五个不同的思维水平层次,即"前结构、单点结构、多点结构、关联结构和抽象拓展结构"(SOLO 的五个层次),详见表 7－4。

表 7－4　学生的学习结果层次及表现

层次	表现
前结构	学生基本上无法理解问题和解决问题,或者被材料中的无关内容误导,回答问题逻辑混乱,或同义反复
单点结构	学生在回答问题时,只能涉及单一的要点,找到一个解决问题的线索就立即跳到结论上去
多点结构	学生在回答问题时,能联系多个孤立要点,但这些要点是相互孤立的,彼此之间并无关联,未形成相关问题的知识网络
关联结构	学生在回答问题时,能够联想问题的多个要点,并能将这多个要点联系起来,整合成一个连贯一致的整体,说明学生真正理解了这个问题
拓展抽象结构	学生在回答问题时,能够进行抽象概括,从理论的高度分析问题,而且能够深化问题,使问题本身的意义得到拓展

关于SOLO分类理论,做如下几点说明。[①]

(1)SOLO分类理论主张认知发展具有阶段性,是基于皮亚杰的认知发展理论建立起来的。

(2)SOLO分类理论从学习结果在结构上的复杂程度出发来评价学生的学习质量,从"能力、思维操作、一致性与闭合、应答结构"四个方面将学生的行为结果(回答)分为五个不同的水平。

(3)SOLO分类理论把个体认知发展的思维操作模式分为四种:感知运动方式、直觉方式、具体思运方式、形式思运方式。每一种思维操作模式下的学习结果都可分为五个水平,构成螺旋式上升的水平层次。

(4)SOLO分类理论是一个由简单到复杂的层次模型,思维结构越复杂,思维能力的层次也越高;SOLO分类的焦点集中在学生回答的"质",而不是回答的"量",力求从学生的回答中分析出他能够达到哪一思维层次。

(5)SOLO分类理论认为,在思维过程中,知识与过程技能是紧紧地融合在一起的,因此,应从两个方面考虑学术性科目对学生智力的影响,其一是科目内容,即学什么,其二是认知过程,即怎样学。体现了过程与内容的良好结合。

2. SOLO分类评价法的作用

SOLO分类评价法的五个层次分别代表了学生对于某项具体知识的掌握水平,从学生对某个问题的回答中,教师可以参照上述标准就学生对该项知识内容的掌握情况做出判断。因此,这种评价方式可以帮助教师进行教学诊断,同时,也可以向学生提供有效的学习反馈,所以SOLO分类评价法可以用于形成性的学习评价。

另一方面,如果将上述五个层次赋予不同的等级分数,那么学生对问题回答的质量就可以被量化,量化的分数又可以作为终结性评价的依据。

---

① 彼格斯,科利斯.学习质量评价:SOLO分类理论:可观察的学习成果结构[M].高凌飚,张洪岩,译.北京:人民教育出版社,2010:序3-4.

(二)基于地理学科核心素养的评价

地理学科核心素养是地理学科育人价值的体现,反映了地理学思想与方法,体现了"学习终身有用的地理"的理念,是中学地理课程的课程目标,具有导教、导学、导测评的功能。目前中学地理课程提出的地理学科核心素养包括人地协调观、综合思维、区域认知和地理实践力四个方面。为此我们要根据地理课程标准阐述的这四个地理学科核心素养的含义、表现和水平,以学业质量标准为依据,来科学评价学生的地理学科核心素养达成情况。

关于地理学科核心素养的评价方法可以采用表现性评价和运用 SOLO 分类评价法等方法进行评价。

案例 7－8　城市地理学习中评价学生思维结构①

(1)设计需要学生回答的题目。例如,用"手"作为比喻,教师设问:"哥本哈根由老城区(手掌)和五个向外延伸的新城区(手指)构成。为什么哥本哈根新城区会形成这种空间格局?"要在学生学习的基础上命题或提供必需的资料背景(略)。

(2)参考思维结构评价相关理论,制定评价标准。

(3)对学生的回答进行评价(见表 7－5)。

表 7－5　学生回答问题与评价

学生回答	反映出来的思维结构
生1:太难了!!! 思维跟不上……无法理解,对哥本哈根城市情况也不了解	无结构:基本上无法回答问题
生2:有人口因素、经济发展因素、环境因素。工业区与绿植区相间布置,在发展的同时也保证了环境良好。经济发展得不好,资金又不能全部都投入发展,只能像斑马线似的交替着	多点结构:提到了人口、经济发展、环境、交通等因素。但不能论述因素之间的联系,思维比较混乱

① 教育部. 普通高中地理课程标准(2017)[M]. 北京:人民教育出版社,2018:40.

续表

学生回答	反映出来的思维结构
生3:该地河流流向会导致城市延伸。河水旁的土地富饶,环境好,适宜居住。该地常年风向的通风口,新城区建设工厂,科学园区都有一定污染排放。交通线路导致城市延伸,交通方便,有利于经济发展,减少运费	介于多点和关联结构之间:提到河流、环境、气候、交通等因素,并说出河流与居住环境,进而与城市延伸的关系。但对其他因素或是独立阐述,或是阐述有误
生4:因素有人口和公共交通。人口需要城市居住和工作。公共交通有效连接城市 生5:因素有人口数量和交通。交通便利的地区容易建设新城区,而人口数量决定了新城区的大小	关联结构:提到人口和交通两个因素。虽然说出的要素较少,但能说出两个因素之间怎样影响了城市空间结构的延伸

第四节　地理试题命制

学习目标

1. 能说出地理试题的分类、功能与特点。
2. 能说出地理试题命制方法。
3. 能结合主、客观试题命制注意事项,对试题进行简单评析。
4. 初步学会按照地理命题步骤设计地理试题。

地理考试是评价学生学习成效的一种常用且重要的方式。地理试题的命制是地理教师一项重要教学工作。每个教学设计都应设计形成性练习题,每个学期末都要设计一套试题来检验学生的学习结果。掌握地理试题的基本知识、学会设计地理试题是地理教师必备的教学能力。本节主要探讨地理试题的分类、功能和特点,介绍地理试题命制原则与命制方法等内容。

一、地理试题概述

(一)地理试题的分类

(1)根据评分客观性进行分类。可分为客观性试题和主观性试题。客观性试题主要包括选择题和填空题等。主观性试题主要包括材料情境题中的开放性论题、综合考试题中的论述题等[1]。此外，综合题中的找错题和改错题等也属于主观性试题。

（2）根据功能不同进行分类。命制试题首先要考虑用途，为此，可以将试题分为诊断性试题、形成性试题和终结性试题等类型。

（二）地理试题的功能

地理试题是地理教学评价的重要工具和载体，地理试题的功能也就是测试的功能。地理试题的功能与使用试题要达到的目的有关，大致包括练习功能、诊断功能、学习效果检测功能、评价学业水平功能、中等学校或高等学校招生选拔功能等。

（1）练习功能。当某个教学活动或一堂课结束时，为了巩固所学知识，教师往往会出一道或几道小题，让学生做，也可以从题库或填图册中选择合适的题让学生练习，以期达到巩固所学知识的作用。这类试题一般比较简单，以填图、选择、简答题为主，知识与能力要求相对单一。

（2）诊断功能。主要是学习新知识前，教师为了了解学生对与本节课即将学习的新知识有关的旧知识掌握情况，可以是书面试题，也可以是提问式的复习回顾，试题形式不拘一格，只要摸清情况即可。

（3）学习效果检测功能。经过一堂课或一个单元或一个学期的教学，为了检查学生是否达到课程目标的相关要求，选择难度不一的试题进行检测，当堂检测试题难度一般不大，综合性不强。若是学期末检测，就要依据课程目标选择测试内容、测试方式和评价标准方能较准确地评价学生课程目标的达成度，实现有效测评的目的。

（4）评价学业水平功能。初中和高中在完成各自学段的地理学习任务后，都要进行学业水平考试。这是评价学生学业水平是否达到了课程标准基本要求决定学生能否毕业的依据，可见这种考试的作用就是达标测验。

---

① 段玉山．地理新课程测量评价［M］．北京：高等教育出版社，2003：215．

(5)升学选拔功能。中考和高考是升学考试,这两种考试属于选拔考试,这类考试的地理试题难度一般较大、综合性强,其功能是甄别,为选拔人才提供依据。

二、地理试题命制注意事项

地理试题编制的质量,直接影响到测验或考试的质量,影响教学效果的检验。因此,地理试题的命制人员需要全面考虑试题类型及难易程度,并在命题过程中严格遵循各类题型的命题原则。

(一)客观性试题命制注意事项

这里所说的客观性试题是指选择题,其命制应注意如下几点。

(1)测试内容适合选择题的形式。要考查的地理知识或技能,经过梳理、整合,使之适合作为选择题形式出现。每个(或每组)试题要围绕一个中心或主题,每题中的选项不能各自构成互不相干的命题。

(2)题干叙述应简明精炼。题干应包含解答试题所必需的要素,但不能有烦琐的叙述或不必要的修饰语。

(3)选择项的文字要简短明晰。若各选择项都有相同的词语时,应将其提出并放到题干中,题干可以是完整的句子,也可以是不完整的陈述句。但这时每个选项都应能够与题干衔接,组成一个完整的句子。同一题中各选项的字数相差不要过大。

(4)应选项与非选项的反差不能过大。如果非选项过于明显,则题目的思考性将大大降低,对于培养学生的思维力和想象力都无益处;非选项应尽量反映出学生学习过程中的模糊认识,这样有利于促进学生深度学习。

(5)应选项与非选项表述用词要准确。应选项的叙述一般不要用可能、往往等模糊用词;非选项的叙述一般不用永远、肯定等绝对词语,这样有利于试题发挥启迪思维的作用。

命制客观性试题时应注意,依据课程标准,不照搬教材原话;某个题的叙述不能作为另一个题的答案或暗示另一个题的答案;最好将地理情境融入到图像和文字资料中，学生利用地理概念、地理原理、地理规律回答情境中的问题。

（二）主观性试题命制注意事项

这里所说的主观性试题指的是综合题。主观性试题中的综合题（有时也称非选择题）适应了新时代地理教学改革的要求，这类题属于材料情境题，是由传统的问答题演变而来的，兼容客观性试题和主观性试题的特点，包含选择、判断、填空、连线、填图、绘图、简答、说明、归纳、分析以及挑错或改错等多种答题形式和功能的复合式题型。材料可由文字提供，也可由地理图像提供，或二者兼而提供之。

主观性试题中的综合题（有时也称材料情境题），命制时要注意如下几点。

（1）以考查重点教学内容为主。综合题一般材料丰富、图像多样、分值较高，考查的知识覆盖面广，功能全面，适宜考查重点教学内容，特别是涉及地理知识与技能迁移的内容，以及综合性较高的内容。

（2）试题情境新颖。试题情境可以是真实情境，也可以是虚拟情境，应注意，虚拟情境是根据现实重新编排的，不能违背客观现实。此外，正规的地理高考、中考或学业水平考试，应选择全新的地理情境，不能拿以前年份的试题情境不加改动就重新出题，这样做不利于培养学生创新能力和问题解决能力。

（3）设问角度多样。对于同一个地理情境，综合题可以从不同的角度进行设问，对于考查学生地理基础知识及其应用能力等都具有启发性。例如，以某地春季日出、日落时刻的景观图片为情境，既可以设计成考查地球公转现象的问题，也可以设计成考查中国传统文化中的古诗词与节气相结合的问题；如果再加上该地点当天气温、降水、空气质量等材料，还可以设计成考查天气与气候的问题或考查环境保护的问题等。

（4）侧重地理综合性思维的培养。综合思维是地理学科核心素养的重要组成部分，与选择题相比，综合题的考查内容与呈现方式更适于培养学生分析问题与解决问题的能力。例如，某区域地形、气候、水系特点及其相互关系，某区域地形、气候等自然因素对当地生产生活的影响等内容，既是教学重点,又是教学难点,这类内容非常适合出综合题。

(5)避免偏难怪题出现。命题要依据课程标准或考试说明,不能总是想着把学生“考倒了”,即便是难度系数较高的题目,也应是根据地理概念、运用地理原理,结合试题情境,联系生产生活实际,解释地理事物的成因,并进一步阐释因地制宜发展生产的地理学思想,达到考查人地协调观的目的。

(6)试题梯度由易到难。综合题一般都由多个设问组成,考虑到学生的认知规律和答题习惯,通常情况下,前边的问题相对简单,可以从材料或图像中直接找到答案,后面的问题难度逐渐加大,学生需要全面阅读文字和图像资料,经过分析、综合、评价、创新等高阶思维才能回答。

三、地理试题命制的程序与方法

地理试题的命制,要考虑考试的目的,试题用途不同,命制程序与方法也有所不同。下面以初中学业水平考试地理试题命制为例加以说明。

(一)命题准备

1. 搜集整理素材

由当地教育考试主管部门选调高水平的教师组成学科命题组,命题组依据学业质量标准,基于核心素养的命题导向与立意,正确处理核心素养与学科内容、情境、任务的关系,搜集出题素材,具体可以包括近几年本地区的学业水平考试题、本年度有关地区的模拟测试题和其他相关的资料,对搜集的素材和信息进行分类和分析,将可作命题素材的情境资料进行政治审核及科学审核,双合格的情境素材可供命题使用,命题前还要对情境素材重新编写,使其适合命题要求。

2. 制定命题蓝图

包括命题双项细目表,知识点分布、能力层级分布、难度预测、优秀率、及格率、试卷结构(主、客观题比例,各种题型所占比例)等。全卷要从整体考虑知识的覆盖面,将本学段所学内容或教学的重点内容尽量覆盖。可参照表7-6填写命题蓝图内容。

表 7-6 命题表

题号	题型	分值	主要知识考点	内容板块	能力要求	难度（低、中、高）	区分度（低、中、高）

（二）命题与磨题

命题组成员根据组长设计的命题方向和试卷结构，利用审核后的素材分别命制相关板块的试题，然后拿到命题组集体讨论，选择适合的题目，进一步磨题，找出不足，重新修改，形成一套完整的试题。

1. 选择题的命制

选择题是目前考试中的常见题型，属于客观性试题，可以分为单项选择题、双项选择题、多项选择题。为了计算机阅卷方便，现在考试中出现的选择题，基本上都是单项选择题，即使有两项或多项可选，也将其改编成组合选项，变成单项选择题，每题有 A、B、C、D 四个选项，只能选择一项最符合题意的。命制选择题注意事项见前文所述。

2. 综合题的命制

综合题属于主观性试题，包括多种题型，近年来的初中地理学业水平考试，很少有单独的论述题或简答题等，主要是材料情境题。命制综合题的注意事项除前文所述，这里补充说明以下几点：一是整个试题要构成一个相对完整的中心，考生通过对地理图像及文字材料的分析，回答若干小问题，目的是考查学生对相关知识点和地理技能的掌握或运用情况。二是选择的情境材料要与课程标准要求相关，与时代脉搏一致；情境创设要恰到好处，过于复杂有可能超过课程标准要求，不利于学生回答，而过于简单则会使试题变成对地理常识低层次阅读能力的测验。三是提供的情境材料必须适合学生已有的知识、经验与阅读能力，是学生能够理解的。

（三）校对与试做

1. 校对

按照以下步骤校对试卷、答案及答题卡。（1）校对试卷和答题卡的标题，注意年份、考试名称及学科等是否正确；(2)校对答题卡的注意事项和答题要求，注意页数和题目数量是否符合本卷实际；(3)校对答题卡黑框内(包括其他页上)应填写的学校名、姓名和考号；(4)校对题号，先校对大题号，再校对小题号，注意是否有脱号、重号或顺序颠倒等问题；(5)校对页码、学科名称，看是否正确；(6)核对各小题分值设置及各小题分值相加是否与本大题满分值相吻合；(7)核对各大题分值是否与本卷满分值相吻合；(8)命题组集体唱校两遍，由一人唱原稿，一人对阅排印稿，其他人员分头监督；注意文字与插图对校，题目与答案对校。

2. 试做

在校对和定稿过程中，可以遴选本学科教师进行试做，权衡难度和题量等，注意严格遵守保密纪律。命题组长校对(包括试卷及答题卡)无误后，交主管领导审查，由学科命题人在终校稿首页上签字，然后印刷。

(四)参考答案与评分标准的编制

1. 参考答案的编制

(1)参考答案的作用。编制参考答案是命题工作的重要环节。参考答案是阅卷者评分的主要参照，是学生考后估分的具体依据，是师生理解命题意图的重要途径。

(2)参考答案的编制要求。①正确、科学、合理。参考答案必须是对试题的正确作答，是正确无误的；科学是指答案的表述合乎常识、合乎语言习惯、合乎事理；合理是指答案的内容与试题要求相匹配，不偏离试题指向，不低于也不超出试题的要求。②条理清晰、语言简洁。参考答案要有清晰的条理，表达的思路和方式尽量与试题的提问或要求保持一致；可以分条分点作答的尽量分条分点；分析论述类试题要有清晰合理的逻辑。参考答案的语言表达要简洁，语句要连贯。③贴近学生，慎用专业术语。参考答案要贴近学生的知识积累、认知水平和生活经验等，谨慎使用地理专业术语，遇到必须用的，要尽量与现行教材保持一致，不用超出本学段要求的地理专业术语。④兼顾多种思维角度和答题方式。主观性试题、开放性试题参考答案的拟定要周全，要兼顾到不同思维类型的不同答题方式。对试题要求范畴内合理存在的、思考角度比较独特的、非常态的答题方式，要有所涉及或给予说明。

2. 评分标准的编制

评分标准的编制与考试的目的有关，与考试时间长短、试题数量多少有关。一般来说，每道选择题分值在1～3分之间，但一张试卷内应该统一，即所有选择题都是每题1分，或每题2分，或每题3分。综合题评分标准的编制要复杂一些。首先，针对综合题的每个小问题，命题组要讨论并确定参考答案，规定答到什么程度给满分，没答全或答错一部分应如何酌情扣分；其次，学业水平考试或中考这样的重要考试，正式阅卷前，考试主管部门要组织命题组成员和部分一线教师进行试评，找出参考答案的漏洞或不足，加以全面修正，将最终的评分标准传达到所有阅卷教师。

四、地理试题评析的案例分析

（一）客观性试题评析的案例分析

下面以初中地理学业水平模拟测试题中的一组选择题为例加以说明。

案例7－9　等高线地形图试题

下图是拥有数百年历史的明清古村落——李庄，据此回答1－3题。

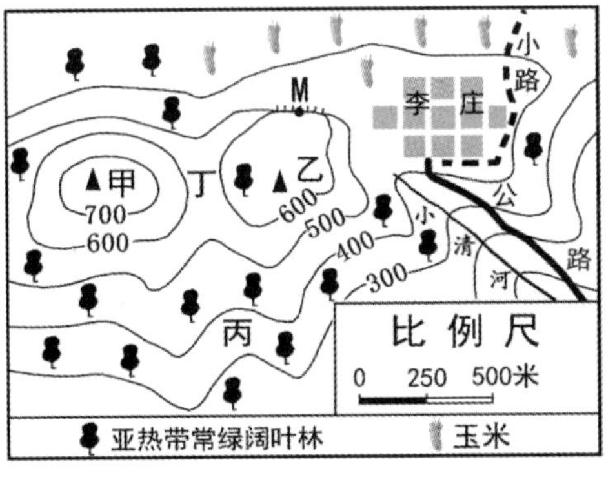

图7－6　李庄

1. 关于李庄附近地形的叙述，正确的是　　（　　）

A. M点是陡崖　　B. 丙地是山脊

C. 地形以平原为主　　　　　　　　D. 丁地是山峰

2. 李庄　　　　　　　　　　　　　　　　　　　　（　　）

A. 东西长750米　　　　　　　　B. 地处亚热带季风气候区

C. 附近小清河冬季结冰　　　　　D. 附近甲山峰海拔超过800米

3. 进入新时代，李庄坚定走生产发展、生活富裕、生态良好的文明发展道路，下列符合绿色可持续发展理念的是　　　　　　　　（　　）

A. 将古建筑全部翻建为别墅洋房　B. 大力开采附近山石建材

C. 修建高速公路到大城市　　　　D. 种植有机茶叶、水果吸引游客

【试题分析】

第1题，相对来说较为简单，主要考查的是“在等高线地形图上识别山峰、山脊、山谷，判读坡的陡缓”“在地形图上识别五种主要的地形类型”。四个选项中的A选项，M点附近有两条等高线重合，且有陡崖的图例符号，因此，该选项是正确的。丙地等高线向海拔高处凸出，是山谷，也就是常说的“凸高成谷”，因此，B选项是错的。本区域海拔大部分在300—800米之间，属于低山丘陵，因此，C选项是错误的。丁地位于甲山峰和乙山峰之间，属于典型的鞍部，因此，D选项是错误的。

第2题，主要考查的是“量算距离”“估算海拔”。四个选项中的A选项，考查利用线段比例尺量算两地实际距离，因为李庄东西长度恰好是2个格，换算成实际距离500米，因此，A选项是错误的。由于图中没有该地区气候的直接信息，只有反映亚热带常绿阔叶林的图例，据此判断该地区应属于亚热带季风气候，说明B选项是正确的。C选项是考查河流水文特征与气候的关系，因为小清河地处亚热带季风气候区，最低月均温高于0℃，冬季不结冰，因此，该选项是错误的。图中等高距为100米，等高线最大值为海拔700米，该区域山峰海拔不可能超过800米，因此，D选项是错误的。

第3题，主要是考查“懂得保护世界文化遗产的意义”及“解释地形与当地人类活动的关系”，该题综合性强，有一定难度。四个选项中的A选项，必须考虑题干中的要求，由于该村是拥有数百年历史的明清古村落，虽说不是世界文化遗产，但仍具有特殊的文化价值，而且可能申报文化遗产，须加

以妥善保护，不适宜全面翻建，保护好村内古建筑也是吸引游客的重要因素，因此，A 选项是错误的。大力开采附近山石建材，是许多村庄致富的捷径，对当地生态环境有明显破坏作用，虽然在全国不需要完全禁止，但考虑李庄要走绿色可持续发展之路，因此，B 选项是错误的。有些学生认为，修建高速公路到大城市，可以极大地促进李庄发展，其实，从李庄的规模可以断定，该村只有几百户人家，附近面积也不大，著名景点也没有，完全不需要建设费用昂贵的高速公路，因此，C 选项是错误的。现在的人们收入越来越高，对优质无污染的纯天然有机食品需求增加，李庄远离大城市，空气清新，环境优美，地处亚热带季风区，适合种植有机茶叶、水果，对游客有很强的吸引力，当然，还可以养殖土鸡、柴猪，开办农家乐等，因此，D 选项是正确的。

利用一幅图，设计三个问题，考查多个知识点，较好地体现了地理课程要培育的核心素养中的综合思维及人地协调观。

（二）主观性试题评析的案例分析

案例 7－10　北京市 2020 年普通高中学业水平等级性考试地理试题（案例为综合题）

16.（12 分）某校中学生赴长江上游支流大宁河（重庆段）进行野外实习。图 7－7 为大宁河流域示意图。读图，回答下列问题。

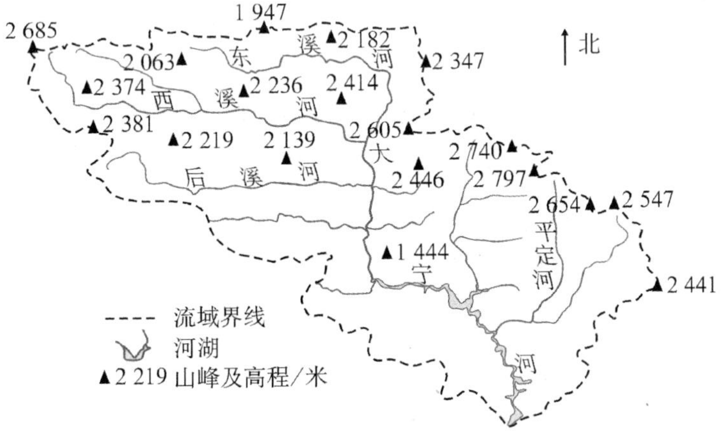

图 7－7　大宁河流域示意图

任务一:考察流域地形。

(1)概述该流域主要地形特征。(5分)

参考答案:以山地为主,地势大致北高南低(或西北高东南低),山地与河谷相间分布。

任务二:走访水文站,查阅文献,获取相关数据,见表7-7。

表7-7 四条河流的侵蚀量和输沙量

子流域名称	侵蚀量(万吨/年)	输沙量(万吨/年)
东溪河	114.3	52.3
西溪河	91.9	48.8
后溪河	63.7	24.0
平定河	51.2	19.5

(2)绘制统计图,说出该流域侵蚀量与输沙量的关系。(4分)

参考答案:绘图略。侵蚀量越大,输沙量越大。

任务三:调研流域的综合治理。

(3)简述该流域水土流失综合治理的有效措施。(3分)

参考答案:退耕还林、防洪护岸、节水灌溉等。

【试题分析】

北京市2020年普通高中学业水平等级性考试地理试卷中的第16题,是一道主观性综合试题,以"某校中学生赴长江上游支流大宁河(重庆段)进行野外实习"为素材,创设学习探索情境,充分体现了地理实践力的价值。本题涉及的"大宁河流域示意图"为构建生动的地理情境提供了丰富的素材,从不同角度提供地理信息,激发学生体验,活化地理知识。突出地理图像在解决地理问题中的工具作用。围绕图文信息设计问题,考查学生整合图文信息、分析地理问题的能力。整道试题体现了地理学科的思想方法,既考查了综合思维、区域认知、地理实践力等地理学科素养,渗透了人地协调观的地理学科核心价值,也考查了获取和解读地理信息的关键能力。

该题部分内容达到了高中地理4级学业质量水平,即"4-1结合现实中的自然环境问题,能够从人地关系系统的角度,分析自然环境对人类活动的影响和作用,归纳人类活动遵循自然规律、与自然和谐相处的必要性和路径。”

第(1)问,以“大宁河流域示意图”考查学生从地理视角获取信息,判断地形类型,从河流的流向推断地势特点,概述流域主要地形特征。第(2)问,考查学生绘制统计图能力;统计图包括柱状、扇形、折线、曲线、方格等多种形式,题目没有具体要求,用哪种形式都可以,只要能用直观统计图反映表格数据内容;然后用自己的语言说出该流域侵蚀量与输沙量的关系即可。第(3)问,属于环境保护内容,体现人地协调观;水土流失治理一般采取生物措施与工程措施相结合,本题的情境在于该区域地处南方多雨的山区,陡坡开垦出的耕地加重了水土流失的程度。因此,选择退耕还林的措施较好,但要回答种草,就不准确了,因为森林对保持水土效果更好;工程措施可以包括修建水库、堤坝,疏通河道,建设节水灌溉设施等。

【本章小结】

本章阐述的地理教学评价主要内容包括:地理教学评价的含义、分类、作用;诊断性评价、形成性评价、终结性评价的概念与作用;地理课堂教学评价方法、常态课和优秀课评价指标体系;撰写地理教学反思方法;地理学习评价的含义、分类、作用及评价方法;地理试题概念、功能与特点,地理试题命制原则与命制方法等。

地理教学评价的设计不但要考虑地理教师教的评价,还应该考虑学生地理学习的评价,更应该考虑学与教评价的联系。地理教学评价是随着时代发展而发展变化的,要树立动态的地理教学评价思想。地理学习评价设计的基本思路是依据教学目标、教学内容、学生等教学基本要素,整体考虑学习的评价:要针对不同的目标、不同的目标水平,设计出具有针对性的学习评价;要针对不同的内容,设计出具有针对性的学习评价。试题与作业题的设计技术是地理学习评价的重要内容。

【二维码】

第七章　教学资源

【实践演练】

1. 举例说明地理学习评价的含义及作用。

2. 试着对某一节初中或高中地理课堂教学进行评价。

3. 针对自己某节地理课堂教学，撰写地理教学反思。

4.《地球的自转》教学设计——学习评价部分。

某天的北京时间晚上7点20分，北京的畅畅给在美国纽约的姨妈打电话，为什么畅畅说晚上好，而姨妈说早上好？

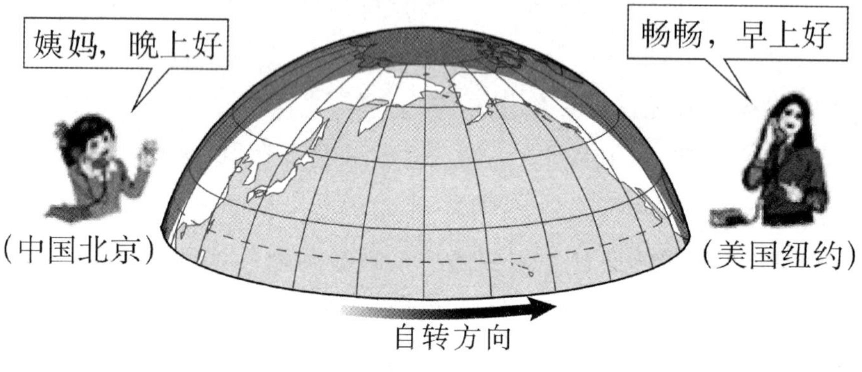

图7－8　畅畅与姨妈的对话

思考并完成：请分析《地球的自转》教学设计的地理学习评价，并说明属于哪类地理学习评价在中学地理教学设计中的应用。

5. 试题设计。

气候、地形等因素对河流有重要影响，请根据下面地理图像和统计图提供的信息进行试题设计，具体要求如下。

(1)命制主观性试题(情境材料综合题),应包括2～4个小问题。

(2)所给地理图像素材必须用上,自己也可适当添加新的素材。

(3)命题完成后写出每道小问题是落实哪条课程标准。

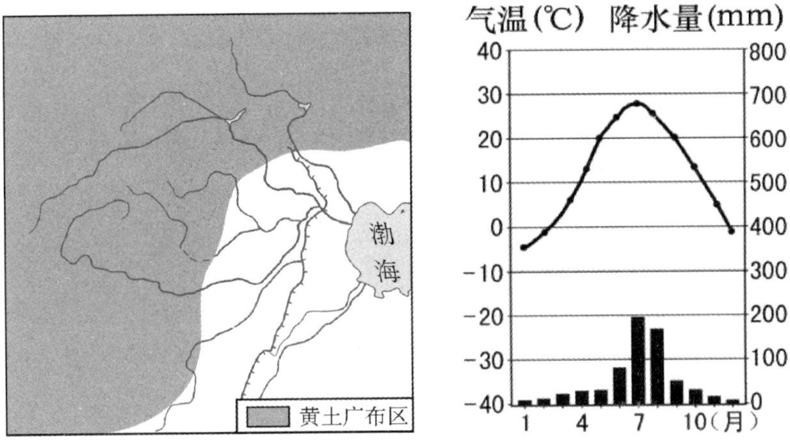

图7-9　某河流和该区域降水统计图

【拓展阅读】

[1]彼格斯,科利斯.学习质量评价:SOLO分类理论:可观察的学习成果结构[M].高凌飚,张洪岩,译.北京:人民教育出版社,2010.

[2]教育部考试中心.中国高考评价体系[M].北京:人民教育出版社,2019.

[3]教育部考试中心.中国高考评价体系说明[M].北京:人民教育出版社,2019.

[4]徐宝芳,王香东、陈萍,等.2006年普通高考文科综合(全国卷Ⅱ)地理试题分析报告[J].内蒙古师范大学学报(教育科学版),2006(12):93-96.

[5]徐宝芳,张卫青,庞艳辉,等.2007年普通高考文科综合(全国卷Ⅱ)地理试题分析报告[J].内蒙古师范大学学报(教育科学版),2007(8):80-83.

[6]徐宝芳,多红,庞艳辉,等.2008年普通高考文科综合(全国卷Ⅱ)地理试题分析报告[J].内蒙古师范大学学报(教育科学版),2008(8):73-76.

第八章　中学地理教学方案设计

内容提要

教学设计蓝图，指导教学行为。本章所阐述的中学地理教学方案设计包括中学地理课堂教学方案设计和地理活动方案设计。主要介绍了地理课堂教学方案设计的含义及类型、原则和步骤、地理课堂教学方案的形式等；介绍了地理活动含义、特点与类型，地理实验含义、特点与类型，地理实验方案设计，研学旅行含义、特点与类型，研学旅行方案设计。

学习目标

1. 能举例说明中学地理课堂教学方案的含义、作用和基本类型。
2. 能分析一节中学地理课堂教学方案。
3. 能设计一节中学地理课堂教学方案。
4. 能举例说明地理活动内涵、特点及分类。
5. 能依据地理实验设计原则，分析、设计与实施地理实验方案。
6. 能分析、设计与实施研学旅行方案。

第一节　中学地理课堂教学方案设计

学习目标

1. 说出中学地理课堂教学方案设计的含义。
2. 能举例说明中学地理课堂教学方案的作用和基本类型。
3. 能举例说明中学地理课堂教学方案设计的原则与步骤。
4. 能分析一节中学地理课堂教学方案。
5. 能设计一节中学地理课堂教学方案。

一、中学地理课堂教学方案设计的含义

(一) 中学地理课堂教学方案设计的概念

地理教学方案设计是基于地理教学目标、教学内容、方法媒体、教学过程的设计基础所进行的教学设计活动的最后一项集成工作①。中学地理课堂教学方案设计是为中学地理课堂教学活动有效开展制订规划的过程。它不但规定了地理课堂教学的方向,也是师生开展有效地理课堂教学活动的依据,更是对地理课堂教学设计过程的一个书面总结。中学地理课堂教学方案(简称地理教案)主要有三种基本形式:纲目式、表格式和综合式等。

交流出思想、合作出智慧,不仅要学会自己独立设计地理课堂教学方案,还要学会与同事一起合作设计,发挥集体智慧,共同搜集资料、研磨课堂教学方案,集体备课能提高课堂教学方案设计效益。集体备课通常可以做到:(1)备学年、学期、单元等教学规划和课时设计,同时能明确课时教学设计在整体教学进度中的地位;(2)统一教学思想,减少教学偏差;(3)搜集研磨教学材料,发挥集体力量;(4)研究不同层级的学生,设计适合的教法和学

① 李晴.中学地理教学设计与技能训练[M].北京:科学出版社,2015:164.

习活动;(5)共同研磨试题,做出分层分类分阶段测试评估检测方案;(6)在集体备课中,老、中、青年教师分工合作,提高教学设计的科学性与可行性。

(二)中学地理课堂教学方案的基本类型

依据中学地理课堂教学的课型,可将地理课堂教学方案分为绪论课教学方案、新授课教学方案、复习课教学方案和习题课教学方案四种类型。

1. 绪论课教学方案

绪论课教学方案是针对初、高中地理课程的开始或某一册教材或某一章开始的绪论课所进行的教学设计方案,该种方案需要阐述课程学习意义、内容和方法,对一门课程的学习、一册教材的学习或一章内容的学习起着指引方向、整体把握学习内容、引导学习方法的作用。

2. 新授课教学方案

新授课教学方案是地理课堂教学方案的常用类型。新授课是以学习新内容为主要目的,该类课的教学方案需要阐明教学目标、内容分析、学情分析、教学方法、教学过程和教学评价等内容。

3. 复习课教学方案

复习课教学方案是针对总结性、提升性的复习课所进行的教学设计。复习课是以巩固、深化、扩展学生所学知识和能力为目的的课,包括单元复习、阶段复习、总复习或毕业复习、高考复习等不同类别。这类课教学方案设计时要注意复习题设计的目的性与针对性、学生学习活动的多样性、学习内容整合形成知识结构、能力提升等问题。

4. 习题课教学方案

习题课教学方案是指针对某一教学主题进行练习的课堂教学设计。习题课是学生综合运用知识完成作业题解答任务,以达到熟练掌握知识、强化能力训练为目的的课。它一般安排在学完某节、某章、某单元课后,或在期中、期末考试前进行。设计习题课的教学方案时要注意:(1)提供练习题的内容范围;(2)设计练习题的立意角度和针对性;(3)所选练习题的代表性,在充分考虑练习目的的基础上,可适当参考中考、高考试题;(4)在设计学习活动时,可以考虑学生在学习过程中的角色转变,即答题者、评题者和命题者等角色;(5)学习活动设计要具有可操作性等。

(三)中学地理课堂教学方案的主要作用

课堂教学方案形式多样,包括教案、学案、课件、检测方案等,可以是电子教案,也可以是纸质教案。李家清教授在《中学地理教学设计》一书中提到地理教案的基本功能有四点:指引教学的功能、交流借鉴的功能、教学评价的功能,以及教学研究的功能等①。除了上述基本功能外,教师通过课堂教学方案的设计还可以有如下四个方面的作用:(1)明确教学目标。通过设计课堂教学目标,能让教师明确教学任务,课堂教学的达成度更高;(2)提炼教学主线。通过对课堂小结的设计、对板书的设计,能让教师在纷繁杂乱的教学资源中用"逆向"思维的方式提炼教学主线;(3)增强教学的针对性。通过对学情的分析,找到课堂教学中的"最近发展区",能提高课堂教学的质量和效率;(4)提升教师教育教学水平。通过设计课堂教学的"教""学"活动以及在课堂教学方案中写出明确的设计意图,可以让教师不断地转变教育教学理念,把学生的"学"放在首位,针对不同的学生进行课堂教学设计,甚至可以通过方案设计激发学生的学习兴趣,使学生获得学习动力。

二、中学地理课堂教学方案设计的原则与步骤

(一)中学地理课堂教学方案设计的原则

1. 科学性原则

科学性原则,一是指学科知识的科学性,教学内容准确无误,符合学科逻辑;二是指教学过程符合认知规律,体现认知的科学性,符合认知逻辑。为此,教师不但要钻研教学内容,还要研究学生的学习问题,"掌握全新的学

① 李家清. 中学地理教学设计[M]. 北京:高等教育出版社,2015:224-225.

习方法，让认知升级”[①]，使课堂教学符合学生的认知规律、让学生们真正爱上学习、学会学习、学会科学用脑。

2. 针对性原则

（1）教学内容的针对性。研究与课堂教学主题相关的教材内容，明确课堂教学目标；（2）教学对象的针对性。教师要承认学生的差异，设计差异化的课堂教学方案，有针对性地进行教学；（3）教学手段的针对性。“仔细考虑拟选用的地理教学媒体是否是唾手可得或通过简单的准备即可利用，做到从学校的教学条件实际出发设计教案。一个针对性强的教案，应能适用于它所对应的教材、学校、班级和教师”[②]；（4）教师自身的针对性。认真考虑教师自身的特点，教学内容的设计、教学方法与媒体的选择应充分发挥教师的专长，做到从教师实际出发设计教案。[③]

3. 可操作性原则

（1）教学时间上的可操作性。目前大多数的学校一节课都是40分钟，在这40分钟的时间里如何有效地进行“教”“学”活动，教师在教学方案设计时，应该有时间上的细致安排，什么时间设计什么样的“教、学”活动，什么情况下可能会出现“生成性的问题”，用多少时间来解决。所以设计操作性强的课堂教学方案时要有时间设计；（2）“教与学”活动的可操作性。在设计“教”的活动中，要体现出教师对教学主题理解和挖掘的高度、深度、广度，思路清晰，操作性强；在设计“学”的活动中，不是为了“活动”而“活动”，“探究”而“探究”，而是充分尊重学生的认知规律，让学习真正发生；（3）课后作业的可操作性。在设计课后作业时，书面作业的设计除考虑对教学目标达成的检测、巩固外，还要考虑难易程度。同时，在设计观察现象、社会调查等实践类作业的时候，要充分考虑实施条件，要给学生探讨解决问题的办法。

---

① 哈迪曼. 脑科学与课堂：以脑为导向的教学模式[M]. 杨志，译. 上海：华东师范大学出版社，2018：27.

② 李家清. 中学地理教学设计[M]. 北京：高等教育出版社，2015：226.

③ 李家清. 中学地理教学设计[M]. 北京：高等教育出版社，2015：226.

(二)中学地理课堂教学方案设计的步骤

中学地理课堂教学方案设计一般要经过确定课题、解读课程标准、分析教材、分析学情、设计教学目标、确定教学重难点、选择教学方法与教学媒体、设计教学过程、设计教学评价、设计教学板书和撰写教学反思等11个步骤。

1. 确定课题

课题是指课堂教学方案的教学主题。一般情况下,高年级新授课可以直接按照课本中的章、节或节内黑体标题的名称来确定,例如:湘教版地理第一册的“第二章地球表面形态”的“第一节流水地貌”,该节题目就可以确定为本节的教学主题。初中七年级、八年级的新授课,为唤醒学生的注意、激发学生的兴趣可以把课本中的课题加上定语,例如:“类型多样的中国地形”“形态万千的中国地形”等。单元复习课或专题复习课,教师在确定课题的时候可以不按章节确定,例如:“专题一流水地貌”,微专题复习时可以确定课题为“流水地貌之河流阶地”等。有时候一节内容需要两个或者三个课时,也可以采取课堂教学主要学习的知识作为教学方案的名称,例如:《湘教版必修第一册》第二章流水地貌一节用2课时。但是它有三个标题:“一、流水侵蚀地貌;二、流水堆积地貌;三、滑坡和泥石流”。那么在确定课时教学主题的时候教师就应该有思考的设计课题,建议的做法是,第一课时的课题为:第二节01 流水的侵蚀和堆积地貌;第二课时的课题为:第二节02 流水地貌对人类的影响。

2. 解读课程标准

解读课程标准时要思考三个问题。一要思考“课程标准是什么”解决教什么的问题;二要思考“课程标准的要求是什么”解决教学目标问题(教到什么程度和学到什么程度的问题);三要思考“课程标准建议是什么”解决用什么办法教和学的问题。

以“水循环”一节为例,课程标准的内容要求:“运用示意图,说明水循环的过程及其地理意义”,该条标准不仅指明了学习“水循环”的两个主要内容

（一是水循环的过程，二是水循环的地理意义），而且提出了学习目标要求是达到会“说明”，即理解的程度；该条标准“运用示意图”，应解读为“能绘制水循环示意图”，这条标准提出了教与学的方法建议，即提出了“运用示意图等方法进行教与学”的建议。

3. 分析教材

教材分析是通过对课程标准的解读，通读教材、通览教学资源之后，领会新课程倡导的教学理念、领会教材编写者的意图，掌握课程标准、教材的精神实质，利用教学资源对教材进行的二次加工，构建知识结构。它是制定教学目标、设计教学活动和写出教学方案的基础。

以“水循环”一节为例，人教版地理第一册（2019 年）（以下使用简称“人教版地理第一册”）中水循环的教材是由两个问题构成，（1）水循环的过程和类型；（2）水循环的地理意义。湘教版地理第一册（2019 年）（以下使用简称“湘教版地理第一册”）中水循环的教材是由四个问题构成，（1）“水的行星”；（2）自然界的水循环；（3）水循环的地理意义；（4）洪涝灾害防治。教材分析后，结合两个版本的教材，教学内容建议如下安排：（1）适当补充地球上水体的相关知识；（2）水循环的过程和主要环节；（3）水循环对地理环境的影响；（4）地理环境（包含人类活动）对水循环的影响。理由如下：水体的相互补给是水循环的组成部分，也是水循环各环节的表现形式。学习水循环本身就是学习各种水体的相互转换，而水体知识是学习水循环的基础。由水体引出水循环，符合学生的认知规律。关于第四点，地理环境（包含人类活动）对水循环的影响。其中，人类活动是地理环境的一部分，人类活动在一定程度上干预了水循环的过程，进而水循环又对人类生产、生活造成了诸多影响。我们要剖析人类活动对水循环的影响，反思不合理的干预行为，积极探寻合理的干预措施，促使水循环的过程更有利于地理环境的发展，更符合人类生产生活的需要，可以用实际案例引导学生分析。例如：用水循环原理分析死海面积缩小的原因、用水循环原理分析华北地区土地盐碱化问题、用水循环原理分析城市内涝等问题。所以，本节课主要内容的逻辑关系应该是：地球上存在着各种水体，各种水体之间不断地进行交换和周而复始的运动，这种运动称为水循环；水循环联系了各个圈层，沟通了各种水体，参与了地理环境的营造或改造。地理环境决定着水循环的特点，其中，人类活动能够在一定程度上改造水循环，进而影响地理环境。

4. 分析学情

学情分析是对学生地理学习基本情况的分析，包括针对本学段学生学习需要、学习动机、学习兴趣和认知结构特点的分析，针对本课内容学生生活体验、知识存量、初始能力和学习态度的分析，针对本班学生学习风格的分析等[①]。学情分析实质上就是找到课堂教学中的“最近发展区”，把握学生现有水平，为实施针对性的教学提供依据。例如，“水循环”一节（人教版地理第一册、湘教版地理第一册）。首先，学生现有的知识水平为：水循环对于高一学生来说，他们从日常生活经验和媒体中已具有感性的认识，但还未上升到理性层面的认识，而且自然界的水循环属于全球大尺度的地理现象，学生难以理解，需要教师创设适当的情境，引导学生进行新知识的建构。其次，学生的学习能力：高一阶段的学生已具备一定的阅读能力、读图能力、理解能力、表达能力等，但高层次的地理逻辑思维能力还需进一步发展。所以，教师在课堂教学方案设计时，要通过检测题等方式找准学情，实现教学的针对性。

5. 设计教学目标

地理教学目标制定是教学方案设计的关键环节，因为目标具有“导教、导学和导测评”的重要作用。在设计课堂教学目标时可以采取如下做法：（1）解读课程标准，解读与课堂教学主题相关课程标准的内容要求；（2）分析学生所用教材的内容；（3）分析不同版本教材与该课堂教学主题相关的内容；（4）收集与该教学主题相关的教学材料；（5）分析与本节主题相关的学业水平测试及高考试题等。在上述工作的基础上，结合对学情的分析，从评估倒推课堂教学目标，才能设计出一节课的教学目标。“水循环”一节的教学目标设计为：（1）学生能自主绘制简单的水循环示意图；（2）能结合绘制

① 李家清. 中学地理教学设计[M]. 北京：高等教育出版社，2015：227.

的示意图,描述水循环的过程和主要环节;(3)能结合案例说明水循环对地理环境的影响及地理环境对水循环的影响。

6. 确定教学重难点

确定教学重点。确定教学重点的依据是地理课程标准以及教学目标,在设计地理课堂教学方案的时候,教师一要写出明确的教学重点,二要写出确定重点的理由,三要写出突出教学重点的方法。例如,水循环的教学重点是水循环对地理环境的影响。确定的理由是:“水循环示意图”是一个“中介”,它的作用在于能让学生利用示意图“说出过程、环节和说明意义”,也就是说,“说明水循环的地理意义”比掌握“水循环示意图”本身重要。新课程更加注重从整个自然环境看水循环,而不是从水要素角度分析水循环,是要突出水循环对整个自然环境产生的影响即地理意义。突出教学重点的办法有:(1)联系实际,创设贴近生活的情境,从应用的角度突出重点;(2)通过案例分析,小组合作突出重点;(3)通过变式练习突出重点。

确定教学难点。教学难点是指学生难以理解,不容易掌握,甚至也可能是教师难以讲清楚的知识。通常教学难点也是教学重点。在地理教学中,受学生认知情况以及跨年级、跨学科的知识结构的衔接等原因影响,在教学中存在大量的难点。因此,在设计地理课堂教学方案的时候,教师一要写出明确的教学难点,二要写出确定教学难点的理由,三要写出突破教学难点的方法。例如,水循环的教学难点是水循环对地理环境的影响。确定的理由:“水循环对地理环境的影响”之所以难,是因为突破它需要有地理环境整体性的思维。突破教学难点的办法有:(1)创设贴近生活的情境,利用生活中熟悉的案例;(2)提前布置学生查阅资料,通过学生主动学习、先学后教,降低难度;(3)利用多媒体手段,调动学生学习的主动性,通过鼓励、激励,集中学生注意力,引导学生“全人”参与学习,从而降低难度等。

7. 选择教学方法与教学媒体

在设计课堂教学方案时,不仅要考虑教师的教学方法,还要考虑学生的学习方法,更应考虑教学媒体的恰当运用,以及三者的组合。

现代教学重视学法指导,主张教学不仅教给学生知识,还要教给学生方法，使学生掌握打开知识大门的钥匙，使学生学会学习，培养其自学能力，以适应知识不断更新的时代需要[①]。为此，设计教学方法时要思考怎样让教师的启发引导在先，问题结论在后，学生能积极参与，结论尽可能让学生得出。这样，既可使学生获得知识，又可以使学生了解获得知识的过程，还可以学会提出问题、分析问题和解决问题的方法。例如，水循环一节的教学方法就可以用"创设情境→提出问题→进行探究→提炼结论"的教学方法。怎样选择教学媒体，要结合教学实际，要考虑课程标准的落实、教学目标的实现、学生学会学习等因素，所以，应把握适度、适量、适时的原则。

8. 设计教学过程

地理教学过程的设计是将教学目标、教学内容、教学方法、教学媒体等具体教学设计以某种结构形式组织起来最终达成教学目标的设计，是地理教学设计的重要组成部分。具体而言即用文字、表格或流程图等形式，简明扼要地表达地理教学过程中各要素之间的相互关系，直观地表示教学进程，为教师的具体教学提供可参考的教学设计方案[②]。

设计教学过程时需要注意两点：一是教学内容上提炼教学主线，为此，需回答两个问题：(1)准备和学生一起学习什么内容？(2)有哪些内容？这些内容之间有什么关系？二是设计以学习过程为主的学习活动，设计学习路径。这两点体现了教学过程要符合学科逻辑和认知逻辑，从而实现使教学过程成为认知过程，情感交流和行为参与的过程，即"脑动、心动和行动"合三为一的过程。

9. 设计教学评价

这里的教学评价就是要了解一节课的教学效果，明了学生学会了什么，还存在哪些不足。为此，要依据本节课的教学目标设计评价的内容和评价的标准及评价方式。设计教学评价时需要注意两点：(1)地理课堂教学达标检测练习题设计；(2)根据学生课堂检测的反馈，可知该节课教学的效果，教

---

① 曹琦. 中学地理教学设计：教学原理与方法[M]. 长春：东北师范大学出版社，2005：132－133.

② 李晴. 中学地理教学设计与技能训练[M]. 北京：科学出版社，2015：138.

师要据此对学生进行辅导与指导,同时调整自己的教学设计使其更适合学生的需要。这里的课堂检测练习题具有检测与练习性质,即检测课堂学习效果和帮助学生及时巩固学习内容、灵活运用所学知识的作用。课堂检测练习题的设计要依据课堂教学目标、突出重点内容和基础性,适当考虑综合性,一般以基础性题目为主,拓展性题目为辅。

10. 设计教学板书

板书在课堂教学设计中是必不可少的环节,板书使课堂教学具有节奏性,明确学习重点,能够加深学生对所学知识的记忆和理解,锻炼学生概括问题的能力,训练学生"结构性思维",及时查漏补缺增强记忆能力,突出教学目标以及教与学的思路与达成路径,提炼课堂学习精华等。板书设计的类型主要有:纲目式、结构式和综合式等。

11. 撰写教学反思

叶澜教授曾指出:一个教师写一辈子教案不可能成为名师,如果一个教师写三年教学反思,就有可能成为名师①。所以,教学反思一直以来是教师提高个人业务水平的一种有效手段,是教师对课堂教学设计的再认识、再思考,并以此来总结课堂教学设计得与失,从而能进一步提高课堂教学设计水平。可以考虑从以下几个方面来写"教学反思":成功之处,不足之处,学生在课堂上的生成性问题,教师在课堂教学中的教学智慧和下一步教学设计的想法等。

三、中学地理课堂教学方案的案例分析

(一)绪论课教学方案分析

1. 案例展示

案例 8-1　高中地理绪论课的教学设计

【课前设计】

[课程标准]介绍了课程性质和基本理念。

---

① 李明华. 怎样写好教学反思[J]. 教学与管理,2007(25):33-34.

课程性质

地理学是研究地理环境以及人类活动与地理环境关系的科学，具有综合性和区域性等特点。地理学兼有自然科学和社会科学的性质，在现代科学体系中占有重要地位，对于解决当代人口、资源、环境和发展问题，建设美丽中国，维护全球生态安全具有重要作用。①

高中地理课程是与义务教育地理课程相衔接的一门基础课，其内容反映地理学科的育人价值，体现地理学的思想和方法。地理课程旨在使学生具备人地协调观、综合思维、区域认知和地理实践力等地理学科核心素养。

基本理念

(1)培养学生必备的地理学科核心素养。

(2)构建以地理学科核心素养为主导的地理课程。

(3)创新培育地理学科核心素养的学习方式。

(4)建立基于地理学科核心素养发展的学习评价体系。

[学情分析]

(1)学生升入高中，具备基本地理知识架构。

(2)缺乏利用原理分析地理事物的能力。

[教学目标]

(1)体会身边地理学的奥妙和掌握正确学习地理的方法。

(2)培养团队协作能力，激发学习地理的强烈欲望和兴趣，培养热爱科学的精神。

(3)学会用地理的眼光终身欣赏和认识这个世界。

[教学重难点]

教学的重点：通过具体案例分析，引导学生了解什么是高中地理？如何学好高中地理？

教学的难点：如何引导学生通过案例分析从现象中概括高中地理的价

① 中华人民共和国教育部. 普通高中地理课程标准：2017 年版[M]. 北京：人民教育出版社，2018：1.

值与意义。

[教学创新]

(1)教学理念创新:以生活中的地理学为实际案例,充分调动学生探究的欲望,启发学生关注地理、热爱生活的教育理念。

(2)教学方法创新:以“展示—归纳—分析—分享—总结”为本节的教学主线,培养学生从现象入手,分析生活案例最终总结学习方法。兼具文学、经济、生态等多学科的交叉融合学习,为学生认知地理事物带来新的学习方法。

(3)课堂环境创新:唯美的实地景观、丰富的网络资源,为学生课堂带来一种轻松、和谐的亲切感,积极参与到课堂讨论过程中,达到“开学第一课”的目的。

[教学方法]

基于课堂创新思路,设计教学策略,采取任务驱动教学法。

【教学过程】

一、课前任务

基于任务驱动教学法,要求学生在课前通过实地观察学校、生活的城市、居住的小区、每天所走的线路、夜晚的天空等或网络资源收集,以小组合作形式完成。

分小组:学校组、城市组、小区组、交通组、天空组、网络资料组

任务:观察、记录自己观察到的内容,教师不做提示,引导同学们从生活中发现地理现象。

二、课堂导学

设置问题:用学生观察的内容引出与地理相关的内容,产生兴趣、激发质疑,提高专注度。

视频:基于学生身边的案例,通过视频画面呈现给学生,激发学生的学习兴趣。

总结:通过教师对学生完成情况的总结、知识讲授及归纳形成学生学习知识树。

三、活动探究

活动1:学生展示课前考察成果,并分组完成探究。培养学生团队协作能力,养成自主探究的习惯以及激发学生学习地理的欲望和兴趣。引导同学们回答身边的地理问题,老师归纳总结。播放PPT,讲解地理学学科体系。

活动2:什么是地理学?思考应如何学习地理学,集体回忆描述地理学的经典语句,唤醒同学们对地理学的初步认识。

活动3:引导:播放学生生活中的场景照片。引导同学们从生活中发现地理现象。学生思考回忆初中地理知识。引导学生回忆、唤醒已有的地理知识,并逐步进入情境。

活动4:通过案例讲解应如何研究和学习地理学,让学生深刻体会地理课堂会带给他们终身受益的知识,激发同学们的探索欲望。

四、课堂小结

提出地理学习的要求,走好课前、课堂和课后三步骤。地理学习口号是:"全人学地理:用眼观察、用耳听事、用嘴表达、用脑想事、用手操作、用脚践行;会学教材、会写好字、会记笔记、会画脑图、会整学案、会读好书。"

2. 案例分析

该案例属于高一地理第一课(绪论课),把明确高中地理课程的性质和基本理念作为该课的教学目标,设计了"展示—归纳—分析—分享—总结"等教学环节,注重了引导学生用地理视角观察生活中的事物,有效激发学生对地理学习的兴趣,指导学生进行小组合作学习,注重对学生地理学习方法的指导。该案例教学思路清晰,目标明确,激发了学生学习地理的兴趣,训练了地理学习方法,了解了高中地理学习内容与要求,为后续的地理教学打下了良好的基础。

(二)新授课教学方案分析

1. 案例片段展示

案例8-2　"大气受热过程"新授课教学设计

"浏览"教材思考:

(1)本节我们要学习什么知识和技能?知识之间有什么联系?(2)这

些知识和技能在教材中是通过什么方式呈现的？(3)课堂上是通过什么路径学习这些知识和技能的？(4)通过什么办法诊断自己掌握这些知识并驾驭这些知识的能力？(5)学习这些知识和技能，能解决什么实际问题？

预习并思考下列问题：

(1)关于大气的组成的学习路径：观看《蓝猫淘气三千问》，从视频中提取信息，填写下表，了解大气各成分的作用。

大气的成分			作用
干洁空气	主要成分	N_2	
		O_2	
	次要成分	CO_2	
		O_3	
水汽			
固体杂质			

(2)关于大气垂直分层的学习路径：读教材“大气垂直分层”图，仔细观察，写出从图中获取的信息，并完成教材“活动思考题”。

(3)关于大气的受热过程的学习路径：

学习资料：①复习“太阳辐射中各种波长的光所占的比例”图。②学习“大气对太阳辐射的削弱作用”表。③读教材“到达地面的太阳辐射”示意图，以及“太阳辐射、地面辐射、大气逆辐射关系”示意图。

研读教材文字部分，完成下列问题：①太阳辐射根据波长共分为哪几个波段？②太阳辐射最强部分的波长集中在哪个光区？③太阳辐射到达地面之前要经过大气，大气对它有什么作用，主要表现为哪几种形式？④怎样理解“太阳是地面的直接热源、地面是大气的直接热源、大气对地面起保温作用”？⑤思考：用所学原理解释下列生活现象，为什么晴朗的天空多呈现蔚蓝色？交通信号灯“红灯停，绿灯行”的科学依据；夏季天空多云时，白天气温不会太高；多云的夜晚通常比晴朗的夜晚温暖些；深秋至第二年早春季节，霜冻为什么多出现在晴朗的夜晚？《闯关东》剧中朱开山一家为什么用烧秸秆的办法抗霜冻，有科学依据吗？⑥大气受热过程的结论归纳。

(4)关于影响气温高低的因素的学习路径：

思考路径：地面是大气的直接热源，也就是说气温的高低与地面受热多少及地面辐射强弱有关。那么，哪些因素会影响地面受热多少及地面辐射强弱呢？

研究路径：①读教材文字部分；②阅读分析教材的"不同太阳高度辐射强度变化"示意图和"不同性质地面的反射率"图，提取相关信息。

结论归纳：①影响地面辐射的因素；②影响气温高低的因素。

2. 案例分析

该案例是针对"大气受热过程"的新授课教学设计，案例凸显了"大气的组成""大气的受热过程""影响气温高低的因素"等学习过程的设计；阅读、思考、质疑、交流等学习活动设计；观看《蓝猫淘气三千问》视频、交通信号灯"红灯停，绿灯行"、不同季节天气现象等教学情境设计；将学习内容转化为系列问题的设计等等。这些设计体现出了学习内容问题化、学习内容情境化、学习过程活动化、学习活动思维化等特点。这样的设计突出了学生学习路径的设计，使学生不但能"学会"，而且能"会学"。

(三)复习课教学方案分析

1. 案例展示

案例8－3　"水循环原理在防治城市内涝中的应用"复习课教学设计

一、课前准备

学习活动设计：上网查阅关于2021年7月20日郑州城市内涝的相关资料，对关于水循环的相关知识进行"头脑风暴"。

二、课中整合

[试题导入]学习活动设计：限时检测。通过一组针对性试题进行检测。

[提出问题]学习活动设计：课中小组讨论。

中国新闻网权威解读:郑州城市内涝为哪般?海绵城市该不该“背锅”?

[知识链接]学习活动设计:水循环原理在防治城市内涝中的应用。

(1)城市内涝的概念;(2)城市内涝的危害;(3)我国城市内涝的原因;(4)“青岛排水系统”的启示;(5)内涝的“防”与“治”。

学习活动设计:小组内展示自己课前的“头脑风暴”,查漏补缺。课中小组讨论,根据所搜集的材料。讨论后做相关知识链接、梳理、整合。

[探究问题]教师根据小组展示暴露出来的共性问题,组织全班“讨论”,各组“展示”学习成果,教师点评,师生一起得出结论,板书知识结构。

[举一反三]限时检测,及时反馈:通过多角度试题的检测,进一步检验复习效果,提升能力。

三、课后提升

整理学案、建构知识导图、整理纠错本。

2. 案例分析

该案例针对“水循环原理在防治城市内涝中的应用”这一主题进行专题复习,属于小微专题复习课的教学设计。其主要特点有:(1)把复习的主动权,特别是关于概念、原理知识内容的复习权交给学生,让学生自主复习、查漏补缺,融会贯通;(2)把知识放在整体结构中重构,体现了复习的提升性;(3)把复习内容和任务落实到每位学生,使全体学生都能有所收获;(4)注重学习展示过程设计,通过学习成果的展示来促进学习的内化,反映思维过程;(5)课前、课中和课后一体化设计,体现了设计的开放性。

(四)习题课教学方案分析

1. 案例展示

案例8-4 “中国地理知识”专题习题课教学设计

[习题来源]内容范围:中国地理。

练习的知识点:①中国的位置、疆域、行政区划、人口和民族;②中国的地形、气候、河流、自然环境。

练习目的：重点训练地形、气候、河流相关知识的巩固以及应用能力培养。

练习题的题型：单项选择题和综合题。

[教学目标]

①通过练习题的演练，加深对中国地理知识的理解；

②通过练习题的批改评阅、查漏补缺，在提升解题能力基础上、培养解决地理问题能力；

③通过练习题的编制，培养提出地理问题的能力；

④通过小组合作学习，提高自主、合作、探究意识与能力；

⑤通过质疑、点评，培养严谨的学习态度。

[学情分析]

学生对学习的把握往往只是通过考试分数的高低来判断自己对地理知识掌握的程度，并不十分清楚自己怎样才能运用地理知识解决问题。

[教学重点]

练习题的批改；练习题的编制。

重点的突出方法：

引导学生分析练习题的设问，分析参考答案，倒推答题思路，培养运用地理知识解决问题的能力。

通过给出的资料，引导学生分析资料的有效性，结合所学地理知识，找到练习题的立意视角，设计练习问题。

[教学难点]

①练习题的批改中分值的把握；

②练习题的编制中立意角度的把握。

难点的突破方法：

通过扫描、展示学生练习题的答案，与学生一起分析、批改，帮助学生分析参考答案，鼓励学生找出评分细则，从而突破练习题批改中分值的把握。

通过小组合作，运用有关资料的分析、讨论、探究、展示、质疑、点评的方式来突破难点。

[教学过程]

1. 针对单项选择题的学习活动设计及意图:

(1)通过对选择题答题结果分析,找出正确率在70%以上和不足70%的练习题;

(2)小组讨论解决正确率在70%以上的练习题;

(3)由答题正确率较高的同学讲解正确率不足70%的练习题。要求:说出练习题信息、立意角度、解题思路;

(4)用3分钟订正答案后,自查问题,用5分钟小组讨论,教师答疑解惑与点评。

(5)作业布置:推荐好题,写出推荐理由。

2. 针对综合题的批阅的学习活动设计及意图:

(1)练习题的答题纸按小组互换分给每一位同学,写上评阅人姓名。目的:提升责任意识;便于课后交流;

(2)给出练习题的参考答案,引导学生通过分析练习题设问,找出答题思路;

(3)通过对学生练习题答案扫描截图,分析学生的答案,小组讨论给出分值;

(4)由学生根据掌握的评分标准批改练习题,给出分值,并将参考答案工整地写到练习题上,以方便答题人课后参考;

(5)评阅人给答题情况写评价;

(6)作业布置:将练习题答案和评阅意见还给本人,若有质疑,下课后答题人与评阅人交流。

3. 针对练习题的编制的学习活动设计及意图:

(1)有关材料:

材料一　甘肃省民勤县地处河西走廊东北部,石羊河流经民勤盆地。从20世纪50年代至今,石羊河流域的水量减少近1/3,石羊河流域的人口却由90万增加到近230万,灌溉面积由300万亩增加到500万亩。

材料二 石羊河流域示意图

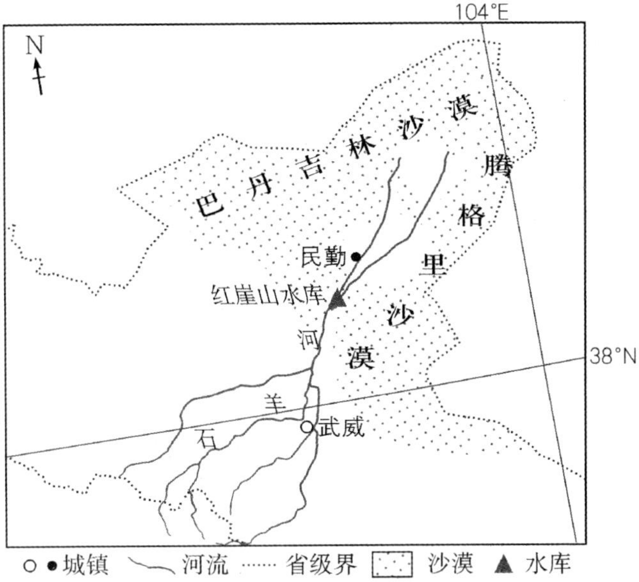

图 8－1 石羊河流域示意图

(2)提出学习要求:

①用 2 分钟小组讨论,提取材料信息,确定练习题立意视角;

②用 5 分钟时间小组讨论练习题如何设问(3 个设问),并在白板上展示;

③2—5 组展示,6—9 组点评质疑,1 组总结归纳;

(3)小组讨论确定练习题立意视角、编制出练习题;

(4)作业布置:给出练习题的参考答案;

(5)将自己编制的练习题发给同组同学,课后一起探讨练习题的科学性、针对性等。

2. 案例分析

该习题课教学方案的教学主题是"中国地形、气候、河流等知识",教学目标明确,即中国地理知识巩固与应用能力训练,教学过程安排以学生独立练习活动为主,通过引导学生"答题、评题、编题"等学习活动,不仅运用地理知识解题,还通过批阅同学答题情况、站在评阅人的角度发现问题,还进行了编制练习题活动、站在命题者的角度来分析练习题如何设计。这种练习课的学习活动设计起到了合作学习、深度学习、培养高阶能力的作用,不但提升了学生解题能力,还培养了学生综合思维等素养。

第二节　地理活动教学方案设计

学习目标

1. 能举例说明地理活动内涵、特点及分类。
2. 能举例说明地理实验的概念、特点、类型和作用。
3. 能依据地理实验设计原则,分析、设计、实施地理实验方案。
4. 能举例说明研学旅行的概念、特点、类型和作用。
5. 能初步分析、设计与实施研学旅行方案。

一、地理活动概述

(一)地理活动含义

1. 地理活动的内涵

普通高中地理课程标准(2017 版 2020 年修订)指出地理实践力是人们在考察、调查和实验等地理实践活动中所具备的意志品质和行动能力。其中包括野外考察、社会调查、模拟实验三大类地理活动。显然,这里的地理实践活动既包括室内的地理活动,又包括室外的地理活动。

黄京鸿教授认为地理课外活动是在教师指导下,学生较独立进行的地理学习活动。通过地理课外活动使学生获得地理知识与技能、学习地理方法、培养地理能力、促进情感、态度和价值观的发展。主要将其分为地理观测、地理实验、地理野外考察、地理调查研究、其他地理课外活动等五类。[①]

李家清教授认为地理实践活动主要是指课堂教学以外的,教师指导学

① 黄京鸿. 新课程地理教学论[M]. 重庆:西南师范大学出版社. 2011:239 - 245.

生进行的各种有关地理学科的课外、校外、野外学习活动。①

杨新教授认为地理实践活动是学生在学校教师指导下,有计划的实践活动,包括对自然环境、生产生活状况等进行的天文观测、地理考察、地理观察以及乡土地理调查等。它是培养学生地理创新精神和地理实践力的最重要、最有效的教学活动之一,是培养学生爱国、爱乡情感的主要阵地。②

地理活动包括学生在课堂上的地理学习活动和学生在课堂外进行的地理学习活动。③

地理活动是在教师引导下,教师和学生共同选择、设计和实施的外部活动和内部活动的总和。④

综上所述,地理活动是在教师指导下,教师和学生共同探索地理实践客体时,所进行选择、设计和实施的外部活动和内部活动的总和,包括课内地理活动和课外地理活动。

2. 地理活动的特点

这里参照邵志豪和王向东关于地理活动特点的观点⑤,介绍如下。

(1)活动目标注重学生地理学科能力的培养。地理活动的设计针对性较强,从活动目标来看,主要是培养学生能力,不同的年级地理活动教学设计要体现出地理活动的层次性。通过不同层次的地理活动培养学生提出问题、分析问题、解决问题的能力,特别是地理问题的探究能力。地理活动注重学生地理学科能力的培养,突出地理科学方法教育。

(2)活动内容体现地理学科文理兼容、综合性特点。地理学科文理兼容、综合性的特点使得地理活动的内容丰富多样。地理活动内容设计要贴近学生生活实际,活动内容要呈现出"以问题为中心的学习"或"以项目研究为中心的学习"。建立活动内容综合性强、功能逐步累积与放大的活动

---

① 李家清. 新理念地理教学论[M]. 北京:北京大学出版社. 2009:233.

② 杨新. 新编地理教学论[M]. 北京:科学出版社. 2010:134.

③ 黄昌顺. 地理活动与地理教学[M]. 北京:高等教育出版社,2008:11.

④ 邵志豪,王向东. 地理活动的内涵、特点与设计原则[J]. 地理教学,2014(23):23-28.

⑤ 邵志豪,王向东. 地理活动的内涵、特点与设计原则[J]. 地理教学,2014(23):23-28.

系列。

(3)活动形式体现教师与学生双主体性。地理活动可分为地理课堂活动与地理课外活动。地理课堂活动是教师在课堂教学中组织的地理活动,具有明确的要求,活动的步骤比较规范,学生在教师指导下开展地理活动。地理课外活动是在课堂外,由教师或学生负责组织,学生根据自己的兴趣自愿参加的地理活动,学生可以根据自己的爱好来确定活动内容和方式,具有一定的开放性。

(二)地理活动类型

地理活动类型多种多样,按照活动开展的形式分为地理实验、社会调查、户外考察等活动。地理实验、社会调查、户外考察是地理学重要的研究方法,也是地理课程重要的学习方式。每类活动又包括多种类型,地理实验内容详见地理实验方案设计,其他两类活动简述如下。

(1)社会调查,又称地理调查,广泛应用于人口、资源、环境与发展等方面地理问题的现状调查。调查的主要内容包括自然资源开发与利用、人口状况、产业布局与发展、城乡建设、环境质量与可持续发展等方面的调查。地理调查活动范围一般为乡土地理范围,这样便于开展,也可以与研学旅行活动结合进行。

(2)户外考察,又称野外考察,主要包括观察天象、地形、土壤、河流、湖泊、海岸、植被等。多在乡土地理范围进行,与社会调查一样,也可以与研学旅行活动结合进行。

二、地理实验方案设计

(一)地理实验概述

1.地理实验概念

这里参照徐宝芳和张卫青教授在《中学地理实验教学研究》一书中地理

实验概念观点[①]，简要介绍如下。第一种观点：地理实验既是一种地理学习方法，又是一种地理教学方法。第二种观点：地理实验是一种地理实践教学活动。地理实验有狭义与广义之分。狭义的地理实验，它是指运用一定的器材和设备，人为地把所要学习的地理事物和现象及其变化过程表现出来，以获得和验证地理知识的实践活动方法。狭义地理实验一般仅指自然地理实验，同时也不包括室外地理观测、地理考察。广义的地理实验是一种大的地理实验观，是指通过观察、观测、演示、制作、绘制、调查等地理活动方式，认识、探索地理事物、现象和过程等的地理实践教学活动。我们研究的中学地理实验是广义的地理实验，不仅是一种地理实验教与学的方法、一种教学手段，而且是一种包括有明确地理教学目的、教学内容、教学方法等地理教学要素组成的地理实践教学活动。

2. 地理实验特点

夏志芳教授将地理实验特点概括为：从地理实验对学生的智力培养而言，它具有动态直观性、独立实践性和科学探索性[②]。

（1）动态直观性。地理实验能连续地、直观地表现地理事象变化过程与运动状态，地理插图、幻灯片等手段往往代替不了这个功能。因为它们表达的状态是静止的，表达的过程也是不连续的。一般而言，动态直观性要比静态直观性的智力意义大。

（2）独立实践性。学生实验尽管有教师指导，但是在实验进行中仍是以学生独立操作为主。操作过程也是多种生理器官的综合运用。心理学的测量表明：操作性的学习或多种感官的并用，往往有利于记忆的保持。

（3）科学探索性。地理实验，尤其是析因实验，本身就要求学生去探索一些基本原理。而有些实验，虽然是重现性、模拟性的，但也能激起学生的好奇心与探索的欲望。如做了“转盘滚球”实验，学生不仅看到了滚球右偏的现象，并且会产生一种探索的心理：“地球上运动物体为何有偏转现象?”

① 徐宝芳，张卫青. 中学地理实验教学研究[M]. 西安：陕西师范大学出版社，2010：2－4.

② 夏志芳. 地理实验与学生智力发展[J]. 课程・教材・教法，1987(2)：47－49.

"这些偏转现象会引起哪些后果?"

3. 地理实验作用

地理实验已成为地理课程的重要组成部分,如何发挥地理实验的育人功能?地理实验可以激发学生学习地理的积极性,学生从地理实验中可以获得地理知识,学会地理思维与方法,发展各种地理能力,形成正确的情感、态度与价值观。夏志芳教授从培养学生能力的视角阐述了地理实验的作用①。

(1)有利于培养观察力。实验的过程也是观察的过程。往往是观察得越细,实验也就能完成得越好。例如,用一桶沙土和用一桶水模拟海陆热力性质差异实验,就需要在不同时段内进行认真观测。

(2)有利于发展想象力。对于地理教材中的有关地球公转、季节变化、昼夜长短、极昼极夜等知识,尽管教师讲得口干舌燥,学生往往还是不容易理解。究其原因,主要是学生建立不起空间表象,而一些形象的实验就可弥补学生想象的不足。

(3)有利于激发学习的内驱力。一般来说,学生对动手做实验较感兴趣,实验有明确的目标、实验有一定的探究性、实验的完成能使学生得到一种"胜任"的情绪体验。兴趣、目标、探究性、胜任感,能构成良好的学习内驱力,进而促使学生自觉学习。

(4)有利于提高动手能力。如上海育才中学的初、高中阶段的生物实验课从统编教材规定的十七次增加到一百零九次,培养学生的动手能力,从当前看,利于巩固知识、培养智能;从长远看,利于学生将来从事科研或进行某一方面的探索、创造,是终身受益的。

学生在地理实验中运用地理观察法、调查法、分析与综合法等对实验结果做出预测、归纳与总结。地理实验教学是培养学生"地理实践力"素养的重要途径,能够极大地促进学生掌握科学研究方法,培养学生创新意识与能力。

---

① 夏志芳.地理实验与学生智力发展[J].课程·教材·教法,1987(02):47-49.

4. **地理实验类型**

徐宝芳和张卫青教授在《中学地理实验教学研究》一书中介绍了七类地理实验分类①,简介如下。

(1)按照自然地理内容不同分类。地球运动实验系列:如地球自转、公转、太阳高度角变化等实验;大气实验系列:如风向偏转实验、阳光直射、斜射与气温高低变化实验等;水实验系列:如水循环、洋流形成实验等;地壳变动实验系列:如褶皱、断层实验,石灰岩地形形成实验等。

(2)按照使用仪器和材料不同分类。真实实验是使用与自然界实际发生的过程基本相同的材料和顺序进行的实验,只是在规模和个别细节上有所不同。如"沉积物分选实验""哪些类型的土壤最能保持水分实验"等均属此类。模拟实验是指由于地理事物分布空间上的广大和演变时间上的久远,中学地理教学不可能把所有、甚至大部分自然过程直接引入地理实验,但是可以使用一些替代的材料,设置一些类似的条件或环境,模拟地理演变过程。因此,地理实验教学中大部分实验是模拟实验。模拟实验又分为实物模拟实验和计算机模拟实验(也可以称之为虚拟地理实验)两种。实物模拟实验,如模拟火成岩生成的实验、再现降雨过程实验、模拟"海市蜃楼"实验等。计算机模拟实验是指用计算机绘图、动画、声音和人机对话等功能,把许多在课堂上无法真实实验或不易观察的地理现象直观地模拟出来,是应用计算机对现实环境、现实环境要素以及其中各种关系和过程进行重构,应用计算机的计算和模拟能力,对实验过程进行模拟,得出结论并可继而反馈到客观现实的过程。不同于真实实验和模拟实验两种实验方式,虚拟地理实验中主要是信息的流动,是一种虚拟的过程。如地球运动、大气运动、洋流、水循环、地壳运动等都可以做成课件,运用计算机模拟实验。

(3)按照实验操作者不同分类。教师演示实验是由教师在课堂上操作实验,全班学生进行观察,或教师边演示边讲解,或实验前提出观察要求,实

① 徐宝芳,张卫青. 中学地理实验教学研究[M]. 西安:陕西师范大学出版社,2010:4-6.

验时一言不发,实验后学生描述实验现象,分析实验结果,如海陆热力性质差异的演示、地轴倾斜角度与太阳光线关系的演示实验。这种实验条件要求不高,教师一人操作,节省时间和材料,还有利于教师调控课堂。因此,教师演示实验是地理课堂教学中应用最广泛的实验形式,直观性强,深受广大地理教师和学生的欢迎,一次操作就能满足全班学生的观察需要。学生操作实验是地理实验最理想的形式。学生操作实验最好在地理实验室,或者地理专用教室中进行。学生操作实验一般要由教师讲清实验要求,由学生自己操作。如运用地球仪演示地球运动的实验、风的搬运作用的实验、沉积物分选的实验等都可以设计成学生操作实验。

(4)按照地理学科属性不同分类。按照地理学科属性不同,地理实验还可以分为自然地理实验和人文地理实验两大类。自然地理实验包括地图系列实验、地球系列实验、地质地貌系列实验、气象气候系列实验和水文系列实验等;人文地理实验包括土地利用调查、工业区位条件调查和环境问题调查等。

(5)按照地理实验的地点不同分类。按照地理实验的地点不同,地理实验可分为课堂地理实验和课外地理实验两种。课堂地理实验是在课堂(教室或地理专用教室)教学中,教师或学生操作演示的实验形式,是一种随堂实验,使学生获得生动直观的感性认识,形成正确的地理概念。如利用灯泡、小地球仪演示地球公转的实验,森林保持水土和含蓄水源的实验等;课外地理实验是在课堂之外,通过地理野外考察、观察、地理调查等,学生实地操作,获得对地理事物亲身感受而完成的地理实验。如课外制作等高线地形模型实验、观察月相变化的实验等。

(6)按照地理实验的层次不同分类。按照地理实验的层次不同,地理实验可分为验证性实验、综合性实验和设计性实验三种。这三种地理实验层次由低到高依次递增。验证性实验是验证所学理论的实验,即通过实验来验证所学地理原理的正确性,一般由学生操作完成,使学生获得实验技能的训练。如学生在学习“大气受热会抬升,受冷会下沉”气象原理时,或为了更好地说明森林具有“含蓄水源、保持水土”等作用,让学生设计一个验证性实验来感受该结论的正确性;综合性实验是指实验内容涉及本课程的综合知识或与本课程相关课程知识的实验。该类实验具有一定的深度和广度,如设计一个大青山考察的实验方案,并进行野外考察;设计性实验是指给定实验目的要求和实验条件,由学生自行设计实验方案并加以实现的实验,如由学生设计热力环流的形成实验、设计多种方案制作等高线地形模型的实验。一般开始时由教师提出实验要求,由学生根据所学内容,提出实验的方法和步骤,选择仪器,由学生完成实验的全部过程,经过一段训练之后,可以全部由学生自己组织实验,从而培养学生的主动性和创造性。

(7)根据地理实验的不同内容进行分类,将地理实验分为地图系列实验、地球系列实验、地质地貌系列实验、气象气候系列实验、水文系列实验和人文地理实验(人文地理调查)。

(二)地理实验方案设计

1. 地理实验方案设计原则

这里参照夏志芳、徐宝芳和张卫青教授有关地理实验方案设计原则的观点[①][②],简单介绍如下。

(1)目的性原则。实验的设计要充分注意到地理实践力的培养,要在有利于发展学生智力的基础上,培养学生的行动能力与意志品质。

(2)科学性原则。实验是科学研究的手段,它必须首先是科学的,必须符合基本的地理规律,要有科学实验的原理支撑。例如,各类模拟实验必须符合内在的相似原理。

(3)教育性原则。实验设计必须符合学生认知特点,能够促进他们的认知发展。实验设计应考虑学生的年龄特征。如初中一般以模拟性、重现性、示范性实验为主,高中可增加一些析因实验。根据教材的内容与学生的实际情况,有的可先讲理论,后做实验,有的可以先做后讲,有的可边做边讲。

---

① 夏志芳.地理实验与学生智力发展[J].课程·教材·教法,1987(2):47-49.

② 张卫青,徐宝芳.中学地理实验类型与内容设计[J].内蒙古师范大学学报(教育科学版),2005,18(10):103-106.

(4)探究性原则。地理实验是人们认识地理现象和地理事物的一种重要手段,是提供感性认识的一种方式,是发展学生科学思维的一种方法,是培养学生创造能力的一种途径。这就要求教师在设计地理实验时要考虑实验的启发性与探究性,并在实验过程中通过分析、启发性提问,引导学生得出实验结论。

(5)多样性原则。地理实验内容涉及范围广泛,实验类型多种多样,可结合乡土地理,从各种渠道搜集关于地理实验的素材。这就要求教师在设计实验时要考虑地理实验的多样性,在实验教学中引入"实验设计",设计的地理实验要立足于学生的发展,为学生的思考、探索、发现和创新提供广阔的舞台。

(6)可行性原则。实验操作要简单,步骤清晰、实验操作时间不能过长。地理教师要加强对学生实验的指导,其中最重要的是督促学生独立完成操作、观察、记录、分析与评价等步骤。

2. 地理实验方案的组成

地理实验方案的组成包括实验名称、实验目标、实验内容、实验原理、实验器材、实验示意图、实验步骤、问题探究、实验评价九个部分①,介绍如下(实验名称略)。

(1)地理实验目标。要围绕课程目标,针对地理实践力等地理学科核心素养设计具体项目的实验目标与要求。坚持"实践育人"导向,结合实验内容,可以在探索精神、观察能力、综合思维、方案设计、问题解决等方面有所选择与侧重。

(2)地理实验内容。依据课程标准和教材选择地理实验项目,依据地理实验目的与要求确定地理实验内容覆盖的知识点等核心要素,以问题为导向,设计地理实验需解决的问题,选择可采用的地理实验教学内容。

(3)地理实验原理。根据地理实验内容确定地理原理知识,为原因分析

---

① 勾书琪,徐宝芳,崔静云,等.高中地理模拟实验方案设计与实施研究:以城市内涝影响因素模拟实验为例[J].内蒙古师范大学学报,2020,33(6):126-130.

提供理论支撑。如分析城市内涝的成因,可运用水循环、土壤的功能和地理环境整体性等原理进行分析。

(4)地理实验器材。依据地理实验目标,根据地理实验内容,结合实验变量,选择实验器材。

(5)地理实验示意图,就是把实验器材组装在一起,用一个简单的示意图来表示。

(6)地理实验步骤。地理实验是一种地理学习过程,在实验步骤设计时需要体现学生的参与性,要让学生动手操作实验器材、动眼观察实验现象、动笔记录实验数据、动脑思考实验原理;要引导学生通过地理实验探究过程解决实际问题,培养学生地理实践力等地理学科核心素养。具体步骤包括猜想、实验观察、解释现象、讨论交流、迁移应用等。

(7)地理问题探究。根据地理实验目的和内容等设计探究问题,结合地理实验进行地理问题探究来培养学生解决地理问题的意识与能力。如,城市内涝模拟实验中,举例分析说明城市内涝的成因因素,包括自然要素(降水强度、地形等)和人文要素(城市地表性质、排水管网等)。

(8)地理实验评价。要依据地理实验目标设计地理实验评价内容和评价方式,评估地理实验目标的达成情况。地理实验评价,必须要发挥促进学生发展的功能。根据实验的五个步骤,即自己猜想、实验观察、解释现象、讨论交流、迁移应用提出实验评价。

3. 地理实验方案设计程序

地理实验方案设计程序分为确定地理实验主题、设计地理实验目标、设计地理实验步骤、设计地理实验评价和确定地理实验条件五个步骤[①]。

(1)确定地理实验主题。根据课程标准和教材提出地理问题,对地理问题进行分析,确定地理实验主题。例如,城市内涝成因模拟地理实验,城市内涝成因是多因素的,其中城市地面硬化是其重要原因,因此,本实验主题

---

① 勾书琪,徐宝芳,崔静云,等.高中地理模拟实验方案设计与实施研究:以城市内涝影响因素模拟实验为例[J].内蒙古师范大学学报,2020,33(6):126－130.

是比较不同地面状况对下渗和地表径流的影响。

(2)设计地理实验目标。围绕地理实验主题确定实验目标,实验目标应从地理学科核心素养培养视角进行考虑,特别是地理实践力的培养是重点,如城市内涝成因。该实验目标是观察不同地表其下渗、地表径流运动过程,分析地表不同状况与下渗、地表径流的关系,结合城市地面硬化实际思考城市内涝的影响因素。

(3)设计地理实验步骤。围绕地理实验目标编制实验步骤:可以根据地理原理产生的条件和次序,顺向还原或模拟相似情景;可以从地理原理出发,大胆假设,逆向推导实验步骤;反复试做、不断完善实验步骤;体现科学探究过程,可将地理实验步骤设计为自己猜想、实验观察、解释现象、讨论交流、迁移应用等五个步骤。

(4)设计地理实验评价。依据地理实验目标确定评价内容和评价方式,重点评估实验目标达成情况。可以按照实验步骤逐项进行评价,通过评价发现问题,提出解决问题的办法,从而不断提高实验能力与水平。

(5)确定地理实验条件。确定实验场所和器材。实验场所考虑室内或室外,室内考虑教室或实验室,实验器材选择简便易行、安全可靠、环保适用,要确保实验现象清晰、明显。

总之,地理实验设计程序要因实验课题、实验条件、学生学情、实验类型等情况,在每个实验开始前设计出有针对性、可操作性的程序。

4. 地理实验方案分析

(1)地理实验方案的案例呈现

案例 8-5　城市内涝影响因素模拟实验①

第一,地理实验目标。分析不同地表物质和地表径流与下渗的关系,说明城市内涝影响因素,培养综合分析思维能力;观察实验现象、记录实验数据、分析实验结果,体验科学探究过程。

---

① 勾书琪,徐宝芳,崔静云,等.高中地理模拟实验方案设计与实施研究:以城市内涝影响因素模拟实验为例[J].内蒙古师范大学学报,2020,33(6):126-130.

第二,地理实验内容。实验主题为“城市内涝影响因素”,根据实验主题确定本实验需要解决的问题,即探究城市地表物质材料与土壤下渗量及地表径流量之间的关系。

模拟三种城市地表,即不透水的地表、裸土的地表和植被覆盖的地表在相同降水强度和相同坡度下的下渗量和地表径流量,分析其差异所带来的影响,从而探讨城市内涝的原因。

第三,地理实验原理。根据地理实验内容确定地理原理知识,本实验运用到的地理原理有:水循环、土壤的功能、自然地理环境整体性。

第四,地理实验器材。依据地理实验目标,根据地理实验内容,结合实验变量,选择实验器材并组装实验装置。本实验使用的材料有裸土、真草皮、砖块,盛土容器3个,清水、量杯、计时器,接水器3个、纱布等。

第五,地理实验示意图。城市内涝模拟实验示意图(略)

第六,地理实验步骤:

第一步:自己猜想

材料一:武汉内涝材料(略)

材料二:江西省萍乡市内涝材料(略)。

思考1:从地表物质材料角度分析,为什么在城市里会出现“看海”的情况?

思考2:说明江西省萍乡市城区水循环的环节,并画出其水循环示意图。

思考3:从城市内涝的影响因素视角,对实验结果提出猜想。

第二步:实验观察

(1)将土壤等量、均匀地铺设在容器内,并控制每组容器内土壤形成同样坡度。

(2)将真草皮、砖块分别放于各组土壤表面上。

(3)将接水器固定在容器底部。

(4)使用等量清水(H)在相同时间内匀速进行模拟降水。

(5)将接水器中的泥水倒入罩有纱布的量杯中,静置30s,记录地表径流量。

(6)计算各组的下渗量 S = H - h(单位:ml)各组进行汇总,比较各组下渗量和地表径流量并进行排序。

第三步:解释现象

描述不同地表物质材料下,其径流量和下渗量的差异,并分析差异形成原因。

第四步:讨论交流:通过实验能得到的结论是什么?

当土壤下渗作用被削弱时,地表径流增加,降水更易滞留在地表形成内涝。

第五步:迁移应用

结合某城市内涝问题,利用实验结论和地理原理尝试对城市内涝的成因进行系统分析并提出解决措施。

第七,地理问题探究。举例分析说明城市内涝的成因。

第八,地理实验评价。要依据地理实验目标设计地理实验评价内容和评价方式,评估地理实验目标的达成情况。地理实验评价,必须要发挥促进学生发展的功能。根据实验的 5 个步骤,提出实验评价指标。

(2)地理实验方案分析

该实验针对现实的"城市内涝成因问题",选题属于地理问题成因分析实验,选题较好;实验方案由九个部分组成,较全面;实验目标紧紧围绕地理实践力等地理学科核心素养的培养进行设计;实验操作过程从自己猜想、实验观察、解释现象、讨论交流到迁移应用突出了探究性,体现出了学生动手、动眼、动笔、动脑,深度参与实验的特点;地理问题探究的设计具有很强的开放性,从现象观察到归因探究,有利于培养学生的综合思维能力和解决实际问题的能力;实验评价针对学生实践活动具有可测性,评价主体包括自我评价、组员评价和教师评价,设计较全面。探讨城市内涝形成原因的实验设计,还要考虑不同"坡度"地形的影响等因素,建议增加"实验报告"的评价。

三、研学旅行方案设计

（一）研学旅行概述

1. 研学旅行的概念

2013 年国务院办公厅印发的《国民旅游休闲纲要（2013—2020 年）》首次提出要逐步推行中小学生研学旅行的倡议。教育部从 2013 年开始开展研学旅行的试点工作，取得了较好成效。2017 年 9 月，教育部印发《中小学综合实践活动课程指导纲要》，明确了综合实践活动是必修课程，要求学生能从个体生活、社会生活及与大自然的接触中获得丰富的实践经验，形成并逐步提升对自然、社会和自我内在联系的整体认识，具有价值体系、责任担当、问题解决、创意物化等方面的意识和能力，为中小学开展“研学旅行”实践活动指明了方向。

2019 年，由中国教育学会地理教学专业委员会段玉山、袁书琪、郭锋涛、周维国等专家学者撰写了《研学旅行课程标准》。该标准根据教育部、国家发改委等 11 个部委出台的《关于推进中小学生研学旅行的意见》（2016 年）进行撰写，使研学旅行进入可操作、有规范的新时期。《研学旅行课程标准》共包括前言、课程性质与定位、课程基本理念、课程目标、课程结构、课程内容、课程建设、课程实施、课程评价九部分内容，具有很强的指导意义。[①]

研学旅行是由教育部门和学校有计划地组织安排，通过集体旅行、集中食宿方式开展的研究性学习和旅行体验相结合的校外教育活动，是学校教育和校外教育衔接的创新形式，是教育教学的重要内容，是综合实践育人的有效途径。

2. 研学旅行的特点

（1）计划性。研学旅行不是泛泛的游学，而是纳入教育部门和学校教育

① 段玉山，袁书琪，郭锋涛，等. 研学旅行课程标准（一）[J]. 地理教学，2019(5)：4 - 7.

教学计划的重要教育教学活动，是参与学生一个也不能少的集体教育活动。

(2)研究性。研学旅行的实施过程应是问题探究过程，是一种研究性学习活动过程。

(3)实践性。研学旅行是学校理论教育与校外实践教育相结合的教育教学方式，面对自然界与社会的真实情境，让学生在做、考察、调查、测量、探究、旅行、反思、体验等一系列实践活动中发现和解决现实问题，体验和感受真实生活。

(4)整合性。研学旅行是跨学科的综合教育教学课程，尤其是以跨自然与社会学科两大学科领域的地理学科为纽带，整合教育教学内容和方式，鼓励学生综合运用各学科知识和方法，分析问题、解决问题。要求学生综合处理与自然、与他人、与社会、与自我的关系。

(5)开放性。研学旅行的目标、内容、形式、空间、时间等均具有一定的开放性。

(6)趣味性。研学旅行离开学生常住地，旅行经历、异地景观和研学实践容易引发学生探究兴趣，提高学生的生活品位、审美情趣和创新意识。

3. 研学旅行的分类

《研学旅行课程标准》①将研学旅行划分为地理类、自然类、历史类、科技类、人文类、体验类六个方面，这里介绍如下。

(1)地理类。地理类研学旅行内容包括地理位置与地名、地理要素与景观、地理环境、地理标志、人地协调观与地理审美等方面，主要体现地理、科学、艺术等学科在研学旅行中的作用。借助地图、地理信息技术等工具，依托自然和人文地理环境，通过自然考察、实验、社会调查等形式，探究地质地貌、气象水文、土壤植被等自然地理要素，调查人口、聚落、经济、文化、社会等人文地理事象，进而发现该区域存在的人地关系问题，并提出相应的解决方案。通过地理类研学旅行课程使学生认识到理论与实践相结合的重要意

① 郭锋涛，段玉山，周维国，等. 研学旅行课程标准(二)[J]. 地理教学，2019(6):4-7.

义，从中培育学生的综合思维、区域认知、人地协调观、地理实践力等核心素养。

(2)自然类。自然类研学旅行内容包括欣赏自然现象与景观、了解自然资源与灾害、自然生态、自然规律等方面，主要体现地理、生物、科学、艺术等学科在研学旅行中的作用，借助生态、林草、地质、水利等学科的科学研究方法，依托自然保护区、风景名胜区、地质公园、矿山公园、森林公园、湿地公园、水利风景区、生态旅游区等自然保护区，深入了解自然环境与人类发展的关系，协调人地关系机制，进而宣传保护环境的理念，参与和体验环境保护志愿者工作，从而培育学生的科学精神、社会参与等素养。

(3)历史类。历史类研学旅行内容主要包括参观历史遗迹、文物与非物质文化遗产、历史聚落、纪念场所，感受历史题材艺术、家国情怀等方面，主要体现历史、思想政治、社会、语文、地理等学科在研学旅行中的作用，借助历史考证、社会调研、人文探究、文艺鉴赏等方法，依托历史遗迹、革命遗址、博物馆、纪念馆、文艺展馆等人文遗产，欣赏、体会中华优秀传统文化、哲学智慧、道德伦理、文学艺术特色、传统科技工艺创造、历史名人名事等，引导学生坚定文化自信、传承和弘扬革命传统。

(4)科技类。科技类研学旅行内容主要包括科技发展、科技研发、科技建设、科技伦理等方面，主要体现数学、科学、物理、化学、生物、信息技术等学科在研学旅行中的作用，借助现代人工智能、VR、AR、3D 打印等技术，探究实验方法，依托科技馆、科技活动、科研机构、高等院校、国家重大工程、现代产业园区等场所，通过参观、培训、实验等形式，培育学生科学伦理、创新意识、劳动观念等素养。

(5)人文类。人文类研学旅行内容主要包括人文特色、社会发展、人居环境、文化建设、交通建设等方面，主要体现思想政治、历史、社会、地理等学科在研学旅行中的作用。借助社会科学调查、研究、评价、决策等方法，依托爱国主义教育基地、社会发展展馆、城乡聚落、战略发展项目、社会科学研究机构、高等院校、民族聚居地等社会研学基地，重点感知新中国建立以来，尤其是改革开放以来我国社会发展所取得的成就、国际地位的提升、人民生活水平的提高，探究我国发展的重大问题与发展战略，培育学生的家国情怀、世界眼光、社会责任感等素养。

(6)体验类。体验类研学旅行内容主要包括体育与拓展运动、劳动与创业、集体生活等方面，主要体现劳动技术、信息技术、体育、艺术等学科在研学旅行中的作用，借助现代生产方法和技术、身心发展理论和方法，依托综合实践活动基地、劳动教育基地、团队拓展基地、国防教育基地、军营、体育训练基地、现代生产企业等场所，通过生产劳动、军事训练、团队拓展、职业体验、体育培训等形式，达到身心体验、精神提升和团队协同等目的，培育学生自主发展、健康生活、勇于拼搏、团队合作等素养。

4. 研学旅行的作用

(1)价值认同。欣赏祖国大好河山，感受中华传统美德，体验社会经济发展巨大成就，尊重中华民族优秀文明成果，理解、接受并践行社会主义核心价值观，培养学生的家国情怀、文化自信和人文底蕴。

(2)实践内化。在校外真实情境中，经历问题研究的过程，获得探究体验和经验，形成发现问题、提出问题、分析问题、解决问题的兴趣和能力，在实践中内化知识和提升素养，培养批判质疑、勇于创新的科学精神。

(3)身心健康。缓解学业压力，放松身心，提高审美情趣。磨炼体魄和意志，培养吃苦耐劳精神和抗挫能力。培养安全意识，提高自我保护和生存能力。体验社会文明建设，养成健康的行为习惯和生活方式。学会生活，提高生活质量和品位。

(4)责任担当。适应集体生活，养成团队意识和互助精神。学会交流和分享研学成果和创意，提高与人交往的能力。养成规则与法制意识，明辨是非，自尊自律。养成文明礼貌、宽以待人的品格以及积极参与和谐社会建设的意愿和能力，形成社会责任感，以及积极履行公民义务的意识和能力。在现实情境中培育可持续发展理念、绿色生活方式和行动能力。

(二)研学旅行方案设计

研学旅行的关键在于“行”“学”“研”:行是有目的的行,即在出行之前拟定学习的主题,围绕主题选择出行目的地、出行方式、游览对象;学是在“行”中学,即让学生观察、记录并学习旅行过程中所见的各种学科知识;研是有深度的研,即在学习主题的统领下,学生对旅行中学到的知识进行整理、分析、研究,从而走向深度学习。研学旅行作为一种研究性学习和旅行体验相结合的校外教育活动形式,要使其有效开展,课程化是有效的途径。所谓课程化,就是将研学旅行作为一门课程来实施,明确研学旅行的主题、目标、实施方式以及评价手段。

研学旅行方案设计的注意事项:一是选择合适的路线。学校的地理位置、基础条件不同,研学旅行的路线也应有所不同;二是明确研学旅行主题以及目标。研学旅行不能与普通旅行混为一谈,它要有明确的学习主题和学习目标,这样学生才能在旅行的过程中“行有所学,学有所得”;三是开展行前培训。行前培训的目的,是让师生掌握相应的学习方法、研究方法,同时增强师生的安全意识和提高师生的自救能力;四是做好评价工作。评价是针对学生研学过程的所学所得进行反馈和点评,并以此为据及时调整研学旅行的目标、内容和方式。评价的方式是多样的,目前比较流行的有 PPT 演示、摄影比赛、征文比赛、情景剧表演等。①

【本章小结】

本章阐述了中学地理课堂教学方案设计的含义,介绍了中学地理课堂教学方案设计的原则、步骤和方法;阐述了地理活动的内涵、特点、类型等;介绍了地理实验含义、特点、作用、类型和地理实验方案设计方法;介绍了研学旅行含义、特点、类型和研学旅行方案设计方法。

---

① 廖源.让研学旅行课程化[J].广西教育,2020(7):1.

本章主要目的是阐述两种中学地理教学基本组织形式，即地理课堂教学和地理课外活动的设计。通过案例分析和实践演练来掌握中学地理课堂教学设计的方法，地理实验方案设计和研学旅行方案设计的方法。

【二维码】

第八章　教学资源

【实践演练】

1. 举例说明中学地理课堂教学方案设计的含义。
2. 举例说明地理活动的含义。
3. 自选一节地理课堂教学方案，进行分析。
4. 自选一节初中或高中地理教材内容，对该内容进行课堂教学方案设计。
5. 收集不同的地理实验方案，进行比较与评价。
6. 自选题目，设计一个中学地理实验方案。
7. 收集不同的研学旅行方案，进行比较和评价。
8. 自选题目，设计一个研学旅行方案。

【拓展阅读】

[1]余文森. 核心素养导向的课堂教学[M]. 上海：上海教育出版社，2020.

[2]徐宝芳，张卫青. 中学地理实验教学研究[M]. 西安：陕西师范大学出版社，2010.

[3]段玉山，袁书琪，郭锋涛，等. 研学旅行课程标准(一)[J]. 地理教

学,2019(5):4-7.

[4]郭锋涛,段玉山,周维国,等.研学旅行课程标准(二)[J].地理教学,2019(6):4-7.

[5]袁书琪,李文,陈俊英,等.研学旅行课程标准(三)[J].地理教学,2019(7):4-6.

[6]周维国,段玉山,郭锋涛,等.研学旅行课程标准(四)[J].地理教学,2019(8):4-7.

第九章　中学地理说课设计

内容提要

若说其课，需解其理。地理说课就是说地理教学设计及其设计的理由，说课是提高地理教学设计能力的重要方式，为此，需要研究如何说课等问题。本章阐述了地理说课的含义和类型、地理说课的基本内容、地理说课的基本要求、地理说课的主要方法、地理说课的评价内容、原则和方法，以及地理说课案例分析等内容。

学习目标

1. 能够简述地理说课的含义与类型。
2. 能够举例说明地理说课的基本内容与主要方法。
3. 能够针对一节中学地理课，撰写说课稿并进行说课。
4. 能够恰当地对一个说课案例进行评价分析。

第一节　地理说课含义及类型

学习目标

1. 能够简述地理说课的含义。
2. 能够举例说明地理说课的基本类型。

一、地理说课的含义

说课,最早是由河南省新乡市红旗区教研室于1987年6月提出来的。起因是新乡市红旗区为选出本区参加新乡市“教坛新秀”评比的优秀教师,但此时已经接近期末,新课已经讲完,不能采用现场听评方式,经研究采用参赛教师将本节课的课堂教学设计说给评委听的方式,由评委打分决定,联想到电影导演“说戏”,于是就将教师的这一活动称为“说课”。1992年12月,在河南省新乡市成立了“全国说课研究协作会”,它标志着说课活动真正跨出新乡,走向全国。现在,说课已经由最初仅仅是备课与上课之间的一个教学环节,发展成为一种综合性的教学研究活动①。实践证明,说课活动能有效地调动教师投身教学改革、学习教育理论、更新教学理念、钻研课堂教学的积极性,是提高教师素质的最好途径之一。

河南省新乡市红旗区教育委员会②指出说课无论是从广义上还是狭义上,都是运用口头语言表达的形式,以教育教学理论为根据,针对教材的教学设计与实践,以教师自身和教师群体为对象的教学研究活动。

鲁献蓉③指出:所谓说课,一般地说就是让教师以语言为主要表述工具,在备课的基础上,面对同行、专家,系统而概括地解说自己对具体课程的理解,阐述自己的教学观点,表述自己具体执教某课题的教学设想、方法、策略,以及组织教学的理论依据等,然后由大家进行评说。可见,说课是对课程的理解、备课的解说、上课的反思。核心问题是教什么、怎样教和为什么要这样教及其理论依据。

郑金洲教授④指出:说课是教师主要用口头语言对自身教学设计、教学实施等情况进行分析和说明的教学行为。它作为教师职业活动的基本构成,是课堂教学行为的延伸与扩展,是教师总结教学经验、发现教学问题、提

① 李家清.新理念地理教学技能训练[M].北京:北京大学出版社,2010:162.
② 河南省新乡市红旗区教育委员会.说课论[M].北京:科学技术出版社,1996.
③ 鲁献蓉.新课程改革理念下的说课[J].课程·教材·教法,2003(7):25-31.
④ 郑金洲.说课的变革[M].北京:教育科学出版社,2007:1-4.

高教学智慧的重要手段和桥梁。

李家清、陈实教授①认为：地理说课就是地理教师依据一定的教育教学理论，在精心进行教学设计的基础上，面对同行、领导或教学人员，主要通过口头语言和有关辅助手段，阐述某一地理课题的教学设计（或得失），并与听者一起就地理教材分析、教学方法选择、教学流程安排、教学内容把握等方面进行预测或反思，共同研讨进一步改进和优化教学设计的地理教学研究过程。

综上所述，我们认为地理说课就是地理教师依据一定的教育教学理论，根据地理课程标准进行教学设计，在课前或课后面对同行、专家、领导，通过口头语言和有关辅助手段，阐述某一地理课题的教学设计及其理由的地理教学研究过程。由此可见，地理说课说的是地理教学设计和设计的理由，注意不仅要说是如何设计的，还要说为什么这么设计；说课对象是同行、专家或领导，强调的是老师之间的研讨活动；通过说课发现其优点，分析不足，提出优化教学设计的建议，使教学设计及其实施持续改进。

二、地理说课的类型

说课分类按照说课的作用可分为研究性说课、评比性说课与示范性说课；按照说课的时序分为课前说课和课后说课；按照说课内容可以分为专题性说课和整体性说课②。

（一）根据说课的作用分类

1. 研究性说课

研究性说课主要是指同行之间为了切磋教学方法，先由一位地理教师事先准备并写好说课稿，说给大家听，之后大家评议，达到相互交流、共同提高的目的。这类说课有利于将教师的个人教学智慧变为集体智慧，是当前

① 李家清，陈实. 中学地理课程标准与教材分析[M]. 北京：科学出版社，2012：304.
② 李家清，陈实. 中学地理课程标准与教材分析[M]. 北京：科学出版社，2012：307－308.

地理教学中集体备课的形式之一,也是提高地理教师业务素质和研究能力的有效途径,一般以教研组为单位展开。

2. 评比性说课

评比性说课是把地理教学说课作为评价地理教师能力的内容组成或一个项目。评比性说课是对地理教师运用教育教学理论的能力、理解课程标准的程度、对学情做出分析的能力、对教材进行"二次开发"的能力、对地理教学过程设计的合理性、地理教学方法与手段的科学性等做出客观公正评判的教研活动方式。一般的做法是:它要求参赛的地理教师按指定的教材和课题,在规定的时间内自己写出说课稿,然后登台说课,最后由评委评比出比赛名次。

3. 示范性说课

示范性说课一般是指地理教学素质好、教学能力强的优秀地理教师(包括教研人员)做示范性说课,然后让说课教师讲课的内容付之以课堂教学,最后组织听课教师和教研人员对该教师的说课及课堂教学进行评析、总结概括,对其他教师起到启发、示范的作用。通过示范性说课,听课教师能从听课、看课、讲评课中增长见识,开阔思路,不断提高自己运用教学理论指导课堂教学实践的能力。示范性说课也是促使教师快速成长的重要手段。

(二)根据说课的时序分类

1. 课前说课

课前说课是指教师在对具体章节内容进行备课的基础上,于正式上课前对同行、领导或评委等就本章节内容具体教学方案设计的阐述。课前说课可以以个人为主,也可以集体进行。课前进行的集体说课更多的是与集体备课相结合的,这种形式的集体课前说课,可以就同一教学内容,分别介绍自己的教学设计思想、教学方法、学情分析等,也可以就不同内容,分别对自己所准备的专题进行教学内容与教学设计的说明与分析。

2. 课后说课

课后说课是指教师在上课后对一堂课的教学方案设计的分析和介绍,也可以是对课堂教学实施情况的思考与评价。

(三)根据说课的内容分类

1. 专题性说课

专题性说课是指有着明确的问题取向,围绕着具体教学中的某一特定问题进行的分析与阐述。这种说课的特点是针对性强、目标明确、分析深入、焦点集中。在具体的教学中,可以选择作为说课内容的专题是非常多的。就教材的具体内容而言,有教学重点、教学难点、教学拓展点、知识创新点;从教学的具体过程与要求看,可以是教学与学生生活实际联系的程度,或是师生互动、情感交融的程度,或是教学任务的完成程度,或是教学方法的恰当程度等。上述任一方面均可以根据实际需要确定为专题说课内容。

2. 整体性说课

整体性说课强调从整体上把握教育教学的各个方面行为,以具体教学中的整个教学过程与内容作为研究对象,从总体上对具体的教学思想、教学设计、教学方案、教学步骤等进行阐述与说明。这种说课的特点是涉及面广、考虑全面、分析综合、突出整体。其主要有两种表现形式:一是对具体教学中的突出问题进行说明,如教师可以针对自己的课堂教学行为,在课后就教学目标的设计与达成、教学方法的选择与运用、教学程序的设计与实施、教学效果的评价与改进等多方面进行分析与阐述。这种形式的说课虽然缺乏专题性说课的针对性,但有利于提高对自己具体教学行为的整体性认识,有利于日后教学行为的改进与完善。另一种是从整体上把握课堂特征,并将其综合表述出来,有利于从更高的层次对课堂教学的总体形态进行分析。

第二节　地理说课的基本内容和主要方法

学习目标

1. 能够说明地理说课的基本内容。

2. 能够撰写地理说课稿。

3. 能够进行地理说课。

一、地理说课的基本内容

地理说课内容包括：说课程标准、说教材、说教法、说学法、说过程和说评价。

（一）说课程标准

课程标准是说课的依据和指导思想，说课程标准时要把课程标准的“课程目标”“内容要求”和“实施建议”等内容与授课内容结合起来，重点说明教学课题的教学目标、教学内容及教学操作等在课程标准中的原则性要求，为自己的教学设计寻找有力的依据。

（二）说教材

“深入浅出”说教材，“深入”即深入学习课程标准、深入研读教材内容、深入钻研学生学情，“浅出”即教材处理、教学设计等坚持以生为本，从学生学习发展需要出发，努力接近学生的学习需求。因此，说教材其实解决的是“教什么”的问题。

（1）说教材地位。即要明确课题，说清本课内容在教材和单元内容中所处地位作用等。

（2）说教材内容。说教材内容组成、内容结构、教材的育人价值、相关的课程资源等。教师对教材内容的深刻理解和准确把握是说清教材内容的基础。

（3）说教学目标。教学目标是教学活动实施的方向和预期达成的结果，是教学活动的出发点和归宿，也是评判教学效果的标准和尺度。教学目标根植课程标准，基于教材，面向学生，着眼发展，决定着课堂教学的方向。说教学目标，一是目标要准确，即依据课程标准、教材内容和学生学情等确定教学目标；二是目标要具体，即对确定的教学目标表述应力求明确，避免含混不清和不切实际；三是目标要简洁，即教学目标不宜过多，突出教学重点，体现可操作性。

(4)说教学重、难点。说课时应突出重点,找准难点,区别对待,不仅要明确说重点和说难点,还要说清相关理由以及抓住重点、突破难点的方法措施。

(三)说教法

在说课活动中,说教法要重点阐述为达成教学目标而选择的教学方法,重点解决的是“怎样教”的问题。“有理有据”说教法,即要求说课者要以教育学、心理学和地理教学理论为依据,回答好“是什么”“为什么”“怎么做”三个关键问题。

(1)是什么,即要说明教学设计中选择采用了哪些教学方法。教法说明一要明确,即必须清晰说明课堂教学中选择的具体教学方法;二要精确,说课过程中要阐明所选用的各个教学方法对应的教学内容。

(2)为什么,说教法要说明选择教法的理由。在回答“为什么”的问题时,要注意阐明所选教学方法特点、本节课教学目标、教学内容、学生的实际情况等与所选教学方法的关系。

(3)怎么做,即重点说明教学方法在教学中是如何使用的。说课中,教师可以选择主要教学方法操作的关键片段,层次清楚、重点突出地向评委或教师展现教学方法的实施过程。

(四)说学法

与“说教法”类似,仍然要回答好“是什么”“为什么”“怎么做”三个主要问题。在说“为什么”问题时,要注意:(1)要说学情,说清楚学生的心理认知水平、知识经验、学习能力、学习风格等,“说准学情”就是要将以上内容一一分析,为学习方法的选择提供依据;(2)要说明如何依据本节课教学目标选择学习方法;(3)要说明如何依据本节课教学内容选择学习方法。

(五)说过程

说教学过程,首先要强调整体性,即按照总体教学设计,说清本课教学课时划分，要明确说明是第几课时的内容，使听者对教者的教学意图有整体把握；其次要体现层次性，说过程时要清晰呈现教学环节，即教者从新课导入到作业布置的全过程，让听者对本节课教学先做什么，再做什么，教学如何推进，重点如何落实等有比较清楚的了解；其三要注意突出重点，即在说过程中要对几个重点环节、步骤做具体阐述，如在指导学生突破难点时采用了什么方法（手段）、为什么选择此种方法、具体分哪几步操作实施等，使听者进一步明确教学流程；其四说过程还要落实教学原则，突出教学针对性，要说明面向全体学生的全面发展，针对学生差异采取了哪些措施，促进课堂上不同水平学生都能得到进步和发展等。

（六）说评价

一个完整的教学设计不能没有教学评价，说教学评价是说课的一个重要组成部分。首先根据教学目标设计教学评价的内容和评价的方式方法；其次要说明评价的作用、说明评价的内容、说明评价的方式方法等，做到"教、学、评"一致性和一体化。

上述地理说课内容是一般性的要求，具体说课时可根据当时的说课内容规定取舍，以便在有限时间内进行更有效的说课。

二、地理说课的主要方法和基本要求

（一）地理说课的主要方法

地理说课的主要方法包括讲述法、谈话法和讨论法[①]。

1. 讲述法

讲述法是说课者用口头语言把说课内容向听课者进行述说的一种说课方法。它要求说课者用简明、准确的语言系统地将自己的说课内容表达出来。这种方法简单易行，不受场地、教具等客观条件的限制，是最基本、最常

① 韩景春，祝允全，任妙真. 关于说课及对高师学生进行说课训练的探讨[J]. 菏泽学院学报，2009，29(2)：131－133.

用的一种说课方法。运用讲述法,要求说课者精心组织说课内容,讲述时注意条理清楚,层次分明,突出重点,抓住关键,并且要求语言简练、确切,能给听者一个系统、深刻、完整的印象。

2. 谈话法

谈话法是说课者通过与听课者之间进行谈话和问答的方式进行说课的一种方法。运用这种方法,一般先由说课者说出自己的教学设计和理论依据,然后听课者针对说课者的述说提出问题,再由说课者进行答辩,说课者与听课者之间问和答交替进行。在对说课者进行考查评价或选拔时,通常采用这种方法。运用谈话法,要求说课者不仅要预先考虑听者可能提出的问题,而且要准确地进行答辩,在谈话中要防止因探讨某一问题而消耗过多的时间,及时纠正偏离主题的倾向。

3. 讨论法

讨论法是多个说课者针对同一课题的教学设计及理论依据交换意见或进行辩论的一种说课方法。它的特点是,没有特定的说课人,大家充分发表各自的见解。在教研活动中常采用这一方法。运用讨论法,最好是担任同一年级同一课程的教师参加,以便更好地调动每个人的积极性,避免出现“冷场”的现象。讨论尽量针对同一课题说课内容的某几个方面进行。

(二)地理说课的基本要求

1. 说课的基本要求

说课的基本要求:说课应有序、说课应有理、说课应有情和说课应有效①。

(1)说课应有序。说课具有相应的构成要素,具体说课过程中应体现一定的逻辑性和顺序性。说课内容构成的一般顺序为:说课程标准→说教材→说教法→说学法→说教学过程→说教学评价等。每个要素内部也有一定

---

① 李家清,陈实. 中学地理课程标准与教材分析[M]. 北京:科学出版社,2012:323－324.

的叙说顺序，如“说教材”一般先说教材的地位和作用，再说教材内容结构，再其次说教学目标确定，最后说教学的重点和难点。另外，阐述每一说课内容时，又通常按照“是什么”“怎么做”“为什么”的思路进行。清晰、有序的逻辑是说课顺利进行的重要保证。

(2)说课应有理。说课有别于上课和备课，它不仅仅要说出每一说课内容的教学设计做什么、如何做，更为重要的是还要对为什么这样做进行解释和说明，说明教学理论依据。因此，说课应该注重说理、突出说理，应该遵循理论指导的原则。说课就是说教学设计及其设计的理由，做到不仅说其然，还要说其所以然。

(3)说课应有情。说课主要通过口头语言的形式向听者进行教学内容的处理和教学方案的阐述与解释，以求得到听者的共鸣与认同。可以说，整个说课的过程既是一种教学交流，也是一种情感交往活动。说课者要把说课看成是自我展示教学技艺的舞台，与听者进行对话与交流的场所，以饱满的情绪、良好的心态来进行说课。

(4)说课应有效。说课的目的是为了上好课，提高课堂教学质量。所以，说课应该注重效果、体现效益。说课的效益主要体现在对听课者的影响和对说课人的作用两方面，为使说课有效，要努力做到：说“准”教材、说“明”教法、说“会”学法、说“清”过程等。

2. 说课的注意事项

说课一般应注意以下几点事项：突出教学理念、诠释教学思想、体现教学能力、展现教学境界和展示演讲才华①。

(1)突出教学理念。从说课内涵看，教学理念在说课中占有突出的地位，可以说是整个说课的灵魂所在。说课要使教师的教学理念摆在统帅的位置，发挥它的指导功能和支撑作用。说课不仅要说出当然，即教什么、怎么教，而且要说出所以然，即为什么要教这些、为什么要这样教。没有教学理念，说课便没了分量，没有力度和光彩。

① 鲁献蓉. 新课程改革理念下的说课[J]. 课程·教材·教法，2003(7)：25－31.

(2)诠释教学思想。从说课表达形式看,说课是对教学设计或教学方案的说明与解释。突出授课教师在对教学任务和学情了解基础上,对教学过程的组织和策略运用的教学思想与方法,因此,要求教师在说课中必须清晰、完整地表达出自己的教育思想和教学思路。

(3)体现教学能力。从说课过程看,说课应该促使教师的教学研究从经验型向科研型转化。因为教学思想的阐发,能使教师进一步明确教学观和正确的学生观。教学设计的展现,可以使教师把理论与实际紧密联系起来,用理论指导教学实践、解释教学现象,进行教学反思,可以提升教师的教学能力和升华教师的教学境界,所以在说课中应充分表现出教学能力。

(4)展现教学境界。创新是教学的灵魂,也是教学的最高境界。说课者要体现出对于学科教学独到的见解,对于教学环节独具一格的安排,对于教学策略独特的运用技巧,体现创新性乃至艺术性。

(5)展示演讲才华。从说课技能上看,说课主要靠口头语言来表达,具有演讲特点。它与备课有所区别,备课主要表现为教者的静态的内在功夫和一定的书写技能,说课是将静态的内在功夫的备课转为动态的外化功夫,它集中体现在说者心口相应的协调和面对同行演说的技巧。它与上课有所区别,上课面对学生的讲,是一种师生间的交流和沟通,要讲得适时、适量、适度,要通过讲去激发和指导学生学习,而说课的讲是面对教师的一种告知,让听者明白你所要上课的内容、目的、策略、手段及其评价,明白你的教学思想。所以,好的说课应该具有说服力和吸引力,能够充分展示演讲才华。

(三)地理说课稿的撰写方法

撰写说课稿并没有固定的格式,一般要注意以下几点事项[①]。

(1)课程标准基本要求。课程标准是教材编写、教学和评价的指南,也

① 宋斐.如何撰写说课稿?[J].地理教育,2010(4):10.

是教学设计和教学实施的基本依据。在处理某一节内容之前,需对课程标准的要求分析到位,只有吃透课程标准要求,才能创造性地使用教材进行教学,而不是简单地教教材。写说课稿最容易犯的错误就是重视对教材的分析,而忽略了对课程标准的解读。

(2)教学设计理念。在设计教学活动时一定要紧扣课程基本理念和课程目标,充分考虑学生心理发展规律和不同的学习需求,以培养地理学科核心素养为目的,以教材内容为基本蓝本,适当引入相关课外教学资源,恰当运用自主、合作、探究式等学习方式,合理利用信息技术,营造有利于学生能力培养的教学环境,力求学习过程和学习结果并重。

(3)教学内容分析。在分析地理教学内容时,不仅要分析教材内容,还要分析与教材内容密切相关的其他课外教学资源。分析教材内容应从教材结构和教材编写体系上去分析,教学重点与难点的设置要从课程标准的要求和学生的实际情况去考虑。

(4)学情分析。分析学生的实际情况,有助于学习目标的预设和教学过程的组织安排,应该从学生的知识背景、已有生活经验、学习兴趣、基本能力和学习过程中可能存在的障碍等方面进行分析,尤其对地理学习过程中可能存在的困难,应尽可能地考虑解决办法。

(5)学习目标预设。根据地理课程标准的要求、教学内容分析和学情分析,来设定地理学习目标。学习目标的设计要努力做到可教、可学、可测评。

(6)教学过程安排。教学过程的设计要符合学科逻辑和认知逻辑。要考虑课堂的导入、展开和结尾三大阶段的合理安排。要写清楚各教学环节师生各自分工和如何互动,并阐述理由,同时还要说明板书的设计。

(7)课堂评价与课外探究。课堂评价可以及时了解学生学习情况,并及时反馈、促进学生发展,课外探究有利于学生将所学知识应用到实际生活中,促进地理知识与地理实践相结合,达到学以致用的目的。

第三节　地理说课评价

学习目标

1. 能举例说明地理说课评价的主要内容。

2. 能简述地理说课的评价原则与方式。

3. 能恰当对一个说课案例进行评析。

一、地理说课评价的内容、原则与方式

(一)地理说课评价的内容

地理说课评价的内容一般包括如下几点①。

1. 评价说课者对地理课程标准的理解和把握程度

课程标准是教科书编写、课堂教学和学业评价等方面的依据,也是说课依据。说课要以地理课程标准为前提和依据,并在说课中以课程标准为目标导向,要站在课程标准的高度说课,说清楚课程标准与教材分析、教学目标制定、教法学法选择、教学评价等方面的关系,特别是课程标准与课程目标的关系。

地理课程标准体现了国家对不同学段的学生在课程目标方面的要求,评价说课者是否真正掌握和理解了课程标准,要看说课者是否正确把握了课程标准对所授课内容进行的要求和指导,是否超越了课程标准或降低了课程标准的要求,是否做到了目的明确、依“法”教学。

2. 评价说课者对教材的理解和把握程度

(1)说课者对教材所处的地位和作用的理解、分析是否正确。在说课活动中,教师对所授内容在教材中地位和作用的把握,将直接决定着教师教学的有效性。教材的地位和作用应该理解为这节内容在教材体系中的意义,

① 王晔. 新课程理念下中学地理说课评价标准的构建[J]. 教育与教学研究,2009,23(6):112－114.

该内容对学生的学习和终身发展所起的作用。判断说课者对教材地位和作用的理解程度和分析的正确与否,关键就要看他能否将教学内容置于整个课题、单元乃至教材中通盘考虑,既要考虑借助已有的知识技能来促进后续知识和技能的学习,又要考虑通过学生复习巩固已经学习的知识技能来探索学习方法和培养学习能力。

(2)说课者对教学重点、难点的把握是否恰当。一般来说,教材重点是教材内容表现出来的地理事物的内在联系或本质,是教师在说课中需要着力讲解的部分,其确定的依据要从教材内容和教学目标等方面来说明。难点内容要讲透彻,其确定的依据要从造成学生难懂的原因来说明,要说明突破难点的方法等。

(3)说课者对地理教学目标的贯彻是否落实到位。地理教学目标不仅是课堂教学的出发点和归宿,也是教师和学生进行教学活动的依据。在评价说课者是否落实和贯彻地理教学目标时,不能只看他是否清楚地阐述了地理教学目标,还要从他教学设计的每个环节以及学生参与教学活动后所获得的体验来判断。

3. 评价说课者对地理教学方法选择的合理性

(1)是否充分体现地理学科的教学要求和特点。地理学科具有综合性和区域性两个显著特点。因此,在评价说课时,应从地理学科性质和特点出发,看说课者是否注意到地理课堂教学中要经常运用地图及其他直观教具,是否应用乡土地理资料,是否正确阐明人地关系,进行有关环境意识的教育等,全面了解教师所设计的教学活动,进而对其选择的地理教学方法做出恰当的评判。

(2)是否根据具体的教学目标选用教法。为了确保地理教学目标的达成,课堂教学中对于地理教学方法的选择应通盘、整体考虑。根据教学目标和教学内容评判教学方法选择的合理性。

(3)是否符合学生的实际情况。在评价说课者选择的地理教学方法是否合理时,既要看其教法选择,又要看其学法选择,看这些方法是否符合学生的特点,是否有助于调动学生的学习积极性,促使学生参与到学习活动中。

4. 评价说课者设计的地理教学程序的优劣

评价说课者设计的地理教学程序优劣，可以从如下几个方面考虑：(1)地理教学过程的设计是否科学，是否将教学目标贯穿教学过程之中。(2)地理教学内容的安排是否充分结合课程资源，贴近学生生活。(3)地理教学结构是否合理，重难点是否突出。(4)地理教学方法的选择和学法的指导是否抓住了学生的兴趣点，是否有利于学生自主、合作、探究式学习，满足学生需要。(5)地理教学过程是否流畅、脉络清晰、环环相扣、逐步深入。

5. 评价说课者的教学基本功

主要对说课教师在语言、仪表、板书及说课特色等方面进行评价。其中教学语言主要评价语言表述是否准确、科学、流畅、清晰；普通话是否规范，节奏是否快慢适中。教学仪表主要评价教师仪表是否大方、和蔼文雅，手势表情运用是否适当。板书设计主要评价是否重点突出、文字精练、脉络清晰、布局合理。说课特色主要评价说课者是否具有自己的特色和风格。

(二)地理说课评价的原则

李家清、陈实认为地理说课评价的原则包括及时性原则、客观性原则和导向性原则①。

1. 及时性原则

要使地理说课能收到最佳效果，最好是“当场说，当场评”，这样可以避免因时间的拖延造成遗忘而降低评价效果。及时点评，可以使说、评的双方达到充分交流、相互启发的目的，提高地理说课的评价效果。

2. 客观性原则

客观性就是要求参加地理说课与评课的相关人员都要本着实事求是、客观公正地对说课的过程进行评说。要以说课者客观真实的表现为基础，不带任何偏见，既要善于发现说课中的闪光点，肯定说课者的成功之处，又

① 李家清，陈实. 中学地理课程标准与教材分析[M]. 北京：科学出版社，2012：337.

能够指出说课者存在的不足和问题，坦诚提出改进和优化的方法和建议。说课者与评课者交流、探讨时要虚心和善、坦率诚恳，评课者切忌抱着挑剔或不良动机去评课，从而丧失客观性。

3. **导向性原则**

地理说课评价要体现导向性，要有可依据的评价标准。评价标准要贴近说课内容，指标要具有可观察性、可测量性和可操作性，既能让评价者有据可依、准确评判，又能使说课者通过评课体会到自身的优势和不足。具体评价时，应注意从地理教学理念、教学内容、过程、方法等方面给出相应的引导，能够让说课者、听课者、评课者在评价过程中受到启发和感悟，从而不断提高自己的地理教学修养。

（三）地理说课评价的方式

彭云红认为，地理说课评价的方式包括自我评价、同行评价、专家评价、评委评价和书面评价①。

1. **自我评价**

自我评价是指说课教师在说课后，结合自身实际对自己的说课体验、效果等进行的自我评价和剖析。自我评价可以为别人的评价提供参考，是说课评价的一种常见方式。

2. **同行评价**

同行评价是指参与说课的同行教师在说课教师说课结束后，根据自己的经验和对教学的理解对说课进行的评价与剖析。同行评价既可以对说课整体内容进行评价，也可以对说课过程中的某一具体内容或环节发表意见或建议。这种评价比较适合校本教研的说课活动，更多的表现为一种同伴互助互学、相互提高的关系。

3. **专家评价**

这是专题性说课活动中通常使用的一种评价方式，主要是指学校或学

① 彭云红. 试论“说课”与地理教师素质的提高[D]. 昆明：云南师范大学，2005：15－16.

科教研组为了突破某些教学中遇到的困难或困惑,组织教师以说课研究的方式来探索解决问题的途径或方法,在教师阐述解决问题的方案后,聘请课程专家、教材专家、教研员等有丰富经验的骨干教师对说课做出评价,引导学校或学科教研组深化教学改革。

4. 评委评价

这是评比性说课活动中通常使用的一种评价方式,主要是指教育行政部门或学校为培养或选拔教学骨干,将说课作为一个评比项目,由教研员、教学骨干或领导组成评委会。对于选手的说课进行评价,选拔或培养具有先进教学理念和较高教学水平的教师骨干。

5. 书面评价

这是示范性说课活动中通常使用的一种评价方式,在示范性说课活动中,由于参加活动的教师人数较多,评价时间有限,很难使每个教师都有阐述自己观点的机会,在这种情况下,书面评价作为同行评价的一种补充,可以较好地发挥评价的功能。可以让每个参与活动的教师撰写出评价意见,可以署名也可以匿名,从中择优宣读交流。这种评价形式既有利于节省时间,又有利于阐述各自的观点。

二、地理说课案例分析

(一)案例呈现

案例9-1　自然地理环境的整体性(第一课时)说课稿

第一,说教材

“自然地理环境的整体性”是湘教版高中地理必修一的第三章第二节教学内容。

1. 教材的地位和作用

自然地理环境的整体性不仅是高中地理的基本原理,而且还是分析问题的基本思维方式,处理好人地关系的基本观念,在地理学习中地位突出。湘教版把这部分知识放到必修一第三单元第二节,是在之前学习了岩石圈、大气圈、水圈的基础上,从理论的层面对自然地理要素的相互作用进行总结和提升,同时还是以后学习人文地理、正确处理人地关系的前提和基础,起到承上启下的作用。

2. 教材的分析和处理

"自然地理环境的整体性"一节主要分为三部分内容。首先通过了解不同尺度自然地理环境各要素之间的联系,探讨并概括出自然地理环境的整体性的内涵,然后通过对土壤的形成过程的分析,进一步证明自然地理环境的整体性,最后是整体性在资源开发上的应用。因为资源本身也是一种环境要素,其开发必须考虑到与其他资源环境要素之间的关系,从而明白认识和尊重自然地理环境整体性这一客观规律,对合理利用自然资源、改善环境质量、协调人地关系具有非常重要的意义。

本节教材内容较多,而且比较抽象,有难度,宜分为两课时教学,笔者处理为"自然地理环境整体性的表现"和"自然地理环境的整体性与资源综合利用"为第一课时,"自然地理要素的相互作用"为第二课时。下面内容以第一课时来说课。

3. 教学目标

本节教材对应的课程标准是"举例说明地理环境各要素的相互作用,理解地理环境的整体性。"关于地理环境的相互作用,初中地理已有涉及,学生已有一定的基础。但是,学生对自然地理各要素的认识还是模糊的,对各要素的相互关系以及这种有机联系形成的整体性更是陌生。根据课程标准,结合学生已有的知识基础和年龄特征,以及教材的地位,设置了如下教学目标:

(1)能说出自然地理环境整体性的构成要素;举例说明自然地理环境整体性的表现;举例说明资源利用对环境整体性的影响。

(2)通过观察绿色植物的生长环境,对比两种不同植物的差异,分析植物死亡的原因,培养观察能力和分析能力;通过水土流失实验,培养观察能力和描述事物现象的能力;通过分析植被破坏对地理环境的影响,培养分析问题和解决问题的能力。

(3)通过观察绿色植物生长环境,水土流失的实验,激发探究地理问题的兴趣、培养科学态度,提高地理审美情趣;通过观看黄土高原水土流失视频,分析植被破坏对其他地理要素的影响,培养用综合的观点分析地理问题和保护环境的意识。

4. 教学重、难点:重点是分析不同尺度上各自然地理要素的相互关系,理解自然地理环境整体性的表现;难点是能结合实例分析自然地理环境各要素的相互作用。

第二、说教法

1. 教法运用。本节内容涉及面较广,需要综合考虑大气、水、生物等多种地理要素的功能与作用,同时知识比较抽象,理论性强、趣味性弱,学生学习时容易感到枯燥。因此,需要结合生活中的案例,让学生有形象具体的感知,并通过一系列的探究活动,指导学生分析各地理要素在自然环境形成中的作用,理解地理环境整体性的含义。本节课,笔者运用了案例教学法、情景教学法、实验教学法、探究教学法以及多媒体教学法,以教师的盆栽植物为案例,通过设置情景、提出问题、实验验证等方式,来激发学生自主探究的兴趣,从而提高学生的学习效率。

2. 教学手段。利用实物展示和多媒体课件,将传统教学手段和现代化教学手段有机地结合起来。例如,向学生展示教师种植的盆栽植物,增加了教学的直观性和趣味性;利用多媒体辅助教学,较好地解决了本节课内容丰富,空间跨度大等问题,优化了教学过程,提高课堂教学效益,最终实现教学目标。

第三、说学法

现代教育理论提倡“应以发现为重点,教会学生如何思考、怎样学习”。考虑到我们目前教的是00后的学生,这些学生活泼好动,好奇心强,追求新鲜感,但自我意识较强,人际合作存在欠缺,结合本节课的教学目标和教材内容,笔者从教师种植的绿色盆栽入手,以学生为主体,促使学生动眼看、动脑想、动手做、动口说,让学生通过“观察—(合作)探索—反馈”的学习方法,将学习过程和认识过程统一成一个整体,培养学生发现问题的能力、论证和探讨问题的能力、描述阐释事物的能力和同学间合作学习的习惯。其中“观察—探索—概括”在教学中循环进行、反复强化,力求学生更好地掌握该学习方法。

第四、说教学程序

1. 理论依据

建构主义理论是新课程标准的重要指导理论。该理论认为,知识的学习过程并不是简单的由教师向学生传递、转移的过程,而是在教师为主导、学生为主体的教学思想指导下,在生生之间、师生之间交流互动中,完成教师对学习过程的引导,让学生运用已有的知识建构生成新知识,完成对新知识的理解、把握。故本节课采用情境激趣—设疑启思—乐动求知—概括升华四个过程。

地理环境整体性是地理学十分重要的原理及思维方式,离开实例很难理解。故本节课采用以植物为例,通过美植共赏—养植有道—护植有责—栽植种德等四个篇章为线索,引导学生完成学习。如图 9-1 所示。

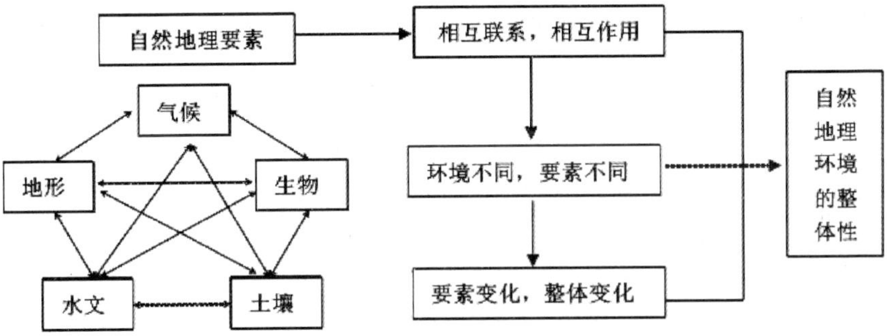

图 9-1 自然地理环境的整体性板书设计

2. 教学程序

(1) 美植共赏:①创设情境,激发兴趣;②有机组合,促进了解。

(2) 种植有道:再设情境,激疑启思。

(3) 护植有责:①实验模拟,合作探究;②欣赏视频,情感体验。

(4) 栽植种德:①倡议植树,升华情感;②学以致用,课后延伸。

第五、说板书设计

板书设计尽量做到突出重点、重视逻辑、简单明了，便于学生更好地掌握课堂学习的知识。

［案例来源：孔国庆. 自然地理环境的整体性（第一课时）说课［J］. 地理教学，2016(10)：26－28，进行了改编］

（二）案例分析

本案例作者按照说教材、说教法、说学法、说教学过程、说课基本功等环节进行说课，能够紧紧围绕"课程标准要求"说教材、说教法与学法、说过程。说课者以植物为例，通过"美植共赏—养植有道—护植有责—栽植种德"等四个环节设计了整节课的教学过程，效果较好。说课的板书设计有特色，通过"关系图"板书设计能够做到突出重点、逻辑清晰，便于学生更好地掌握整节课的知识结构。

【本章小结】

本章主要阐述了地理说课的含义和类型，说明了地理说课的基本内容、主要方法和基本要求，结合案例介绍了说课稿的撰写方法，说明了地理说课评价的内容、原则与方式。本章希望通过地理说课有关知识的学习、案例分析与实践演练来把握地理说课含义，理解地理说课的作用，培养地理说课的意识，掌握地理说课稿的撰写方法，学会地理说课的方法。

【二维码】

第九章　教学资源

【实践演练】

1. 举例说明地理说课的基本内容和主要方法。

2. 观摩中学地理说课活动,开展地理说课演练活动。

3. 选一个典型地理说课案例,对其进行分析评价,撰写分析报告。

4. 自选地理教材中的一节课,撰写一篇地理说课稿。

【拓展阅读】

[1]郑金洲. 说课的变革[M]. 北京:教育科学出版社,2007.

[2]孔国庆. 自然地理环境的整体性(第一课时)说课[J]. 地理教学,2016(10):26－28.

[3]吴邦藩,刘国旭. 地理教育专业说课评价研究[J]. 南阳师范学院学报,2005,4(6):103－106.

[4]王晔. 新课程理念下中学地理说课评价标准的构建[J]. 教育与教学研究,2009,23(6):112－114.

第十章　中学地理课堂教学技能设计

内容提要

若施其教，先练其技。地理课堂教学实施是在教师完成教学设计后，在课堂教学中运用地理教学技能，去实践教学设计的过程。本章主要阐述中学地理课堂教学技能含义、类型、特点与作用等内容，通过案例分析、实践演练、模拟教学，能够在前几章学习地理教学设计的基础上，实施地理教学设计，实现由“地理教学设计”向“地理教学实践”转化，培养较为熟练的中学地理课堂教学技能，从而学会教学。

学习目标

1. 能举例说明地理课堂教学技能的含义和特点。

2. 能举例说明地理课堂教学技能的类型。

3. 能说明掌握各类地理课堂教学技能的习得路径。

4. 能举例说明地理课堂教学语言的作用。

5. 能较熟练地运用地理课堂教学语言进行课堂教学。

6. 能较熟练地运用“导课、讲解、提问、承转、结尾”教学技能进行课堂教学。

7. 能较熟练地运用地理“板书、板图和板画”教学技能进行课堂教学。

第一节　地理课堂教学技能概述

学习目标

1. 能举例说明地理课堂教学技能的含义和特点。

2. 能举例说明地理课堂教学技能的类型。

3. 能举例说明地理课堂教学技能训练方法。

一、地理课堂教学技能的含义和特点

（一）地理课堂教学技能含义

教师的课堂教学技能如同京剧的基本功“唱、念、做、打”，教师课堂教学也要具有一定的基本功，徐宝芳教授将地理教师的课堂教学基本功概括为“讲、读、听、导、写、画、做”等 7 项基本功，即“讲解、阅读、倾听、指导、书写、绘画、做示范与用技术”。那么如何定义地理课堂教学技能呢？地理课堂教学技能是指教师在地理课堂运用地理语言、地图等教学媒体，使学生获得地理知识、培养能力和陶冶思想情操的教学行为方式。地理课堂教学技能是教师在掌握地理专业知识和教学理论的基础上，通过教学实践和不断反思而获得的一系列教学行为方式，并且是自动化的、符合地理教学原则的行为方式。

为了更好地理解地理课堂教学技能的含义，强调如下三点：一是地理课堂教学技能是指地理教师课堂教学的行为方式，它是地理教师在掌握地理教学规律的基础上，长期进行创造性的教学实践，不断吸取先进教学经验中形成的，并且是自动化、符合地理教学原则的行为方式；二是地理课堂教学技能是智力技能与动作技能的综合体；三是地理课堂教学技能类型多样。

地理课堂教学技能除具有一般课堂教学技能的可操作、可观察、可示范、可评价、可描述和可解释等特性外，还具有如下特点。

(二)地理课堂教学技能特点

1. 形象性

形象性是地理课堂教学技能的一个重要特点。形象性教学,对中学地理教学来说尤为重要。一方面,中学生学习知识的思维能力正处于形象思维向抽象思维的过渡阶段;另一方面,学习的地理知识涉及面广,时空跨度大,中学生年龄小,经历有限,很多地理事物和现象未直接感知过,如不加强形象性教学,学生难以接受和理解。

2. 情感性

情感性是地理课堂教学技能的又一特点。在地理教学中,不仅是教师向学生传授知识,而且还发生着师生间的情感交流。教师讲课应晓之以理、动之以情。情感性教学在教学中有极大的作用。师生间真挚融洽的感情,产生一种相互感染、相互信任、相互尊重之情。对学生来说,情感能激励学生学习的积极性,产生浓厚的学习兴趣;情感能促进认识,使记忆长久,使思想和想象积极参与,提高学习效果。而对教师来说,由于受到学生的尊敬和爱戴,在教学中被学生积极主动的学习热情所打动,从而更加热爱学生,把全部精力都投入到教学中去。由此促进了教学相长,大大提高了教学效果。

3. 风格性

风格性是指每位教师的地理教学技能都具有各自独特的风格。这是由教师的学识、特长、兴趣、气质等素养存在差异而形成各自不同的教学技能风格,如,有的教师擅长引用地理诗词表述,有的教师擅长用地理图表讲解。风格性也包含着教师对地理课堂教学技能的独创性,这是教师在长期的地理教学实践中,对地理教学技能的某些方面有所发展之处。每个教师都要根据自身的条件和素质,扬长避短,勇于探索,创造出自己独特的教学技能风格①。

---

① 徐宝芳.地理课堂教学技能训练[M].呼和浩特:内蒙古教育出版社,2000:1-2.

二、地理课堂教学技能的类型

国内学者关于地理教学技能的分类较多，如陈澄、段玉山、李家清等学者对地理教学技能进行了较详细的分类，见表10-1和表10-2。

表10-1 地理教学技能类型

主编	书名	地理教学技能的类型	出版社	出版时间
陈澄	地理课堂教学技能训练	地理课堂教学设计技能、地理课堂教学导入技能、地理课堂教学讲授技能、地理课堂教学氛围调控技能、地理课堂教学提问技能、地理课堂教学体态语言技能、地理课堂教学板书、板图、板画技能、地理课堂教学现代教学媒体运用技能、地理课堂教学结束技能	华东师范大学出版社	2001年
段玉山	地理新课程课堂教学技能	地理课堂教学设计技能、地理课堂教学准备技能、地理课堂教学授课技能、地理课堂教学组织管理技能、地理课堂教学媒体应用技能、多媒体课件的设计与应用技能、地理教学反馈信息处理与结课技能	高等教育出版社	2003年
江晔、刘兰	地理课堂教学技能训练	地理课堂教学设计技能、地理课堂教学说课技能、地理课堂教学导入技能、地理课堂教学授课技能、地理课堂教学提问技能、地理课堂学习活动组织技能、地理课堂教学媒体使用技能、地理课堂教学变化技能、地理课堂教学结课技能、地理课堂教学设计课外活动组织技能、地理教学课后反思技能、地理课堂教学课后评课技能	华东师范大学出版社	2008年

续表

主编	书名	地理教学技能的类型	出版社	出版时间
李家清	新理念地理教学技能训练	地理教学设计技能、地理教学过程技能、地理教学媒体技能、地理教学管理技能、地理教学评课技能、地理教学说课技能、地理教学学习方法指导技能、地理教学实践指导技能、地理课程资源开发技能	北京大学出版社	2009 年
陈实	新课程地理课堂教学技能训练	地理课堂教学的导入技能、地理课堂教学的讲解技能、地理课堂教学的提问技能、地理课堂教学的强化反馈技能、地理课堂教学的组织与调控技能、地理课堂教学的结束技能、地理教学的“三板”技能、地理图像系统教学技能、地理教学中现代媒体运用技能、自然地理教学技能、人文地理教学技能、区域地理教学技能	华中师范大学出版总社	2011 年
白文新	中学地理教师教学技能	中学地理教材分析技能、《地理教育国际宪章》解读技能、地理课堂教学设计技能、乡土地理教材编写技能、地理课程资源的开发与利用技能	陕西师范大学出版总社有限公司	2011 年
孙家镇	地理课堂教学技能训练	地理教学语言技能、地理课堂教学板书技能、地理教学演示技能、地理课堂教学提问技能、地理课堂教学导入新课技能、地理课堂教学总结技能、地理课堂教学讲解技能、地理教学中信息技术应用技能	东北师范大学出版社	2001 年
徐宝芳	地理课堂教学技能训练	课堂组织技能、导入技能、提问技能、语言技能、讲解技能、变化技能、强化技能、演示技能、板书技能、板图板画技能、教学手段运用技能、教学难点突破技能、教学反馈技能和结尾技能	内蒙古教育出版社	2000 年

表10-2 地理课堂教学技能体系表①

课堂教学技能类型	课堂教学技能种类
课堂组织技能	管理性组织、组织学生听课、组织学生观察、组织学生讨论、组织学生练习、组织学生游戏、组织学生阅读和自学、组织学生记笔记
导入技能	直接导入法、设疑导入法、温故知新导入法、悬念导入法、资料导入法、直观导入法、经验导入法、计算导入法
提问技能	初级认知提问、高级认知提问
语言技能	讲述性语言、讲解性语言、评述性语言
讲解技能	解释式讲解、描述式讲解、论证式讲解、问题中心式讲解
变化技能	教态的变化、教学方法的变化、师生相互作用的变化
强化技能	语言强化、标志强化、动作强化、活动强化、交换教学方式强化
演示技能	地球运动演示实验、大气演示实验、水的演示实验、地壳变动演示实验
板书技能	纲目式板书、结构式板书、表格式板书、联系式板书、图示式板书、问答式板书、综合式板书
板图、板画技能	地图、剖面图、地理原理图、地理模式图、地理统计图、自然景观画、人文景观画、地理漫画
教学手段运用技能	地理课本的运用、教学地图的运用、地理图片的运用、地理标本、模型的运用、地理电教媒体的运用
教学难点突破技能	变式分解法、直观形象法、综合联系法、归纳总结法、突出结论法、增补知识法
教学反馈技能	学对教的反馈、教对学的反馈、自我反馈
结尾技能	概括式结尾、激发式结尾、激励式结尾、比较式结尾、游戏式结尾、浓缩式结尾、悬念式结尾、铺垫式结尾、练习式结尾

① 徐宝芳.地理课堂教学技能训练[M].呼和浩特:内蒙古教育出版社,2000:3.

本书主要介绍地理课堂教学语言技能、地理课堂教学过程技能和地理课堂教学“三板”技能。

三、地理课堂教学技能的训练方法

地理课堂教学技能训练是在教育学、心理学和地理教育理论的指导下，以地理专业知识为基础进行的教学基本技能训练，是理论联系实际的实践活动。

（一）持续学习，夯实地理课堂教学技能理论知识

要想掌握地理课堂教学技能，首先要对地理课堂教学技能的含义与类型、特点与作用有一定的理解。在此基础上，以科学的理论和方法来指导地理课堂教学技能训练，才能取得实效。技能学习是一个持续的训练过程，需要坚持接受新理念、新思想和新方法，经过长期地实践与不断地反思，才能牢固掌握一定的地理课堂教学技能。

（二）科学训练，扎实掌握各项地理课堂教学技能

（1）提高训练积极性。利用多种方法，如激励法、任务驱动法等，充分调动学生训练的积极性，积极参加模拟训练、评价等活动。主动参与实践是训练成败的关键，要形成积极向上的训练氛围。

（2）利用典型案例示范。在对不同的地理课堂教学技能进行训练时，要明晰各类地理课堂教学技能的外在表现方式与评价标准。这就需要教师提供典型案例，如，优秀教师的教学录像，或由教师直接示范，通过观看—评价—模仿—练习—再评价—再练习，经过不断训练，从而熟练掌握地理课堂教学技能。

（3）制定评价标准，对标训练，科学评价，持续改进。在训练中，一般采取定性和定量相结合的评价方法。定性评价指出地理课堂教学技能的优缺点；定量评价给出量化结果，体现训练中持续进步的过程。为此，要制定每种地理课堂教学技能的评价标准，训练前要熟悉标准，从而有的放矢地训

练。训练后，要对照评价标准对自己和他人的教学行为进行评价，通过自评、互评、教师评，找到努力方向，进而持续改进，提高地理课堂教学技能。

（4）采用科学的训练模式。技能训练要将单项训练（逐项地理课堂教学技能训练）和综合训练（多个地理课堂教学技能综合训练）结合。训练时要运用声像设备记录训练过程，如，采用微格教学方式等进行训练。经过设计—实施—评价—再设计—再实施—再评价等循环过程，注意在观看自己的试教录像时有针对性地进行课堂教学行为反思与评价，找到需要改进的教学行为方式，持续改进，逐渐提高地理课堂教学技能。微格教学的教案见表 10－3。

表 10－3　微格教学的教案

组别		姓名	
年级		联系电话	
题目（教学片段）	在世界地图上说明七大洲和四大洋的名称、位置、分布特征	教学技能类型	提问技能
学习目标	运用世界地图说明七大洲和四大洋的名称、位置、分布特征 学习阅读世界地图的步骤方法，提高学习地理兴趣		
教学过程			
时间	教师行为	预设学生行为	教学技能要素
1 分钟 2 分钟	（一）导入新课 1. 展示奥运五环旗，说说五环的含义。（五个大洲）我们中国在哪？ 2. 在我们居住以外的地方还有哪些大洲？哪里有茂密的热带雨林？哪里有荒芜的热带沙漠？哪里有寒冷的冰雪？他们都分布在哪？ （二）讲授新课 观察七大洲的面积和轮廓图，哪个洲最大？哪个洲最小？	同学大都回答亚洲。 多数好奇等待老师的解答	导入技能 问题的设计与构思 发问 引导 质疑答疑

续表

	教师引导:七大洲按面积由大到小可用"亚非北南美,南极欧大洋"来记忆。并回答导课的问题:亚洲是我们居住的地方,非洲是黑人的故乡,北美洲是世界超级大国美国所在大洲。南美洲有世界绿肺亚马孙热带雨林。南极洲是冰雪大陆。欧洲是基督教的发源地。大洋洲是考拉的故乡		
反思与改进	本案例提出的问题属于哪个层次的问题?如何控制回答问题时间?提问方式是否恰当?		

第二节　地理课堂教学语言技能设计

学习目标

1. 能说出地理课堂教学口语技能、体态语言技能的含义。
2. 能举例说明地理课堂教学口语、体态语言的作用。
3. 能熟练地使用地理课堂教学口语与体态语言进行课堂教学。

一、地理课堂教学口语技能

(一)地理课堂教学口语技能的含义

1. 地理课堂教学口语技能的概念

地理课堂教学口语技能是教师用正确的语音、词汇和合乎语法、逻辑的口头语言,对教学内容进行表达,和教学对象进行交流的一种行为方式,是教师教学活动最基本的行为。

2. 地理课堂教学口语的作用

(1)传授知识。地理知识纷繁复杂,时空跨度大,许多地理知识学生无法亲自经历,要准确有效地将这些地理知识传授给学生,教师必须具备一定的语言表达能力。例如,在地理教学中,经常需要教师描述地理位置,阐述地理事物空间关系,说明地理事物发展变化过程,解释地理事物的成因等,这些都需要教师使用科学的专业术语,选用恰当的表述方式,才能取得较好的教学效果。

(2)启发思维。霍姆林斯基说过,教师的语言修养在很大程度上决定着学生在课堂上的脑力劳动效率。教师形象生动、富有启发性的教学语言,能诱发学生丰富的想象,进而使他们产生对问题的分析、判断、推理、概括,促进思维的发展。教师可以通过设置悬念、控制语调的变化、加强连贯性、适当的减速以及稍事停顿、选用启发性的词语等增强语言的启发性。

(3)交流情感。教学活动是情感的活动,在教学中教师用亲切、生动、风趣的语言,声情并茂的讲解,营造愉快和谐的教学气氛,从而提高教学质量。

(二)地理课堂教学口语技能的设计

1. 地理课堂教学口语的基本要素

地理课堂教学口语是一个很复杂的心理、生理活动的过程。它是人们将要表达的意向内容迅速转换成为有声语言表达的过程,地理课堂教学口语要求科学、准确、简明、生动,有启发性。地理教学口语基本要素详见表10－4。

表10－4 地理教学口语基本要素

口语要素		基本含义	基本要求
语音	语音	语言的声音	普通话标准,语音清晰,吐字清楚,字正腔圆
	音量	声音的响度	音量适中,略有变化
	语速	语言进程的快慢	语速适度,富有节奏
	语调	语句高低强弱的变化	语调抑扬顿挫,富有旋律感

续表

口语要素		基本含义	基本要求
语音	语气	说话的口气	多种变化，语气传情
	语流	口语活动形成的语言进程	语流平稳、流畅
词汇		口语中所有的词和词组的总汇	词汇准确、规范、生动、丰富
语法		语言的结构规律	词、句表达规范，逻辑结构清晰

2. 地理课堂教学口语的设计

地理课堂教学口语要符合语言学的规范，执行我国颁布的有关使用语言的规定。地理课堂口语是一种具有书面语言色彩的口语化语言，它既有书面语言准确规范、逻辑性强、简洁精练、庄重文雅的特点，又有口语通俗易懂、生动活泼、亲切自然、声音和谐、顺口入耳的特点。理想的地理课堂教学口语是日常口语与书面语，以及地理专业语言的完美融合，是一种规范的口语。在不同的教学情境中，对教学口语有不同的要求，教师的教学口语，要抓住“准确、清晰、有效、有序”等方面进行设计。

在地理教学中常用的代称、简称、美称，例如，“地球之肺、地球之肾、农田卫士、环境美化师、绿水青山、金山银山、三山夹两盆”等有助于引起学生的兴趣，唤起学生的注意，帮助学生建立准确、鲜明、形象的地理事物和现象的表象。

地理教学语言所传递的是地理学科的教学信息，必须运用地理专业术语来表达。因为，地理专业术语是地理学科范围内的共同语言，运用地理术语进行教学，有利于教与学双方的地理信息交流。否则，不但语言表述不严密，甚至可能出现思维混乱和理解错误①，例如表 10 – 5 就是一些使用地理专业术语的正反例子。要科学地运用地理术语，必须深入研究地理教材，弄清地理术语的含义，方能准确使用。

① 李家清. 新理念地理教学技能训练[M]. 北京：北京大学出版社，2010：84.

表 10－5　专业术语使用案例

使用情境	正确表达	失当表达
表述地理事物的相对位置	要用“东、南、西、北”等表示方位的术语	一般不用“上、下、左、右”指代
河流的水系特征和水文特征的表达	要用“干流”“支流”“流量”“水位季节变化”“汛期”等术语	一般不用“许多小河流入大河”“河水涨得很高”等口语
地理常用的计量单位	用国际标准计量单位:“千米”“千克”	一般不用“公里”“公斤”
在讲气压时	说“气压高低”	不能说“气压的大小”

3. 地理课堂教学口语技能的评价设计

地理课堂教学口语技能的评价指标体系见表 10－6。

表 10－6　地理课堂教学口语技能的评价量表

评价要素	参考等级			
	好	较好	一般	差
1. 发音、吐字				
2. 音量、语速				
3. 语调、节奏、流畅程度				
4. 术语运用				
5. 语汇、逻辑				

二、地理课堂教学体态语言

(一)地理课堂教学体态语言的含义

1. 地理课堂教学体态语言的概念

体态语言是指能在一定程度上表达思想感情的表情、动作、姿势，是相对于口头语言的一种无声言语。体态语言又称“可视语言”，它是指教师运用面部表情、目光注视、手势、动作姿态、人际距离、个人修养、辅助语言等非语言信号的行为，是课堂教学中师生进行信息交流的重要通道。①

2. 地理课堂教学体态语言的作用

(1)组织教学。教师体态语言能够改变、扩展、加强、否定或增进课堂口语的信息和信息量，增强学生对有用信息的接受量。与口头语在传递信息方面相互补充、相得益彰②。在课堂教学中无论是由教师发出，还是由学生身上所反馈的体态语言，根据它们所承载的信息符号，可使师生达到某种默契，从而调动学生学习的积极性，帮助教师组织好课堂教学。比如在上课的铃声响过以后，教师喊"上课"之前，教师的眼睛要从教室的左前方到左后方，右后方到右前方，依次扫视。是以眼神告诫学生一节课开始了，这种扫视在低年级和纪律较差的班级尤其重要，等课堂安静下来，教师再开始上课。在上课期间，教师有节奏、周期性地环视可以获得有关课堂的整体信息，这些信息的捕获为教师进一步组织课堂教学提供帮助。教师眼神和面部表情的变化也可以起到调控学生注意力的作用。例如，教师与学生的目光接触既可以表达教师对学生的暗示、警告和提示，也可以表达期待、鼓励、探询以及疑惑等情感。教师的面部表情、头部动作、手势以及身体的移动也传递着丰富的信息，有助于沟通师生之间的交往，调控学生的注意力。

(2)传递信息。教师的教育思想、学科素养体现在教师课堂的体态语言中。比如讲课时，要把全体学生都放到自己的视野之中，使每个学生都感到老师在关注自己，从而提高听课效果。利用目光的变化表达对学生的爱护和尊重，如，用赞许的目光对那些在课堂上注意力集中、思维活跃、回答问题踊跃的学生表示表扬和鼓励，用严厉的目光对那些听课不认真、交头接耳做小动作的学生暗示批评，用期待的目光对那些紧张或不相信自己能力而不敢开口的学生进行鼓励，使他们增强自己的信心，大胆地表达。

(3)调节气氛。教师体态语言靠视觉器官感知。利用体态语言的直观性特征辅助教学，可以调节课堂气氛，弥补口头语言的不足，使学生对教学

---

① 白文新. 中学地理教师教学技能[M]. 西安:陕西师范大学出版总社有限公司,2012:36.

② 白文新. 中学地理教师教学技能[M]. 西安:陕西师范大学出版总社有限公司,2012:36.

内容产生一种直观、形象、动态和变化的感觉，增强其感性体验。在师生的互相交流中，如果没有体态语言作为辅助表达，就不可能创设出完整的课堂效果，甚至使有声语言效果大大削弱。

（二）地理课堂教学体态语言的设计

1. 地理课堂教学体态语言基本要求

（1）教姿：稳重大方，师生距离适当，体态自然、轻松。

（2）面部表情与头部的动作：根据教学情境，自然调整面部表情，通过笑容、眼神表达情绪变化；用微笑，轻轻点头表示对学生的赞许；用自然的微笑表现心境良好、充满自信、真诚、友善、乐业、敬业；用摇头表示对某个学生的否定，同时都伴有较严肃或遗憾、惋惜的表情；眼神是一种复杂、深刻、微妙、富有表现力的语言，有经验的教师讲课不是对着学生的耳朵说话，而是对着学生的眼睛说话；用环视法，使全班学生平静下来，维持课堂秩序，使所有学生产生一种参与感，与教师积极配合；用注视法给予提醒、鼓励，使学生积极参与到课堂教学中。

（3）手势：根据实际情况，运用不同的手势辅助教学。用指示性手势调动学生的注意力；用描绘性手势对物体形状或空间关系进行描绘；用启示性手势调动学生注意力、调控课堂气氛，展示个人独特魅力。善用基本的手势语言表达出特定意义，如称赞夸耀人时用拇指；两手叠加表示团结一致、联合；两手分开表示分离、失散、消极。利用拳指法示意气旋、反气旋等。掌心向上，轻柔掀动一次或数次，这一动作的象征意义是"起立"；面部表情亲切、柔和，上身微向前倾，手掌轻抬，这是邀请某个学生回答问题。

（4）空间距离：教师在教室等空间的位置与学生保持合适的空间距离，传递恰当、得体的教育信息；面对全班同学，布置集体任务时，教师可适当扩大个人空间；做个别学生的思想工作、参与学生的游戏等活动时，教师不妨与学生靠近些；教师在教室内的活动应动静结合，快慢相间。

（5）总体体态：结合教学情境，教师的体态语言要自然、真诚，符合教师职业特征，具有教育意义和文化内涵。

(6)地理课堂教学体态语言的禁忌:斥责性食指点动;蔑视性伸出小指;轻佻性捻动拇指;讽刺性鼓倒掌;耳语性喇叭手势;威胁性挥动拳头;宣怒性以拳击物(或以掌击物)[①]。在地理课堂教学中教师的体态语言也有一些特别禁忌,比如教师指地理教学挂图时忌定位不准,忌在整个图面“乱”比画,在用 PPT 翻页笔指屏幕时,也切记不要在屏幕上“晃来晃去”,要定位准确,范围指示清楚。在指示地图时忌堵住图面、背对学生。

案例 10 - 1　地理课堂上的一响[②]

王老师的地理课正在有序进行,突然发出一声意外的响声(有位同学的铅笔盒掉在了地上),有的同学立刻窃窃发笑,有的学生窃窃私语“是谁的?吓死我啦”,还有的同学直视着老师意思是看老师怎么处理。通过对课堂的观察,王老师意识到噪声已干扰了课堂,分散了学生的注意力。于是她不动声色,用眼神瞄了一下那位掉了铅笔盒的同学,走过去帮他轻轻地拾了起来,然后环视教室,并对同学们说:“刚才有位同学不小心发出一点振动人心的声音,不过大家的脑子一下子清醒多了,瞌睡也被赶跑啦,是这样吗?好,接下来我们的学习会更上一层楼。”于是课堂又恢复了平静。

案例分析:

教师是课堂上移动的风景,在课堂上教师的体态语言会被众多求知的眼神放大,教师的一举一动,无不牵引着学生的视线与思维。在该案例中教师面对突发事件,用镇定的神态、温柔的眼神、恰当的解释,既安抚了“肇事”学生,又很快利用这一“突然响动”,用语言引导的方式切入教学情境。这样的教师体态语言,在特定的情境中既表达情绪,也表达意义,对学生有很好的引导与教育意义。

2. 地理课堂教学体态语言技能的评价设计

地理课堂教学体态语言技能的评价指标体系,见表 10 - 7。

① 李振村. 教师的体态语言[M]. 北京:教育科学出版社,2011:59 - 62.

② 陈实. 新课程地理课堂教学技能训练[M]. 武汉:华中师范大学出版社,2011:51.

表 10－7　地理课堂教学体态语言技能的评价量表

评价要素	参考等级			
	好	较好	一般	差
1. 面部言语与头部的动作				
2. 手势言语				
3. 姿态				
4. 空间距离				
5. 总体体态				

第三节　地理课堂教学过程技能设计

学习目标

1. 能举例说明导课、讲解、提问、承转、结尾等地理课堂教学技能的含义、类型和作用。

2. 学会设计导课、讲解、提问、承转、结尾等地理课堂教学环节。

3. 能熟练运用导课、讲解、提问、承转、结尾等地理课堂教学技能进行教学。

一、地理课堂教学导课技能

(一)导课技能的含义

1. 导课技能的概念

“良好的开端是成功的一半”。地理课堂导课,是指地理教师依据教学目标,在一项新的学习内容和学习过程开始之时,运用恰当的教学媒体和教学方式,阐明学习目标和要求,将学生引入真实情境中①。导课作为课堂教

① 李家清. 新理念地理教学技能训练[M]. 北京:北京大学出版社,2010:53.

学的第一环节，其成功与否直接关系到学生对教学内容的感知和理解，影响学生学习的状态和效率。导课时间不宜超过3分钟，1—2分钟为宜。

2. 导课的类型

导课的类型多种多样，学者们对地理课堂导课进行了分类，见表10－8。

表10－8　地理课堂导课分类表

学者	分类
李家清	联系已知，复习导入；设置问题，情境导入；叙述地理事件，故事导入；提供表象，观察导入；呈示目标，直接导入；设计活动，练习导入
白文新	直接导入；经验导入；复习导入；设疑导入；故事导入；情境创设导入；诗词朗诵导入；音画图导入；联系导入
孙家镇	设疑、悬念导入；直观导入；复习旧知识导入；直接导入；故事和事例导入；经验导入；诗文导入；特征导入
江晔，刘兰	温故导入；开门见山导入；联系实际导入；悬念导入
陈实	复习导入；情境导入；目标导入
徐宝芳	直接导入法；设疑导入法；温故知新导入法；悬念导入法；资料导入法、直观导入法；经验导入法；计算导入法

本书主要介绍：直接导课、温故知新导课、设疑导课、文学作品导课、案例导课和实验导课等六种形式。

3. 导课的作用

（1）激发学生的学习兴趣。导课设计或联系学生熟悉的生活实际，或展示优美的图片，或播放有趣的视频，或讲解学生感兴趣的地理现象等，给学生感官的刺激，让学生近距离感知地理现象，思考地理规律和地理原理，从而心情愉快地开始学习，激发学生探究的主动性和积极性。成功的导课能够唤起学生的注意，提高学生的学习效率。

（2）明确学习的目标。通过导课要让学生明晰学习目标，知晓学习内容，了解学习后要达到的程度，从而有的放矢地学习，减少学习的盲目性，提高学习的有效性。比如开门见山的直接引入,要求教师明确阐明学习目标、学习内容等。

(3)启发学生的思维。导课有助于启迪学生思维,引导学生积极主动探寻地理规律和地理原理。导课设计要充分了解学生的知识基础和思维特性,力求导课用语是学生熟悉、关注、感兴趣的内容,能引起学生思考的内容。

(二)导课的设计

1. 导课类型设计

(1)直接导课。开门见山引入新课,即直接导课,是教师直接提出本课的学习目标及主要学习内容的导课方式。这种导入三言两语即导入新课。直接导入新课的优点是:时间短,效率高;缺点是没有设计,创新不足,对学生的吸引力不够,很难起到提高学生学习兴趣的作用。

(2)温故知新导课。温故知新是教师通过引导学生回忆原有知识,运用知识迁移建立原有知识与新知识之间的联系,从而引出新知识。这种导课方式强调在学习新知识前要"激活旧知",因此,应找到旧知识与新知识间的联系,形成新旧知识的联结,从而完成新知识的引入。如利用区域之间的联系、产业之间的联系、地理事物和地理现象之间的联系、地理原理和地理规律之间的联系等,完成区域、产业、地理事物和地理现象、地理原理和地理规律等新知识的学习。例如,利用农业引入工业的学习;利用风沙地貌引入河流地貌的学习;利用热力环流引入季风的学习等等。要善于挖掘地理事物、现象、规律和原理之间的联系,让学习变得有规律可循,提高学习兴趣,提升地理学科素养。

案例 10-2 引导学生回忆"气温的分布与变化"的知识而引入新课

在学习"降水的分布与变化"知识时,某教师引导学生回忆"气温的分布与变化"的知识,从而引入新课。他说:同学们,我们每天都会收听天气预报,关注天气,因为天气与我们日常生活密切相关,天气预报的主要内容是气温和降水。上一节课我们学习了气温的相关内容,我们复习一下……气温的变化告诉我们要增减衣服,而降水有无或大小,则决定我们出门是否要带伞。今天这节课,我们就和小雨伞一起学习降水的季节变化和空间分布知识。

案例分析:

气候包含气温和降水两个要素。依据气温和降水两个要素的变化特征,可以推断该地的气候类型和气候特征。该案例利用"气温"旧知识的复习,来引入"降水"新知识的学习,温故知新,降低了学习新知识的陌生感。

(3)设疑导课。设疑导课是依据学习内容,提出具有启发性的问题,让学生带着问题进入新课学习的导课方式。新课学习的过程是释疑解惑的过程。这样的导课引发学生探求新知的学习兴趣和好奇心,适时地提出学习任务,让学生自始至终带着问题和任务学习,有助于提高课堂学习效率和学习兴趣。例如,运用"为什么太阳每天东升西落,周而复始?"引出"地球的自转"。

(4)文学作品导课。地理学科具有综合性特征,可以借助其他学科的内容,进行导课。文学作品中蕴含有丰富的地理知识,可以选用文学作品进行课堂导入。

案例 10-3　利用《三国演义》故事导课

某老师在"热力环流"一节课教学开始时,设计的课堂导语为:诸葛亮六出祁山,与司马懿对营渭河。司马懿屡败不出,诸葛亮乃于葫芦峪预设干柴,令魏延诱敌。司马懿父子欲劫粮,误入谷中,魏延火攻,困其难逃。忽天降大雨灭火,司马懿逃走。大雨救了司马懿,这是天意还是正常的地理现象?今天我们通过"热力环流"的学习,来探知其中的奥秘。

案例分析:

利用学生耳熟能详的《三国演义》中的故事作为导课,能提高学生的好奇心和学习兴趣,有助于引导学生积极参与教学活动,提高教学活动的有效性。文学作品中包含很多地理规律和地理原理,平时应注意积累,多读书、多思考，探究文学作品中蕴含的地理知识、地理规律和地理原理，创建地理教学资源库，为教学设计奠定基础。

(5)案例导课。案例导课是运用与课程学习内容相关的案例引出所要学习的新课内容。通过案例展示引入新课，引导学生分析案例中呈现的地理现象和地理事实，引导学生探究地理规律和地理原理，让学生置身真实的情境中，充分体验发现问题、分析问题、解决问题的探究过程。在探究中，让学生体会探究乐趣的同时，提升学习能力，提高主动思考和乐于学习的积极性。例如，在讲授"人口迁移"的时候，设计"走西口"或"闯关东"的案例，也可以将人口迁移中涉及的不同情况，设计成具体的亲戚或朋友，通过讲述自己或身边熟悉的人的故事，明确他们的行为是不是属于人口迁移，再探究他们迁移的原因，从而归纳总结人口迁移的概念、类型和原因。

(6)实验导课。实验导课是设计实验，通过观察实验现象，设计问题，引导学生解释这些实验现象发生的原因，从而引导学生思考地理实验现象背后的地理原理。例如，在进行热力环流、洋流、地转偏向力、地球的自转和公转、月相等内容教学时，均可以设计实验进行导课。根据教学内容和学生的认知水平，设计启发性、趣味性的实验，让学生认识地理现象，探究其原因，从而过渡到本节课所讲的内容，启迪学生的思维，激发学生的学习兴趣。

2. 地理导入技能评价设计

地理导课技能的评价指标体系，见表10－9。

表10－9 地理导课技能的评价量表

评价要素	参考等级			
	好	较好	一般	差
1. 引起学习动机和兴趣				
2. 新旧知识过渡和衔接				
3. 目的性和针对性				
4. 时间掌握				
5. 语言生动、精炼				

二、地理课堂教学讲解技能

（一）讲解技能含义

1. 地理教学讲解的概念

教师，是名副其实的“讲者”。地理教学讲解技能是地理教师运用口头语言，配合手势、演示和教学媒体等，阐明地理过程，揭示地理事物的本质及其规律，启发学生思维的教学行为方式①。讲解技能是教师的重要基本功，是通过教师的讲解让知识变得易懂、好记、能用，同时指导学生的学习行为，帮助学生掌握思维的方法。

2. 地理教学讲解的类型

根据讲解的特点，学者们将地理知识讲解分为不同的类型，见表 10 – 10。

表 10 – 10　地理教学讲解类型

学者	类型
李家清	地理事实性知识的讲解；地理概括性知识的讲解
白文新	解释式；描述式；原理中心式；问题中心式
孙家镇	解释；讲述
江晔，刘兰	讲述；讲解；讲谈
陈实	地理概念讲解；地理分布及演变的讲解；地理原理及规律的讲解
徐宝芳	解释式讲解、描述式讲解、论证式讲解、问题中心式讲解

3. 地理教学讲解的作用

（1）有利于突破难点、突出重点、掌握关键。难点是学生学习感到困难的地方。对于难点，教师由浅入深，有针对性地讲解，化解难点，使学生茅塞顿开。重点和关键是地理课堂教学的精要之处，这些知识对于教学目标的达成至关重要。因此，要求学生清晰、牢固地掌握。教师在讲解的过程中，

① 李家清. 新理念地理教学技能训练[M]. 北京：北京大学出版社，2010：58.

不失时机地强调重点和关键,并在这些地方着意雕琢,深入讲解,集中学生的注意力,给学生留下深刻的印象。

(2)节省时间,提高课堂效率。讲解内容经过了教师的精心设计,帮助学生理解难点知识,从而有效地进行学习,减少认知过程中的盲目性,进而提高学习效率。

(3)生动形象,有利于提高学生的学习兴趣。教师讲课不是照本宣科,而是用生动、形象、精练的语言、典型的事例去解释和叙述地理事象,归纳和提炼地理规律、地理原理。教师自然亲切的表情、抑扬顿挫的语调、生动有效的讲解能把学生带入学习的情境,使学生如见其人、其物、其景,可以使枯燥的情节变得生灵活现,提升学生学习的兴趣。

(4)有利于掌握知识结构,培养学习能力。教师讲课中严密的逻辑、清晰的层次、准确的推理、透彻的分析综合,有利于学生掌握知识结构,为提高学生的学习能力创造条件。

(5)有利于对学生进行情感、态度与价值观教育。教师在讲解的过程中,自然而良好的情感流露,如爱与憎、激愤与惆怅、兴趣与豪情,都会潜移默化地感染学生,在“润物细无声”中产生良好的教育作用,并通过讲解内容的思想性来影响学生的思想。①

(二)讲解的设计

1. 地理知识讲解设计

(1)地理感性知识的讲解。地理感性知识是地理知识的重要组成部分,教学过程中有许多重要的地理感性知识需要学生认识和掌握。地名知识、地理分布、地理数据、地理景观和地理演变等地理感性知识的讲解主要是让学生了解这些地理事物的形象,要结合地图、景观图、动画、视频等直观手段进行讲解,为此需要老师恰当地描述与讲述,才能取得较好的教学效果。地理感性知识讲解的设计,一方面需要演练口才,另一方面需要设计与实施好

① 刘恭祥.地理微格教学[M].厦门:厦门大学出版社,2007:98－99.

直观教学方法。

(2)地理理性知识的讲解。地理理性知识是揭示地理事物本质的知识,是人类对地理环境的高级认识。地理特征、地理概念、地理成因、地理规律等地理理性知识对于培养学生地理思维能力具有重要作用。地理理性知识讲解可以采取多种方法,这里主要介绍归纳法和演绎法。

①归纳法:就是由“地”探“理”的讲解方法,是由感性认识到理性认识,从特殊到一般的认识过程,从生动直观到抽象思维的过程[①]。基本做法是陈述或呈现地理事实或现象,在学生有了丰富的地理表象知识的基础上,再进行比较、分析、总结与归纳,帮助理解和掌握地理理性知识。例如,某老师在进行“水土流失是自然地理环境的统一变化过程”的教学时,就是运用归纳法和综合分析法进行教学的。采用“先案后理型”,即先呈现分析“黄土高原水土流失”案例,然后推理出“水土流失是自然地理环境的统一变化过程”原理。具体做法为:第一步,阅读文字资料,运用示意图表示黄土高原的水文、地貌、土壤、生物和人类影响的变化过程;第二步,由此得出结论:黄土高原是在水文、地貌、生物、土壤的统一变化过程中形成的;第三步,进一步推论出:水土流失是自然地理环境的统一变化过程。

②演绎法:是由“理”析“地”的讲解方法,是从一般到特殊,再到一般的认识过程。演绎法的过程就是从提出地理概念、地理原理和地理分布规律开始,然后列举较为丰富的地理事实,进行论证,启发学生理解地理理性知识。[②] 例如,一位老师在进行“水土流失是自然地理环境的统一变化过程”的教学时,就运用了演绎法和综合分析法进行教学。采取“先理后案型”,即先分析“水土流失是自然地理环境的统一变化过程”原理,然后通过“黄土高原水土流失”案例的分析来说明其原理。具体做法:第一步,分析讲解水土流失是自然地理环境的统一变化过程。注意强调了“综合联系的观点看待水土流失,即水土流失是地貌、土壤、水文、生物相互联系作用的结果”“动态的

① 刘恭祥.地理微格教学[M].厦门:厦门大学出版社,2007:98－99.

② 李家清.新理念地理教学技能训练[M].北京:北京大学出版社,2010:61.

观点看待水土流失，即水土流失是自然地理环境的统一变化过程，这里强调变化过程”；第二步，阅读文字资料，运用示意图表示黄土高原的水文、地貌、土壤、生物和人类影响的变化过程；第三步，由此得出结论：黄土高原是在水文、地貌、生物、土壤的统一变化过程中形成的；进而说明“水土流失是自然地理环境的统一变化过程”原理。

2. 地理讲解技能评价设计

地理讲解技能的评价指标体系，见表 10 – 11。

表 10 – 11　地理讲解技能的评价量表

评价要素	参考等级			
	好	较好	一般	差
1. 语言表达准确、清晰、通俗易懂				
2. 讲解具有启发性				
3. 讲解具有逻辑性、系统性和思想性				
4. 运用事例的、直观方法				
5. 突出重点，突破难点				

三、地理课堂教学提问技能

（一）提问技能含义

1. 地理课堂教学提问的概念

地理课堂教学提问是教师根据教学目标、教学内容、学生特点、教学阶段等设计疑问，通过师生间相互交流，激发兴趣、检查学习、巩固知识、运用知识、促进思维、实现教学目标的一种教学行为方式。[①] 地理提问技能是地理谈话法中运用的技能，是课堂教学中教师依据课程教学内容的要求，结合学生的已有知识和学习状况，通过问答的方式，利用师生互动来检验和深化学生认知，有效构建知识的教学行为方式。地理提问技能表现在问题的设

① 李家清．新理念地理教学技能训练［M］．北京：北京大学出版社，2010：66．

计、提问的方式、提问的语气等方面。课堂提问一般由教师设计并发问，也可以引导学生设计问题和发问，通过师生的互动解决问题，从而达到有效学习的目的。

2. 地理课堂教学提问的类型

根据问题的特点，学者们将地理课堂教学提问分为不同的类型，见表10－12。

表10－12　地理课堂教学提问类型

学者	提问的类型
李家清	回忆提问；理解提问；运用提问；分析提问；评价提问
白文新	低级认知性提问（回忆型提问、理解型提问、运用型提问）；高级认知性提问（分析型提问、综合型提问、评价型提问）
孙家镇	一般提问；高层次提问（判断提问、分析提问、比较提问、综合提问、评价提问、联想提问）
江晔，刘兰	一般认知提问（回忆提问、观察提问）；高层次认知提问（判断提问、分析提问、综合提问、比较提问、运用提问、评价提问）
陈实	回忆提问；理解提问；运用提问；分析提问
徐宝芳	初级认知提问；高级认知提问

3. 提问的作用

（1）了解学生学习情况，发现问题，有针对性地进行指导。通过提问可以了解学生学习的程度，了解学生的知识漏洞，进而查漏补缺，达到优化教学的目的。

（2）激发学生探究意愿。提问让学生产生疑惑，学生要寻找答案，必须进行积极思考和探究，从而产生主动求知的学习状态。回答问题的过程就是探究学习的过程，从而实现学习目标。

（3）培养学生独立思考、解决问题的能力。提问是教师在教学设计中预设问题，通过问题加强学生的专注度，学生在解决问题的过程中不断培养独立思考的能力。

(二)提问的设计

1.提问的设计注意事项

(1)要注意发问和追问。①发问:即提出问题,教师根据教学内容和学生的学习基础设计问题,并在恰当的时候向学生呈现问题。②追问:教师提出问题后,在学生回答维度不够全面,内容不够深入时,教师可以追加提问,引导学生深入思考,教师可以通过追问的方式分解问题,步步深入,使学生逐步深入分析问题。

(2)设计的问题表达应精炼、准确、科学。设计问题时注意语言表达应精炼、准确、科学,对学生的思维有启发性,并经过深入思考后,能够回答问题。发问常用的关键词有:“是什么”“说出”“举例”“在哪里”“答出”“填出”等。例如,选择性必修1第一节“岩石圈的物质循环”,内容比较抽象,属于教学的难点。通过设计问题加强师生互动,从而突破难点。可以设计如下问题:“塑造地表形态的外力作用包括哪些?”“外力作用是如何塑造地表形态的?”“侵蚀、搬运、堆积这些外力作用,对地貌形态怎么进行改造的?”“岩石圈中有哪三大类岩石?”“岩石圈由哪些物质组成?”“岩石圈中的三大类岩石是如何转化的?”“岩石圈中的三大类岩石是如何转化的?”这个问题不好直接回答,可以将问题进行分解。“岩浆岩是如何形成的?”“岩浆岩如何转化为沉积岩?”“沉积岩如何转化为变质岩?”逐层提问,达到追问的效果。可以边讲边绘制示意图,最终梳理清楚岩石圈中三大类岩石的转化过程。

(3)借助地图、图片、资料等,通过阅读设计问题。例如,选择性必修1第四章第二节“洋流”,教师讲解洋流的分布规律时,引导学生观察“世界洋流表层分布图”,设计如下问题:观察中低纬度的洋流分布,说出洋流分布的规律。“北半球中低纬度大陆东岸是什么洋流?大陆西岸是什么洋流?”“北半球中低纬度的洋流流动有什么规律?南半球中低纬度洋流流动有什么规律?”“北半球的中高纬度洋流流动有何规律?”“北印度洋海区的季风洋流如何体现季节性?”上述问题的设计是通过读图,引导学生依次观察思考,并归纳出世界洋流的分布规律。提问的关键词常有:“说出”“指出”“发现”“归纳”“得出”等。

(4)设计情境,引导学生提出问题。教师通过创设情境,引导学生发现问题和提出问题。引问最重要的是设置能够引发思考和疑惑的情境,让学生产生认知冲突,激发学生探究的冲动,并适当引导学生提出问题。例如,选择性必修1第一章第一节“地球的运动”。一位教师的设计:今天我们学习地球的公转。毛泽东有句诗词“坐地日行八万里,巡天遥看一千河”,这是什么意思呢?人们住在地球上,因地球自转,不知不觉中,一日已行八万里路。地球直径约12500千米,与圆周率(π)3.1416相乘,得到地球周长约4万公里,即8万里,也是地球赤道的长度。地球的自转在赤道地区一天运行8万里,线速度约为1700千米/小时,相当于高铁速度的5倍。讲到这,学生会产生很多疑问,老师趁机引导:“大家对上述地理现象有什么疑问吗?”

2. 地理提问技能评价设计

地理提问技能的评价指标体系,如表10-13。

表10-13　地理提问技能的评价量表

评价要素	参考等级			
	好	较好	一般	差
1. 问题设计合理,措辞恰当				
2. 提问面向全体,鼓励学生发言				
3. 提问的目的明确				
4. 提问适当停顿,有节奏感				
5. 引导及应变能力,体现教育机智				

四、地理课堂教学承转技能

(一)承转技能含义

1. 地理教学承转的概念

承转是指教师在地理课堂教学中以教学理论为指导,创造性、艺术性地采取相关方法，把教学环节有机地衔接起来，使教学过程浑然一体，呈现出自然、流畅的节奏美感，开启学生心智潜能的教学活动①。承转，即承上启下，是一种课堂教学行为，是两个知识点或两个教学环节之间的自然过渡。承转设计是根据前后两部分的关系来适当设计连接语。承转设计恰当，能使语言表达顺畅，教学节奏流畅，教学过程呈现出自然和谐的过程，提升教学的和谐与美感。

2. 地理教学承转的类型

我们根据承转的媒介不同，把承转分为案例承转、多媒体承转和活动承转三类。

(1)案例承转：利用与教学内容相关的实例或故事，引出后面的教学内容。实例或故事为学生熟悉或尽量贴近生活，这样可以引发学生关注，激发学生的兴趣，还可以把学习内容与生活相结合。

(2)多媒体承转：利用现代地理教学媒体，如图片、视频等进行承转的过程。多媒体的利用可以使地理教学更加立体化，也可以活跃课堂气氛，吸引学生的注意力。

(3)活动承转：根据教学内容设计教学活动，连接前后内容或知识点。教学活动是师生互动、生生互动的基本形式，设计活动承转，不仅能使教学进程更加流畅，且有助于提升学生素养。

3. 承转的作用

(1)使教学环节更加完善。一般的教学环节包含导课、讲授新课、小结、练习等，承转是这些教学环节的连接点。设计承转，使教学环节更加完整，使每部分内容的进程不突兀。另外，在不同知识点间增加承转，让知识点的呈现不生硬。

(2)使教学进程更加流畅。承转介于不同教学环节和不同知识点之间，如同润滑剂，不仅使教学进程更加流畅，还能有效地引导学生观察、思考，培养学生动脑、动手的能力。

---

① 李家清. 新理念地理教学技能训练[M]. 北京：北京大学出版社，2010：72.

(3)增加地理学习的美感。教学是科学,也是艺术。如果没有承转,将地理教学环节简单地拼凑在一起,就会使课堂节奏生硬呆板。有效的教学承转使课堂具有节奏感,有张有弛。恰当的承转,能有效调节课堂节奏,提升课堂教学的美感,增加教学过程的趣味性。

(二)承转的设计

1. 承转设计注意事项

(1)设置疑问,进行承转。例如,“世界人口的分布”与“影响人口分布的因素”两个内容之间的承接设计:刚才我们知道了世界人口的分布,我们发现人口在不同地区之间的分布是不相同的,有的地方人口分布密集,有的地方人口分布稀疏。那么为什么人口分布会有如此大的差异呢?接下来让我们来解决这个问题。该案例以提问的方式设计承转,承上启下,引发学生思考,突出教学内容的逻辑性,衔接自然。

(2)设计案例,进行承转。例如,“工业的区位选择”的教学承转,一位老师在讲“工业的区位选择”,由“工业的主要区位因素”过渡到“环境对工业区位选择的影响”时,讲述了印度波尔帕农药厂,它的毒气泄漏事件造成了巨大经济损失和人员伤亡,根本原因就是由于该药厂建于城市的人口密集区,选址不当所致;而美国一家农药厂,虽也发生毒气泄漏,由于建在荒原上,人口稀少,损失小得多。这里讲的就是环境因素在工业区位选择中的特殊作用,引发了学生很强的求知欲望和对比探究兴趣。①

(3)设计情境,进行承转。例如,在“地球的历史”这一节中,老师通过播放地球演化过程的视频,对“化石和地质年代表”与“地球的演化过程”这两个内容之间进行承转设计,提高了学生学习的关注度和趣味性,激发课堂的活力。多媒体承转应注意适度性,避免学生注意力过多集中于视频或图片。

① 李家清.新理念地理教学技能训练[M].北京:北京大学出版社,2010:74.

2. 地理承转技能评价设计

地理承转技能的评价指标体系，见表 10 – 14。

表 10 – 14　地理承转技能的评价量表

评价要素	参考等级			
	好	较好	一般	差
1. 承转设计针对教学内容，逻辑性强				
2. 承转得自然流畅、不露痕迹，使教学内容环环紧扣				
3. 承转设计能引发学生学习兴趣				
4. 承转设计简洁明了				
5. 承转设计有一定的创造性				

五、地理课堂教学结尾技能

（一）结尾技能含义

成功的课堂教学会有良好的开端，精妙绝伦地展开，还应该具有启发性和耐人寻味的结尾，给学生言有尽而意无穷的感觉。教师需要不断提高结尾的艺术水平，提升职业素养。①

1. 地理课堂教学结尾技能的概念

结尾是教师在完成课堂教学任务时，运用强调、概括、强化、训练、实践等方式，配以精炼的地理学科专业语言，对本节课所教授的地理知识和技能予以系统化、理论化的巩固、提升和应用，以促进学生知识内化的一种教学行为方式。

2. 地理课堂教学结尾的类型

根据地理课堂教学结尾的特点，学者们将地理课堂教学结尾分为不同的类型，见表 10 – 15。

① 段玉山. 地理新课程课堂教学技能[M]. 北京：高等教育出版社，2003：7.

表 10－15 地理课堂教学结尾类型

学者	类型
李家清	归纳总结型；区别对比型；实践活动型；悬念存疑型；其他
白文新	归纳型；比较型；悬念型；趣味型；考查型；实践型（任务型）；诗歌型
孙家镇	教师归纳式；自学讨论式；游戏式；练习式；纲目式；表格式；读图式；首尾呼应式；开放式
江晔，刘兰	总结整理式；承前启后式；拓展延伸式；悬念式；练习式；激励式
陈实	归纳总结；区别对比；竞赛活动；练习填图；悬念存疑
徐宝芳	概括式；激发式；激励式；比较式；游戏式；浓缩式；悬念式；铺垫式；练习式

3. 结尾的作用

（1）及时巩固知识，形成知识结构。结尾可以帮助学生收拢纷飞的思绪，理清知识脉络，巩固新知识，形成知识结构。根据艾宾浩斯遗忘曲线，所学知识的遗忘规律是先快后慢，先多后少。因此及时巩固复习，对提高学生知识的保持率有重要的作用。

（2）获得反馈结果，查缺补漏。结尾设计随堂练习等活动，检查本节课的教学效果，了解学生学习的难点和不足，及时查缺补漏。同时，学生及时了解自己的学习效果，督促其自觉地巩固知识，订正错误。

（3）提升学生学习的积极性。结尾为后续内容埋下伏笔，留下悬念，促使学生展开积极的脑力活动，激发学生学习的积极性。

（二）结尾设计

1. 结尾设计注意事项

（1）总结归纳，明晰学习内容。例如，在“水循环”一节中，教师在黑板上绘制水循环示意图，总结归纳教学内容，突出教学重点：一是水循环的环节有蒸发、水汽输送、降水、下渗、径流；二是水循环的类型包括海陆间循环、陆地内循环、海上内循环，并提示学生容易出现错误的地方。师生互动，共同完成了“水循环”一节的总结。

（2）首尾呼应，解决问题。例如，“水循环”一节，引课中，教师设置悬念“黄河之水天上来，奔流到海不复回”，黄河之水真的奔流到海不复回了吗？在这节课结束时，解决这一悬念。首先水在自然界中是循环的，不是一成不变的，其次黄河是外流河，属于太平洋水系，参与的水循环类型是海陆间大循环，循环往复，周而复始。所以这句古诗只是诗情画意的想象，并没有科学依据。该节课首尾呼应，有始有终，解决问题。

（3）拓展延伸，引发思考。例如，学习“海水的温度”后，教师设计的结语：我们知道海水的温度随着深度的增加而变化，随着纬度的变化而变化，那么，海水的盐度呢？变化跟海水的温度是否一样，有什么规律吗？我们下节课来探讨这个问题。再如，“荒漠化的防治——以我国西北地区为例”一节，教师给学生们放一段西北荒漠自然环境的视频。然后说：同学们从视频中可以看到我国西北沙漠地区，几乎寸草不生，我们生活在内蒙古地区，有大面积的草地，这些草地也很脆弱，过度放牧或开垦，容易破坏草地。草地一旦被破坏，很容易引起土地沙化，随之而来的还会有春天大面积地区黄沙漫天等等一系列后果。我们都是祖国未来的建设者，祖国未来的栋梁，同学们，让我们一起好好学习，保护生态环境，与自然和谐相处，建设美丽的祖国。这样的结尾能调动学生学习的积极性，增强其保护环境的意识。

2. 地理结尾技能评价设计

地理结尾技能的评价指标体系，见表 10 – 16。

表 10 – 16　地理结尾技能的评价量表

评价要素	参考等级			
	好	较好	一般	差
1. 归纳知识结构，逻辑性强				
2. 重点突出，有利于目标的达成				

续表

评价要素	参考等级			
	好	较好	一般	差
3. 学生积极参与				
4. 语言精练、概括、时间紧凑				
5. 情感得到升华				

第四节　地理课堂教学“三板”技能设计

学习目标

1. 能举例说明地理板书、板图、板画技能的含义。
2. 能举例说明地理板书、板图、板画的主要类型。
3. 能举例说明地理板书、板图、板画的主要作用。
4. 根据教学的需要，能设计地理板书、板图和板画。
5. 能熟练运用地理教学“三板”技能进行课堂教学。

近年来，随着多媒体信息技术手段在教学领域的广泛运用，作为传统的教学手段的板书、板图、板画使用率逐渐降低。但是，板书、板图、板画仍然是地理教师必须掌握的一项基本教学技能，我们主张现代教育技术与传统教学手段相结合，发挥各自的优势，方能取得较好的教学效果。

一、地理教学“三板”技能的含义

（一）地理教学“三板”技能的概念

地理课堂教学的板书、板图、板画，统称地理教学“三板”技能。它以黑板作为地理教学图像、文字、符号等信息的载体，具有容量大、连续性强、反应迅速、适应课题广、可更新和远视效果好等优点①。地理“三板”教学艺术

① 宋济平. 简易地理教学板图、板画、板书基本功系列[M]. 北京：高等教育出版社，1991：1.

以其直观、生动、形象、易展现的特征和显著的表达效果著称，在地理课堂教学中有着不可估量的作用和魅力。

（二）地理教学三板的类型

根据板书的特点，学者们将地理教学板书分为不同的类型，见表10－17。

表10－17　地理教学板书类型

学者	类型
徐宝芳	纲目式；结构式；表格式；联系式；图示式；问答式；综合式
白文新	提纲式；表格式；纲要图解式；几何图解式；网络式
孙家镇	提纲式；表格式；联系框架式；练习式；综合式
陈实	纲目式；歌谣式；结构式；表格式；图示式

根据板图、板画的特点，学者们将地理教学板图、板画分为不同的类型，见表10－18。

表10－18　地理教学板图板画类型

学者	类型	
	板画	板图
徐宝芳	自然景观画、人文景观画、地理漫画	地图、剖面图、地理原理图、地理模式图、地理统计图
白文新	形态画、过程画、动态画	几何略图、折线图、曲线略图
孙家镇	形态画、过程画、动态画	几何板图、折线板图
陈实	形态画、过程画、动态画、剖面画	几何略图、折线略图、曲线略图、模拟形态略图

(三)地理教学"三板"技能的特点

1. 易学

地理教学"三板"技能,曾被认为是少数地理教师的"天赋",多数教师可望而不可即。宋济平老师对传统"三板"技能进行革新,独创了"简易地理三板教学艺术",学习者经过培训、练习,事前作好准备,即可从容不迫,暗线明描,边讲边画,获得满意的效果。地理教师经过几年的不懈努力,地理教学"三板"技能即可运用自如。

2. 快速

地理教学"三板"技能辅助地理教师进行地理现象和地理原理的讲解,边讲边画。因此,板图板画绘制,板书书写,要求快速,跟上讲解的速度和进度,以达到理想的教学效果。为了达到这种效果,要求"三板"技法一笔多点、多线,落笔成片;统筹运笔,减少空笔;线段分类,点线面适当组合;抓典型,抓要领。[①]

3. 美观

地理教学"三板"教学艺术,吸收了地图学、美学等理论,结合地理学科知识,将地理原理的科学规范、地理现象的生动美观、构图的统一均衡、色彩的和谐自然融为一体,使地理教学"三板"更具有科学性和艺术性,让学生掌握地理规律和原理的同时,给学生带来美的享受,使学生产生愉悦的情感,享受地理学习过程。

4. 高效

地理"三板"教学艺术,黑板 + 粉笔,边讲边画,节省财力物力,节省时间,带来良好的教学效果。例如,讲授地球运动,如果运用 PPT 或 Flash 等教学媒体设计动画,展示地球自转、公转的动画效果,在熟练掌握使用技巧的情况下,需要花费至少 1 小时时间进行设计。而如果运用板图板画,则 1 分

① 宋济平.简易地理教学板图、板画、板书基本功系列[M].北京:高等教育出版社,1991:2.

钟内可以绘制完成，达到边讲边画的效果。

（四）地理教学三板的作用

1. 有助于地理事象的清晰认识

学习地理事物和现象，采用直观教学的方式，或在实地直接看到，或通过图片观看，或通过绘制板画，均可以达到事半功倍的效果。如绘制“向斜”“背斜”，让学生观察褶曲的结构，讲解其形成、特点、判断方法等。

2. 有助于地理原理的深刻理解

要讲透彻地理原理，首先要展示地理现象，再引导学生挖掘地理现象产生的原因。如“城市热岛效应”，是城市温度高于郊区温度的现象，而这种现象产生的原因，与大气热力环流有关。通过对大气热力环流形成过程示意图的绘制和讲解，可以解释的不仅有城市热岛效应的成因，还可以解释海陆风、山谷风、三圈环流等地理现象产生的原因。因此，运用板画有助于挖掘地理现象产生的原因，帮助理解地理原理的学习，提高教学效率。

3. 有助于地理过程的科学梳理

地理过程是动态的，有的地理过程经历时间短，如火山喷发、滑坡等现象；有的地理过程历程久远，达到上万年甚至上亿年，如土壤的形成、地壳运动、河道变迁等地理现象。无论时间长短，很多地理现象都无法观察到，而要对地理过程进行科学梳理，必须通过直观动态的演示。其中最简便、效率最高的是板画。地理板画可以展示地理现象的发生发展过程，配合教师讲解过程及特点，让学生清楚地理过程各阶段发展的特点，从而提高对地理过程学习的有效性。

二、地理板书技能

板书是教师向学生传递教学信息，促进学生掌握知识的重要手段，也是教师必须掌握的一项基本教学技能，它同教师的语言讲解相辅相成[①]，共同

① 陈旭远. 教学技能[M]. 北京：北京师范大学出版社，2015：240.

指向教学目标。

(一)地理板书的概念

板书是用粉笔写在黑板上的汉字,是以黑板为载体的语言文字符号系统[①]。地理板书是指在地理课堂教学中,教师在黑板上运用简洁明了的文字、符号、图表等形式向学生呈现主要的地理教学内容及其之间关系的板书。

地理板书技能就是指教师能设计与实施地理板书,运用地理板书呈现地理教学内容的一种课堂教学技能。

(二)地理板书的作用

1. 突出教学重点和突破教学难点

众所周知,教师在黑板上呈现的板书内容是本节课的重要内容,板书设计好,有助于突出教学重点,大大降低学生学习的盲目性,提高学习效率。此外,对于难点知识,设计好板书,向学生展示知识点之间的关系,能有效化解和突破难点,提高学习效率。

2. 使教学内容富有逻辑性

教师所呈现的板书一般具有较强的逻辑性,板书的内容和结构是随着教学进展逐步推进展开的。下课时,黑板上留下的就是这一节内容的总体框架。因此,板书展示具有逻辑性的结构化的教学内容,给学生提供当堂课内容的总体框架,帮助学生更好地学习。

3. 有助于提高学生的学习效率

在课堂教学中,学生一般会习惯性地跟随着教师记笔记,从而做到“耳”“眼”“手”三者之间的结合,能更好地提升学习效率。教师书写板书的过程也给学生留下了思考的时间,提高学生的学习效率。

① 陈旭远.教学技能[M].北京:北京师范大学出版社,2015:241.

4. 有助于教师掌控课堂教学的节奏

学生在学习过程中都会存在接受—反应的时间差。很多老师在课堂上经常提醒学生“跟上”老师的思路,这里的“跟上”就是尽量缩短反应—接受的时间差。而消除这个时间差,使学生学习思路与老师教学思路同步,板书是最好的媒介。老师通过书写板书,控制课堂教学的节奏,制造出自然而合理的停顿,使整个教学过程舒缓、连贯而自然。板书还可以让教师教学的速度适应学生学习的速度,从而促进“教”与“学”的同步。

(三)地理板书的设计

1. 地理板书的类型设计

按照不同的分类标准,地理课堂教学板书可以分为以下几种基本类型。

(1)根据地理课堂教学板书的主次分类。①主板书:是一节课主要教学内容的板书,能够反映地理教学内容的结构,是整个课堂板书的骨架,保留于课堂教学的全过程。②副板书:反映地理教学内容中有关词语、词义和例句的板书,是根据课堂教学需要,根据学生反馈随机出现的板书。副板书是对主板书的具体补充或辅助说明,一般随课堂教学进程的发展随写随擦。①

(2)根据地理课堂教学板书的表现形式分类。依据表现形式不同,地理板书可分为纲目式板书、结构式板书、表格式板书、综合式板书等形式。

①纲目式板书:也称提纲式板书,是课堂教学中常用的板书形式。纲目式板书相当于教学提纲,简明扼要,重点突出,容易把握,但是它缺乏美感和设计,长期使用会使学生感到审美疲劳,降低学习兴趣。

②结构式板书:这是一种为突出各种地理事物和地理要素之间相互联系、因果关系而设计的层次分明的板书形式,它具有概括性、直观性强的特点。在教学中,教师可运用这种板书形式引导学生对地理事物内在联系进

---

① 段玉山. 地理新课程课堂教学技能[M]. 北京:高等教育出版社,2003:7.

行分析,发展学生的形象思维和逻辑思维。①

③表格式板书:一般学习对比性很强的教学内容时,使用表格式板书对比的学习效果较好。

④综合式板书:在地理教学中,经常采用两种及其以上板书形式,共同配合来完成教学任务。有时文图结合,有时文表结合,有时以文为主,有时以图为主,但最终目的是达到对课堂口语的辅助作用。

2. 地理板书技能评价设计

地理板书技能的评价指标体系,见表 10 - 19 所示。

表 10 - 19 地理板书技能的评价量表

评价要素	参考等级			
	好	较好	一般	差
1. 板书工整,字体美观大方				
2. 板书具有条理性,逻辑关系明确				
3. 板书体现了知识结构				
4. 板书简明、突出重点				
5. 板书的直观性和艺术性				

三、地理板图、板画技能

(一)板图、板画的类型

地理板图,即区域地理图,展示某区域范围内的自然地理事物和人文地理事物。地理板图分为自然地理地图和人文地理地图。

地理板画,即地理示意图,包括地理景观图、地理过程图等。其中,地理景观图,包括自然地理景观图和人文地理景观图。自然地理景观图展示自然地理现象、地形地貌、植被土壤等;人文地理景观图展示民居、人物特征、交通建筑等;地理过程图,展示地理现象或地理事物随着时间或空间变化而

① 段玉山. 地理新课程课堂教学技能[M]. 北京:高等教育出版社,2003:7.

发生变化的过程,如河流截弯取直的过程、牛轭湖、锋面雨、气旋、反气旋的形成过程、城市变迁、交通线路的发展、昼夜长短和正午太阳高度角的变化等。

(二)板图、板画的作用

1.激发学生学习积极性,提高学习兴趣

教师边讲边在黑板上绘制板图板画,学生的视觉被冲击的同时,思维也会紧跟着教师的讲解不断深入。例如教师在讲解南美洲的地形特征时,可以在黑板上画出南美洲的地形图,学生对教师敬佩的同时,情绪也容易高涨,课堂氛围愉悦,引导学生跟着画,跟着讲,使学生在课堂上的学习效率大大提高,师生之间既有信息的交流,又有情感的交流。

2.深刻理解地理知识,提高学习效率

地球表层的地理事物和地理现象具有独特的外观形态。对于地理事物和地理现象的认识,首先要让学生看到实物或图片,脑中对其有一定印象,再经过教师形象地描述而加深印象。学习地理事物和地理现象时,教师能够在黑板上绘制出该地理事物或地理现象,那么学生对这个知识点的理解会更加深刻,有的甚至终生难忘。这是因为,地理“三板”和教师讲解的综合运用,教师在绘制板图板画的时候是边讲解边绘制,使教科书中静态的文字叙述更加形象直观,从而达到教学过程中的动态和静态相结合,充分调动学生在学习过程中的视觉和听觉,可以提高学习效率。

3.降低地理知识学习的难度

地理学研究的很多地理现象或太宏观,或演化历史久远,或超出人类活动的范围,因此许多地理事物与现象人类肉眼不可见。这样的地理事物通过教师一边讲解,一边绘制板图、板画等,将地理事物发展的过程呈现在学生面前,由浅入深,学生就能逐步理解。因此,地理板图板画的运用,可以降低地理知识学习的难度。

（三）板图、板画的设计

1. 板图、板画的设计原则

板图板画的设计要求地理教师“吃透”教材，将教材中的文字设计成板图板画。教师应深入解读地理课程标准、分析教材以及素描的基本原理和画法，掌握设计原则，优化板图板画设计。主要的设计原则包括：地理性、科学性、形象性等。

（1）地理性。绘制地理事物，最重要的是表现地理事物内涵，具有地理性。地理板图板画要体现地理学科的区域性、综合性等特点。抓住地理事物和现象的本质特征，科学设计，凸显地理特征。

（2）科学性。地理板图板画是帮助学生形成正确的认识、理解和记忆。因此，地理板图板画既要科学准确地反映地理事物和地理现象的本质特征，又要美观。

（3）形象性。地理板图板画是通过艺术加工，生动形象地刻画事物的外部形态。既然称之为“画”，就要有“美”的成分和“艺术”的含量。所以，地理板图板画在表现地理性和科学性的基础上，应该给地理事物赋予完美的形象，在绘制板图板画时要尽可能的与客观存在的事物形象一致，否则学生就难以客观地认识、理解和记忆地理事物。

2. 板图、板画的设计方法

（1）关注轮廓特征，绘制地理板图。例如，教师在讲《非洲》时，会涉及非洲的地形、气温以及降水，这时教师就可以绘制非洲的轮廓图，让学生对非洲的地域轮廓有初步的了解。在轮廓图中填充非洲的地形、气候等等，教师在边绘制边讲解的过程中，学生会对教师产生一定的尊敬感和好奇心，尊敬感会吸引学生的注意力，紧跟着教师讲解的节奏，好奇心会让学生自觉模仿教师绘制非洲地形、气温、降水等图。

（2）抓住剖面特征，科学设计板画。剖面图是利用剖面形态来说明、解析地理事物内部形态结构与构造的。剖面图大多表现地形、地势的起伏，地貌的剖面形态和地质构造的剖面形态，还可以用来表现植被群落、土壤层的剖面结构。教师在讲高中地理“构造地貌——地垒地堑”时，可以运用简单的几笔表现出背斜和向斜的形态特征，方便学生学习。绘制“风蚀蘑菇”示意图，让学生身临其境，感知风蚀地貌的形态。

图 10－1　“地垒地堑”“风蚀蘑菇”示意图

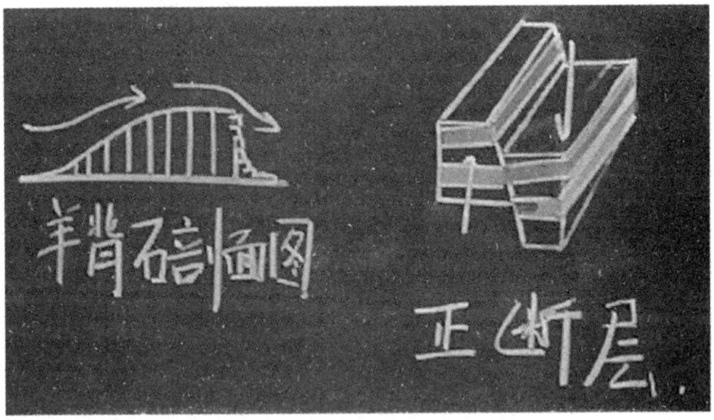

图 10－2　羊背石和正断层示意图

(3)凸显地理原理，科学设计地理板画。原理画是用来解析地理事物和地理现象发生、发展以及演化机制的。对地理事物和地理现象成因机制的解析是地理学习的主要内容，往往也是教学中的重点和难点，绘制原理画可以加深学生对重难点的理解。例如教材中“新月形沙丘”“承压水”的示意图，让学生深刻认识风沙地貌的形态特征，理解承压水的形成原因和过程，解释大洋洲自流盆地形成的原理。

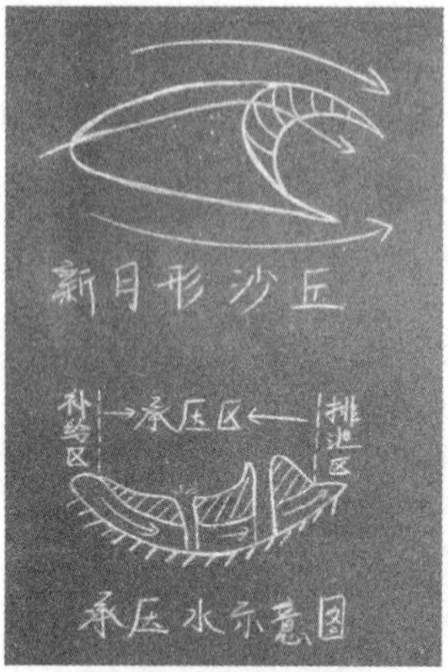

图 10－3　新月形沙丘和承压水示意图

(4)绘制图表,突出地理特征。学习地理知识要用到大量的数据,比如说海拔、气温、积温、气压、降水量、人口数量等数据。图表的应用既可以帮助学生直观地分析地理问题,又可以减少教师大量的语言描述,例如在比较两个地理区域之间在气候方面的差异时,教师可以绘制两个地区的气温与降水图,学生就可以通过视觉比较出两地气候差异。

(5)遵循科学规律,绘制地理板图板画。在表现自然地理景观画时必须遵循科学规律,要透视准确,点线、色彩运用得当。在表现风蚀地貌下形成的地貌时,教师可以绘制风蚀蘑菇,运用简单的线条将风蚀后的景观呈现出来。

图 10－4　杉树和断层三角面示意图

人文地理景观是学生获得人文地理知识的基础，在教学中要加强人文地理景观教学，努力提高地理课的理论水平和应用价值。例如要表现中国干旱地区和湿润地区在建筑上的差异，教师可以绘制西北干旱地区民居和江南水乡民居景观画，让学生直观感受建筑风格的差异，并能够给学生留下深刻的印象。

3. 地理板图、板画技能评价设计

地理板图、板画技能的评价指标体系，见表 10－20。

表 10－20　地理板图、板画技能的评价量表

评价要素	参考等级			
	好	较好	一般	差
1. 形象准确、比例合适				
2. 抓住特征、突出重点				
3. 用笔简练、色彩鲜明				
4. 位置适当、大小适度				
5. 绘制速度适当，配合讲解的速度				

【本章小结】

本章主要探讨了中学地理课堂教学技能含义、类型、特点和作用等内容；通过案例分析来理解地理课堂教学技能的特点和习得路径；重点是在掌握“语言技能、导入技能、讲解技能、提问技能、承转技能、结尾技能、板书技能、板图与板画技能”等含义的基础上，通过实践演练来掌握各项地理课堂教学技能的行为要求，学会设计各项地理课堂教学行为方式，培养各项地理课堂教学技能。

【二维码】

第十章　教学资源

【实践演练】

1. 简述地理课堂教学技能的含义、类型和特点。

2. 选择两节地理公开课的视频，分析授课教师的课堂教学技能特点。

3. 设计一个微格教学方案，开展 10 分钟的模拟教学，进行课堂教学技能训练。

4. 教学金句是教师在特定的教学情境下的创造性发挥，是教师教学思想、语言技能、思维水平的精彩展示，往往能起到“点睛”的作用。请收集课堂教学情境下的金句。

序号	语境	金句	个人点评
1			
2			
3			

5. 试分析“全国著名地理特级教师何化万先生的《日本》一课的结语”

同学们，今天的新课就讲到这里，请大家注意，我们这节课学习的重点是日本的自然地理特征和经济特征。在学习过程中，必须注意掌握自然地理要素之间、自然条件与经济活动之间的内在联系。例如，把位置与气候条件联系起来；气候条件与森林资源联系起来；地形、气候、河流与水力资源联系起来；矿产贫乏与世界最大的原料进口国联系起来；海岸曲折、多良港、造船发展海运与开拓国际市场联系起来；四大工业区的临海分布与便利进出口联系起来；经济高速发展与重视智力开发、提高科技水平、积极开拓国际市场联系起来。只有建立起知识结构的内部联系，才容易理解和掌握。同学们再见！①

【拓展阅读】

[1]徐宝芳.课堂教学行为的反思与优化[J].地理教育，2015(5):1.

[2]徐宝芳.优化课堂教学行为，提高学生思维能力[J].地理教育，2018(2):52-53.

[3]刘建.中学地理课堂教学行为的研究与分析[J].地理教学，2013(20):20-25.

[4]夏志芳、张继红.地理课堂教学行为研究及案例[M].南昌：江西教育出版社，2009.

[5]张胜前.实践与反思：地理课堂师生互动研究[M].南宁：广西教育出版社，2015.

[6]陈旭远.教学技能[M].北京：北京师范大学出版社，2015.

[7]宋济平.简易地理教学板图、板画、板书基本功系列[M].北京：高等教育出版社，1991.

① 陈尔寿.中国著名特级教师教学思想录：中学地理卷[M].南京：江苏教育出版社，1996:340.

参考文献

[1]加涅. 教学设计原理:第五版:修订版[M]. 王小明,等译. 上海:华东师范大学出版社,2018.

[2]乌美娜. 教学设计[M]. 北京:高等教育出版社,1994.

[3]何克抗. 教学系统设计[M]. 北京:北京师范大学出版社,2002.

[4]陈澄. 地理教学论[M]. 上海:上海教育出版社,1999.

[5]李秉德. 教学论[M]. 北京:人民教育出版社,1991.

[6]白文新. 中学地理教材研究与教学设计[M]. 西安:陕西师范大学出版总社有限公司,2011.

[7]国际地理联合会地理教育委员会. 地理教育国际宪章[J]. 地理学报,1993,48(4):289-296.

[8]黄京鸿. 新课程地理教学论[M]. 重庆:西南师范大学出版社,2011.

[9]李家清. 中学地理教学设计与案例研究[M]. 北京:科学出版社,2012:212-214.

[10]李家清. 中学地理教学设计[M]. 北京:高等教育出版社,2015.

[11]仲小敏. 中学地理教学设计[M]. 北京:高等教育出版社,2017.

[12]曹琦. 中学地理教学设计:教学原理与方法[M]. 长春:东北师范大学出版社,2005.

[13]徐宝芳,方晓颖,王瑜. 数字化地理教室的功能及其应用建议[J]. 中学地理教学参考,2015(3):26-27.

[14]李春芬. 教学改革与教学质量:以区域自然地理为例[J]. 中国地理

科学,1992,12(4):83-89.

[15]梁进社.地理学的十四大原理[J].地理科学,2009(3):307-315.

[16]梁进社.经济地理学的九大原理[J].地理研究,2008(1):75-84.

[17]李春芬.区际联系:区域地理学的近期前沿[J].地理学报,1995(6):491-496.

[18]李春芬.南美洲地理环境的结构[M].北京:科学出版社,1962.

[19]刘南威.自然地理学[M].3版.北京:科学出版社,2014.

[20]许嘉巍,刘惠清.自然地理过程[M].长春:东北师范大学出版社,2005.

[21]朱海森,潘燕.试论地理环境结构的整体性和差异性[J].上海师范大学学报(自然科学版),1996(2):50-54.

[22]胡兆量.人地关系发展规律[J].四川师范大学学报(自然科学版),1996(1):25-30.

[23]胡兆量,陈宗兴,崔海亭.地理环境概述[M].北京:科学出版社,2016.

[24]徐樵利.关于协调人类与地理环境关系若干规律的初探[J].华中师范大学学报(自然科学版),1986(1):105-113.

[25]赫特纳.地理学:它的历史、性质和方法[M].王兰生,译.北京:商务印书馆,1983.

[26]阿瑟·格蒂斯,朱迪丝·格蒂斯,费尔曼.地理学与生活[M].黄润华,等译.北京:世界图书出版公司北京公司,2013.

[27]袁孝亭,王向东.中学地理素养教育[M].北京:高等教育出版社,2005.

[28]吴殿廷.区域地理学基本原理初探[J].西北师范大学学报(自然科学版),2020(6):95-101.

[29]潘玉君.地理科学导论[M].2版.北京:科学出版社,2014.

[30]傅伯杰,冷疏影,宋长青.新时期地理学的特征与任务[J].地理科学,2015(8):939-945.

[31]牛文元.理论地理学[M].北京:商务印书馆,1992.

[32]王爱民. 地理学思想史[M]. 北京:科学出版社,2010.

[33]过宝兴. 地理调查研究方法[M]. 2 版. 北京:高等教育出版社,2001.

[34]王凤慧. 试论地理学中的分析与综合[J]. 科学、技术与辩证法,1988(3):36 – 38.

[35]中国大百科全书总编辑委员会《地理学》编辑委员会. 中国大百科全书·地理学[M]. 北京:中国大百科全书出版社,1990:4.

[36]黄骁力,丁浒,那嘉明,等. 地貌发育演化研究的空代时理论与方法[J]. 地理学报,2017(1):1670 – 1680.

[37]张家辉,袁孝亭. 地理教育中的尺度思想:基本内容与教学价值[J]. 课程·教材·教法,2016(6):103 – 108.

[38]张家辉. 如何构建地理概念体系[J]. 课程·教材·教法,2021(1):138 – 143.

[39]刁传芳. 系统理论在中学地理教育中的应用[M]. 北京:光明日报出版社,1990.

[40]袁孝亭,张家辉. 教给学生用地理空间视角观察世界的方法[J]. 中学地理教学参考,2014(7):27 – 29.

[41]夏志芳. 地理学习论[M]. 南宁:广西教育出版社,2001.

[42]黄成林. 地理教学论[M]. 合肥:安徽人民出版社,2007.

[43]孙大文. 地理教育学[M]. 杭州:浙江教育出版社,1992.

[44]杨新. 新编地理教学论[M]. 北京:科学出版社,2010.

[45]袁孝亭. 地理课程与教学论[M]. 长春:东北师范大学出版社,2006:124.

[46]卢万合,马清潮. 地理特征认知的"一般思维法则"及教学策略[J]. 教学与管理,2020,4(12):107 – 110.

[47]王向东,袁孝亭. 地理成因知识的教学视角及教学策略[J]. 地理教学,2015(7):939 – 945.

[48]徐宝芳. 地理课堂教学技能训练[M]. 呼和浩特:内蒙古教育出版社,2000.

[49] 韦志榕,朱翔. 普通高中地理课程标准(2017 年版)解读[M]. 北京:高等教育出版社,2018.

[50] 中华人民共和国教育部. 义务教育地理课程标准:2022 年版[M]. 北京:北京师范大学出版社,2022.

[51] 中华人民共和国教育部. 普通高中地理课程标准:2017 年版[M]. 北京:人民教育出版社,2018.

[52] 刁传芳,高如珊. 中学地理教学法[M]. 北京:北京师范大学出版社,1988.

[53] 陈澄,裘腋成. 地理课堂教学设计[M]. 上海:华东师范大学出版社,2001.

[54] 教育部. 初中地理教学装备配置标准[S/OL]. (2019-05-31). http://www.moe.gov.cn/srcsite/A06/s3321/201905/t20190531_383960.html.

[55] 徐宝芳. 地理教育实践与理论[M]. 北京:中国地图出版社,2011.

[56] 王民,仲小敏. 地理教学论[M]. 北京:高等教育出版社,2003.

[57] 江晔. 地理教学设计应用指导[M]. 北京:中国地图出版社,2010.

[58] 吴履平. 20 世纪中国中小学课程标准·教学大纲汇编(地理卷)[M]. 北京:人民教育出版社,2001.

[59] 中华人民共和国教育部. 普通高中地理课程标准(实验)[M]. 北京:人民教育出版社,2003.

[60] 中华人民共和国教育部. 普通高中地理课程标准:2017 年版 2020 年修订[M]. 北京:人民教育出版社,2020:32.

[61] 皮连生. 学与教的心理学[M]. 上海:华东师范大学出版社,2009.

[62] 袁金华. 课堂教学论[M]. 南京:江苏教育出版社,1996.

[63] 皮连生. 学习、教学和评估的分类学[M]. 上海:华东师范大学出版社,2008.

[64] 加涅. 学习的条件和教学论[M]. 皮连生,等译. 上海:华东师范大学出版社,1999.

[65] 王民. 地理学科知识与教学能力(初中)[M]. 北京:高等教育出版社,2011.

[66]中国大百科全书出版社编辑部编. 中国大百科全书·心理学[M]. 北京:中国大百科全书出版社,2004.

[67]袁孝亭,等. 地理课程与教学论[M]. 2 版. 长春:东北师范大学出版社,2020.

[68]王民. 地理新课程教学论[M]. 北京:高等教育出版社,2003.

[69]刁传芳. 中学地理教材教法[M]. 北京:北京师范大学出版社,1991.

[70]徐宝芳,张卫青. 中学地理实验教学研究[M]. 西安:陕西师范大学出版社,2010.

[71]吴殿廷,丛东来,杜霞. 区域地理学原理[M]. 南京:东南大学出版社,2016.

[72]袁书琪. 地理教学的多媒体系统[J]. 地理教学,2010(8):1.

[73]姜严. Stellarium 软件在高中地理教学中的应用研究:以"月相与日月食"为例[J]. 地理教学,2019(11):62 - 64.

[74]赵伟聪,任国荣,杨帅,赵冉. Stellarium 软件在地理教学中的应用探索:以"正午太阳高度角的变化"为例[J]. 教育现代化,2020,7(3):95 - 97.

[75]胡英山,郭恒源. 网络平台下的中学地理交互式课堂探索[J]. 教育教学论坛,2013(41):234 - 235.

[76]朱来军. 谈大数据背景下的地理教学[J]. 中学地理教学参考,2015(4):4 - 16.

[77]马玉改. 混合式教学模式在中学地理课程中的探索:以人教版"行政区划"为例[J]. 地理教学,2020(3):39 - 41.

[78]彭琪. 利用微信和 AR 技术构建直达一线需求的地理教学服务平台[J]. 地理教学,2020(23):40 - 41.

[79]张欣. 基于 VR 技术的中学地理探究活动案例设计研究[J]. 呼和浩特:内蒙古师范大学学报,2020:11.

[80]李德仁. 展望大数据时代的地球空间信息学[J]. 测绘学报,2016,45(4):379 - 384.

[81]李德仁.地球空间信息学的机遇[N].中国测绘报,2004－11－09.

[82]黄杏元,马劲松.地理信息系统概论[M].3版.北京:高等教育出版社,2008.

[83]闫金强.经典信息图:1854年伦敦霍乱爆发.[EB/OL].(2016－02－16)https://www.jianshu.com/p/55c23bed9152.

[84]鲁学军,励惠国.数字地球与地球信息科学[J].数字地球科学,1999(1):42－49.

[85]李德仁,龚健雅,邵振峰.从数字地球到智慧地球[J].武汉大学学报(信息科学版),2010,35(2):127－132＋253－254.

[86]李德仁,姚远,邵振峰.智慧城市中的大数据[J].武汉大学学报(信息科学版),2014,39(6):631－640.

[87]梁勤欧.人工免疫系统与GIS空间分析应用[M].武汉:武汉大学出版社,2011.

[88]赵英时.遥感应用分析原理与方法[M].北京:科学出版社,2003.

[89]李骏,邱少波等.智慧城市的智能汽车[J].中国科学:信息科学,2016:551－559.

[90]黄莉敏.中学地理教学设计:方法·操作·案例[M].武汉:华中师范大学出版社,2013.

[91]卞鸿翔,李晴.地理教学论[M].南宁:广西教育出版社,2001.

[92]袁书琪.地理教育学[M].北京:高等教育出版社,2001.

[93]The Active Reviewing Cycle[EB/OL].[2021－08－21].http://reviewing.co.uk/learning－cycle.

[94]GREENAWAY R. The art of reviewing[J]. Sino Forum:1－13.

[95]梅里尔.首要教学原理[M].盛群力,等译.福州:福建教育出版社,2016.

[96]张建勋,朱琳.基于BOPPPS模型的有效课堂教学设计[J].职业技术教育,2016,37(11):25－28.

[97]陆静.新课程高中教师手册:地理[M].南京:南京大学出版社,2012.

[98]徐宝芳,裴亚男,陈萍等.高中地理“双动两案”教学模式的构建[J].地理教育,2007(2):287-288.

[99]徐宝芳,白瑞敏,裴亚男等.高中地理教案设计与实施研究[J].内蒙古师范大学学报(教育科学版),2008,21(2):119-121.

[100]徐宝芳.地理“双动两案”教学模式研究与实践概述[J].中学地理教学参考,2010(1-2):4.

[101]徐宝芳,白瑞敏,张素芬等.地理新课程与双动两案教学模式研究[J].内蒙古师范大学学报(教育科学版),2009,22(4):92-96.

[102]徐宝芳.地理双动两案教学模式的教学抓手思想[J].地理教育,2012(7-8):3.

[103]徐宝芳.地理双动两案教学模式的理论与实践研究[J].中学地理教学参考,2013(5):2.

[104]陈澄.新编地理教学论[M].上海:华东师范大学出版社,2007.

[105]段玉山.地理新课程测量评价[M].北京:高等教育出版社,2003.

[106]黄成林.地理教学论[M].芜湖:安徽师范大学出版社,2012.

[107]彼格斯,科利斯.学习质量评价:SOLO分类理论:可观察的学习成果结构[M].高凌飚,张洪岩,译.北京:人民教育出版社,2010.

[108]北京教育科学研究院基础教育教学研究中心.学科能力标准与教学指南.初中地理[M].北京:北京师范大学出版社,2015.

[109]北京教育科学研究院基础教育教学研究中心.中学地理教学理论与实践研究[M].北京:首都师范大学出版社,2005.

[110]张亚南.中外地理测试[M].北京:人民教育出版社,2001.

[111]张哲江.地理教学与学业评价[M].广州:广东教育出版社,2005.

[112]教育部考试中心.高考地理测量理论与实践[M].北京:高等教育出版社,2006.

[113]陆静.地理教育考试研究[M].长春:东北师范大学出版社,2009.

[114]白絮飞.创设情境—优化地理课堂作业设计[M].天津:天津大学出版社,2013.

[115]李晴.中学地理教学设计与技能训练[M].北京:科学出版

社,2015.

[116]哈迪曼.脑科学与课堂:以脑为导向的教学模式[M].杨志,等译.上海:华东师范大学出版社,2018.

[117]李明华.怎样写好教学反思[J].教学与管理,2007(25):31-32.

[118]李家清.新理念地理教学论[M].北京:北京大学出版社.2009.

[119]黄昌顺.地理活动与地理教学[M].北京:高等教育出版社,2008.

[120]邵志豪,王向东.地理活动的内涵、特点与设计原则[J].地理教学,2014(23):23-28.

[121]夏志芳.地理实验与学生智力发展[J].课程.教材.教法,1987(2):47-49.

[122]张卫青,徐宝芳.中学地理实验类型与内容设计[J].内蒙古师范大学学报(教育科学版),2005,18(10):103-106.

[123]勾书琪,徐宝芳,崔静云,等.高中地理模拟实验方案设计与实施研究:以城市内涝影响因素模拟实验为例[J].内蒙古师范大学学报(教育科学版),2020,33(6):126-130.

[124]段玉山,袁书琪,郭锋涛,等.研学旅行课程标准(一):前言、课程性质与定位、课程基本理念、课程目标[J].地理教学,2019(5):4-7.

[125]郭锋涛,段玉山,周维国,等.研学旅行课程标准(二):课程结构、课程内容[J].地理教学,2019(6):4-7.

[126]袁书琪,李文,陈俊英,等.研学旅行课程标准(三):课程建设[J].地理教学,2019(7):4-6.

[127]周维国,段玉山,郭锋涛,等.研学旅行课程标准(四):课程实施、课程评价[J].地理教学,2019(8):4-7.

[128]廖源.让研学旅行课程化[J].广西教育,2020(7):1.

[129]李家清.新理念地理教学技能训练[M].北京:北京大学出版社,2010:162.

[130]河南省新乡市红旗区教育委员会.说课论[M].北京:科学技术出版社,1996.

[131]鲁献蓉.新课程改革理念下的说课[J].课程·教材·教法,2003

(7):25－30.

[132]郑金洲.说课的变革[M].北京:教育科学出版社,2007:1－4.

[133]李家清,陈实.中学地理课程标准与教材分析[M].北京:科学出版社,2012:303－324.

[134]韩景春,祝允全,任妙真.关于说课及对高师学生进行说课训练的探讨[J].菏泽学院学报,2009,29(2):131－133.

[135]宋斐.如何撰写说课稿?[J].地理教育,2010(4):10.

[136]王晔.新课程理念下中学地理说课评价标准的构建[J].教育与教学研究,2009,23(6):112－114.

[137]彭云红.试论"说课"与地理教师素质的提高[D].昆明:云南师范大学,2005.

[138]孔国庆.自然地理环境的整体性(第一课时)说课[J].地理教学,2016(10):26－28.

[139]白文新.中学地理教师教学技能[M].西安:陕西师范大学出版总社有限公司,2012.

[140]李振村.教师的体态语言[M].北京:教育科学出版社,2011.

[141]陈实.新课程地理课堂教学技能训练[M].武汉:华中师范大学出版社,2011.

[142]刘恭祥.地理微格教学[M].厦门:厦门大学出版社,2007.

[143]段玉山.地理新课程课堂教学技能[M].北京:高等教育出版社,2003.

[144]陈尔寿.中国著名特级教师教学思想录:中学地理卷[M].南京:江苏教育出版社,1996.

[145]宋济平.简易地理教学板图、板画、板书基本功系列[M].北京:高等教育出版社,1991.

[146]陈旭远.教学技能[M].北京:北京师范大学出版社,2015.